Veröffentlichungen
der Vereinigung der Deutschen Staatsrechtslehrer
Heft 20

Prinzipien der Verfassungsinterpretation

Gefährdungshaftung im öffentlichen Recht

Berichte
von

Peter Schneider und Horst Ehmke
Günther Jaenicke und Walter Leisner

und
Aussprache zu den Berichten
in den Verhandlungen der Tagung der deutschen Staatsrechtslehrer
zu Freiburg vom 4. bis 7. Oktober 1961

Berlin 1963
Walter de Gruyter & Co.
vormals G. J. Göschen'sche Verlagshandlung / J. Guttentag, Verlagsbuchhandlung / Georg Reimer / Karl J. Trübner / Veit & Comp.

Archiv-Nr. 24 89 631

Satz und Druck: Berliner Buchdruckerei Union GmbH., Berlin 61

Inhalt

Erster Beratungsgegenstand:

Prinzipien der Verfassungsinterpretation

1. Bericht von Professor Dr. Peter Schneider, Mainz

Es sind vornehmlich zwei Momente, welche die Aktualität unseres Themas bestimmen: Einmal die zentrale Bedeutung, die dem Problem der Hermeneutik in den Geisteswissenschaften[1]) heute wiederum zukommt, die Tatsache, daß versucht wird, den Zusammenhang der Wissenschaften, den Ort auch der Rechtswissenschaft in diesem Zusammenhang, von der Hermeneutik aus neu zu bestimmen[2]); zum anderen die spezielle Problemlage, vor welche sich die Rechtswissenschaft der Gegenwart gestellt sieht. Mit der Selbstverständlichkeit, den Gegenstand der Rechtswissenschaft mit dem positiven Recht gleichzustellen, sind auch selbstverständliche Prämissen der traditionellen juristischen Hermeneutik entfallen. Im Bemühen, das Recht aus der Flucht und dem Fluch der Zeit zu befreien und es in Verbindung mit, wie man zu sagen pflegt, letzten, unabdingbaren Werten zu begreifen, ist die Grundfrage juristischer Hermeneutik, woraufhin hat Rechtsauslegung zu geschehen, auf den Willen des Gesetzgebers, auf die Gerechtigkeit, auf die soziale Wirklichkeit?, wiederum ins Bewußtsein gekommen[3]).

Die Klage ist alt, daß die juristische Hermeneutik in erster Linie vom Boden der Zivilistik aus entfaltet worden sei[4]). Auch heute wird die hermeneutische Diskussion von Zivilrechtlern wie Esser, Wieacker, Coing, Scheuerle, Larenz, Viehweg und Meier-Hayoz oder von Strafrechtlern wie Engisch und Klug in

---

1) Vgl. für die Philosophie: Gadamer, Wahrheit und Methode, Tübingen 1960, und für die Theologie: Karl Barth, Rudolf Bultmann — Ein Versuch, ihn zu verstehen, Zollikon/Zürich 1952.

2) Vgl. Gadamer, Wahrheit und Methode, S. 307, 311 ff.

3) Von der Seite der Jurisprudenz her hat vor allem Coing in seinem Vortrag: Die juristische Auslegungsmethode und die Lehren der allgemeinen Hermeneutik, Köln/Opladen 1959, bes. S. 18 ff., auf die Verknüpfung zwischen juristischer und allgemeiner Hermeneutik aufmerksam gemacht.

4) Vgl. schon Walther Burckhardt, Die Lücken des Gesetzes und die Gesetzesauslegung, Bern 1925, S. 5; derselbe, Methode und System des Rechts, Zürich 1936, S. 6.

erster Linie bestritten[5]). Immerhin ist darauf zu verweisen, daß aus dem öffentlich-rechtlichen Bereich in jüngster Zeit wichtige Äußerungen zur Frage der Verfassungsauslegung zu verzeichnen sind[6]). Angesichts der Breitenwirkung der Verfassungsgerichtsbarkeit in der Bundesrepublik wäre es anders kaum verständlich. Vor allem aber ist bemerkenswert, daß gerade im öffentlich-rechtlichen Bereich die Grundfrage juristischer Interpretation mit nahezu dramatischer Intensität gestellt wurde. So hat Ernst Forsthoff[7]) dringend vor der geistes-

---

5) Esser, Grundsatz und Norm in der richterlichen Fortbildung des Privatrechts, Tübingen 1956; derselbe, Interpretation und Rechtsneubildung im Familienrecht, JZ 1953 S. 521 ff.; derselbe, Interpretation im Recht, Studium Generale 1954 S. 372 ff.; Wieacker Zur rechtstheoretischen Präzisierung des § 242 BGB, Tübingen 1956; derselbe, Gesetzesrecht und richterliche Kunstregel, JZ 1957 S. 701 ff.; derselbe, Gesetz und Richterkunst, Karlsruhe 1957; derselbe, Rechtsprechung und Sittengesetz, JZ 1961 S. 337; Coing (oben Fußnote 3); Wilhelm Scheuerle, Rechtsanwendung, Nürnberg und Düsseldorf 1952; Larenz, Methodenlehre der Rechtswissenschaft, Berlin/Göttingen/Heidelberg 1960; Viehweg, Topik und Jurisprudenz, München 1953; Meier-Hayoz, Der Richter als Gesetzgeber, Zürich 1951; derselbe, Zur Bedeutung der Materialien für die Gesetzesanwendung, SchweizJZ 1952 S. 213 ff.; derselbe, Zur Gesetzes- und Vertragsauslegung, SchweizJZ 1956 S. 173 ff.; Engisch, Die Idee der Konkretisierung in Recht und Rechtswissenschaft unserer Zeit, Heidelberg 1953; derselbe, Einführung in das juristische Denken, 2. Aufl. Stuttgart 1959; derselbe, Aufgaben einer Logik und Methodik des juristischen Denkens, Studium Generale 1959 S. 76.; Ulrich Klug, Juristische Logik, 2. Aufl. Berlin/Göttingen/Heidelberg 1958; derselbe, Der Handlungsbegriff des Finalismus als methodologisches Problem, in: Philosophie und Recht — Festschrift für Carl August Emge, Wiesbaden 1960, S. 33 ff.

6) Hans Huber, Probleme des ungeschriebenen Verfassungsrechts, in: Rechtsquellenprobleme im schweizerischen Recht — Berner Festgabe für den Schweizerischen Juristenverein, Bern 1955, S. 95, 105 ff.; Max Imboden, Normkontrolle und Norminterpretation, in: Verfassungsrecht und Verfassungswirklichkeit, Festschrift für Hans Huber zum 60. Geburtstag, Bern 1961, S. 133 ff.; Hans Peters, Auslegung der Grundrechtsbestimmungen aus der Geschichte, Historisches Jahrbuch 72. Jg. (1953) S. 457; Ernst Forsthoff, Zur Problematik der Verfassungsauslegung, Stuttgart 1961; derselbe, Die Umbildung des Verfassungsgesetzes, Festschrift für Carl Schmitt, Berlin 1959, S. 35 ff.; dazu: Hollerbach, Auflösung der rechtsstaatlichen Verfassung? AöR 85 S. 241 ff.; Walter Leisner, Betrachtungen zur Verfassungsauslegung, DÖV 1961 S. 641 ff.; Herbert Krüger, Verfassungsauslegung nach dem Willen des Verfassungsgebers, DVBl. 1961 S. 685 ff.; derselbe, Verfassungsänderung und Verfassungsauslegung, DÖV 1961 S. 721 ff.; Peter Lerche, Stil, Methode, Ansicht, DVBl. 1961 S. 690 ff.; Klaus Stern, Gesetzesauslegung und Auslegungsgrundsätze des Bundesverfassungsgerichts, Dissertation (Maschinenschrift) München 1956.

7) Schmitt-Festschrift S. 55 ff. und: Die Bundesrepublik Deutschland — Umrisse einer Realanalyse, Merkur XIV. Jg. (1960), 9. Heft S. 807, besonders S. 820; Verfassungsauslegung S. 34, 39. Die neueren,

wissenschaftlich-werthierarchischen Interpretationsmethode gewarnt, welche die Evidenz des Verfassungsgesetzes auflöse, die Verfassung gleichsam zur Disposition des Interpreten stelle und dergestalt einen Verfassungswandel größten Ausmaßes auslöse, einen Wandel, als dessen Herr im wesentlichen der Richter erscheint. Wenn Forsthoff mit seinem Ruf: Zurück zur klassischen, am Willen des Gesetzgebers und an den sozialen Lebensverhältnissen orientierten Hermeneutik!, eine Realanalyse eben dieser Lebensverhältnisse verbindet, und daraus den Schluß zieht, die das Grundgesetz tragende Wohlstandsgesellschaft sei ihrem Wesen nach am Normalfall orientiert und deshalb sei auf dem Boden dieser soziologischen Gegebenheiten eine verfassungsrechtliche Regelung für den Notfall nicht denkbar[8]), dann tritt die elementare Bedeutung der Grundfrage juristischer Hermeneutik und ihre Verflochtenheit mit den Grundfragen der Verfassungslehre unmittelbar ins Bewußtsein. Zugleich aber öffnet sich ein schier unfaßbar wei-

---

von der Zivilistik ausgehenden methodologischen Bemühungen, etwa Essers, Wieackers und Viehwegs, denen man nicht den Vorwurf „wertmaterialer Auslegung" machen kann, weist Forsthoff ausdrücklich zurück (Verfassungsauslegung S. 25); Savignys Methode sei noch heute unüberholt (Verfassungsauslegung S. 39 f.). Inwiefern die in diesen Bemühungen steckende Kritik an Savigny „überholt" ist, erläutert Forsthoff freilich nicht, obwohl man das erwarten könnte, weil Forsthoff Savigny einmal aus ganz ähnlichen Gründen zum alten Eisen werfen wollte, aus denen er heute auf ihn rekurriert: Durch „die sozialen Erfahrungen in der zweiten Hälfte des (19.) Jahrhunderts" ... „mußte die von Savigny behauptete Einheit des Rechts erschüttert werden" weil „nur das Recht einer weltanschaulich homogenen und geordneten Volksgemeinschaft eine Einheit darstellen kann", heißt es in dem Aufsatz: Zur Rechtsfindungslehre im 19. Jahrhundert, ZgStW 96 (1936) S. 49, 62, während heute aus dem Umstand, „daß die stärkste ideelle Bewegung dieses (20.) Jahrhunderts, die soziale, sich mit der rechtsstaatlichen Verfassung als geprägter Strukturform nicht getroffen, geschweige denn verbunden hat" (Verfassungsauslegung S. 15), der Schluß gezogen wird, der Verfassungsinterpret „kann nur einer Auslegungsmethode folgen, die darauf gerichtet ist, den Entscheidungsgehalt der Verfassung zu ermitteln und der Verfassungsanwendung verfügbar zu machen" und das sei eben die Savigny'sche (Verfassungsauslegung S. 39; vgl. auch Forsthoff, Über Maßnahme-Gesetze, Jellinek — Gedächtnisschrift S. 221, 233, wo von der „moderne[n], geistig nicht homogene[n] Gesellschaft" die Rede ist).

[8]) So Forsthoff, Merkur XVI S. 807, 820. Forsthoff vollzieht also die Interpretation der rechtsstaatlichen Verfassung auf die „soziale Wirklichkeit" hin. Fraglich allerdings bleibt es, mit welchen Mitteln der Befund, die soziale Wirklichkeit im Geltungsbereich des Grundgesetzes sei durch die Charakteristika einer Wohlstandsgesellschaft bestimmt, als gewiß ausgewiesen werden kann. Was unter Umständen als eine Tendenz gelten kann, ist noch nicht die Wirklichkeit, welche die Möglichkeiten einer Normierung starr begrenzt.

ter Horizont von Problemen schwierigster Art, angesichts dessen das Wort Kants Gegenwärtigkeit gewinnt: „Alle Aufgaben auflösen und alle Fragen beantworten zu wollen, würde eine unverschämte Großsprecherei und ein so ausschweifender Eigendünkel sein, daß man dadurch sich sofort um alles Zutrauen bringen müßte". Gleichwohl sind die Aufgaben und die Fragen gestellt, und man kann sich ihrer, wie Kant fortfährt, nicht dadurch entziehen, daß man unvermeidliche Unwissenheit vorschützt: „Was in allen möglichen Fällen Recht oder Unrecht sei, muß man der Regel nach wissen können, weil es unsere Verbindlichkeit betrifft[9])". So wird man sich an die gestellte Aufgabe nur im Vorwissen um die Vorläufigkeit und Fragwürdigkeit der eigenen Ergebnisse und in der Hoffnung wagen, daß diese Vorläufigkeiten in der gemeinsamen Bemühung um einen consensus omnium allmählich behoben werden können.

Dabei wird es unvermeidlich sein, auf einige Gesichtspunkte mehr Gewicht zu legen als auf andere, vieles zu vernachlässigen, um einige wenige Positionen einigermaßen zu klären. So werde ich der wichtigen Frage nach dem Verhältnis zwischen institutionalisierter Normenkontrolle und Hermeneutik im Bemühen, die Möglichkeit einer Theorie der Verfassungsinterpretation anzudeuten, nicht in den Vordergrund rücken können. Zwar werde ich den Zugang zu der Hauptfrage der juristischen Hermeneutik unter Berücksichtigung des Standes der Lehre und Praxis zu gewinnen suchen. Aber ich werde mich auf die deutsche und schweizerische Literatur, vorab die öffentlich-rechtliche, konzentrieren und lediglich diejenigen Prinzipien herausarbeiten, welche die Auslegungspraxis des Bundesverfassungsgerichtes und des Schweizerischen Bundesgerichtes bestimmen.

Ich suche meine Überlegungen unter drei Gesichtspunkten zu ordnen: Einmal unter dem Gesichtpunkt der Frage nach dem Stand der Lehre und Praxis, zum anderen unter dem Gesichtspunkt der Möglichkeiten, die Hauptfrage der Hermeneutik zu beantworten, und schließlich unter dem Gesichtspunkt der praktischen Konsequenzen, die aus einer bestimmten Antwort gezogen werden können.

I.

A. 1. Die Problematik der Verfassungsinterpretation und der Interpretation des Rechtes überhaupt wird unter der Voraus-

[9]) Kritik der reinen Vernunft, 1. Ausgabe Riga 1781 (= A) 475—76.

setzung sichtbar, daß wir mit der Möglichkeit der Divergenz von Ausdruck und Auszudrückendem rechnen. Dabei ist es zunächst völlig gleichgültig, was wir unter dem, was es auszudrücken gilt, verstehen: die Idee des Rechtes, den Willen einer Gruppe, eine Gesetzlichkeit, wie etwa die sozialistische. Gleichgültig ist es zunächst auch, wie der Terminus „Ausdruck" festgelegt wird. Es kann sich um bildhafte Ausdrucksformen handeln, um Verhaltensweisen, Gewohnheit, Machtentfaltung oder um Formen des sprachlichen Ausdrucks, das gesprochene oder das geschriebene Wort. Nur auf eines kommt es an, daß wir das Interpretationsproblem dann nicht in Sicht bekommen, wenn wir eine Identität von Ausdruck und Auszudrückendem annehmen. Wo das Wort ganz für den Mann steht, ist eine Problematik der Interpretation undenkbar. Sie ist es letztlich auch angesichts der Idee einer lückenlosen, vernünftigen Gesetzesordnung. Theodor Viehweg hat gezeigt, daß die Realisierung dieser Idee durch strenge Axiomatisierung des gesamten Rechtes und durch Kalkülisierung die Notwendigkeit der Interpretation, das Suchen des Rechtes, ausschließen würde. „Jedenfalls würde im angegebebenen Fall das spezifisch geisteswissenschaftliche Verstehen zurücktreten. Die mathematische Luft, die hier weht, ist ihm nicht zuträglich[10])".

2. Zeigt sich die Problematik der Verfassungsinterpretation und der Interpretation der Rechtsordnung überhaupt nur angesichts der Möglichkeit der Divergenz zwischen Auszudrückendem und Ausdruck, so erweist sich weiterhin diese Divergenz als Unvollkommenheit des Ausdrucks im Verhältnis zum Auszudrückenden[11]). Diese Unvollkommenheit zu beseitigen, ist die Aufgabe der Interpretation. Daß die juristische Interpretation es heute und in unseren Breiten vor allem mit Unvollkommenheiten des sprachlichen, und zwar des schriftlichen Ausdruckes zu tun hat, ist selbstverständlich. Zweifelhaft dagegen ist es, wie weit von Unvollkommenheit des Ausdruckes gesprochen werden kann, ob etwa auch bei Lücken im Regelungszusammenhang oder ob in einem solchen Falle von einer Unvollkommenheit des Auszudrückenden und damit von Rechtsvervollkommnung im Gegensatz zur Interpretation zu sprechen wäre. An dieser Stelle muß es genügen, auf gewisse Unschärfen im Sprachgebrauch und darauf hinzuweisen, daß die Grenzen

---

10) Zur Geisteswissenschaftlichkeit der Rechtsdisziplin, Studium Generale 1958 S. 334, 336.

11) Über die Gründe der Unvollkommenheit vgl. Adolf Keller, Die Kritik, Korrektur und Interpretation des Gesetzeswortlautes, Winterthur 1960, S. 39 ff.

zwischen Rechtsvervollkommnung und Interpretation fließend sind[12]).

3. Unvollkommenheiten des sprachlichen Ausdruckes zeigen sich unter zwei Gesichtspunkten, unter dem der ursprünglichen und dem der nachträglichen Unvollkommenheit. Im ersteren Falle handelt es sich um Unvollkommenheiten, die an der Sprache selbst oder am Sprechenden haften. Im zweiten Falle kommt die Bedeutung des Zeitfaktors in Erscheinung. Der einst klare Wortsinn wird, da sich der Sprachgebrauch geändert hat, undeutlich. Was als lückenloser Regelungszusammenhang erscheint, erscheint angesichts neuer Problemlagen als lückenhaft und schließlich kann fragwürdig werden, ob nicht auch das, was es auszudrücken gilt, in den Wandlungsprozeß eingegangen und der Ausdruck als Petrefakt eines längst Vergangenen erhalten geblieben sei[13]).

B. 1. Zur Bewältigung der Interpretationsaufgabe werden eine Vielzahl von Methoden angeboten, die zu erörtern nicht zuletzt deshalb als unerläßlich erscheint, weil sie unterschiedlich benannt und unterschiedlich charakterisiert werden, weil ein einheitlicher Sprachgebrauch sich nicht ausgebildet hat. Ich benenne und charakterisiere diese Methoden wie folgt:

a) Vorweg ein Wort zu der sogenannten w o r t j u r i s t i s c h e n Methode[14]), welche das Interpretationsproblem auf die Klärung vieldeutiger Worte mit Hilfe grammatikalischer und etymologischer Mittel reduziert und das systematische und teleologische Argument ablehnt. Ihr wird in der Regel aktuelle, eigenständige Bedeutung mit der Begründung abgesprochen, daß sie an älteren Techniken der Gesetzgebung orientiert und den Anforderungen, welche die moderne Gesetzgebungstechnik stelle, nicht adäquat sei.

b) Von der wortjuristischen unterscheidet sich die sogenannte w i l l e n s j u r i s t i s c h e Methode dadurch[15]), daß sie die einzelnen Worte, Sätze, Satzgefüge und Einzelvorschriften in einen weiteren Zusammenhang bringt, der durch den Willen des Gesetzgebers oder des Gesetzes konstituiert wird, in einen Zusammenhang, der als Begriffs-, Zweck- oder Wertsystem gilt. Diese Methode weist eine ganze Reihe von Spielformen auf, hervorzuheben sind die beiden wichtigsten, die willens-

---

12) Vgl. näher Keller, Gesetzeswortlaut S. 59 ff.

13) Walther Burckhardt, Methode und System S. 290 ff.

14) In der Unterscheidung zwischen wort- und willensjuristischer Methode schließe ich mich Keller, Gesetzeswortlaut S. 83 ff. und 87 ff., an.

15) Vgl. Keller, Gesetzeswortlaut S. 87 ff.

juristische subjektive[16]) und die willensjuristische objektive[17]) Methode.

aa) Die subjektive Methode ist dadurch charakterisiert, daß sie zur Lösung der Interpretationsaufgabe auf den Willen des historischen Gesetzgebers rekurriert. Dabei wird unter dem Willen des Gesetzgebers Verschiedenes verstanden, einmal wird der Wille als psychologisches Phänomen begriffen[18]), das andere Mal gilt der Ausdruck „Wille" lediglich als Metapher für eine normative Größe[19]). In beiden Fällen gilt als entscheidend für die Klärung eines Gesetzestextes, was zu seiner Entstehungszeit entweder effektiv gewollt wurde oder was in einer bestimmten Situation von einem vernünftigen, die Interessen der Rechtsgenossen berücksichtigenden Gesetzgeber gewollt worden wäre[20]). In beiden Fällen soll der Wille des Gesetzgebers, wenn nach grammatikalischer Klärung des Wortlautes Unklarheiten verbleiben, durch Bemühung der Gesetzesmaterialien und durch Erforschung der historischen Lage mit allen Mitteln der historischen Wissenschaft erschlossen werden[21]). Dem systematischen und teleologischen Argument

---

16) Dazu Keller, Gesetzeswortlaut S. 88 ff.; Meier-Hayoz, Richter S. 44 f., 55 f.

17) Dazu Keller, Gesetzeswortlaut S. 149 ff.

18) Keller, Gesetzeswortlaut S. 92 ff., hat diese Vorstellung mit Recht scharf kritisiert. In voller Klarheit wird sie allerdings heute kaum noch vertreten; aber das „Entscheidungsdenken" zeigt eine deutliche Affinität zu dieser Auffassung; denn was liegt näher, als die „Entscheidung" einem „Präsidenten" oder „Führer" auch realpsychologisch zuzurechnen.

19) Vgl. Keller, Gesetzeswortlaut S. 92. In: Recht und Sprache, Prolegomena zu einer richterlichen Hermeneutik, Halle 1940, S. 46, verficht auch Forsthoff die Theorie vom normativen Willen: „Nicht der Gesetzesinhalt, sondern das Geltensollen ist Gegenstand des Willens der Staatsführung". Neuerdings hat Herbert Krüger, DVBl. 1961 S. 687 ff., für die Verfassungsauslegung wieder auf die Normativität des gesetzgeberischen Willens zurückgegriffen, indem er dem Verfassungsinterpreten diejenige „Idealfigur" als Leitbild empfiehlt, die dem Verfassungsgeber jeweils vorgeschwebt habe. Vertreter der Theorie vom normativen Willen ist vor allem Philipp Heck; vgl. Gesetzesauslegung und Interessenjurisprudenz, Tübingen 1914, S. 50, Begriffsbildung und Interessenjurisprudenz, Tübingen 1932, S. 76: Ich gebrauche „die Worte Rechtsbegriff und Gebotsvorstellung des Gesetzgebers gleichbedeutend".

20) Vgl. Heck, Das Problem der Rechtsgewinnung, 2. Aufl. Tübingen 1932, S. 8; Begriffsbildung und Interessenjurisprudenz S. 107 („denkender Gehorsam" des Richters) und S. 108.

21) Nach Hans Georg Lüchinger, Die Auslegung der Schweizerischen Bundesverfassung (Dissertation), Zürich 1954, S. 121 f., muß der Interpret versuchen, „nötigenfalls sogar auf Grund von im Zusammenhang mit der Volksabstimmung erscheinenden Presseartikeln und sonstiger historischer Indizien auf den wirklichen Willen des Gesetzgebers zu schließen". Wie wenig aber aus der Ent-

wird insoweit Bedeutung eingeräumt, als es in den Materialien selbst zum Ausdruck gelangt[22]).

Der Veränderung der Lebensverhältnisse während der Geltungszeit eines Gesetzes wird vielfach dadurch Rechnung getragen, daß die Zwecksetzung des historischen Gesetzgebers weit gefaßt oder daß dem Gesetzgeber unterstellt wird, er hätte so und so entschieden, wenn er die veränderten Umstände hätte voraussehen können[23]).

bb) Die objektive Methode sucht das „Geschäft" der Interpretation dadurch zu bewältigen, daß sie auf den im Gesetz selbst zum Ausdruck gelangenden, den objektivierten Willen zurückgreift[24]). Für das Anliegen der objektiven Methode spricht die klassische Formulierung Bindings[25]): „Mit dem Moment der Gesetzespublikation ... verschwindet mit einem Schlage der ganze Unterbau von Absichten und Wünschen des ... Urhebers des Gesetzes ..., und das ganze Gesetz ruht nun auf sich selbst". In diesen Zusammenhang gehört auch das geflügelte Wort, das Gesetz sei klüger als der Gesetzgeber, welchem der Gerechtigkeit halber aber auch beigefügt werden muß, es könne dümmer als dieser sein. Bedeutsam für die Begründung der objektiven Methode ist vor allem das sogenannte Formargument[26]). Auslegung darf nur daran orientiert werden, was an der Gesetzeskraft teil hat. Den Materialien, aus denen auf den historischen Willen des Gesetzgebers geschlossen wird, ist jegliche Verbindlichkeit abzusprechen. Ihnen kann nur subsidiäre Funktion zukommen. Primär hat sich der Interpret an der im Gesetz zum Ausdruck gelangenden Begriffs-, Zweck- und Wertsystematik zu halten.

Vielfach wird, wenn von der objektiven Methode die Rede ist, die Meinung geäußert, sie isoliere das Gesetz von seinem historischen Ursprung, spreche ihm eine Art Eigenleben zu und führe zwangsläufig zu einer ständigen Anpassung des Gesetzes an die veränderten Umstände[27]). Unter diesem Gesichtspunkt wird die objektive Methode auch als die progressive der konservativen subjektiven Methode gegenübergestellt. Das ist

---

stehungsgeschichte für den „wirklichen Willen des Gesetzgebers" zu gewinnen ist — selbst wenn man einfaches Gesetz interpretiert — hat Karl Zeidler, Maßnahmegesetz und „klassisches" Gesetz, Karlsruhe 1961, S. 179 ff., am Beispiel des Straffreiheitsgesetzes 1954 eindrucksvoll dargelegt.

22) So Lüchinger, BV-Auslegung S. 125 f.

23) Vgl. Lüchinger, BV-Auslegung S. 110 ff. mit weiteren Hinweisen.

24) Dazu näher Keller, Gesetzeswortlaut S. 151 ff.

25) Karl Binding, Handbuch des Strafrechts, Band I, Leipzig 1885, S. 454.

26) Dazu eingehend Keller Gesetzeswortlaut S. 247 ff.

27) So Engisch, Einführung S. 90.

deshalb nicht ganz zutreffend, weil die Vorstellung, die Auslegung habe in Hinblick auf den formellen Gesetzeswillen zu geschehen, an sich noch keine Entscheidung für die Berücksichtigung des Zeitfaktors impliziert und es insofern offenläßt, ob die entstehungszeitlichen oder die geltungszeitlichen Faktoren eher zu berücksichtigen seien. Je nachdem kann somit von einer objektiv-entstehungszeitlichen oder einer objektiv-geltungszeitlichen Methode gesprochen werden[28]).

2. Was die Methodenwahl im öffentlichen Recht anlangt, so ist die Lage nicht ohne weiteres übersichtlich.

In jüngster Zeit wird die subjektive Methode, allerdings mit sehr verschiedener Begründung, mit Nachdruck vertreten[29]). Zu erwähnen sind etwa Giacomettis[30]) Auslegungstheorien und die Thesen Lüchingers[31]), wonach der subjektiven Methode im öffentlichen Recht vorab deshalb der Vorrang eingeräumt wird, weil es darum gehe, den wirklichen Willen des souveränen Volkes kompromißlos zur Geltung zu bringen. In einer Heidelberger Dissertation von Tiefenbacher[32]) wird der subjektiven Methode deshalb der Vorzug gegeben, weil das Verfassungsrecht als politisches Recht in wesentlichen Bereichen allgemein und unbestimmt, ein Rückgriff auf die Antrittsintention des Verfassungsgebers somit unerläßlich sei. Forsthoff[33]) setzt sich

---

28) Diese gelungene Begriffsbildung stammt von Keller, Gesetzeswortlaut S. 161 ff.

29) Gelegentlich allerdings auch in etwas abgewandelter Form. So vertritt Nawiasky, Allgemeine Rechtslehre, Einsiedeln/Zürich/Köln 1948, S. 130, eine „veredelte" subjektive Methode. Die „Veredelung" besteht darin, daß es nach Nawiasky zwar auf den Willen des geschichtlichen Gesetzgebers ankommt, aber auf seinen zuletzt geäußerten Willen. So soll die Anwendung einer alten Regel auf eine neue Situation nur dann zulässig sein, wenn „unzweifelhafte Anzeichen dafür vorliegen, daß der heutige Wille (des Gesetzgebers) von dem vergangenen abweicht." (S. 131). — Und wenn solche Anzeichen nicht vorliegen? Soll der Richter dann gegenüber der neuen Situation die Waffen strecken? Auch Nawiaskys Vorschlag ist keine Lösung, sondern nur eine Verschiebung des Problems.

30) Vgl. Zaccaria Giacometti, Die Auslegung der Schweizerischen Bundesverfassung, Tübingen 1925, bes. S. 28; derselbe, Allgemeine Lehren des rechtsstaatlichen Verwaltungsrechtes, Zürich 1960, S. 217 (dort allerdings nur im Sinne einer Rangordnung der Auslegungsmittel).

31) Vgl. Lüchinger, BV-Auslegung S. 90 f.

32) Erhard Tiefenbacher, Über die Auslegung des Grundgesetzes, Heidelberg 1957 (Schreibmaschinenmanuskript), S. 138.

33) Vgl. ZgStW 96 (1936) S. 49, 65: „... in der chaotischen Vielzahl der Meinungen und privatethischen Überzeugungen (sei) der ‚Wille des Gesetzgebers' der einzige klare und objektive Anhalt ..., der dem Interpreten des Gesetzes noch übrig bleibe"; Schmitt-Festschrift S. 47: „Die Preisgabe der klassischen Regeln der Auslegungs-

für eine auf den Willen des historischen Verfassungsgebers abstellende Methode vor allem um der Evidenz und Generalität des Verfassungsgesetzes willen ein.

So unübersichtlich die Lage auch sein mag, trotzdem wird man im großen und ganzen, vorsichtig ausgedrückt, eine starke Tendenz zu dieser oder jener Spielform der objektiven Methode feststellen dürfen[34]).

a) Diese Tendenz gelangt auch in der Auslegungspraxis der staatsrechtlichen Abteilung des Schweizerischen Bundesgerichts zur Geltung. Diese Feststellung wird allerdings nicht unwidersprochen bleiben. Hat doch diese Praxis im Schweizerischen Schrifttum herbe, ja harte Kritik gefunden, die summa summarum in die Formel zusammengefaßt werden kann: Das Gericht befolge in der Methodenfrage grundsatzlos den Grundsatz der Grundsatzlosigkeit[35]). Ich kann mich dieser Kritik nicht anschließen, und zwar aus folgenden Erwägungen:

aa) In konstanter Praxis hat es das Gericht abgelehnt, den aus den Materialien zu ermittelnden Äußerungen von „vorberathenden Faktoren" über den Sinn des Gesetzes irgendwelche formale Verbindlichkeit zuzugestehen. „Solche Äußerungen besitzen keine Gesetzeskraft", heißt es in einer Entscheidung[36]). Daraus ergibt sich: Gegen das, was mit den Mitteln der grammatikalischen, systematischen, teleologischen Methode aus dem Gesetz selbst ermittelt worden ist, kann der Befund aus dem Studium der Materialien nicht ausgespielt werden; denn der Wille des Gesetzgebers, auf den hin Auslegung zu geschehen hat, ist das publizierte Gesetz. Den Materialien, an deren Ergiebigkeit das Gericht ganz allgemein zweifelt, kommt somit subsidiäre Bedeutung zu. Was den Zeitfaktor anbetrifft, so hat das Gericht den im Gesetz objektivierten gesetzgeberischen Willen wiederholt im Lichte allgemeiner Rechtsanschauungen und unter Berücksichtigung der gegenwärtigen

---

kunst ... nimmt der Norm die Evidenz." und a. a. O. S. 48: „Wo nichts gemeint ist, läßt sich auch nichts interpretieren"; Verfassungsauslegung S. 39.

[34]) Die objektive Methode befürworten mehr oder minder ausdrücklich: Maunz/Dürig, Grundgesetz, Art. 19 Abs. 4 Randnr. 9; Klein in: v. Mangoldt/Klein, Das Bonner Grundgesetz, 2. Aufl. Berlin/Frankfurt a. M. 1955, S. 8 und 119; Hans J. Wolff, Verwaltungsrecht I, 4. Aufl. München und Berlin 1961, S. 122: „Die Motive der gesetzgebenden Organe sind zu berücksichtigen, sofern sie im Gesetz Ausdruck gefunden haben"; v. Turegg, Lehrbuch des Verwaltungsrechts, 3. Aufl. Berlin 1956, S. 70 f.

[35]) So Meier-Hayoz, SchweizJZ 1956 S. 173; Keller, Gesetzeswortlaut S. 219.

[36]) BGE 10 S. 159; im gleichen Sinne: BGE 79 I S. 20; 82 II S. 485; 81 I S. 282.

Verhältnisse ausgelegt. Von dieser klaren Konzeption löst sich das Gericht meines Erachtens auch in der sogenannten Frauenstimmrechtsentscheidung nicht, welche in einem besonderen Maße ins Kreuzfeuer der Kritik geraten ist[37]). Das Gericht hatte sich mit der Frage zu befassen, ob durch Neuinterpretation des Art. 23 der Waadtländischen Kantonsverfassung den Frauen das aktive Wahl- und Stimmrecht kraft Rechtsgleichheit zuerkannt werden könne. Zur Methodenfrage hat es sich im Zuge seiner Erwägungen, die zu einem negativen Ergebnis führten, einläßlich und wie folgt geäußert: Es faßt zunächst die bisherige Praxis zusammen. Alsdann legt es dar, daß im Ausnahmefall dann auf die Materialien abzustellen sei, wenn sie klar und eindeutig über den gesetzgeberischen Willen Auskunft erteilten, und es stellt fest, daß in concreto ein solcher Ausnahmefall vorliege. Infolgedessen stützt es seine Entscheidung auf den Materialienbefund und darauf, daß der ursprüngliche gesetzgeberische Wille durch langdauernde, von den Rechtsadressaten hingenommene Praxis der Behörden bewährt worden sei. In einem solchen Falle aber werde die Gewohnheit gleichsam zu einem integrierenden Bestandteil des Gesetzes selbst und binde den rechtsanwendenden Richter.

Man mag es bedauern, daß sich das Gericht zu der allgemeinen Erklärung bemüßigt sah, es beurteile an sich die Methodenfrage jeweils vom gegebenen Fall aus[38]), eine Erklärung, aus welcher tatsächlich ein Bekenntnis zum Methodenrelativismus abgelesen werden kann. Der Sache nach ist seine Entscheidung jedoch meines Erachtens konsequent und klar.

bb) Ich darf Ihre Aufmerksamkeit im gegebenen Zusammenhang noch auf zweierlei lenken: Einmal auf die Selbstverständlichkeit, mit der das Gericht davon ausgeht, daß der Wille des gesetzes ein logisch-teleologisches Sinngebilde darstelle[39]; und zum anderen auf die Selbstverständlichkeit, mit welcher es offenbar davon ausgeht, daß eine Verfassung die höchsten Prin-

---

[37]) Vgl. BGE 83 I S. 173 ff. und dazu die scharfe Kritik von Hans Huber, Zeitschrift des Bernischen Juristenvereins (ZBJV) 1958 S. 457, 465 ff., Wilfried Schaumann, Bemerkungen zur schweizerischen Rechtsprechung des Jahres 1957, ZSR nF 77 (1958) S. 470, 477, Imboden, Hans-Huber-Festschrift S. 133, 134 ff., und Keller, Gesetzeswortlaut S. 225.

[38]) BGE 83 I S. 177.

[39]) Das wird besonders deutlich an der Rechtsprechung des Gerichtes zur Lückenausfüllung durch Vollzugsverordnungen (BGE 84 I S. 94; 64 I S. 315; 45 I S. 67): Eine Vollzugsverordnung darf das Gesetz sinngemäß ergänzen, wo dieses stillschweigt oder eine Lücke enthält. Der Gesetzeswille entfaltet sich nach dem Bundesgericht also in einem sinnvollen System, das der Rechtsanwender ergänzen kann, ohne es verfälschen zu müssen.

zipien der Gerechtigkeit und der Humanität impliziere, welche allenfalls zur Auslegung von Einzelvorschriften heranzuziehen seien. Ich darf auf eine Entscheidung aus früheren Jahren hinweisen, in welcher diese für die Auslegungsfrage bedeutsame Konzeption eindrücklich zur Geltung gelangt. Wenn einer Kantons-Verfassung nicht entnommen werden kann, ob ihre „Grundsätze und Gewährleistungen" auch für Ausländer gelten, so ist davon auszugehen, daß dann, wenn sie auf Postulate der Gerechtigkeit und der Humanität oder auf allgemeine in der Internationalen Rechtsordnung anerkannte Prinzipien zurückzuführen sind, sie auf alle Menschen anzuwenden seien[40]).

b) Diese Konzeption verdient vor allem Interesse im Hinblick auf die Bestimmung des Verhältnisses zwischen dem Standpunkt des Schweizerischen Bundesgerichtes und dem des Bundesverfassungsgerichtes in der Frage der Methodenwahl.

aa) Wie das Bundesgericht, so hat sich das Bundesverfassungsgericht grundsätzlich für die objektive Methode entschieden und der historischen, an den Materialien, an geschichtlichen Zusammenhängen orientierten Methode nur subsidiäre Bedeudung zugesprochen[41]). Daß es von historischen Erwägungen, Analysen der Entstehungsgeschichte, der Geschichte des Beamtentums im NS-Regime, relativ häufig Gebrauch macht, kann nicht dafür geltend gemacht werden, daß es keine Entscheidung getroffen, sondern lediglich ein Lippenbekenntnis abgelegt habe[42]). Einmal deshalb nicht, weil die historischen und die systematisch-teleologischen Erwägungen sich vielfach ergänzen. Und zum anderen deshalb nicht, weil mit der Entscheidung für die objektive Methode die Berücksichtigung entstehungszeitlicher Faktoren, denen das Gericht gegenüber gel-

---

[40]) BGE 7 S. 513 ff.

[41]) Vgl. BVerfGE 1 S. 299, 312; 8 S. 274, 307; 11 S. 126, 130.

[42]) So Tiefenbacher, GG-Auslegung S. 154. Tiefenbacher gesteht selbst zu, daß jede Methode Elemente der anderen in sich aufnehmen muß (S. 27 und 92), spielt aber die Rückgriffe des Bundesverfassungsgerichtes auf die Materialien und die Entstehungsgeschichte summarisch gegen die in vielen Fällen praktizierte methodische Grundtendenz des Gerichtes aus. Überdies nimmt er offenbar die entstehungszeitliche Argumentation insgesamt für die subjektive Theorie in Anspruch, sogar in den Fällen, in denen der („objektive") Wortlaut einer Verfassungsnorm zeitlich zurückverweist. Beispielsweise meint Tiefenbacher (S. 157), im Beamten-Urteil (BVerfGE 3 S. 58 ff.) habe das Bundesverfassungsgericht nach der subjektiven Methode argumentiert, weil es versucht habe, die Ereignisse vom Mai 1945 in ihrer politisch-historischen Bedeutung zu verstehen (vgl. BVerfGE 3 S. 58, 85 ff.). Man kann das Beamten-Urteil jedoch genauso gut im Sinne der objektiven Methode deuten, da Art. 131 GG ausdrücklich an den 8. Mai 1945 anknüpft.

tungszeitlichen Faktoren, die es nur vorsichtig berücksichtigt, größeres Gewicht gibt, durchaus vereinbar ist.

bb) Wie das Bundesgericht, nur sehr viel bewußter und sicherer, faßt das Bundesverfassungsgericht die Verfassung als logisch-teleologisches Sinngebilde, dessen Einheit durch allgemeine Grundsätze und Leitideen, wie etwa des Sozialstaates oder des Rechtsstaatsprinzips, und durch ein bestimmtes Menschenbild: der gemeinschaftsbezogenen Person, gewährleistet sei, von dem und von denen aus die Einzelvorschrift auszulegen seien[43]). Während nun aber das Bundesgericht diese Prinzipien, Leitideen usw. in notwendiger Verbundenheit mit dem objektivierten Willen des Verfassungsgebers sehen kann[44]), sieht sich das Bundesverfassungsgericht vor einem problematischen Spannungsverhältnis. Es sieht sich außerstande, damit zu rechnen oder daran zu glauben, daß der Verfassungsgeber solche Prinzipien und mit ihnen die Idee des Rechtes mit schlechthiniger Notwendigkeit in seinen Willen aufgenommen habe. Es muß vielmehr — historia vitae magister — mit der Möglichkeit ungerechten Verfassungsrechtes rechnen[45]). Wie das Bundesverfassungsgericht den damit gegebenen Schwierigkeiten Herr zu werden versucht, ist bekannt. Es arbeitet mit einer Vermutung zu Gunsten des freiheitlich-demokratischen Verfassungsgebers, in concreto des parlamentarischen Rates, deren Widerlegung es als theoretisch möglich, praktisch aber als fast ausgeschlossen bezeichnet. Ob diese Vermutung, durch welche es die Grundnorm der Gerechtigkeit mit der Willensentscheidung des Verfassungsgebers verknüpft, zurecht bestehe oder nicht, entscheidet es nicht nur aus den Absichten des Verfassungsgebers, sondern an der Verfassung als einem objektiven Willen selbst. Dergestalt versucht es, Verfassungsinterpretation am Prinzip der Gerechtigkeit und an demjenigen der Rechtssicherheit zu orientieren[46]).

---

[43]) BVerfGE 2 S. 380, 403 und 4 S. 96, 102 (Rechtsstaat und Sozialstaat als Leitideen, vorverfassungsmäßiges Gesamtbild); 3 S. 225, 232 (Ausnahme-Regel-Verhältnis); 4 S. 7, 15 f. und 6 S. 55, 72 (Menschenbild des Grundgesetzes); 6 S. 32, 36 (Auslegungsgrundsatz); 12 S 45, 51.

[44]) Das ist meines Erachtens aus der oben erwähnten Frauenstimmrechtsentscheidung des Bundesgerichtes (BGE 83 I S. 177) zu schließen.

[45]) Vgl. BVerfGE 3 S. 225, 232; ähnlich Bachof, Verfassungswidrige Verfassungsnormen?, Tübingen 1951 S. 28 ff.; vgl. ferner BVerfGE 12 S. 45, 50 (Wehrpflicht) und dazu Scheuner, Der Schutz der Gewissensfreiheit im Recht der Kriegsdienstverweigerer, DÖV 1961 S. 201 ff.

[46]) BVerfGE 7 S. 194, 196; siehe auch BVerfGE 3 S. 225, 232 und dazu die Kritik Apelts, Verfassung und richterliches Prüfungsrecht, JZ 1954, S. 401 ff., und Nawiaskys, Positives und überpositives Recht,

II.

1. Auf dieser Grundlage ist die Frage nach dem zureichenden Grund für die Wahl der Methoden und Prinzipien der Verfassungsinterpretation zu erörtern. Dabei ist davon auszugehen, daß sich das Problem der Interpretation unter zwei Gesichtspunkten stellt: einem praktischen und einem theoretischen.

a) Unter dem praktischen Gesichtspunkt erscheint das Interpretationsproblem im Zeichen der Frage: Wie kann es gelingen, die eigentlichen Intentionen der Verfassung angesichts der Möglichkeit der Zweideutigkeit der Sprache, in der sie zum Ausdruck gelangen, zu realisieren? Interpretationsmethoden haben diesem Ziel zu dienen und die Gefahr abzuwehren, daß angesichts der Interpretationsbedürftigkeit einzelner Vorschriften der jeweilige Interpret das Eigentliche der Verfassung umbiege und verfälsche[47]).

b) Eng verbunden mit dem praktischen ist der theoretische Gesichtspunkt. Er zeigt die Interpretationsproblematik im Zeichen der Frage: Wie kann es gelingen, Interpreta-

---

JZ 1954 S. 717 ff. — Ob die Kritik Apelts im einzelnen berechtigt ist, braucht hier nicht untersucht zu werden, weil sie den methodischen Aspekt der verfassungsgerichtlichen Entscheidung nicht behandelt: Apelt führt nur die Überordnung des Verfassungsgebers über das Gericht (a.a.O. S. 404) gegen den Rekurs des Bundesverfassungsgerichtes auf die „Idee des Rechtes" ins Feld, erörtert aber nicht, ob nicht das Bundesverfassungsgericht methodisch an eine solche Idee anknüpfen darf. — Nawiasky hingegen scheint mir vom methodischen Ansatzpunkt des Bundesverfassungsgerichts nicht allzu weit entfernt zu sein. Zwar will er nicht an die „Idee des Rechtes" anknüpfen, weil er die Existenz eines überpositiven Rechtes ablehnt, aber den Rückgriff auf eine Grundnorm, die aus dem positiven Recht zu erschließen ist, hält er für möglich (a.a.O. S. 719). Unter methodischem Aspekt dürfte es jedoch keinen tiefgreifenden Unterschied bedeuten, ob man von einer „Idee des Rechtes" oder von einer Grundnorm aus denkt.

[47]) Es sei hier an die Kritik der Nationalsozialisten an der „liberalen" Haltung der Richter erinnert, wie sie beispielsweise in einem Vortrag „Zur Rechtssicherheit und Unabhängigkeit der Richter" zum Ausdruck kommt, den das Reichssicherheitshauptamt im Oktober 1942 an alle SD-Dienststellen verteilen ließ (abgedruckt in den Vierteljahresheften für Zeitgeschichte 1956 S. 408 ff.; siehe dazu meine Bemerkungen a. a. O. S. 399 ff.). Nicht minder artikuliert äußerte sich in der Weimarer Zeit die Kritik der Sozialdemokratie an der „Rechtstendenz" der deutschen Gerichte. „Die Justiz" — das „Organ des Republikanischen Richterbundes" — (1925—1933) bietet in jedem Jahrgang genügend Belege; als Beispiel vergleiche Sinzheimer, Die Legalisierung des politischen Mordes, Die Justiz Bd. 5 (1929—30) S. 65.

tionsmethoden zu entwickeln, die, theoretisch-wissenschaftlich gesichert, willkürliche Auslegungen verhindern[48])?

2. Das Verhältnis zwischen theoretischer und praktischer Fragestellung ist vorab unter zwei Voraussetzungen unproblematisch:

a) Dann, wenn die theoretische Fragestellung aus dem Felde der Praxis überhaupt ausgeschlossen ist. Um nur ein Beispiel zu nennen: Pascal verbietet für den Bereich der Verfassungsverwirklichung — Verfassungsverwirklichung heißt hier Machtverwirklichung um des Friedens und der Ordnung willen — jegliche theoretisch-wissenschaftliche Argumentation, weil sie die Eigengesetzlichkeit der Machtentfaltung und damit die Erreichung des Machtzweckes gefährden würde. Konsequenz: Wie der Befehl des Mächtigen zu verstehen und auszulegen ist, kann letztlich nur von ihm selbst, nicht aber vom Boden einer wissenschaftlichen Theorie, entschieden werden[49]).

b) Dann, wenn davon ausgegangen wird, daß die praktische Entscheidung immer auch die theoretisch richtige sei. Eine derartige Hereinnahme der Theorie in die Praxis geschieht auf dem Boden des Marxismus[50]). In einer reich dokumentierten Untersuchung über „Die Rechtspflege und der Begriff der Gesetzlichkeit in der DDR" hat Otto Kirchheimer die Konsequenz einer solchen Grundkonzeption für das Interpretationsproblem sichtbar gemacht. Er schließt seine Untersuchungen mit der Formulierung: „Und so reduzieren sich die Variablen des Rätselspiels, ‚Rechtsauslegung' genannt, recht drastisch auf die wechselnden politischen Bedürfnisse des kommunistischen Regimes"[51]).

---

[48]) So fordert Keller, Gesetzeswortlaut S. 224, vom Schweizerischen Bundesgericht: „Es muß die zu verwendende Methode methodisch wählen, die Entscheidung darüber, welche Methode zum ‚wirklichen Sinn' führt ‚methodisch' treffen"; siehe auch Lüchinger, BV-Auslegung S. 13: „Da die Methode zu einem ganz bestimmten Auslegungsergebnis führen soll, muß sie auch so beschaffen sein, daß sie dieses Ergebnis möglichst präzis zu bestimmen imstande ist."

[49]) Ganz in diesem Sinne hat Pascal der wissenschaftlichen Theorie jeden Einfluß auf die staatliche Machtausübung abschneiden, andererseits aber auch den Bereich der Wissenschaft gegenüber Machtsprüchen sichern wollen; vgl. meinen Aufsatz: Pascals Plaisante Justice, ARSP XXXIX (1950/51) S. 79, 88. In diesen Zusammenhang gehört auch das Interpretationsverbot im Zeichen des Absolutismus; dazu Lüchinger, BV-Auslegung S. 25.

[50]) Das Ineinssetzen von Theorie und Praxis bei Marx und Engels hat Franz Neubauer kürzlich in: Die Bedeutung der Praxis in den Schriften von Marx und Engels, ARSP XLVII (1961) S. 179 ff., eingehend aus den Schriften der beiden Gesellschaftstheoretiker belegt.

[51]) Kirchheimer, AöR 85 S. 1, 65.

3. Problematisch ist das Verhältnis von praktischer und theoretischer Fragestellung, wenn man der Theorie Eigenständigkeit im Verhältnis zur Praxis einzuräumen bereit ist, wie es auf der Grundlage einer Verfassung, welche die Freiheit von Forschung und Lehre anerkennt, eine Selbstverständlichkeit darstellt. Wie schwierig es ist, mit dieser „Selbstverständlichkeit" zurechtzukommen, zeigt allein ein Blick auf die Diskussion um die Bedeutung der Treueklauseln[52]). Die eminenten Schwierigkeiten, die damit verbunden sind, treten vor allem auch dann in Erscheinung, wenn wir uns vergegenwärtigen, mit welchen Verfassungsbegriffen wir auch heute noch zumeist arbeiten, und von welchen Vorstellungen aus wir die Rechtswissenschaft in ihren wichtigsten Disziplinen als dogmatische Wissenschaft erfassen.

a) Vielfach wird auch heute das Wesen der Verfassung einseitig von der Praxis aus bestimmt, indem es letztlich auf die Entscheidung des souveränen Volkes, auf einen Willensakt also und die in ihm wirkenden herrschenden Überzeugungen oder die gegebenen Machtverhältnisse zurückgeführt wird[53]). Daran ändert sich nichts, wenn die Verfassung als positives Gesetz von ihrem Grunde formal abgehoben und eine konkrete Verfassung als Wertordnung oder als Ausdruck der Staatsidee begriffen wird, die zu verwirklichen Aufgabe aller Gewalten sei[54]). In all diesen Fällen kommt früher oder später die Frage

---

[52]) Vgl. unter anderen: Ernst Friesenhahn, Staatsrechtslehrer und Verfassung, Krefeld 1951; Richard Thoma, Die Lehrfreiheit des Hochschullehrers und ihre Begrenzung durch das Bonner Grundgesetz, Tübingen 1952; Herbert Wehrhahn, Lehrfreiheit und Verfassungstreue, Tübingen 1955.

[53]) So lebt die ganze Kritik Werner Webers am Grundgesetz (vor allem in: Spannungen und Kräfte im westdeutschen Verfassungssystem, 2. Aufl. Stuttgart 1958) davon, daß Weber das „wirkliche politische Kräftespiel unserer Tage" (a. a. O. S. 42) gegen die Normen der Verfassung ausspielt. Besonders deutlich hat Wilhelm Henke, Die verfassungsgebende Gewalt des deutschen Volkes, Stuttgart 1957, S. 12, den Erfolg als einziges Kriterium für die Richtigkeit einer Verfassung aufgestellt: „Die Antwort (der Verfassungsentscheidung) bewährt sich als richtig, wenn sie der Frage (nach der politischen Einheit) gemäß ist, wenn sie ihr entspricht, hier also, wenn sie die politische Einheit als das, was sie wirklich ist, schafft und gestaltet. Tut sie der politischen Einheit dagegen Abbruch, führt sie zu Zwietracht und Chaos, dann bewährt sie sich nicht als richtig, dann ist sie falsch"; zur Kritik an Henke vgl. Roellecke, Politik und Verfassungsgerichtsbarkeit, Heidelberg 1961, S. 221.

[54]) Nach Hans Kelsen (Reine Rechtslehre, 2. Aufl. Wien 1960 S. 219) ist zwar die tatsächliche Wirksamkeit einer Rechtsnorm nicht Bedingung für ihre Geltung, wohl aber die tatsächliche Wirksamkeit der Rechtsordnung als Ganzes Bedingung für die Geltung der Rechtsordnung als Ganzes; formal bleibt also die Eigenstän-

in Sicht, ob sich nicht eine Veränderung in der Grundlage selbst vollzogen, sich die tragende Überzeugung, die Machtverhältnisse gewandelt haben. Damit aber wird gerade fraglich, woraufhin Verfassungsinterpretation sich zu richten habe, auf das „politische" Neue oder das im Gesetz versteinerte Alte. Zweilerlei ist es doch wohl, ob man eine freiheitlich-demokratische Verfassung von der Annahme aus interpretiert, ihre geistesgeschichtlichen Voraussetzungen seien im Zeitalter des politischen Mythos entfallen, oder ob man unbekümmert eine praestabilierte Harmonie zwischen Verfassung und Wirklichkeit annimmt[55]). Aus diesem Dilemma wird der Interpret nur befreit, wenn er von der Theorie auf das, woraufhin er seine Bemühungen zu richten hat, verwiesen wird. Ob dieses „Woraufhin" einer Geschichtsphilosophie, welche entweder besagt, daß das Bestehende das Bessere oder daß das Neue das Bessere impliziere, oder ob es einer Wertphilosophie entstammt, ist gleichgültig[56]).

---

digkeit der positiven Rechtsordnung gewahrt, aber: „Sobald die Verfassung, und das heißt die auf ihrer Grundlage gesetzte Rechtsordnung als Ganzes ihre Wirksamkeit verliert, verlieren die Rechtsordnung und damit jede einzelne ihrer Normen ihre Geltung". Nach Hans Nef entscheidet „die Verfassung die grundsätzlichen Wertfragen" (Sinn und Schutz verfassungsmäßiger Gesetzgebung und rechtmäßiger Verwaltung im Bunde, ZSR nF 69 (1950) S. 133 a, 150 a, Die Wertordnung der Schweizerischen Bundesverfassung, Hans-Huber-Festschrift S. 190 ff.). Nach Giacometti ist die schweizerische Bundesverfassung die „Verkörperung der schweizerischen Staatsidee" (Fleiner/Giacometti, Schweizerisches Bundesstaatsrecht, Zürich 1949, S. 30; siehe auch Verfassungsauslegung S. 29). Zum Verhältnis von Wirklichkeit und Norm vgl. Reinhard Holubek, Allgemeine Staatslehre als empirische Wissenschaft — Eine Untersuchung am Beispiel von Georg Jellinek, Bonn 1961.

[55]) So ist es für die Art und Weise, in der Carl Schmitt die Weimarer Reichsverfassung interpretiert, entscheidend, daß er schon 1923 feststellt, im Zeitalter des politischen Mythos seien die Voraussetzungen für eine liberal-demokratische Verfassung entfallen (vgl. Die geistesgeschichtliche Lage des heutigen Parlamentarismus, 1. Aufl. München und Leipzig 1923). Mit dieser Feststellung wird die Wendung zum plebiszitär-demokratischen System vorbereitet, innerhalb dessen dem Reichspräsidenten als dem Führer des Volkes der Primat zukommt (vgl. näher meine Arbeit: Ausnahmezustand und Norm — Eine Studie zur Rechtslehre von Carl Schmitt, Stuttgart 1957, S. 186 ff.).

[56]) Trotz seiner strikten Zurückweisung der Philosophie aus dem juristischen Bereich (vgl. Schmitt-Festschrift S. 52 Fußnote 30) ist auch Forsthoffs Kritik an der Rechtsprechung des Bundesverfassungsgerichtes in dem Sinne geschichtsphilosophisch orientiert, daß sie dem „Überkommenen" gegenüber neuen Verstehensmöglichkeiten prinzipiell den Vorrang einräumt; vgl. Schmitt-Festschrift S. 44 ff., wo die Unzulänglichkeit der „geisteswissenschaftlichen Methode der Sinnerfassung" demonstriert und die Zulänglichkeit des „über-

b) Zum nämlichen Dilemma gelangen wir, wenn wir die Aufgaben der Interpretation wissenstheoretisch den Aufgaben der Dogmatik zuordnen, das Feld der Dogmatik aber dergestalt bestimmen, daß ihr Gegenstand, die Verfassung, als ein Produkt der Praxis des schaffenden, sich stets transzendierenden Lebens zu begreifen ist. „Das schaffende Leben... ist... Praxis", heißt es bei Rothacker[57]).

c) Das aber führt zu der Frage, ob die Theorie überhaupt in der Lage sei, ein solches Richtmaß zu vermitteln, oder ob sie lediglich die Kraft besitze, die Notwendigkeit ihrer Kapitulation vor der Praxis zu begründen.

aa) Eine solche Begründung liegt vor, wenn sie ihre Zuständigkeit darauf beschränkt, empirisch faßbare Verfassungstypen bzw. Typen der dogmatischen Erfassung von Rechtsordnungen mit spezifischen Interpretationsformen zu verbinden. Theodor Viehweg[58]) hat dergestalt Interpretationsformen in Zuordnung zu zwei Typen gegenwärtiger Rechtsdogmatik der geschichts-philosophisch-marxistischen und der sogenannten Rechtsgrundsatzdogmatik beschrieben. In einem Fall geschieht die Interpretation eines Gesetzes im Hinblick auf den Sinn des Gesamtgeschehens, im anderen Fall im Hinblick auf bestimmte Grundsätze, die vom Geschehensablauf gerade unabhängig gedacht werden müssen[59]). Die große Bedeutung solcher Beschreibungen ist evident, vor allem, wenn man den Hinweis überdenkt, daß in unsere Rechtsdogmatik und die ihr zugeordnete Interpretationsmethodik nur allzuleicht Elemente einer geschichtsphilosophischen Dogmatik einbezogen werden. Auf die hier interessierende Frage nach dem Wandel der Überzeugungen, kann und will sie selbstverständlich keine

---

kommenen Systems der juristischen Hermeneutik" vorausgesetzt wird, und ganz deutlich in: Verfassungsauslegung S. 24: „Die Verfassungsauslegung sollte deshalb einem vorsichtigen Konservatismus huldigen". Bemerkenswert ist demgegenüber, daß Forsthoff andererseits der geisteswissenschaftlichen Methode mangelnde Aktualität vorwirft, insofern als sie auf die „anachronistischen" Wertphilosophien zurückgreift (Schmitt-Festschrift S. 41). Zur philosophischen Position Forsthoffs vgl. Hollerbach, AöR 85 S. 268 ff.

[57]) Die dogmatische Denkform in den Geisteswissenschaften und das Problem des Historismus, in: Akademie der Wissenschaften und der Literatur in Mainz, Abhandlungen der geistes- und sozialwissenschaftlichen Klasse 1954 S. 243, 272; siehe auch: Zur Philosophie der dogmatischen Methode, in: Dogma und Kritik in den Wissenschaften, Mainzer Universitätsgespräche Sommersemester 1961 S. 53; Probleme der Kulturanthropologie, Bonn 1948, S. 84; Logik und Systematik der Geisteswissenschaften, Bonn 1947, S. 112 ff.

[58]) Vgl. Zwei Rechtsdogmatiken, Emge-Festschrift S. 106 ff.

[59]) Viehweg, Emge-Festschrift S. 111 und S. 113.

Antwort geben; es bleibt doch gerade das Problem, ob es der Zeit entrückte Rechtsgrundsätze gebe, unbeantwortet[60]).

bb) Es ist selbstverständlich, daß eine Methodenlehre, welche die Interpretation dem dogmatischen, normativen Denken zuordnet und als ihre Aufgabe die von aller subjektiven Wertung freie Feststellung des verbindlichen Inhaltes von Rechtssätzen begreift[61]), auf diese Grund- und Grenzfrage der Interpretation keine Antwort geben will und kann, weil sie beim Faktum der gesetzten Rechtsordnung halt macht, wobei man sich allerdings fragen muß, inwieweit von Haltmachen die Rede sein kann, wenn die Systeme der Iurisprudenz als offene bezeichnet werden, in welche „jederzeit neue Prämissen eingeführt werden" können[62]).

cc) Ob die gesuchte Antwort in Sicht kommt, wenn die juristische Hermeneutik aus dem Ganzen einer philosophischen Hermeneutik gesehen wird? Ich möchte es bezweifeln. Hans-Georg Gadamer vertritt die Auffassung, daß gerade die juristische Interpretationsproblematik zur Wiedergewinnung des hermeneutischen Grundproblems führe. „Die juristische Hermeneutik vermag das wirkliche Verfahren der Geisteswissenschaften an sich selbst zu erinnern. Hier haben wir das Modell für das Verhältnis von Vergangenheit und Gegenwart, das wir suchen. Der Richter, welcher das überlieferte Gesetz den Bedürfnissen der Gegenwart anpaßt, will gewiß eine praktische Aufgabe lösen ... Auch in seinem Falle heißt Verstehen und Auslegen: einen geltenden Sinn erkennen und anerkennen. Er sucht dem ‚Rechtsgedanken' des Gesetzes zu entsprechen, indem er es mit der Gegenwart vermittelt"[63]). Gewiß, daß Interpretation nicht schlicht den historischen Willen des Gesetzgebers ermitteln kann, daß sie das Vergangene mit der Gegenwart vermitteln und so eine Distanznahme vom Vergangenen wie von der Gegenwart zu vollziehen hat, gewiß, diese Erkenntnis ist von großer Bedeutung. Aber dann, wenn der „Rechtsgedanke" fragwürdig ist, dann verweist der Gedanke

---

60) Emge-Festschrift S. 114.

61) So Dietrich Jesch, Gesetz und Verwaltung, Tübingen 1961, S. 60: „Ziel aller juristischen Interpretation ist die Feststellung des verbindlichen Inhaltes von Rechtsbegriffen, des Sinnes, der Bedeutung von Rechtssätzen. Da es sich hierbei nur um den objektiv verbindlichen Inhalt der Rechtsnormen handeln kann, muß jede persönliche Wertung des Rechtsanwenders als unzulässig verworfen werden".

62) Jesch, Gesetz und Verwaltung S. 65.

63) Wahrheit und Methode S. 311. Ein schönes Beispiel für die interpretatorische Vermittlung von Geschichte und Gegenwart liefert Hans Peters, Auslegung der Grundrechtsbestimmungen aus der Geschichte, Historisches Jahrbuch 72. Jg. (1953) S. 457 ff.

der Vermittlung doch nur auf die Relativität des Geschichtlichen und vermittelt keine Antwort auf die Frage, woraufhin Interpretation zu geschehen habe.

dd) Die Antwort auf diese Frage zu erteilen ist ein Anspruch, den die Wertphilosophie eines Scheler[64]) und eines Nicolai Hartmann[65]) erheben, indem sie den Interpreten auf letzte, unabdingbare Werte verweisen, angesichts deren Evidenz, Veränderungen der eine Verfassung tragenden Überzeugungen, Meinungen, Machtlagen als irrelevant erscheinen. Allerdings ist die Berufung auf diese oder jene Wertphilosophie harter Kritik ausgesetzt. Arnold Brecht hat sie in seinem anregenden Buch „Politische Theorie" noch einmal eindrucksvoll zusammengefaßt[66]). Dem Argument zwar, das in der Diskussion gelegentlich auftaucht, auf sie könne man sich deshalb nicht berufen, weil ihre Zeit abgelaufen sei, wäre wohl mit der Frage Karl Löwiths[67]) zu begegnen, ob sich denn die Wahrheit am Zeitgemäßen ablesen lasse[68]). Gewichtigere als historische Argumente sind zu notieren. Vor allem dies, auf welches auch Welzel[69]) besonders abhebt, daß Hartmann und Scheler die Art, im konkreten Fall mit Hilfe eines Vorzugsgesetzes den Wertkonflikt zu lösen, teilweise diametral verschieden bestimmt hätten. Wird auf der einen Seite dem höheren Wert der Vorzug gegeben, so auf der anderen dem tieferen als demjenigen, der den höheren erst fundiert[70]).

64) Vgl. Der Formalismus in der Ethik und die materiale Wertethik — Neuer Versuch zur Grundlegung eines ethischen Personalismus, 4. Aufl. Bern 1954, bes. S. 110 ff.

65) Vgl. Ethik, 3. Aufl. Berlin 1949, S. 250 ff.

66) Arnold Brecht, Politische Theorie — Die Grundlagen politischen Denkens im 20. Jahrhundert, Deutsche Ausgabe Tübingen 1961, S. 350 ff.

67) Geschichte, Philosophie und Politik, in: Die politische Erheblichkeit der Wissenschaften, Mainzer Universitätsgespräche Wintersemester 1960/61 S. 23.

68) Die Kritik Forsthoffs, Schmitt-Festschrift S. 41: Wertphilosophierende Juristen könnten im Jahre 1958 schwerlich dem Vorwurf des Anachronismus entgehen, „selbst wenn sie sich auf Scheler berufen sollten", dürfte die „wertphilosophierenden Juristen" daher kaum beeindrucken.

69) Naturrecht und materiale Gerechtigkeit, 3. Aufl. Göttingen 1960, S. 181.

70) Vgl. die Kritik Hartmanns, Ethik S. 254 ff., an Scheler, Formalismus S. 107 ff. Dieser Widerspruch wirkt sich auch — unabhängig davon, wie er im einzelnen zu erklären ist — deutlich in der Rechtstheorie aus. So haben sich Dietrich Schindler, Recht-Staat-Völkergemeinschaft, Zürich 1948, S. 96 f., und Hans Nef, Die Wertordnung der Schweizerischen Bundesverfassung, Hans-Huber-Festschrift S. 190, 198, in der Frage der Werthierarchie Nicolai Hartmann angeschlossen (Schindler, a. a. O.: „Das Höhere läßt sich nur dann erhalten, wenn es die niederen Kategorien in seinen Dienst

4. Erich Kaufmann[71]) hat in seiner Kritik am Neukantianismus schon 1921 eindringlich darauf aufmerksam gemacht, in welchem Maße die deutsche Rechtswissenschaft durch den Zug zu eindimensionalen Begriffsbildungen bestimmt sei: Auf der einen Seite inhaltloser Normformalismus, auf der anderen Seite orientierungslose Tatsachenforschung; auf der einen Seite unter dem Diktat einer auf Methodenreinheit abzielenden Wissenschaftslehre der Verzicht auf Werterkenntnis, auf der anderen Seite der Herrschaftsanspruch der Emotionalität im Hinblick auf die Wertfrage. In dieser Schrift, in welcher er übrigens vor der Möglichkeit warnte, daß das Rechtsdenken im Gegenschlag zu einem überbetonten Rationalismus ganz dem Irrationalismus unterworfen werden könne, hat Kaufmann Kant gegen die Neukantianer gleichsam in Schutz genommen[72]). Was im Neukantianismus in antinomische Gegensätze zerlegt worden sei, theoretische und praktische Erkenntnis, noumenale und phänomenale Welt, Moral und Recht, Kausalität und Freiheit, das sei in der Architektur der drei Kritiken zusammengehalten. So hat er etwa darauf aufmerksam gemacht, wie in der Schrift zum ewigen Frieden das Gebot der praktischen Vernunft und die Möglichkeit seiner Verwirklichung miteinander verknüpft seien[73]).

Hans Welzel[74]) sieht mit aller Vorsicht gegenüber den Gefahren einer summarischen Kantrezeption in Kants Autonomie-

---

stellen kann"; Nef a. a. O.: „Wo diese elementarsten Werte nicht gegeben sind, können sittliche und geistige Werte nicht gedeihen".), während Erich Fechner die Rangordnung der Werte offenbar mehr im Sinne Schelers versteht (vgl. Rechtsphilosophie, Tübingen 1956, S. 45 Fußnote 70).

[71]) Kritik der neukantischen Rechtsphilosophie, Tübingen 1921, besonders S. 65 ff.

[72]) Vgl. Kritik S. 56 ff.

[73]) Vgl. Kritik S. 60 f.; siehe auch Gerhard Krüger, Philosophie und Moral in der kantischen Kritik, Tübingen 1931, S. 233: „Das wahre Verhältnis von ‚Natur' und ‚Freiheit' liegt (bei Kant) auf dem Wege der moralisch ermöglichten Teleologie."

[74]) Vgl. Hans Welzel, Naturrecht und materiale Gerechtigkeit, S. 196; derselbe, Vom irrenden Gewissen, Tübingen 1949, S. 27 ff.; derselbe, Naturrecht und Rechtspositivismus, Festschrift für Hans Niedermeyer, Göttingen 1953, S. 279, 293.

In Naturrecht und materiale Gerechtigkeit, S. 168 f., verweist Wetzel zunächst auf die Unbrauchbarkeit des „Probiersteines": „Frage dich nur: ‚Kannst Du auch wollen, daß Deine Maxime ein allgemeines Gesetz werde? Wo nicht, so ist sie verwerflich'." Jeder besondere Willensinhalt sei fähig, ins Allgemeine gehoben zu werden, falls man nur die Konsequenzen auf sich nehme. Alsdann aber hebt er hervor, daß Kant einem materialen Zweck apriorische Gültigkeit beigemessen habe: der sittlichen Person. „Vermöge der Autonomie der Freiheit ist die Person Mitträger der sittlichen Weltordnung und damit als Subjekt des moralischen Gesetzes Zweck an sich selbst."

gebot, dem Postulat der Freiheit und der Achtung vor der Freiheit des Anderen, einen Satz der materialen Gerechtigkeit,

---

Was den Inhalt des „Autonomiesatzes" anlangt, so ist einmal davor zu warnen, ihn im Sinne eines selbstherrlichen Individualismus mißzuverstehen. „Würde der Person" kraft Autonomie ist nach Kant ohne die Relation der „Mitmenschlichkeit" nicht zu verstehen. Der berühmte Satz „Handle so, daß Du die Menschheit sowohl in Deiner Person als in der Person eines jeden Anderen jederzeit als Zweck, niemals bloß als Mittel brauchst", meint tatsächlich nicht das Individuum allein, sondern die Menschheit als Gemeinschaft von Personen (vgl. dazu Lucien Goldmann, Mensch, Gemeinschaft und Welt in der Philosophie Immanuel Kants, Studien zur Geschichte der Dialektik, Zürich/New York 1945, S. 180).

Zum zweiten aber stellt sich die Frage, ob dieser Inhalt tatsächlich Apriorität für sich beanspruchen könne oder ob er nicht „erschlichen" sei, weil eben Apriorität und formale Allgemeinheit, Aposteriorität und materiale Besonderung notwendig zusammengehörten. Kein Zweifel: Kants Kasuistik, die aus dem ethischen Kardinalsatz entfaltet wird, beruht auf einer Substitution der Person durch den empirischen Menschen (vgl. Welzel a. a. O. S. 170). Insoweit kann auch Klaus Ritter gefolgt werden, wenn er sagt: „An dieser Stelle wird die Ebene des intelligiblen und des empirischen Menschen nicht auseinandergehalten ..." (Zwischen Naturrecht und Rechtspositivmus, Witten 1956, S. 54). Nicht zu folgen vermag ich Ritter jedoch, wenn er dem apriorischen Autonomiesatz jegliche Inhaltlichkeit abspricht. Das Verbot, den Menschen als bloßes Mittel zum Zweck zu betrachten, welches den kardinalen Inhalt der Autonomie ausmacht, wird ja nicht aus der „Natur", dem empirisch erfahrbaren Sein des Menschen abgeleitet, sondern beruht auf einem Postulat, genau wie der formale Gedanke der Selbstgesetzgebung als solcher. An dieser Stelle wird die Ebene des intelligiblen und des empirischen Menschen durchaus auseinandergehalten.

Ritter ist indessen weitgehend Recht zu geben, wenn er das starre Gegeneinander von apriori und aposteriori, formal und material, welches das Schema der Kantschen Philosophie kennzeichnet, zu lösen sucht und ausführt: „... die primären Inhalte der praktischen Vernunft sind Apriori hinsichtlich ethischer Erfahrung, d. i. aber hinsichtlich einer Erfahrung *in* oder *an* der anschaulichen Welt, die in Bezug auf sittliche Gehalte selbst wertindifferent ist" (S. 68). Bedenken melden sich erst da, wo Ritter zur Feststellung gelangt, daß die betreffenden apriorischen Inhalte nicht notwendiger Bestandteil *jeder möglichen* Erfahrung sind (S. 69). Wird die mit dem Apriori gemeinte Unbedingtheit nicht wieder im Aposteriori aufgelöst? Kommt man so nicht wieder zum Resultat, daß es zwar in jedem denkbaren Wertsystem „letzte Werte" gebe, deren Inhalte aber eben nur vom jeweiligen System her zu bestimmen seien? Der Satz von der Freiheit in der Achtung vor der Freiheit des Anderen, wenn ihm Apriorität zugebilligt wird, muß als *denknotwendig* weil normbedingt aufgefaßt werden. Damit ist aber nicht gesagt, daß Sätze der Moral und des Rechts nur soweit haltbar seien, als sie auf den apriorischen *Grundsatz* „*zurückgeführt*" werden können. Gerade für die Frage der inhaltlichen Entfaltung des „Systems" ist Ritters These vom Relationscharakter der praktischen Erkenntnis fruchtbar, wonach der „Zirkel apriori-aposteriori" stets neu durchder allgemein und zugleich inhaltlich bestimmt ist[75]). In diesem Satz einen Leitsatz zu erblicken, der der Interpretation von der Theorie an die Hand gegeben ist, im Wandel der eine Verfassung tragenden Überzeugungen, das Gesollte vom Nichtge-

---

laufen werden muß, wonach „unreduzierbare Bewußtseinsinhalte" Bedingungen ethischer Erfahrung und diese wiederum Bedingungen der inhaltlichen Entfaltung moralischer und rechtlicher „Systeme" darstellen. Das führt zu einer letzten Frage, zu derjenigen nach der Erkennbarkeit des apriorischen Grundsatzes. Ritter bestreitet die Möglichkeit absoluter Gewißheit, wie diejenige absoluten Zweifels. Erkennen erhält für ihn dergestalt „schwebenden Charakter" (S. 80). Erkenntnis „eines obersten Grundsatzes" des Rechts im „strengen" Sinn erscheint somit als ausgeschlossen. Wenn er jedoch von der „praktischen Notwendigkeit" spricht, von einem Bereich unangefochtener Gewißheit auszugehen, so stellt er sich, so möchte ich meinen, dennoch auf den Standpunkt Kants: Ob der Mensch frei ist, können wir nicht wissen, daß er frei sein soll, dagegen wohl; die praktische Notwendigkeit stellt sich als Denknotwendigkeit dar, und als solche ist sie absolut gewiß.

[75]) Einer Kantinterpretation, welche nicht nur feststellt, was war, sondern in einem gewissen Sinne auf Rezeption, auf „Anwendung" zur Klärung und Bewältigung einer gegenwärtigen Problemlage abzielt, steht sofort der bekannte Einwand der zeitlichen Bedingtheit des Kant'schen Denkens entgegen, der im gegebenen Zusammenhang einen besonderen Akzent besitzt: Kant, der Denker des bürgerlichen Rechtsstaates, sei zeitbedingt, will heißen „überholt", wie der bürgerliche Rechtsstaat selbst (vgl. unter diesem Aspekt etwa die Auffassung Carl Schmitts in: Die geistesgeschichtliche Lage des heutigen Parlamentarismus, 2. Aufl. München und Leipzig 1926, S. 21, Verfassungslehre, 3. Aufl. Berlin 1957, S. 217).

Eine interessante Variante zu diesem Thema enthält das Buch von Lucien Goldmann (Mensch, Gemeinschaft und Welt in der Philosophie Immanuel Kants). Goldmann verwirft die Parole „Zurück zu Kant" nicht deshalb, weil Kant der anerkannte Denker des deutschen Bürgertums ist. Er verwirft sie vielmehr deshalb, weil er in Kant einen Denker der Zukunft sieht, dessen Unbedingtheitsanspruch gerade an der Realität des individualistischen, profitsstrebenden Bürgertums scheiterte und in einem „tragischen Pessimismus" den für ihn in seiner Zeit unlösbaren Widerspruch zwischen Gemeinschaftspostulat und egoistischen Interessen zum Ausdruck brachte (a. a. O. S. 181 ff.). Eine derart zukunftsbezogene Interpretation verfehlt das, was uns — um die alte Formel zu nützen — Kant heute sein kann, ebenso wie eine rein vergangenheitsbezogene Deutung, welche Kant nicht als Antagonisten, sondern als Protagonisten seiner Zeit qualifiziert. Faßt man Kant als den Vertreter eines echten, personalen Gemeinschaftsdenkens, der an der Realität der bürgerlichen Gesellschaft scheitern mußte, dann erscheint die Grundspannung zwischen Unbedingtheit und Bedingtheit, Postulat und Geschichtlichkeit, welche Kants Werk aber auch unser gegenwärtiges Fragen beherrscht, lediglich unter dem Aspekt sozialer, historischer Bedingtheit. Mit Gerhard Krüger ist jedoch davon auszugehen: „Die Geschichtlichkeit des Philosophierens erfordert eine Grundlegung der Philosophie, die ebensosehr historisch wie philosophisch sein muß. Als geschichtliches Leben bedarf die Philosophie einer historischen

sollten zu sondern, und das, woraufhin Interpretation geschehen soll, zu bestimmen, ist vielleicht nicht abwegig. Dies aus folgenden Überlegungen: Ob der Mensch frei, das heißt in der Lage ist, sich selbst zu bestimmen, und ob er in Achtung des anderen Menschen sich verhält, kann im Sinne der theoretischen Erkenntnis nicht ausgemittelt werden[76]). Die Annahme, daß er es ist, entspringt einem Sollen, einem Postulat der praktischen Vernunft, einem solchen, dessen Denknotwendigkeit sich daraus erhellt, daß mit ihm die Möglichkeit, den Menschen als geistiges Wesen zu erfassen, steht und fällt[77]).

Selbsterkenntnis. Als Philosophie aber bedarf sie einer philosophischen Selbsterkenntnis: sie muß wissen, was sie inmitten der geschichtlichen Hinfälligkeit und t r o t z ihrer soll und will. Weiß sie das nicht, dann verfällt sie dem ‚Relativismus', einer schleichenden Krankheit, deren unrühmliche Diagnose N i e t z s c h e gestellt hat" (Philosophie und Moral in der kantischen Kritik, S. 2). Von diesem Ausgangspunkt aber wird gerade die vorgenannte Grundspannung in Kants Werk deutlich und zwar in Gestalt der Spannung zwischen dem „radikal Bösen" und dem Sittengesetz, der Freiheit und dem Zerfall der Freiheit. Es darf allerdings nicht übersehen werden, daß Krüger diese das Werk Kants zeichnende Spannung im Vollzug seiner Interpretation dadurch wiederum undeutlich werden läßt, daß er Kant primär nicht als den Zerstörer der alten Metaphysik, sondern als den ausgibt, der diese im Zeichen des Primats der praktischen Vernunft zu retten versucht habe. Gegen diese These wäre nichts einzuwenden, wenn sie nicht durch den Satz von der Faktizität des Sittengebotes mitbedingt wäre, der als der heilige Wille Gottes an den Menschen herantritt und ihn faktisch frei macht, d. h. zu sich selbst bringt (vgl. Krüger, S. 231). So gesehen erscheint die Freiheit im Sinne der Selbstbestimmung als ein Faktum und Gegenstand der theoretischen Erkenntnis, bzw. des G l a u b e n s und nicht mehr als Postulat, dem zwar die Möglichkeit der Erfüllung zugleich aber die Möglichkeit der Nichterfüllung entspricht.

[76]) Das will heißen: für die theoretische Erkenntnis bleibt die Freiheitsfrage problematisch. Der theoretischen Vernunft wird die Rolle des „unparteiischen Kampfrichters" im Widerstreit von Behauptung und Gegenbehauptung, der durch Erfahrung nicht entschieden werden kann, zugemessen (Kritik der reinen Vernunft, A 422—24, 424—25). Diese Erkenntnis der Freiheit aber faßt der Kampfrichter dahingehend zusammen, daß er der These der Idee der Freiheit, wie auch der Antithese der Idee der Kausalität gleich starke Gründe zubilligt. Aber damit ist die Aufgabe nicht erfüllt: Der Ausweg in Neutralität ist kein Ausweg, denn: „Was in allen möglichen Fällen Recht oder Unrecht sei, muß man der Regel nach wissen können, weil es unsere Verbindlichkeit betrifft..." (a. a. O. A 475—76). Schon diese Formulierung zeigt, daß die Entscheidung nicht im Felde der theoretischen, sondern demjenigen der praktischen Vernunft erfolgen wird.

[77]) Gerade Gerhard Krüger hat eindringlich dargetan, daß letztlich auch das Feld der theoretischen Erkenntnis allein durch die Postulate der praktischen Vernunft als gesichert erscheint. So formuliert er zusammenfassend: „Die menschliche Vernunft als

Walter Burckhardt hat diese Überlegung zur Fundierung seiner Völkerrechtskonzeption vorgetragen: Das Völkerrecht sei ein denknotwendiges Postulat, weil ohne es das Menschliche im Tierischen aufgehoben wäre[78]). Da es nicht erweislich ist,

---

solche hat für das System der Schöpfung kein objektives Prinzip, wenn sie den kategorischen Imperativ nicht kennt." (Philosophie und Moral in der kantischen Kritik S. 229 f.). Allerdings vermag ich Krüger, wie bereits erwähnt, insoweit nicht zu folgen, als er die Postulate der praktischen Vernunft in der Faktizität des Sittengesetzes und damit der Faktizität der Autonomie unproblematisch fundiert sieht. In der „Kritik der praktischen Vernunft" hebt Kant im Abschnitt: Von der praktischen Bestimmung des Menschen weislich angemessenen Proportion seines Erkenntnisvermögens, die Gefahr für die Freiheit hervor, die dann entstünde, wenn der Mensch die Existenz Gottes und damit die Faktizität des Sittengesetzes im Sinne der Theorie zu erkennen vermöchte: „Aber, statt des Streits, den jetzt die moralische Gesinnung mit den Neigungen zu führen hat, in welchen, nach einigen Niederlagen, doch allmählich moralische Stärke der Seele zu erwerben ist, würden Gott und Ewigkeit mit ihrer furchtbaren Majestät uns unablässig vor Augen liegen... Die Übertretung des Gesetzes würde freilich vermieden, das Gebotene getan werden ... Das Verhalten der Menschen, solange ihre Natur, wie sie jetzt ist, bliebe, würde ... in einen bloßen Mechanismus verwandelt werden, wo, wie im Marionettenspiel, alle gut gesticulieren, aber in den Figuren kein Leben anzutreffen sein würde. Nun, da es mit uns ganz anders beschaffen ist, da wir mit aller Anstrengung der Vernunft, nur sehr dunkle und zweideutige Aussicht in die Zukunft aber ..., dagegen das moralische Gesetz in uns, ohne uns etwas mit Sicherheit zu verheißen oder zu drohen, von uns uneigennützige Achtung fordert ...; so kann wahrhafte sittliche dem Guten unmittelbar geweihte Gesinnung stattfinden ..." (1. Ausgabe Riga 1788 [= A] 264—66). Unzweideutig wird so die Grundspannung zwischen Sollen und Sein sichtbar gemacht, in welcher das Wesen der Freiheit wie des Sittengesetzes begreiflich ist. Gewiß ist der inhaltlich bestimmte Autonomiesatz — aber nicht als Faktum, sondern als Postulat, nicht als „Gegenstand" der theoretischen, sondern als solcher der praktischen Vernunft. Ungewiß ist es, ob der Mensch „autonom" ist. Theoretisch ist in dieser Hinsicht allein die Möglichkeit festzustellen, an der wir uns jedoch in praktischer Hinsicht orientieren sollen.

[78]) Vgl. Die Organisation der Rechtsgemeinschaft, 2. Aufl. Zürich 1944, S. 349: „ Das Völkerrecht ist das die Staaten im Verhältnis untereinander verpflichtende Recht. Daß auch die Staaten in ihrem gegenseitigen Verkehr an Rechtssätze gebunden sind, ist ein Postulat der Vernunft. Man kann sich diese Beziehungen nicht anders denken als unter dem Gesichtspunkt des Rechts. Vernunftswesen, wie die Menschen, oder menschliche Gemeinschaften, wie die Staaten, können in ihrem gegenseitigen Verhalten nicht absehen von einem vernünftigen Maßstab, der hier wie bei anderen Gemeinschaften kein anderer als der des Rechtes sein kann ... Der Vernunft entspricht aber hier der Maßstab des Rechts. Ein Staat kann sich über dieses Gebot hinwegsetzen, es in den Wind schlagen; aber er kann sich dann nicht mehr auf die Berechtigung seines Verhaltens berufen und die Nichtberechtigung des ihm antwortenden

ob der Mensch sich dem genannten Grundgebot zuwider oder gemäß verhalten wird, so hat er sich stets auf die doppelte Möglichkeit einzustellen und zwar in der Weise, daß er sich an der positiven orientiert und mit der negativen r e c h n e t. Die Vermutung zugunsten der positiven Möglichkeit verknüpft Norm und Wirklichkeit. An dieser Stelle zeigt sich, wie mir scheint, der Zugang zu Kants Rechts- und Staatsauffassung. Die negative Möglichkeit hat Kant sehr ernst genommen und im Sinne der Lehre vom homo homini lupus bestimmt[79]). Hätte er sich an ihr orientiert, so hätte er folgerichtig zur Staatstheorie von Hobbes gelangen müssen. Hätte er sie nicht ernst genommen, so hätte er folgerichtig von einer Staatstheorie absehen müssen[80]). Da er sich an der positiven Möglichkeit orien-

---

Verhaltens der anderen Staaten behaupten; er hat sich auf den Standpunkt des Tieres begeben und kann sich nicht darüber beklagen, wenn man ihm gegenüber kein Recht mehr anerkennt...".

[79]) Das ergibt sich etwa aus dem Satz: „Der Friedenszustand unter Menschen, die nebeneinander leben, ist kein Naturzustand (status naturalis), der vielmehr ein Zustand des Krieges ist, d. i. wenngleich nicht immer ein Ausbruch der Feindseligkeiten, doch immerwährende Bedrohung mit denselben. Er muß also gestiftet werden..." (Zum ewigen Frieden 1. Ausgabe Königsberg 1795 [= A] 16—18). Gelegentlich verwendet Kant auch Formulierungen, welche unmittelbar an Hobbes erinnern; so etwa, wenn er von der Bösartigkeit der menschlichen Natur spricht, die durch „den Zwang der Regierung sich sehr verschleiert" (a.a.O. A 30—32). Es kann allerdings nicht verkannt werden, daß Zwang als gesetzlicher Zwang begriffen wird, der Gesetzesbegriff wiederum in unlöslicher Verbindung mit dem Freiheitsbegriff steht. „Denn was meine Freiheit betrifft, so habe ich, selbst in Ansehung der göttlichen, von mir durch bloße Vernunft erkennbaren Gesetze, keine Verbindlichkeit, als nur sofern ich dazu selber meine Bestimmung habe geben können." (a. a. O. A 20—22). Das gilt auch für das Rechtsgesetz; aber nur deshalb, weil sich Kant an der M ö g l i c h k e i t orientiert, daß der Mensch eben seiner Freiheit gemäß handeln kann. In diesen Zusammenhang gehört auch der Gedanke, daß das moralische Vermögen des Menschen gestärkt werden könne (vgl. Kritik der praktischen Vernunft, A 264—266).

[80]) In diesem Zusammenhang ist wiederum Goldmanns (Mensch, Gemeinschaft und Welt in der Philosophie Immanuel Kants) Kantinterpretation interessant. Nach Goldmann ist für Kant Geschichte Zukunft, da ihm nicht mehr das Ich, sondern das Wir Subjekt des Denkens und Handelns ist. „Denn für das W i r, für die Gemeinschaft, sind Zukunft und Geschichte identisch" (S. 220). In dieser Sicht erscheint Kants Rechtsstaatsidee lediglich als tragischer Kompromiß zwischen dem „Eigentlichen" und der Realität der bürgerlichen Gesellschaft seiner Zeit, das Eigentliche aber in der Vision vom ewigen Frieden und der weltbürgerlichen Gesellschaft, einer Endzeit, in welcher die vollkommene Tugend den Staatszwang als obsolet erscheinen läßt. So kann denn auch Kant als Vorläufer von Karl Marx bezeichnet werden. Allerdings, räumt Goldmann bezeichnenderweise Weise ein, wußte Kant, daß zu seiner Zeit eine solche Idee eher auf einer moralischen Hypothese

tiert, mit der negativen aber rechnet, gelangt er zur Theorie vom gewaltenteilig organisierten, freiheitsgewährenden Rechtsstaat, ohne welche auch seine Theorie vom ewigen Frieden nicht verstanden werden kann[81]).

III.

A. Welche Folgerungen können nun aus dieser Position gezogen werden?

1. a) Das, woraufhin Interpretation letztlich zu beziehen ist, stellt sich als die Norm des Sittengebotes beziehungsweise des Grundgebotes materialer Gerechtigkeit dar[82]), welches nicht als Produkt der Praxis im Sinne des schaffenden Lebens, sondern als Theorie in Gestalt einer Erkenntnis der praktischen Vernunft zu begreifen ist. Nur so kann eine Interpretationstheorie im Sinne von Hans Huber[83]) als ein Vorgegebenes und nicht von Fall zu Fall nach praktischen Gesichtspunkten zu Bestimmendes verstanden werden. Man wird sich allerdings

---

als auf einer wissenschaftlichen Theorie beruhen konnte. Gerade darin scheint mir das Eigentliche an Kants Konzeption zu liegen, daß er das Postulat erhebt, nie aber die Spannung zwischen Postulat und Wirklichkeit in Gestalt der negativen und der positiven Möglichkeit aufhebt, indem er mit theoretischer Gewißheit für die Zukunft die Identität von Sollen und Sein voraussagt. Die empirisch begründete Vermutung, daß die Verwirklichung des Postulates nicht unmöglich sei, dient lediglich der Bekräftigung des Vertrauens, daß man nicht einer Chimäre nachjage: „Auf die Art garantiert die Natur, durch den Mechanismus in den menschlichen Neigungen selbst, den ewigen Frieden; freilich mit einer Sicherheit, die nicht hinreichend ist, die Zukunft desselben (theoretisch) zu weissagen, aber doch in praktischer Absicht zulangt und es zur Pflicht macht, zu diesem (nicht bloß chimärischen) Zwecke hinzuarbeiten.“ (Zum ewigen Frieden A 63—65).

81) Friede zwischen den Staaten, die keine Gesetzgebungsinstanz über sich haben und haben können, ist nur denkbar unter der Voraussetzung, daß es sich um Rechtsstaaten handelt. So lautet denn auch der erste Definitivartikel zum ewigen Frieden: „Die bürgerliche Verfassung in jedem Staat soll republikanisch sein.“ (Zum ewigen Frieden A 18—20).

82) Auf den untrennbaren Zusammenhang zwischen Methodologie und Rechtsauffassung hat schon früh O. A. Germann hingewiesen; vgl. Imperative und autonome Rechtsauffassung, ZSR nF 46 (1927) S. 183 ff. Neuerdings hat Pawlowski, Gedanken zur Methode der Gesetzesauslegung, AcP 160 (1961) S. 209 ff., am Beispiel der Methodenlehren Savignys, Puchtas, Jherings und Hecks in ähnlichem Sinne wieder auf die enge Verbindung von Methode und Rechtquellenlehre aufmerksam gemacht.

83) In seiner Stellungnahme zum Frauenstimmrechts-Entscheid des Schweizerischen Bundesgerichts, ZBJV 1958 S. 466.

sofort des Einwandes gewärtig sein müssen, daß damit die Interpretationstheorie lediglich mit einem formalen Prinzip verbunden werde, dem jegliche richtunggebende Kraft im konkreten Falle ermangle[84]). Demgegenüber ist zu fragen: Was versteht man unter dem konkreten Fall? Versteht man darunter etwa die Frage, welcher in concreto der richtige Rechtsweg sei, dann allerdings versagt das Prinzip zwangsläufig. Versteht man darunter, welches das Eigentliche der Verfassung sei, das angesichts der Wandlung der Verhältnisse fragwürdig geworden ist, dann versagt es nicht. Denn es ist zweierlei, ob ich davon ausgehe, daß der Mensch dem anderen Menschen in Freiheit Achtung entgegenbringen könne, oder ob er ihn — in Freiheit — umbringt. So oder so werde ich auf ganz verschiedene Verfassungssysteme verwiesen[85]).

b) Das führt zum Zweiten: Verfassungsinterpretation ist angelegt auf die Verwirklichung eines realen, sich in Raum und Zeit entfaltenden Willens eines Verfassungsgebers, dessen formale Geltung sie angesichts der Notwendigkeit voraussetzt, die äußere Ordnung gegen die dem Sitten- und Gerechtigkeitsgebot zuwiderlaufenden menschlichen Willensimpulse durchzusetzen, dessen materielle Geltung sie jedoch nur vermuten darf[86]).

c) Und zum Dritten: Verfassungsinterpretation hat zwar entstehungszeitliche und geltungszeitliche Faktoren, Überzeugungen, Lagen und Situationen zu berücksichtigen, aber nur, soweit sie den das Sitten- bzw. Gerechtigkeitsgebot konkretisierenden verfassungsrechtlichen Kernnormen nicht widersprechen. Denn sie ist primär norm- und nicht wirklichkeitsorien-

---

[84]) So die Kritik Klaus Ritters am kantischen kategorischen Imperativ: Zwischen Naturrecht und Rechtspositivismus S. 53 f.

[85]) Beispielsweise ist die Rechtsstaats-Kritik Carl Schmitts ohne die Voraussetzung, daß der Mensch des Menschen Wolf sei, kaum zu verstehen. Carl Schmitt hat denn auch das Leviathan-Bild des Thomas Hobbes ausdrücklich akzeptiert. In: Der Leviathan in der Staatslehre des Thomas Hobbes — Sinn und Fehlschlag eines politischen Symbols, Hamburg 1938, bedeutet „Fehlschlag" nur, daß es dem Leviathan-Mythos nicht gelungen sei, die „indirekten Gewalten" zu bändigen, die den Staat durch den liberalen Rechtsstaat zerstört hätten. In meinem Beitrag: Zur Problematik der Gewaltenteilung im Rechtsstaat der Gegenwart, AöR 82 S. 1, 3 f., habe ich mich mit den staatsrechtlichen Konsequenzen dieses Bildes auseinandergesetzt.

[86]) In diesem Sinne sind auch die Auseinandersetzung des Bundesverfassungsgerichtes mit dem Problem der verfassungswidrigen Verfassungsnorm im Gleichberechtigungs-Urteil (BVerfGE 3 S. 225, 232) und die Möglichkeit eines Widerstandsrechtes zu verstehen; vgl. dazu meinen Beitrag in: Pfister/Hildmann, Widerstandsrecht und Grenzen der Staatsgewalt, Berlin 1956, S. 143 ff. (Die heutige Position — staatsrechtlich), besonders S. 145 ff.

tiert. In diesem Rahmen hat sie jene Vermittlung von Vergangenheit und Gegenwart zu vollziehen, die nach Gadamer[87]) für das Wesen der Hermeneutik überhaupt charakteristisch ist.

2. Für die Interpretation einer freiheitlich-demokratischen Verfassung lassen sich aus den angegebenen Prämissen vor allem folgende Konsequenzen ziehen:

a) Das Gebot der gerechtigkeitskonformen Interpretation auf der Verfassungsstufe[88]). Dieses Gebot schließt ein anderes aus, nämlich dieses: Verfassungsinterpretation habe kompromißlos dem souveränen Willen des Volkes Geltung zu verschaffen; denn der souveräne Wille des Volkes ist nicht der materielle Geltungsgrund der Rechtsordnung im Ganzen, nicht Akt der Verfassungsgebung, nicht der schöpferische Urakt des Rechts, sondern Willensakt, in dem sich zunächst Herrschaftsmacht konstituiert, die nur im Hinblick auf die Notwendigkeit äußerer Ordnung ihren eigenen formalen Geltungsanspruch besitzt[89]).

b) Aus den nämlichen Grundüberlegungen läßt sich meines Erachtens auch das Gebot der verfassungskonformen Interpretation[90]) von Gesetzen rechtfertigen. Keinesfalls steht es in Widerspruch zu der Forderung, daß Interpretation letztlich am Gerechtigkeitsgebot auszurichten sei. Es sei an die Formulierung von Imboden[91]) erinnert: „Die Rechtfertigung dieser Ma-

---

87) Wahrheit und Methode S. 311.

88) Die Haltung des Bundesverfassungsgerichtes zur Frage der verfassungswidrigen, will heißen, dem Gerechtigkeitsgehalt der Verfassung widersprechenden Verfassungsnormen beruht auf der Vermutung zu Gunsten des 'demokratischen Verfassungsgebers (BVerfGE 3 S. 225, 233: Daß der freiheitlich-demokratische Verfassungsgeber die äußersten Grenzen der Gerechtigkeit überschreite, sei unwahrscheinlich) und ist somit am Gebot orientiert, die Verfassung „verfassungs"- bzw. gerechtigkeitskonform auszulegen.

89) Aus diesem Grunde kann ich Lüchinger, BV-Auslegung S. 90 ff. nicht beipflichten, wenn er die Richtigkeit der subjektiv-historischen Auslegungsmethode aus dem demokratischen Rechtssetzungsprinzip der Schweizerischen Bundesverfassung folgert. Da sich der Willensakt der Verfassungsschöpfung nicht mit dem Geltungsgrund der Verfassung deckt, kann man auch den Geltungskreis einer Verfassungsnorm hic et nunc nicht allein aus dem Willensakt erschließen. Auch das Argument, weil sich das absolut Richtige nicht feststellen lasse, müsse die Mehrheit entscheiden, verfängt nicht. Die Gefahr, daß die Mehrheit auch das feststellbare, relativ Richtige verfehlt, ist eben nie auszuschließen.

90) Wie sie das Bundesverfassungsgericht entwickelt hat; vgl. BVerfGE 2 S. 266, 282; 2 S. 336, 341; 8 S. 28, 34; 8 S. 71, 77 f.; 8 S. 210, 217; 9 S. 194, 200; 12 S. 45, 49; 12 S. 151, 170; siehe dazu Bernd Bender, Inhalt und Grenzen des Gebots der verfassungskonformen Gesetzesauslegung, MDR 1959 S. 441 ff.

91) Hans-Huber-Festschrift S. 138.

xime liegt in der Vorstellung, daß die Rechtsordnung eine unlösbare materielle Einheit — eine Einheit der Wertsetzung und der Vernunft — bildet. Das Grundgesetz als die eigentliche ratio scripta, als Ausdruck der die Rechtsordnung bestimmenden Grundwerte, ist nicht nur der formale Geltungsgrund des tieferstufigen Rechts; es ist zugleich für alles abgeleitete Recht das inhaltliche Grundmaß". Aber nicht nur das: Das Gebot der verfassungskonformen Interpretation von Gesetzen entspricht auch dem Prinzip der Rechtssicherheit, der Notwendigkeit angesichts der Ungewißheit, ob der Einzelne von den ihm eingeräumten Freiheiten den rechten Gebrauch mache, autoritative Grenzen festzulegen und Gesamtaufgaben zu lösen[92]).

c) Damit gelangen wir zur Kernfrage der Methodenwahl. Sie muß vom Postulat der Gerechtigkeit, wie vom Postulat der Rechtssicherheit bestimmt sein[93]). Dem Postulat der Rechtssicherheit entspricht es, die Interpretation daran zu orientieren, was erkennbar und sichtbar geworden ist: am objektivierten Willen des Verfassungsgebers[94]). Diese Lösung widerspricht aber auch dem Gerechtigkeitspostulat nicht, insofern die Vermutung für die gerechte Entscheidung des Verfassungsgebers an seinem Werk zu widerlegen oder zu bestätigen ist[95]). Ergänzend ist primär den entstehungszeitlichen Faktoren Rechnung zu tragen. Auch dies entspricht dem Prinzip der Rechtssicherheit vor allem auch im Hinblick auf die Interessen der Normadressaten und ihre Fähigkeit, das Gewollte in einer konkreten historischen Situation zu verstehen[96]). Eine Berücksich-

---

[92]) Auf die Relation zwischen verfassungskonformer Auslegung und Rechtssicherheit weist besonders Imboden, Hans-Huber-Festschrift S. 142, hin.

[93]) Diesen beiden Postulaten versuchen alle methodologischen Bemühungen gerecht zu werden; vgl. Meier-Hayoz, SchweizJZ 1952 S. 229, 230; Keller, Gesetzeswortlaut S. 255 f. und S. 265 f.; Lüchinger, BV-Auslegung S. 197 ff.

[94]) In diesem Sinne pflichte ich Forsthoff bei, wenn er in Recht und Sprache S. 9 schreibt: „Die Setzung des Gesetzes macht von dieser geistigen Energie der Sprache Gebrauch. Denn sie bedeutet objektivierende Verfestigung eines Rechtsgedankens im gebundenen sprachlichen Ausdruck", und in der Schmitt-Festschrift S. 39: „Als normgemäß können nur solche ... (Mittel der Sinnerfassung) gelten, welche im Wortlaut der zu interpretierenden Normen ihre Rechtfertigung finden."

[95]) Vgl. BVerfGE 3 S. 225, 233: Der Parlamentarische Rat war „bemüht im Grundgesetz die Idee der Gerechtigkeit zu verwirklichen. Ob und inwieweit das gelungen ist, kann ... nur aus dem objektiven Ergebnis der Gesetzgebung, nicht aus der Absicht des Gesetzgebers abgelegesen werden".

[96]) Unter dem Titel „Vertrauensargument" verweist auf diesen Gesichtspunkt besonders Keller, Gesetzeswortlaut S. 272 ff., unter

tigung geltungszeitlicher Faktoren kann wohl, einer Überlegung Dietrich Schindlers entsprechend, im Normalfall dadurch erfolgen, daß die Möglichkeit, den eigentlichen Sinn einer Vorschrift angesichts neuer Sachlagen zu erschließen, nicht durch voreilig schematisierende Begriffskonstruktionen verschlossen wird. Vielfach kann durch den Rückgriff auf die ratio legis angesichts der neuen Sachlage die Ausnahme von der Regel bestimmt und damit eine wirklichkeitsferne Lösung vermieden werden[97]).

d) Wird die Verfassungsinterpretation dergestalt auf den objektiven Willen des freiheitlich-demokratischen Gesetzgebers verwiesen, so ergeben sich aus der Struktur der freiheitlich-demokratischen Verfassung zwei Leitgesichtspunkte der Interpretation.

aa) Zunächst ist die Notwendigkeit hervorzuheben, bei der Auslegung von organisatorischen Bestimmungen das strenge Zuordnungsverhältnis von formellem und materiellem Recht zu berücksichtigen. Das führt zur Absage an die summarische These von der Wertindifferenz und bloßen Technizität organisatorischer Vorschriften, insbesondere des Prinzips der Gewaltenteilung[98]). Allein schon das Gebot verfassungskonformer Interpretation der Gesetze beruht auf der Voraussetzung eines solchen Zuordnungsverhältnisses, welches besonders prägnant durch die Praxis des Schweizerischen Bundesgerichtes betont wird, die Verletzung des Gewaltenteilungsprinzips unter Umständen als Verletzung eines verfassungsmäßigen Rechtes zu qualifizieren[99]).

bb) Zum anderen aber ist das Grundverhältnis zwischen staatlicher Zuständigkeit und Freiheitssphäre im Sinne der Maxime in dubio pro libertate, bzw. der Ausgangsvermutung zugunsten des Menschen zu deuten[100]). Daß es sich dabei nicht

---

Berufung auf Burckhardt, Lücken des Gesetzes S. 71, Methode S. 277.

97) Vgl. Schindler, Recht — Staat — Völkergemeinschaft S. 83: „Es ist ... nötig, das System stets offen zu halten, System und Erkenntnis fortwährend aneinander zu prüfen, das Systemwidrige nicht zu ignorieren, sondern zur Fortbildung und Verbesserung des Systems zu benutzen." Siehe auch Esser, Grundsatz und Norm bes. S. 235 f., 323 ff. über Systembildung.

98) Wie sie etwa Werner Weber in: Spannungen und Kräfte, S. 28, 42, für die Gewaltenteilung des Grundgesetzes behauptet.

99) Vgl. BGE 71 I S. 311 Erwägung 3, und dazu Giacometti, Verfassungsgerichtsbarkeit S. 169; Liselotte Gurny, Der Begriff der Verletzung verfassungsmäßiger Rechte (Dissertation), Winterthur 1959, S. 37.

100) Gisbert Uber, Freiheit des Berufs, Hamburg 1952, S. 27 f., spricht schon ausdrücklich von der Maxime „in dubio pro libertate" als „oberstem Auslegungsgrundsatz"; vgl. auch die Verknüpfung

nur um einen „logischen Kniff", eine Technik aus dem Arsenal der Begriffsjurisprudenz handelt[101]), dürfte aus den bisherigen Ausführungen schon deutlich geworden sein. Zwei bedeutsame Einwendungen werden gegen die Maxime geltend gemacht: eine soziologisch-anthropologische und eine normativ-verfassungsrechtliche.

Die erste Einwendung bringt noch einmal die Grundfrage der Verfassungsinterpretation in Sicht: Woraufhin hat Verfassungsinterpretation zu geschehen? Dieser Einwand kann in die Formel zusammengefaßt werden, daß der Mensch der Massen- und Industriegesellschaft der Freiheit, die ihm die Verfassung einräumt, faktisch nicht mehr gewachsen sei. Wenn dem so wäre, wenn das Gesollte und die Wirklichkeit ohne jegliche Verbindung wären, so fehlte allen subtilen Erwägungen, wie etwa über die Voraussetzungen der Freiheitsbeschränkung durch den Gesetzgeber im Sinne des Übermaßverbotes und des Erforderlichkeitsgedankens[102]), der zureichende Grund, ja der freiheitliche Rechtsstaat müßte als leerlaufender Mechanismus erscheinen[103]). Abgesehen davon: Können wir überhaupt mit

---

zwischen staatlicher Zuständigkeit und Freiheit im Sinne einer Ausgangsvermutung zugunsten des Menschen bei Dürig, Der Grundrechtssatz von der Menschenwürde, AöR 81 S. 117, 123, Verfassung und Verwaltung im Wohlfahrtsstaat, JZ 1953 S. 193, 198, Maunz/Dürig, Grundgesetz, Art. 1 Abs. 2 Randnr. 54; über die Auswertung der Maxime für einen Spezialfall vgl. Herbert Endrös, Die gesetzlichen Bestimmungen zum Schutz der Jugend als Schranken des Rechts der freien Meinungsäußerung gemäß Artikel 5 Abs. 2 Grundgesetz (Dissertation), Mainz 1960.

[101]) So versteht die Maxime vor allem Keller, Gesetzeswortlaut, S. 279, unter Berufung auf Walther Burckhardt, Methode und System des Rechts S. 287 f., und Hans Huber, Die Garantie der individuellen Verfassungsrechte, ZSR nF 55 (1936) S. 138 a ff. Der Vorwurf Kellers, die Auslegungsregel „in dubio pro libertate" beruhe auf einer falschen Verallgemeinerung, trifft jedoch seine eigene Kritik. Selbstverständlich soll die Maxime nicht jede Diskussion über Richtigkeit oder Unrichtigkeit ausschließen; sie soll vorab zweierlei leisten: einmal das Gespräch überhaupt aufrechterhalten und zum anderen einen Orientierungspunkt für die Fälle bieten, in denen sich ein „eindeutig richtiges" Ergebnis nicht erzielen läßt. Im übrigen ist davon auszugehen, daß eine richtige Lösung im Sinne des freiheitlichen Rechtsstaates nur dann vorliegt, wenn eine Freiheitsbeschränkung sich im Rahmen des Erforderlichkeitsprinzips und des Übermaßverbotes hält. Schließlich ist auch darauf zu verweisen, daß mit dem Gebot der verfassungskonformen Auslegung von Gesetzen das in-dubio-pro-libertate-Prinzip unlöslich verbunden ist.

[102]) Vgl. Peter Lerche, Übermaß und Verfassungsrecht, Köln/Berlin 1961, besonders S. 134.

[103]) Der „seelenlose Mechanismus" des modernen Staates ist das Lieblingsthema rechts orientierter Gesellschaftskritiker, die dann allerdings eine „Wirklichkeit" gegen die rechtsstaatliche Verfas-

hinlänglicher Sicherheit, dergestalt, daß die Ausgangsvermutung zu Gunsten des Menschen als widerlegt, und zwar aufs ganze hin, als widerlegt erscheint, Prognosen über das Verhalten des Menschen in unserem Zeitalter aufstellen[104])? Handelt es sich nicht um Gefahren, mit denen wir rechnen, an denen wir uns aber nicht orientieren sollen? Schließlich: Sind nicht auch gegenläufige Tendenzen[105]) zu verzeichnen und von Anthropologen und Soziologen verzeichnet worden, deren Denken nicht im Banne eines anthropologischen Pessimismus[106]) stehen, die es nicht als chimärisch erscheinen lassen, um noch einmal an Kant zu erinnern, das Grundverhältnis zwischen Staat und Freiheit von der genannten Ausgangsvermutung zu deuten?

Der normativ-verfassungsrechtliche Einwand: Das Bild einer modernen rechtsstaatlichen Verfassung sei so sehr durch den Gedanken der Gemeinschaftsbezogenheit des Menschen, auch seiner Hilfsbedürftigkeit geprägt, daß es die Maxime in dubio pro libertate als überholt erscheinen lasse. Der Eingriff in die Freiheit müsse ja im Zeichen des Sozialstaatsprinzips gerade um des Menschen willen seine Rechtfertigung in sich selbst tragen. Freiheit und Freiheitsbeschränkung seien in einem dialektischen Verhältnis zu begreifen[107]).

---

sung ausspielen, welche sich entweder in ebenso düsteren wie unbeweisbaren Ahnungen erschöpft oder eindeutig von nicht-rechtsstaatlichen Ordnungsvorstellungen geprägt ist. Man vergleiche unter diesem Gesichtswinkel Winfried Martinis „Freiheit auf Abruf" (Köln/Berlin 1960, besonders S. 398 ff. über Weimarer Republik und Bundesrepublik) und „Das Ende aller Sicherheit" (Stuttgart 1954, besonders S. 336 ff.).

104) Wie das beispielsweise — allerdings mit einigen „Wenn" und „Aber" — Hans Freyer in seinem Buch: Theorie des gegenwärtigen Zeitalters, Stuttgart 1955, und in: Die Idee der Freiheit im technischen Zeitalter, Schmitt-Festschrift S. 63 ff., versucht hat.

105) Vgl. zum Beispiel Alexander Rüstow, Ortsbestimmung der Gegenwart, 3. Band Erlenbach-Zürich/Stuttgart 1957, S. 509 (über die Menschlichkeit), S. 519 (über wirtschaftliche Möglichkeiten), S. 525 (über die Möglichkeit einer freiheitlichen Ordnung).

106) Vgl. etwa die Kritik Hellmuth Plessners an der fehlerhaften anthropologischen Vorentscheidung „der vornehmlich pessimistischen, aufklärungsfeindlichen und insofern konservativen Verfechter der reinen Machtpolitik" und seine Ableitung des Rechtes aus dem „Menschen als offene Frage" in: Macht und menschliche Natur, Zwischen Philosophie und Gesellschaft, Bern 1953, S. 247 und S. 289; ferner Graf von Krockow, Die Entscheidung — Eine Untersuchung über Ernst Jünger, Carl Schmitt, Martin Heidegger, Stuttgart 1958, S. 159, über die Möglichkeit der Synchronisation gesellschaftlicher „Sinnentwürfe".

107) In diesem Sinne will beispielsweise Scheuner, Die neuere Entwicklung des Rechtsstaates in Deutschland, Festschrift Deutscher Juristentag Bd. II S. 229, 261, eine „einseitig individualistische

Dazu nur soviel: Die Frage nach dem Primat der Zuständigkeit des Staates oder der Freiheit kann nicht in einem dialektischen .et/et offenbleiben. Bleibt sie offen, dann allerdings müßte man die Sorge Forsthoffs[108]) um die Evidenz des Verfassungsgesetzes teilen. Dann wäre auch das Verhältnis zwischen Abwehrrecht und Sozialanspruch unbestimmbar[109]). Dann wären aber auch die Erwägungen des Bundesverfassungsgerichtes im Apotheken-Urteil[110]), die im Zeichen der Ausgangsvermutung zu Gunsten des, auch des wirtschaftenden Menschen stehen, unverständlich.

B. Diese Überlegungen sind noch unter zwei Gesichtspunkten zu ergänzen: Unter dem Gesichtspunkt der Qualifizierung der Interpretation als Denkvorgang und unter dem Gesichtspunkt der Verteilung der Interpretationsaufgabe:

1. a) Von altersher spricht man von der Kunst[111]) der Rechtsauslegung. Damit ist nicht etwa gemeint, daß Interpretation sich jeglicher rationaler Erfassung entziehe und lediglich von der Intuition des jeweiligen Interpreten bestimmt sei, wohl aber, daß sie sich als Denkvorgang nicht ganz ins Rationale auflösen lasse. Es gehört heute wohl zu den Selbstverständlichkeiten, daß dem richterlichen „Erkenntnis" kognitive wie volitive Elemente eignen und daß das „Erkenntnis" mit dem Geltungsanspruch des Urteils gleichgesetzt wird[112]).

Deutung der Verfassung" ausschließen und will Raiser, Vertragsfreiheit heute, JZ 1958 S. 1, staatliche Eingriffe in die private Vertragsfreiheit nicht mehr als (normative) Ausnahme, sondern als Norm verstehen (ähnlich in: Vertragsfunktion und Vertragsfreiheit, Festschrift Deutscher Juristentag Bd. I S. 101, 127).

[108]) Besonders in: Schmitt-Festschrift S. 35, 60, 62; Verfassungsauslegung S. 24.

[109]) Wie Forsthoff, Begriff und Wesen des sozialen Rechtsstaates, VDStRL 12 (1954) S. 8, 26 f., 35 (Leitsätze VII bis XII) meint.

[110]) Vgl. BVerfGE 7 S. 377, 419, wo das Gericht davon spricht, daß dem Apotheker kein höheres Maß an „Wirtschaftsblindheit" unterstellt werden dürfe als allen anderen Gewerbetreibenden, „denen — auch bei fehlender wirtschafts-theoretischer Vorbildung — die Fähigkeit, die Chancen einer Geschäftsgründung zu beurteilen, ohne weiteres zugetraut wird"; siehe dazu meinen Beitrag: In dubio pro libertate, Festschrift Deutscher Juristentag, Bd. II S. 263, 288 f.

[111]) Vgl. O. A. Germann, Methodische Grundfragen, Basel 1946, S. 22; Wieacker, Gesetz und Richterkunst, S. 11; Horst Bartholomeyczik, Die Kunst der Gesetzesauslegung, Frankfurt 1951, S. 7; siehe vor allem die Hinweise Viehwegs, Topik S. 39, auf die „Techne des Problemdenkens" im mos italicus.

[112]) Vgl. Wieacker, Zur rechtstheoretischen Präzisierung des § 242 BGB S. 14.

[113]) Vgl. Viehweg, Topik S. 16 ff., und Ehmke in der These I 2 a seines Korreferates.

b) Man bezeichnet einen derartigen Denkvorgang vielfach als dialektisch oder topisch[113]). Die Anforderungen, welche unter dem Gesichtspunkt der Rationalität an die Interpretation gestellt sind, könnten im Postulat maximaler Diskutierbarkeit[114]) zusammengefaßt werden. Dieses Postulat kann nur unter der Voraussetzung eines gemeinsamen Diskussionshorizontes[115]) sinnvoll sein. Wenn ich den Versuch unternommen habe, die Theorie der Verfassungsinterpretation vom Postulat der menschlichen Autonomie aus zu entwickeln, so geschah dies auch, um den gemeinsamen Diskussionshorizont zu gewinnen, innerhalb dessen interpretatorische Dialektik im Sinne einer auf Verständigung angelegten Diskussion erst möglich ist. Diese Diskussion ist allerdings gefährdet, wenn man versucht, über Art. 1 Abs. 1 eine inhaltlich bestimmte naturrechtliche Konzeption, etwa eine theologische, gleichsam in das Grundgesetz einzubringen und so dieses naturrechtliche System als Grundlage der Verfassungsinter-

---

[114]) Vgl. Viehweg, Emge-Festschrift S. 114. — Bullinger meint in seinem Bericht über die Staatsrechtslehrertagung 1961, JZ 1961 S. 709, 710, ich stelle das „kantische Vorverständnis", welches ich für die Verfassungsinterpretation fordere, dadurch wieder in Frage, daß ich Interpretation als „dialektischen, problembezogenen Denkprozeß" beschreibe. Ähnliches meint wohl ein Berichterstatter, wenn er in DÖV 1961 S. 853 schreibt, ich hätte zu Kant „aber noch einen Schuß Hegel" gefügt. — Abgesehen davon, daß, wer „Dialektik" sagt, noch nicht „Hegel" meint, habe ich zwei Fragen — übrigens bereits in der Zusammenfassung meines Referates, die den Teilnehmern der Tagung vorlag — deutlich unterschieden: die Frage, woraufhin Interpretation letztlich zu denken ist (Antwort: auf das Postulat der Freiheit) und die Frage, wie sich dieses Denken vollzieht (Antwort: dialektisch oder topisch). Nur in der ersten Frage knüpfe ich an Kant an, in der zweiten an moderne erkenntnistheoretische Überlegungen. Die Anknüpfung an Kant schließt nun den Rekurs auf eine „Topik" keineswegs aus. Kant hat ausdrücklich erklärt, die theoretische Vernunft könne die Freiheitsfrage nicht beantworten (vgl. oben Fußnote 76). Deshalb läßt eine — wenn man so will — „Auflösung" der theoretischen Erkenntnis in eine Topik die Kantsche Antwort auf die Freiheitsfrage unberührt, ja, sie rechtfertigt bis zu einem gewissen Grade sogar das Autonomiepostulat, weil sie die starre Entgegensetzung von Kausalität und Freiheit in Richtung auf die Freiheit in Bewegung bringt. Umgekehrt schließt ein „Grundsatzdenken" selbstverständlich die Anknüpfung an „Grundsätze" — auch an kantische — nicht aus.

[115]) In diesem Sinne pflichte ich Ehmke bei, wenn er in den Thesen I 2c und g seines Koreferates von einem „Vorverständnis" spricht, mit dem man an das Problem herantritt, und von einer „grundsätzlichen Offenheit der Struktur der Rechtsordnung". Mir kommt es allerdings mehr darauf an, den Standpunkt festzulegen, von dem aus der Horizont dieser Offenheit deutlich wird.

pretation zu aktualisieren[116]). Und Verständigung und Verständlichkeit sind gefährdet, wenn der eine in das Gespräch die Voraussetzung einbringt, Interpretation habe im Grunde auf die Praxis des schaffenden Lebens, der andere, sie habe auf ewige Werte hin zu geschehen, die von Fall zu Fall intuitiv zu erschließen seien[117]).

Das Postulat der menschlichen Autonomie bildet keineswegs den Ausgangspunkt für eine rein intellektuelle Operation, kraft deren das System der Verfassung, ja der Rechtsordnung im Ganzen aus einem obersten Grundsatz entfaltet werden könnte[118]). Es fordert vielmehr eine willentliche Grundeinstellung, ein Engagement[119]), wie man vielfach sagt, ohne welche Dialektik ein unverbindliches Spiel bleibt; es verweist angesichts der doppelten Möglichkeit menschlichen Verhaltens auf die Notwendigkeit, Herrschaftsgebilde zu schaffen; es erweist

---

116) Diesen Versuch hat Wilhelm Wertenbruch, Grundgesetz und Menschenwürde, Köln und Berlin 1958, unternommen: Art. 1 Abs. 1 setze ein bestimmtes Menschenbild voraus (S. 170); aus der Wendung der Präambel „vor Gott und den Menschen" ergebe sich, daß der Grundgesetzgeber ein personales Menschenbild vor Augen gehabt habe (S. 173 f.); rationalistisch-individualistische Überlegungen vermöchten ein personales Menschenbild nicht zu formen (S. 176 f.); und dann folgt der entscheidende Satz: „Im Grunde herrscht unter abendländischem und theonomem Denken verschriebenen Gelehrten über den Begriff der Person eine gewisse Einhelligkeit, die sich aus der christlichen Auffassung über die Beziehungen des Menschen zu Gott ergibt" (S. 187). Von hier aus gelingt es Wertenbruch dann unschwer, eine thomistische Naturrechtskonzeption für das Grundgesetz zu entwickeln. — Dieser Versuch belegt auch, daß Dürigs Ansicht (vgl. Maunz/Dürig, Grundgesetz, Art. 1 Abs. 1 Randnr. 15 Fußnote 2), im Grundgesetz werde „keine Diskrepanz zwischen ‚christlichem' und ‚profanem' Naturrecht erkennbar" und wenn sich in seltenen Fällen eine solche nachweisen lasse, handle es sich lediglich um „historische Abfälschungen", doch allzu optimistisch und einfach ist.

117) Deshalb ist ein Gespräch unmöglich, wenn man die Position Rothackers einnimmt, die sich etwa in folgendem Satz ausdrückt: „Geist ist gegenüber der weltanschaulichen ‚Wahrheit' der weitere Begriff. Geistig heißt das Begründbare, und als unbegründbar haben sich im Ganzen unserer Betrachtung auch entgegengesetzte weltanschauliche Entscheidungen erwiesen. Aber diese Begründbarkeit folgt keiner erkenntnis-theoretischen Logik mehr, sondern einer Logik des Willens."

118) Vgl. die Auseinandersetzung Wieackers „mit der ethisierenden Strömung in der höchstrichterlichen Rechtsprechung", JZ 1961 S. 337, besonders die Bemerkungen zur Geschichtlichkeit des Sittengebotes auf S. 339 Fußnote 19, und meine Bonner Antrittsvorlesung: Naturrechtliche Strömungen in deutscher Rechtsprechung, ARSP XLII (1956) S. 98, 108 f.

119) Vgl. Ernst Friesenhahn, Richterliche Objektivität, in: Objekt und Objektivität in der Wissenschaft, Mainzer Universitätsgespräche Wintersemester 1959/60 S. 28.

seine richtunggebende Kraft vorab im Grenzfall, wo die Wahl zwischen zwei historisch möglichen Gebilden zu leisten ist, indem es auf das Gebilde verweist, welches an der Möglichkeit des Menschen orientiert ist, in Freiheit sich selbst zu bestimmen, und mit der Gegenmöglichkeit rechnet. Die mit einem solchen Gebilde und dem ihm entsprechenden Bild der Verfassung gegebenen Spannungen zwischen gegensätzlichen Prinzipien, Grundsätzen und Normen, auf konkrete Sachlagen und Problemstellungen gegenseitig zu relativieren und auszugleichen, ist das, was im Vorgang der interpretatorischen Dialektik zu geschehen hat[120]).

c) Im Rahmen eines solchen Denkens kommt dem Gedanken des Systems durchaus ein Platz zu. Der Satz H. J. Wolffs: „Rechtswissenschaft... ist systematisch oder sie ist nicht"[121]), ist mit den Prinzipien des dialektischen oder topischen Denkens vereinbar. Man wird dabei allerdings den Hinweis etwa Viehwegs[122]) auf die überaus strengen Anforderungen, welche die moderne Logik an ein System stellt, ernst nehmen und auf den Systemglauben eines Gerber und Laband[123]) verzichten müssen, wonach das Entscheidende mit dem Auffinden des obersten Grundsatzes geleistet sei, und Rechtswissenschaft ohne jegliche Rücksicht auf „metajuristische" Gesichtspunkte und Problemlagen rein aus sich selbst leben könne[124]). Andererseits rechnet aber jede Interpretationsmethode mit dem Systemgedanken in dieser oder jener Form. Ohne ihn wäre die Auslegungsregel des Bundesverfassungsgerichtes[125]), wonach eine Verfassungsvorschrift nicht isoliert ver-

---

[120]) Siehe dazu O. F. Bollnow, Objekt und Allgemeingültigkeit, in: Objekt und Objektivität in der Wissenschaft, Mainzer Universitätsgespräche Wintersemester 1959/60. 31, 34 (Widerstand der Sache).

[121]) H. J. Wolff, Typen im Recht und in der Rechtswissenschaft, Studium Generale 1952 S. 195, 205.

[122]) Topik S. 54 ff.

[123]) Vgl. C. F. v. Gerber, Grundzüge eines Systems des deutschen Staatsrechts, 2. Aufl. Leipzig 1869, S. VIII: „Erst durch Begründung eines solchen Systems, welches das eigenthümliche Wesen unseres modernen Verfassungsstaats zum anschaulichen Gesamtausdruck brächte... würde... die Grundlage sicherer juristischer Deduction gegeben sein"; über die Methode Paul Labands vgl. eingehend Walter Wilhelm, Zur juristischen Methodenlehre im 19. Jahrhundert — Die Herkunft der Methode Paul Labands aus der Privatrechtswissenschaft, Frankfurt a.M. 1958 S. 7 ff.

[124]) Daß der Glaube, eine juristische Methode könne alle metajuristischen Gehalte ausschließen, auf einer Selbsttäuschung beruht, hat Jesch, Gesetz und Verwaltung, S. 60 f., überzeugend dargelegt.

[125]) Vgl. BVerfGE 1 S. 14, 32: „Jede Verfassungsbestimmung muß so ausgelegt werden, daß sie mit jenen elementaren Verfassungsgrundsätzen und Grundentscheidungen des Verfassungsgesetzgebers vereinbar ist."

standen werden dürfe, völlig sinnlos. Von Leitsätzen der Interpretation könnte keine Rede sein. Willkürverbot und das Postulat der Rechtssicherheit würden ohne den Hintergrund des Systemgedankens ins Gebot der Fallgerechtigkeit umzudenken sein[126]). Ohne die vom Hintergrund des Systemgedankens unverständlichen Gegensatzpaare von Allgemeinem und Besonderem, Regel und Ausnahme, ist weder Rechtsetzung noch Rechtsanwendung zu denken. Angriffe gegen Verallgemeinerungen und mangelnde Berücksichtigung des Besonderen können auch nicht gegen den Systemgedanken als solchen geltend gemacht werden, auch dann nicht, wenn er sich im Rahmen der Grundrechtserfassung entfaltet, sondern nur gegen einseitige Verallgemeinerungen oder Besonderungen[127]).

In diesen Zusammenhang gehört auch die für die Interpretationsproblematik so bedeutsame Diskussion um das Gegensatzpaar konkret und abstrakt. Ich kann auf die wertvolle

---

[126]) Zu den konsequentesten Verfechtern einer Fallgerechtigkeit ohne Rücksicht auf ein System gehört Georg Cohn, Existenzialismus und Rechtswissenschaft, Basel 1955, besonders S. 136 ff. Das Ordnungsproblem löst Cohn dadurch, daß er zwischen „eigentlichem" und „uneigentlichem" Recht unterscheidet: „Diese Freiheit der richterlichen Entscheidung bedeutet natürlich nicht, daß der Tätigkeit der Gerichte überhaupt keine Schranken gesetzt sind und daß sie nach eigener Willkür alle möglichen Bestimmungen treffen können. Es gibt staatsrechtliche, strafrechtliche u. a. Gründe für eine gesetzliche Ordnung, die auch von den Gerichten anerkannt werden müssen."

[127]) Nicht nur unter diesem Gesichtswinkel, sondern auch von seinen eigenen Prämissen aus muß Forsthoffs prinzipielle Kritik an den Versuchen, die Grundrechte in ein System zu bringen (vgl. Schmitt-Festschrift S. 40), als unbegründet erscheinen: Forsthoff (Verfassungsauslegung S. 39 ff.) empfiehlt dem Verfassungsinterpreten ausdrücklich Savignys methodische Aushilfen: „Die klassische Darstellung der Gesetzesinterpretation findet sich immer noch im ersten Band des ‚System des heutigen römischen Rechts' (1840) von Savigny. Savigny unterscheidet bekanntlich vier Elemente der juristischen Interpretation: das grammatische, das logische, das historische und das systematische, die in dieser Reihenfolge angewendet werden sollen." Da die Grundrechte unbestreitbar Teil des „Verfassungsgesetzes" sind, ist unerfindlich, warum ausgerechnet für sie das systematische Element nicht gelten soll. Daß sich die Grundrechtsnormierung einmal an konkreten Interessen orientiert hat, kann man nicht ernsthaft gegen ihre Systematisierbarkeit ins Feld führen. Sonst könnte man Rechtsvorschriften überhaupt nicht systematisieren, weil sich die meisten Normen aus irgendwelchen konkreten Konflikten entwickelt haben. Im übrigen will es auch nicht ohne weiteres einleuchten, weshalb ein systematischer Zusammenhang zwischen Grundrechten ausgeschlossen sein soll, wenn andererseits mit der größten Unbefangenheit von der Logik gesellschaftlicher Systeme gesprochen werden kann.

Untersuchung von Engisch[128]) an dieser Stelle lediglich verweisen. Hier nur soviel: Zumeist wird das genannte Gegensatzpaar mit demjenigen von allgemein und besonders zusammengesehen und zwar in der Weise, daß den einen — man wird an den alten Streit zwischen Rationalisten und Empiristen erinnert — das Abstrakt-Allgemeine als das Eine gilt, in dem das Konkret-Besondere-Viele bereits enthalten ist, den anderen aber als das leere Unbestimmte, im Gegensatz zur konkreten Fülle des Vielen. Während im einen Fall — wenn man die Extrempositionen typisiert — nicht ganz verständlich erscheint, weshalb man über den Art. 1 GG hinaus noch weiterer Normierungen bedürfe, so fragt man sich im anderen, weshalb das Positive als das konkret bestimmte Recht nicht schlicht mit dem Fall des Fallbeiles zusammenfalle[129]). Die Übertreibung mag die Relativität der Positionen sichtbar machen.

Die Verfassung als Grundgesetz ist allgemein und bedarf der Konkretisierung, sonst wäre sie kein Grundgesetz, auf das sich die Rechtsordnung gründet. Sie ist aber auch konkret, sonst wäre sie kein Grundgesetz, auf das die Rechtsordnung gegründet werden kann, sondern ein farb- und inhaltsloses Manifest. Art. 1 Abs. 1 GG ist konkretisierungsbedürftig; diese Konkretisierungsbedürftigkeit prägt die Struktur des Grundrechtsteiles; aber er ist auch nicht abstrakt und leer, sonst wäre es völlig sinnlos, ihn etwa als oberstes Konstitutionsprinzip des Rechtes zu bezeichnen[130]), und unmöglich, ihn als Auslegungsgrundsatz[131]) zu handhaben. An diesem Beispiel zeigt sich gerade, daß die konkrete Bedeutung einer besonderen Vorschrift oft nur durch den Rückgriff auf die allgemeine erschlossen werden kann, was unmöglich wäre, wenn man das Allgemeine mit dem Inhaltslosen schlicht indentifizierte. Ja, gerade darin erweist sich die Fruchtbarkeit des Systemgedankens, wenn er im Sinne des Gebotes aufgefaßt wird, das Besondere im Licht des Allgemeinen, und auch umgekehrt, zu deuten[132]).

---

[128]) Die Idee der Konkretisierung in Recht und Rechtswissenschaft unserer Zeit, Heidelberg 1953, bes. S. 22 ff.

[129]) Siehe dazu die Kritik Essers, Grundsatz und Norm S. 21 f., am juristischen Empirismus.

[130]) Wie beispielsweise Dürig in: Maunz/Dürig, Grundgesetz, Art. 1 Abs. 1 Randnr. 4.

[131]) So verstehen ihn v. Mangoldt/Klein, GG, Art. 1 Anm. III 9; Wernicke, Bonner Kommentar, Art. 1 Anm. II 2 e und II 3 a; Wertenbruch, Grundgesetz und Menschenwürde, Köln/Berlin 1958, S. 31 und 181 (Art. 1 Abs. 1 als „Leit-Rechtssatz").

[132]) Man mag gegen dieses Gebot einwenden, es verschleiere nur den hermeneutischen Zirkelschluß und verhülle „die zentrale Schwierigkeit aller Auslegungskunst... Aus den einzelnen Worten und deren Verbindungen soll das Ganze eines Werkes verstanden

2. Verfassungsinterpretation dient der Beseitigung von Unklarheiten, die verfassungsrechtlichen Vorschriften von Anfang an oder ex post anhaften, mit dem Ziel, das, was die Vorschrift eigentlich ausdrücken soll, zur Geltung zu bringen. Sie orientiert sich am Grundgebot der menschlichen Freiheit zur Achtung des Anderen und an der Möglichkeit des Einzelnen, dieses Gebot angesichts der stets präsenten Gegenmöglichkeit zu verwirklichen, und sie vollzieht ihre Aufgabe, indem sie primär die fragliche — formelle oder materielle — Verfassungsnorm, in ein dem objektivierten Willen des Verfassungsgebers abzugewinnendes Begriffs- und Wertsystem einordnet und so ihren Sinngehalt ermittelt oder subsidiär die Entstehungsgeschichte der Vorschrift oder andere entstehungszeitliche Faktoren heranzieht. Diese Aufgabe ist in der geschilderten Weise von verschiedenen Subjekten, vorab von der Wissenschaft auf der einen und von den Organen des Staates auf der anderen Seite, zu erfüllen. Hans Kelsen[133]) hat die Interpretationsaufgabe der Theorie und der Praxis — im letzteren Falle spricht er summarisch von authentischer Interpretation — scharf unterschieden. Diese Unterscheidung ist insofern zutreffend, als dem Ergebnis der wissenschaftlichen, doktrinellen Interpretation keine Verbindlichkeit zukommt, soweit sie nicht wie die Praxis unter dem Druck des Entscheidungszwanges steht. Sie ist aber insofern unzutreffend, als sie den praktischen Interpretationsvorgang auf den rein normativen rechtsschöpferischen Akt des Wertens im Rahmen einer bestimmten Kompetenz, die Aufgabe der Wissenschaft auf die Erkenntnis eines Rahmens von möglichen Lösungen reduziert. Zu Recht ist darauf hingewiesen worden, daß unter solchen Voraussetzungen eine Interpretationstheorie überhaupt nicht entwickelt werden könne[134]). Geht man jedoch davon aus, daß auch das rechtswissenschaftliche Denken keine reine Erkenntnis im Sinne Kelsens darstellt, sondern volitive und kognitive Elemente unauflöslich verbindet, so besteht zwischen authentischer und doktrineller Auslegung kein materieller, sondern allein ein formeller Unterschied; die Aufgabe und die Methode

---

werden und doch setzt das volle Verständnis des einzelnen schon das des Ganzen voraus" (Wilhelm Diltey, Die Entstehung der Hermeneutik, Gesammelte Schriften Band V S. 330 f.). Gadamer hat aber mit Recht darauf hingewiesen, daß ein richtiges Verständnis des „Vorurteils" den hermeneutischen Zirkel überwinde (Wahrheit und Methode S. 261 f.); das Verstehen könne immer an schon Verstandenes anknüpfen. So betrachtet verliert das Gegensatzpaar allgemein/besonders seine Widersprüchlichkeit und gewinnt es echten hermeneutischen Sinn.

[133]) Reine Rechtslehre, 2. Aufl. Wien 1960, S. 346 ff.

[134]) Lüchinger, BV-Auslegung S. 51.

der Interpretation erscheint im einen wie im anderen Falle dieselbe[135]).

Zwei Beispiele: Das Schweizerische Bundesgericht beschränkt seine Kognitionsbefugnis bei der Auslegung kantonaler Verfassungen insofern, als es von der kantonalen Auslegung „ohne Not“ nicht abweicht[136]). Im Zeichen des Postulates einer integralen Verfassungsgerichtsbarkeit ist diese Selbstbeschränkung nicht verständlich, weil sie gerade auf prinzipielle „Dezisionen“ verzichtet. Verständlich ist sie nur unter dem Gesichtspunkt der Verteilung der Interpretationsaufgabe aus Gründen, die sich aus der verfassungsrechtlichen Zuständigkeitsordnung ergeben. Daß für die Zurückhaltung des Bundesgerichtes das föderative Prinzip, der Gedanke der Schonung der kantonalen Souveränität maßgeblich ist, steht wohl außer Zweifel; ob er die Praxis tatsächlich rechtfertigt, muß dahingestellt bleiben[137]). Das zweite Beispiel, die Beschränkung der Kognitionsbefugnis des Bundesgerichtes und des Bundesverfassungsgerichtes auf die Anwendung des Willkürverbotes bei der Frage, ob der Gesetzgeber den Gleichheitssatz verletzt habe oder nicht: Maßgeblich hierfür ist wiederum ein organisatorisches und nicht ein materielles Prinzip, vor allem das Prinzip der Unterscheidung zwischen rechtsprechender und legislativer Funktion[138]). Die Beispiele wären zu vermehren. Insbesondere gehörte in den Problemkreis auch die Frage, die Herbert Krüger[139]) aufgeworfen hat, inwiefern der Gegensatz zwischen starrer und biegsamer Verfassung die hermeneutische Problematik beeinflusse, etwa indem man das konservative Moment angesichts leichter Revisibilität betone und das progressive angesichts der rechtlichen oder praktischen Unmöglichkeit einer Verfassungsrevision hervorhebe. Ich muß es mir hier versagen, auf Einzelheiten einzugehen, und mich auf zwei Hauptfragen konzentrieren: 1. Unter welchen Voraussetzungen ist es überhaupt sinnvoll, die Verteilung der Interpretationsaufgabe auf verschiedene Subjekte zu bedenken? 2. Welche Gesichtspunkte können für die Art und Weise der Verteilung maßgeblich sein?

---

135) Vgl. die Beispiele bei Giacometti, Verfassungsauslegung, bes. S. 10 ff.

136) Vgl. BGE 54 I S. 24; 61 I S. 175; 77 I S. 116.

137) Vgl. die Kritik am „Nicht-ohne-Not-Argument“ des Bundesgerichtes bei Giacometti, Verfassungsgerichtsbarkeit S. 75 ff., und Lieselotte Gurny, Verletzung verfassungsmäßiger Rechte S. 44, 79 und 86.

138) Vgl. näher meinen Beitrag: In dubio pro libertate, Festschrift Deutscher Juristentag, Band II S. 283 f.

139) Vgl. Verfassungsänderung und Verfassungsauslegung, DÖV 1961, S. 721 ff.

Zu 1: Die Verteilung der Interpretationsaufgabe auf verschiedene Subjekte zu bedenken, ist nur dann sinnvoll, wenn man davon ausgeht, daß es keine Stelle gebe, welche die Interpretationsaufgabe in toto zu bewältigen vermöchte. Ohne die Einsicht, daß Interpretation je in der Gefahr der Fehlleistung geschieht, sind Begrenzung und Verteilung der Interpretationsaufgabe nicht denkbar[140]).

Zu 2: Maßgeblich als Verteilungsprinzipien sind vorab das der Intensität des Rechtsbewußtseins[141]) und das der Sach-

140) Jüngst hat besonders Bachof wieder auf „die Gefahren der emotionalen und irrationalen Untergründe seiner (des Richters) Tätigkeit" sowie darauf hingewiesen, „daß auch der Richter Vor-Urteilen seiner sozialen Herkunft, seines weltanschaulichen oder politischen Standpunktes verhaftet sein kann" (Grundgesetz und Richtermacht, Tübinger Universitätsreden Heft 6, Tübingen 1959, S. 39; Die richterliche Kontrollfunktion im westdeutschen Verfassungsgefüge, Hans-Huber-Festschrift S. 26, 44). Gerade unter diesem Gesichtswinkel, meine ich, verdienten die Versuche Hans Martis (Urbild und Verfassung, Bern und Stuttgart 1958) und Max Imbodens (Die Staatsformen, Basel und Stuttgart 1959), die unbewußten Voraussetzungen des Verfassungsverständnisses mit den Methoden der komplexen Psychologie zu erhellen, die größte Beachtung. Die Sorge, die Ernst v. Hippel in seiner Rezension der Arbeit Imbodens, JZ 1960 S. 452 f., zum Ausdruck bringt, daß durch solche Methoden eine Aufweichung und Relativierung des von der Verfassung geforderten Wertbewußtseins oder gar ein Übergang zum materialistischen Denken erfolgen könne, kann ich nicht teilen. — Entscheidend bleibt jedenfalls das Wort Bollnows, Objekt und Allgemeingültigkeit S. 37: „wo man ... im vermeintlichen Allgemeinbesitz der Wahrheit nicht mehr bereit ist, über seine Auffassungen zu diskutieren, da hat man sich nicht nur dem Gespräch entzogen, sondern darüberhinaus die Voraussetzungen verlassen, unter denen allein Wahrheit möglich ist. Man ist in der Unwahrheit".

141) Damit ist nicht die „Standesideologie der Rechtspraktiker" gemeint, die Forsthoff dafür mitverantwortlich macht, daß sich „das Verfassungsgesetz ... in einem Zustand partieller Auflösung" befindet (Schmitt-Festschrift S. 57, 59), sondern der Grad der bewußten Orientierung an der bestehenden Rechtsordnung, besonders an der bestehenden Verfassungsordnung; damit ist die Möglichkeit gemeint, über Recht und Unrecht — auch hinsichtlich des konkreten Einzelnen — zu reflektieren, jene Möglichkeit, die eine „engagierte Distanz" zur Sache voraussetzt. In diesem Sinne ist es zu verstehen, wenn das Bundesverfassungsgericht beispielsweise davon spricht, die Feststellung verfassungswidriger Verfassungsnormen sei der richterlichen Gewalt zu übertragen, „die ja eben doch ihre Autorität nicht nur äußerlich auf die Verfassung, sondern — dem Wesen ihrer Tätigkeit entsprechend — in gewisser Weise auf die Idee des Rechts selbst gründet" (BVerfGE 3 S. 225, 235), oder wenn es seine „Pflicht zum Schutz des Grundrechts" ausdrücklich von der Tätigkeit des Gesetzgebers abhebt, „der legitimerweise auch andere Ziele als die des Grundrechtsschutzes verfolgt" (BVerfGE 7 S. 377, 412).

Aufschlußreich ist hier auch der Beitrag Denningers: Zum Begriff des „Wesensgehaltes" in der Rechtsprechung (Art. 19 Abs. II GG),

nähe[142]). Eine optimale Annäherung an das eine Prinzip impliziert eine maximale Distanz vom anderen. Es mag durchaus sein, daß das Prinzip der Sachnähe eine Rechtfertigung für die freiwillige Beschränkung der Kognitionsbefugnis des Bundesgerichtes zu Gunsten kantonaler Instanzen enthält. Vor allem aber zeigt sich die Wirkungskraft des Gegensatzpaares im Verhältnis zwischen Gesetzgebung und Verfassungsgerichtsbarkeit. Die prinzipielle Ausgrenzung der Zweckmäßigkeitsfrage von der Frage der Rechtmäßigkeit hängt mit dem genannten Prinzipiengegensatz zusammen. Der sachnäheren Instanz ermangelt die Fähigkeit, den Interpretationsvorgang mit letzter Bewußtheit zu vollziehen, der sachfernen die Fähigkeit, die jeweils anliegenden Sachfragen, Interessengegensätze und künftigen Entwicklungen sachgerecht abzuschätzen[143]). Vor allem aber ist vom genannten Prinzipiengegensatz aus eine Zurückhaltung des Gerichtes, zum Beispiel bei der Beurteilung der Frage gerechtfertigt, ob eine Gefahr für die öffentliche Gesundheit vorliege, die allein mit dem vom Gesetzgeber eingesetzten Mittel, etwa dem Bedürfnisnachweis wie im Falle des Bayerischen Apothekengesetzes, verhindert werden könne[144]). Ich halte jedoch die Forderung, das Gericht habe sich lediglich darauf zu beschränken, naturwissenschaftlich nach-

---

DÖV 1960 S. 812, 814. Danach liegt der Rechtsprechung des Bundesverfassungsgerichtes, des Bundesgerichtshofes und des Bundesverwaltungsgerichtes zu Art. 19 Abs. 2 GG trotz grundverschiedener Ansatzpunkte doch e i n Z i e l zu Grunde: ein Minimum an Freiheit gegen den Mißbrauch des Gesetzgebers absolut zu sichern.

142) Wie Denninger, Zum Verhältnis der Begriffe „Rechtsstaat" und „Staatsraison" ARSP XLVII (1961) S. 147, 153 f., jüngst wieder gezeigt hat, darf man aber „Sachnähe" und „Konkretheit der Situation" nicht im Sinne eines Dezisionismus mißverstehen. Gesetzgebung braucht nicht „grundsatzlos" zu sein.

143) Diese Unterscheidung zwischen „Sachferne" und „Sachnähe" liegt den meisten Versuchen zugrunde, die drei Gewalten materiell voneinander abzugrenzen; vgl. u. a. Hermann Jahreiss, Die Wesensverschiedenheit der Akte des Herrschens und das Problem der Gewaltenteilung in: Mensch und Staat, Köln und Berlin 1957, S. 192: zum Rechtsprechen gehöre „die Distanziertheit dessen, ... der garnichts ‚will', sondern sich bereit hält, daß ‚es in ihm erkenne'"; Ernst v. Hippel, Gewaltenteilung im modernen Staate, Koblenz o. J., S. 38 f., 53 f., rechnet die Rechtsprechung zum kulturellen Bereich, indem die „Grundwerte des Guten, des Wahren, des Gerechten und des Schönen" angestrebt werden. Peter Noll, Gewaltenteilung und Unabhängigkeit des Richters im Strafrecht, in „Mélanges O. A. Germann" — Schweizerische Zeitschrift für Strafrecht, Bd. 75 (1959) S. 309: Der Richter steht „in jener psychologischen Situation der Unbeteiligtheit, die ich die sachliche Unabhängigkeit, die Unabhängigkeit der Sache gegenüber nennen möchte".

144) Vgl. dazu BVerfGE 7 S. 377, 415 (Zulassungsfreiheit für Apotheken); 9 S. 338, 345 (Altersgrenze für Hebammen).

prüfbare Ergebnisabläufe in seine Kognition einzubeziehen, für zu eng[145]). Dies vor allem deshalb, weil das Verfassungsgericht im Rahmen des Schutzes der Grundrechte zu einer bestimmten Beurteilung der möglichen Ergebnisabläufe von vorneherein verpflichtet ist; und zwar durch die Vermutung zu Gunsten des Einzelnen[146]). Die Art und Weise, in welcher das Bundesverfassungsgericht den Prinzipiengegensatz im Apotheken-Urteil zu lösen sucht, halte ich deshalb grundsätzlich für richtig[147]).

Was die spezielle Funktion der Wissenschaft im „Geschäft" der Verfassungsinterpretation anbelangt, so sei in Kürze dies notiert: Entscheidend ist ihre Unabhängigkeit vom Entscheidungszwang und die damit gegebene Möglichkeit, den Interpretationsvorgang als Ganzes in das Bewußtsein aufzunehmen und zu erhellen. Zwar ist die Sachferne der Wissenschaft graduiert: vom Gutachten über den Kommentar zur Grundlagenforschung ist ein weiter Weg. Wenn Köttgen[148]) eine Differenzierung der Aufgaben in dem Sinne postuliert, daß etwa die Kommentarliteratur intensiv an den Text gebunden, die Verfassungslehre — ihren Zusammenhang mit der Interpretationslehre habe ich immer wieder hervorgehoben — für das Spannungsverhältnis zwischen Verfassung und Verfassungswirklichkeit freier sei, so kann ich dem zustimmen, allerdings unter dem Vorbehalt, daß sich der Verfassungslehre die ganze Breite der Wirklichkeit als das Feld öffnet, auf dem der Mensch sich verfehlt oder nicht verfehlt, angesichts allerdings des Postulates, die Verfassung im Zeichen der Ausgangsvermutung zu Gunsten des Menschen zu begreifen. In dieser Sicht aber wird sie ihrer eigentlichen Grundkraft gewahr: der unaufhaltbaren Unruhe in Ansehung der Fragwürdigkeit aller Rechtsgestaltung und Rechtserkenntnis.

---

145) Wegen der Möglichkeiten des Richters, seiner Entscheidung künftige „Wirklichkeit" zu Grunde zu legen, siehe Roellecke, Politik und Verfassungsgerichtsbarkeit, Heidelberg 1961, S. 105 ff. und S. 151 f.

146) Das habe ich in meinem Beitrag: In dubio pro libertate, Festschrift Deutscher Juristentag Band II S. 289 f. näher beleuchtet.

147) Vgl. im einzelnen Festschrift Deutscher Juristentag Band II S. 285 ff.

148) Arnold Köttgen, Kommentare zum Grundgesetz, AöR 85 S. 65, 72 f.

Leitsätze des Berichterstatters über: Prinzipien der Verfassungsinterpretation

I.

1. Die Problematik der Verfassungsinterpretation und der Interpretation des Rechtes überhaupt wird unter der Voraussetzung sichtbar, daß wir mit der Möglichkeit der Divergenz zwischen Ausdruck und Auszudrückendem rechnen. Unter der Voraussetzung der Identität von Ausdruck und Auszudrückendem (Idee und Bild, Wille und Wort) oder unter der Voraussetzung einer lückenlos axiomatisierten und kalkülisierten Legalordnung (Perfektionierung des Legalismus) kann von Interpretationsproblematik keine Rede sein.

2. Divergenz zwischen Ausdruck und Auszudrückendem bedeutet Unvollkommenheit des Ausdrucks im Verhältnis zum Auszudrückenden. Solche Unvollkommenheiten zu beseitigen ist Aufgabe der Interpretation.

3. Die Unvollkommenheiten eignen dem Gesetzestext vielfach von vorneherein; vielfach aber wachsen sie einem Gesetz erst nachträglich zu. Im ersteren Fall erscheint die Interpretation im Zeichen der Mangelhaftigkeit des sprachlichen Ausdrucksvermögens (objektiv und subjektiv), im zweiten Fall im Zeichen der Geschichtlichkeit.

II.

1. Zur Bewältigung der Interpretationsaufgabe werden unter anderen folgende Methoden angeboten:

a) Die wortjuristische Methode reduziert das Interpretationsproblem auf die Klärung vieldeutiger Worte mit Hilfe grammatikalischer und etymologischer Mittel.

b) Die willensjuristische Methode bringt Worte in einen weiteren Zusammenhang, der durch den Willen des Gesetzes oder des Gesetzgebers konstituiert wird und als Begriffs- oder Zwecksystem gilt. Sie weist zwei Erscheinungsformen auf:

aa) Die subjektive Methode rekurriert zur Lösung der Interpretationsaufgabe auf den Willen des historischen Gesetzgebers. Dabei wird unter dem Willen des historischen Gesetzgebers Verschiedenes verstanden: Einmal wird der Wille als psychisches Phänomen begriffen. Das andere Mal aber gilt der Ausdruck „Wille" lediglich als Metapher für die Heranziehung einer normativen Größe. In beiden Fällen gilt als entscheidend für die Klärung des Gesetzestextes, was zu seiner Entstehungszeit entweder effektiv gewollt wurde oder was in der historischen Situation von einem vernünftigen Gesetzgeber gewollt worden wäre. Der Veränderung der Verhältnisse während der Geltungszeit des Gesetzes wird vielfach dadurch Rechnung getragen, daß die Zwecksetzung des historischen Gesetzgebers in einem weiten Sinne gefaßt wird oder daß dem historischen Gesetzgeber unterstellt wird, er hätte so und so entschieden, wenn er die veränderten Umstände hätte voraussehen können.

bb) Die objektive Methode greift auf den im Gesetz selbst zum Ausdruck gelangenden Willen zurück. Sie kennt ebenfalls zwei Erscheiungsformen: Von einer objektiv-entstehungszeitlichen Methode kann gesprochen werden, wenn bei der Interpretation die Verhältnisse bei der Entstehungszeit des Gesetzes vorab berücksichtigt werden, von einer objektiv-geltungszeitlichen Methode, wenn die zur Zeit der Interpretation herrschenden Verhältnisse zunächst erwogen werden.

2. Im ganzen wird im Rahmen der Verfassungsinterpretation den Spielformen der objektiven Methode der Vorzug gegeben.

a) So hat sich das Schweizerische Bundesgericht für die objektive Methode entschieden. Es räumt der grammatikalischen, logischen, systematischen, teleologischen, am Gesetzestext orientierten Methode den Vorrang ein und läßt den Materialien nur dann entscheidende Bedeutung zukommen, wenn die Interpretation nach den vorgenannten Methoden keine eindeutige Entscheidung zuläßt und der Rückgriff auf die Materialien zu keinem absurden Ergebnis führt. Das Gericht stellt also in der Regel auf die objektiv-geltungszeitliche Methode ab und verknüpft damit die Vorstellung, daß der objektive Wille des Gesetzgebers den Prinzipien der Gerechtigkeit und der Humanität selbstverständlich entspreche und daß diese Prinzipien zur Auslegung von Einzelvorschriften herangezogen werden können.

b) Das Bundesverfassungsgericht hat sich ebenfalls für die objektive Methode entschieden. Es greift zur Beantwortung von Auslegungsfragen primär auf das zurück, was mit Hilfe von grammatikalischen, logisch-systematischen und teleologischen Erwägungen dem objektivierten, in Verfassung und Gesetz zum Ausdruck gelangten Willen des Gesetz-

gebers entnommen werden kann und mißt dem Materialbefund nur subsidäre Bedeutung zu. Das geltungszeitliche Argument berücksichtigt es mit Vorsicht. Wie das schweizerische Bundesgericht begreift es den objektivierten Willen des Gesetzgebers, insbesondere des Verfassungsgebers, prinzipiell als einen solchen, der am Maßstab der Gerechtigkeit orientiert ist. — Im Gegensatz zum Schweizerischen Bundesgericht bringt es jedoch die Möglichkeit in Sicht, daß der objektivierte Wille des Verfassungsgebers ungerechte Normen umfasse. Die aus dieser Sicht entstehenden Schwierigkeiten sucht es mit Hilfe der Vermutung zu lösen, daß der freiheitlich-demokratische Verfassungsgeber gerechtigkeitskonform entschieden habe. Ob dies der Fall sei oder nicht, sei jedoch nicht den tatsächlichen Absichten, sondern allein deren Objektivierung im Gesetz selbst zu entnehmen. Dergestalt sucht es seine Interpretationspraxis am Gesichtspunkt der materialen Gerechtigkeit u n d *der Rechtssicherheit zu orientieren.*

III.

1. Auf dieser Grundlage ist die Frage nach dem zureichenden Grund für die Wahl der Methoden und Prinizpien der Verfassungsinterpretation zu erörtern. Dabei ist davon auszugehen, daß sich das Problem der Interpretation unter zwei Gesichtspunkten stellt: einem p r a k t i s c h e n *und einem* t h e o r e t i s c h e n *(Theorie im weitesten Sinne des Wortes).*

a) Unter dem praktischen Gesichtspunkt erscheint das Interpretationsproblem im Zeichen der Frage: Wie kann es gelingen, die eigentlichen Intentionen einer Verfassung angesichts der Möglichkeit der Zweideutigkeit der Sprache, in der sie zum Ausdruck kommt, zu r e a l i s i e r e n*?*

b) Der theoretische Gesichtspunkt zeigt die Interpretationsproblematik im Zeichen der Frage: Wie kann es gelingen, Interpretationsmethoden zu entwickeln, die, t h e o r e t i s c h *gesichert, willkürliche Auslegungen verhindern?*

2. Das Verhältnis zwischen praktischer und theoretischer Fragestellung ist vorab unter zwei Voraussetzungen unproblematisch:

a) dann, wenn die theoretische Fragestellung aus dem Felde der Praxis überhaupt ausgeschlossen ist, etwa, wenn die Entscheidung über die Methodenfrage deshalb in das freie Ermessen einer Instanz gelegt wird, weil Verfassungsverwirklichung ausschließlich in Gestalt von Willensakten dieser Instanz er-

scheint, die nur unter der Voraussetzung ihr Ziel erreichen kann, daß sie auch von theoretischer Rücksichtnahme in der Methodenfrage befreit ist;

b) dann, wenn davon ausgegangen wird, daß die praktische Entscheidung immer auch die theoretisch richtige sei.

3. Problematisch ist das Verhältnis von praktischer und theoretischer Fragestellung, wenn man der Theorie prinzipiell Eigenständigkeit im Verhältnis zur Praxis und der Praxis Eigenständigkeit im Verhältnis zur Theorie einräumen will. Wie kann es dann gelingen, eine in der Praxis gesicherte Interpretationsmethode zu entwickeln, wenn das Interpretationsziel, das Eigentliche einer Verfassung, einseitig von der Praxis festgelegt ist? Von der Klärung dieser Zentralfrage hängt die Klärung unserer Gesprächslage ab. Das ergibt sich aus folgendem:

a) Zumeist wird auch heute das Wesen der Verfassung im organisatorischen und materiellen Sinn einseitig von der Praxis her bestimmt, indem sie als positives Gesetz vom Willen des Verfassungsgebers zwar formal abgehoben, in ihrer eigentümlichen Erscheinung aber materiell auf diesen Willen zurückgeführt wird. Dabei kommt früher oder später die Frage in Sicht, inwieweit dieser Wille sich geändert habe, vorab, weil sich die herrschenden Überzeugungen gewandelt haben, und inwieweit somit das Eigentümliche der Verfassung, das, was angesichts der Unvollkommenheiten des Ausdrucks zu ermitteln und ergänzen ist, ein Anderes geworden sei. In dieser Situation muß es dem Interpretierenden fragwürdig werden, woraufhin er seine Bemühungen zu richten habe, es sei denn, daß ihm die Theorie ein Richtmaß verleiht.

b) Zum nämlichen Dilemma gelangen wir, wenn wir die Aufgaben der Interpretation wissenstheoretisch den Aufgaben der Dogmatik zuordnen, das Feld der Dogmatik aber dergestalt bestimmen, daß als ihr Gegenstand die Verfassung als ein Produkt des „schaffenden, sich stets transzendierenden Lebens" (Rothacker) zu begreifen ist.

c) Das aber führt zu der Frage, ob die Theorie überhaupt in der Lage sei, ein solches Richtmaß zu vermitteln, oder ob sie lediglich die Kraft besitze, die Notwendigkeit ihrer Kapitulation vor der Praxis zu begründen. Eine solche Begründung liegt vor, wenn sie ihre Zuständigkeit darauf beschränkt,

aa) die Relationen zwischen empirisch faßbaren Verfassungstypen und Interpretationsmethoden zu beschreiben,

bb) die Verfassungsordnung formal als Normengebilde zu erfassen, das seine konkrete Gestalt den Wertentscheidungen des Verfassungsgebers verdanke, und eine Relation zwischen diesen Wertprinzipien und der Verfassungsinterpretation herzustellen,

cc) der Verfassungsinterpretation nur die Aufgabe zuordnen, im Sinne einer allgemeinen Verstehenslehre die stets neu zu vollziehende Distanznahme von dem, was der Verfassungsgeber einst wollte, in Hinsicht auf die Analyse der Gegenwartssituation vorzunehmen (Gadamer).

dd) Auf der anderen Seite aber vermögen auch die sogenannten Wertphilosophien (Scheler, Hartmann) die Zweifel am Vermögen der Theorie, das vorgenannte Dilemma zu lösen, nicht ohne weiteres zu bannen. Die Zuverlässigkeit dieser Methoden ist ebenso unwiderlegt bezweifelt worden, wie die Zuverlässigkeit der Ergebnisse. Darüberhinaus zeigt sich die Gefahr, daß die Verfassungsinterpretation durch Rückgriff auf sogenannte objektive Wertordnungen die konkrete Verfassung aus dem Gesichtsfeld verliert.

4. Eine Möglichkeit, das Verhältnis zwischen Theorie und Praxis als Zuordnungsverhältnis zu begreifen, zeigt sich im Satz von der Autonomie des Menschen im Sinne eines Postulates der praktischen Vernunft.

a) Ob der Mensch frei ist, das ist im Sinne der theoretischen Erkenntnis unerweislich; daß er frei sein soll aber ist gewiß, da ohne dieses Postulat die Bedingung der Möglichkeit theoretischer Erkenntnis nicht gegeben wäre.

b) Mit diesem Rückgriff auf Kants Lehre vom Primat der praktischen Vernunft — nicht der Praxis vor der Theorie —, welches nicht nur das Postulat der Freiheit, sondern auch dasjenige der Freiheit zur Achtung der Freiheit des Anderen impliziert (Freiheit im formellen und im materiellen Sinne), erschließt sich der Zugang zur Bestimmung des Verhältnisses zwischen Sollen und Sein:

aa) Ob der Mensch frei ist oder nicht und ob er sich freiheitsgemäß verhält oder nicht, ist theoretisch nicht gewiß. Das Postulat setzt die doppelte Möglichkeit des normgemäßen und des normwidrigen Verhaltens.

b) Da das freiheitsgemäße Verhalten gesollt ist, sollen wir uns an dieser Möglichkeit orientieren, während wir mit der gegenläufigen Möglichkeit zu rechnen haben; das heißt, wir sollen die Möglichkeit des normentsprechenden Verhaltens vermuten: Die Vermutung verbindet dergestalt den Normbereich mit dem Wirklichkeitsbereich.

cc) Von hier aus ist auch die Kant'sche Staats- und Rechtskonzeption verständlich. Könnte mit Gewißheit gesagt werden, daß sich der empirische Mensch wider das Sittengebot verhalte, so müßte die Staatskonstruktion von Hobbes als Postulat der praktischen Vernunft gelten. Da die Möglichkeit, das Sittengebot zu erfüllen, in Ansehung der Möglichkeit des normwidrigen Verhaltens vermutet werden soll, ist der Staat als Rechtsstaat zu konstruieren, der zwar die äußere Ordnung gewährleistet, zugleich aber die Freiheit garantiert.

5. Daraus ergibt sich:

a) daß das, woraufhin Interpretation letztlich zu denken ist, sich als die Norm des Sittengebotes darstellt, das nicht als Produkt der Praxis im Sinne des schaffenden Lebens, sondern als Theorie in Gestalt einer Erkenntnis der praktischen Vernunft zu begreifen ist;

b) daß Verfassungsinterpretation auf die Verwirklichung des realen, sich in Raum und Zeit entfaltenden Willens eines Verfassungsgebers angelegt ist, dessen formale Geltung sie angesichts der Notwendigkeit voraussetzt, die äußere Ordnung gegen die dem Sittengebot zuwiderlaufenden menschlichen Willensimpulse durchzusetzen, dessen materiale Geltung sie jedoch nur vermuten darf;

c) daß Verfassungsinterpretation zwar entstehungszeitliche und geltungszeitliche Faktoren, Überzeugungen, Lagen und Situationen berücksichtigen darf, aber nur, soweit sie den das Sittengebot konkretisierenden verfassungsrechtlichen Kernnormen nicht widersprechen.

6. Daraus ergibt sich für die Interpretation einer freiheitlich-demokratisch-rechtsstaatlichen Verfassung insonderheit:

a) das Gebot der gerechtigkeitskonformen Interpretation auf der Verfassungsstufe,

b) das Gebot der verfassungskonformen Interpretation auf der Gesetzesstufe,

c) das Gebot, Verfassung wie Gesetze um ihrer formalen Geltungskraft und ihrer Funktion als Ordnungs- und Friedenselemente willen im Sinne der objektiven Methode vorab unter Berücksichtigung entstehungszeitlicher Faktoren auszulegen,

d) das Gebot, Kompetenzvorschriften nach Maßgabe der mit der Kompetenz gegebenen materiellen Funktion und im Hinblick auf die verfassungsmäßigen Rechte der Bürger auszulegen,

e) das Gebot, das Verhältnis zwischen Freiheitsgewährungen und Freiheitsbeschränkungen im Sinne der Ausgangsvermutung zu Gunsten der Freiheit auszulegen.

7. Daraus ergibt sich für die Charakterisierung der Interpretation als Denkvorgang, als Weise des Verstehens:

a) Interpretation beruht nicht auf Wollungen, Meinungen, Gefühlen, subjektiven Wertungen, die hingenommen, auf ihre Begründetheit jedoch nicht kontrolliert werden können.

b) Sie ist zwar am Sittengebot als einem Postulat orientiert, vermag ihm zur Beurteilung konkreter Problemlagen die Beurteilungsnorm aber keineswegs im Sinne strenger Ableitung zu entnehmen und dergestalt die Verfassung — als Teilsystem der Sittenordnung im ganzen — in all ihren Teilen auszuweisen. Sie vermag dem Sittengebot zur Beurteilung von konkreten Verfassungen lediglich den Satz abzugewinnen, daß dieselben Freiheit und Autorität im Zeichen der Vermutung für die Freiheit dialektisch verknüpfen sollen. Wie dies im einzelnen zu geschehen hat, kann nur in Ansehung konkreter Problemlagen entschieden werden. Insofern vollzieht sich Interpretation als dialektischer, problembezogener Denkprozeß.

c) Das schließt eine vorsichtige Verwendung des Systemgedankens nicht aus, wonach die Verfassung als System zu begreifen, von dem aus das Verhältnis zwischen Regel und Ausnahme, zwischen allgemeinen und konkretisierenden Spezialvorschriften zu bestimmen ist. Dabei darf nicht übersehen werden, daß die das „System" bildenden Prinzipien (Freiheit und Gleichheit, Sozialstaat und Rechtsstaat) im Hinblick auf konkrete Problemlagen dialektisch zu verbinden sind und eindimensionale Konstruktionen zu Gunsten des einen auf Kosten des anderen Prinzips ausgeschlossen sind.

8. Was die Träger der Interpretationsfunktion in ihrem gegenwärtigen Verhältnis anbetrifft, so ist folgendes zu notieren:

a) Grundsätzlich unterliegen Wissenschaft und Praxis denselben Regeln der Auslegung. Vor allem ist es auch ausgeschlossen, zwischen Rechtsetzung und Interpretation zu unterscheiden, als ob der Rechtsetzungsakt als reiner Willens- und Gestaltungsakt dem Interpretationsakt als einem Erkenntnisakt gegenübergestellt werden könnte.

b) Wenn auch jeder Staatsakt an sich nur „vermöge seiner inneren Wahrheit" Geltung beanspruchen und nur soweit in Kraft treten sollte, als seine Vereinbarkeit mit der ranghöheren Norm durch alle Mittel der Interpretation erwiesen ist, so sind doch Differenzierungen nach Maßgabe der mit den Zuständigkeiten gegebenen Aufgaben erforderlich.

aa) Als Differenzierungen kommen in Frage die des denkbaren B e w u ß t s e i n s g r a d e s und die der S a c h n ä h e. Während Gesetzgeber und Verwaltung angesichts ihrer Gestaltungsfunktion, angesichts der Notwendigkeit, Interessengegensätze auszugleichen usw., zwar der Sache nahe, aber unter einer gewissen Vernachlässigung der Interpretationsfrage zu entscheiden genötigt sind, entscheidet der Richter aus einer gewissen Sachferne und unter Konzentration auf die Interpretationsfrage. Darin liegt einerseits eine Rechtfertigung besonders der verfassungsgerichtlichen Kontrolle der Gesetzgebung, andererseits aber eine solche auf ihre Beschränkung.

bb) Demgegenüber erscheint die Funktion der Rechtswissenschaft durch ihre Freiheit vom Entscheidungszwang charakterisiert. Ihre Aufgabe ist somit im Zusammenhang mit der Interpretationsproblematik vor allem darin zu sehen: einmal den Fortgang der praktischen Interpretationsarbeit stets kritisch zu begleiten, die Bedingungen der Möglichkeit der Interpretation selbstkritisch zu erhellen und schließlich die Unruhe im Wissen um die Fragwürdigkeiten aller Rechtserkenntnis und Rechtsgestaltung wachzuhalten.

Prinzipien der Verfassungsinterpretation

2. Mitbericht von Professor Dr. Horst Ehmke, Freiburg*

Die Frage nach den Prinzipien der Verfassungsinterpretation wirft zwei allgemeinere Fragen auf: Einmal die Frage nach dem Stand der allgemeinen juristischen, d. h. vor allem der zivilrechtlichen Interpretationslehre (I, 1), einschließlich der Frage ihrer Verbindung mit der geisteswissenschaftlichen Hermeneutik (I, 2); zweitens die Frage nach den Besonderheiten der Verfassungsinterpretation (II, 1), einschließlich der Frage nach Eigenart und Bedeutung der Verfassungsrechtsprechung (II, 2). Erst nach Klärung dieser Fragen kann der Verfassungsinterpretation in der Praxis des Bundesverfassungsgerichts nachgegangen werden (III, 1 u. 2).

I, 1

Die allgemeine juristische Interpretationslehre muß aus zwei Gründen im Blick behalten werden: Erstens ist die Frage nach der besonderen Struktur des Verfassungsrechts unlösbar mit der Gegen- bzw. richtiger Vor-Frage nach der Einheit der Jurisprudenz verbunden. Zweitens hat sich die moderne verfassungsrechtliche Problematik gerade aus der im staatsrechtlichen Positivismus erfolgten Übernahme einer bestimmten zivilrechtlichen Interpretationsmethode ergeben[1]).

Während in der Weimarer Zeit die Interpretationsdiskussion gerade vom Verfassungsrecht her besonders starke Anregungen erhielt[2]), wenn selbstverständlich auch umgekehrt

---

* Die in eckige Klammern gesetzten Teile des Berichts wurden auf der Staatsrechtslehrertagung aus Zeitgründen nicht vorgetragen.

[1]) Siehe dazu P. v. Oertzen, Die soziale Funktion des staatsrechtlichen Positivismus (Diss. phil. Göttingen 1952), insbes. S. 181—264, 227—312; W. Wilhelm, Zur juristischen Methodenlehre im 19. Jahrhundert, Die Herkunft der Methode Paul Labands aus der Privatrechtswissenschaft (1958); H. Zwirner, Die politische Treupflicht des Beamten (Diss. jur. Göttingen 1956), S. 86 ff.

[2]) Siehe dazu E. Schwinge, Der Methodenstreit in der heutigen Rechtswissenschaft (1930); G. Holstein, Von Aufgaben und Zielen heutiger Staatsrechtswissenschaft, AöR N. F. Bd. 11 (1926), S. 1; H. Heller, Bemerkungen zur staats- und rechtstheoretischen Problematik der Gegenwart, AöR N. F. Bd. 16 (1929), S. 321.

ein Einfluß der allgemeinen auf die speziell verfassungsrechtliche Diskussion bestand[3]), ist die Führung in der Interpretationsdiskussion heute an die Zivilrechtler übergegangen[4]). Dabei scheint heute nun gerade in der zivilrechtlichen Diskussion die positivistische Methode endgültig überwunden zu werden, womit der Berufung des staatsrechtlichen Positivismus auf eine bestimmte zivilrechtliche Konstruktionsmethode als auf „die" juristische Methode vollends der Boden entzogen wird.

Der kennzeichnende Zug der heutigen Methodendiskussion scheint mir der zu sein, daß sie vom archimedischen Punkt der Rechtsprechung aus — hinter das Gesetz zurück- und über es hinausfragend — die Struktur der Jurisprudenz (Rechtsprechung und Lehre) als praktischer Disziplin offenzulegen sucht. Dabei weist auch die heutige zivilrechtliche Diskussion im einzelnen eine große Vielfalt der Argumentation auf. Selbst nahe beieinanderliegende Auffassungen werden von unterschiedlichen Ausgangspunkten her entwickelt. So orientiert sich etwa Essers grundlegendes Buch rechtsvergleichend am Common Law, von dem her besonders deutlich wird, in welchem Ausmaß absolutistische Gesetzesauffassung und Kodifikation bei uns den Blick für wesentliche Fragen der

---

3) Siehe etwa H. C. Ule, Über die Auslegung der Grundrechte, AöR N. F. Bd. 21 (1932), S. 37.

4) Siehe J. Esser, Grundsatz und Norm in der richterlichen Fortbildung des Privatrechts (1956); ders., Zur Methodenlehre des Zivilrechts, Studium Generale (1959), S. 97; T. Viehweg, Topik und Jurisprudenz (1953); R. Reinhardt, Methoden der Rechtsfindung (in: Reinhardt-König, Richter und Rechtsfindung, 1957, S. 7 ff.); F. Wieacker, Gesetz und Richterkunst (Schriftenreihe der Juristischen Studiengesellschaft Karlsruhe, Heft 34, 1958); G. Boehmer, Grundlagen der bürgerlichen Rechtsordnung, Bd. II 1 und 2 (1951/52); E. Betti, Zur Grundlegung einer allgemeinen Auslegungslehre, Festschrift für Ernst Rabel, Bd. II (1954), S. 79; H. Coing, Die juristischen Auslegungsmethoden und die Lehren der allgemeinen Hermeneutik (Schriftenreihe der Arbeitsgemeinschaft für Forschung des Landes Nordrhein-Westfalen, Heft 84, 1958); K. Larenz, Methodenlehre der Rechtswissenschaft (1960); W. Siebert, Die Methode der Gesetzesauslegung (1958); H. Bartholomeyczik, Die Kunst der Gesetzesauslegung (1951); K. Engisch, Logische Studien zur Gesetzesanwendung (2. Aufl. 1960); ders., Die Idee der Konkretisierung in Recht und Rechtswissenschaft unserer Zeit (1953); ders., Sinn und Tragweite juristischer Systematik, Studium Generale (1957), S. 173; W. A. Scheuerle, Rechtsanwendung (1952); A. Meier-Hayoz, Der Richter als Gesetzgeber (1951); G. Less, Vom Wesen und Wert des Richterrechts (1954); H. Westermann, Wesen und Grenzen der richterlichen Streitentscheidung im Zivilrecht (Schriften der Gesellschaft zur Förderung der Westfälischen Wilhelms-Universität zu Münster, Heft 32, 1955).

Jurisprudenz verstellt haben[5]). Viehweg greift dagegen auf die alte, im wesentlichen erst durch den Einbruch der modernen Naturwissenschaften verschüttete europäische Tradition der Topik zurück[6]), die Vico einst leidenschaftlich verteidigt[7]) und Ernst Robert Curtius für uns wiederentdeckt hat[8]).

Ich darf diese moderne Diskussion hier als bekannt voraussetzen und mich auf den Versuch beschränken, ihre Ergebnisse zu umreißen. Die wichtigste Einsicht scheint mir die zu sein, daß die Rechtsordnung nicht als ein System abschließend formulierter Rechtssätze verstanden werden kann, die nur auf den jeweiligen Fall „anzuwenden", aus denen die Fall-Lösungen „abzuleiten" wären. Da der Jurisprudenz nicht das System, sondern die Probleme vorgegeben sind, kann nicht von einem vorweg konstruierten System her eine Problem-Auslese erfolgen (die die vom System nicht erfaßten Probleme als „metajuristisch" abtut), es muß vielmehr vom jeweils vorgebenen Problem her eine System-Auslese erfolgen (die solange sucht, bis sie eine angemessene, „passende" Lösung gefunden hat)[9]). Die Problemlösung muß unter Abwägung aller für den konkreten Fall relevanten Gesichtspunkte gefunden werden, wobei die rechtlichen Gesichtspunkte, wie insbesondere Esser gezeigt hat[10]), eine große Vielfalt der Formen wie der Geltungskraft aufweisen: Rechtsprinzipien, Rechtsgrundsätze, (positive) Rechtsnormen, Vorentscheidungen (frühere Problemlösungen), usw. In einfachen Fällen mag man die Problemlösung einfach am Wortlaut des Gesetzes — so eines vorhanden ist — „ablesen" können. Dann ist das Interpretationsproblem schnell gelöst. In schwierigeren Fällen muß die die Entscheidung tragende Norm dagegen überhaupt erst gebildet, „gefunden"

5) Grundsatz und Norm. — Für frühere Ansätze in dieser Richtung siehe F. v. Hippel, Zur Gesetzmäßigkeit juristischer Systembildung (1930); ders., Richtlinie und Kasuistik im Aufbau von Rechtsordnungen (1942).

6) Topik und Jurisprudenz.

7) De nostri temporis studiorum ratione (1708), deutsch als: Vom Wesen und Weg der geistigen Bildung (1947).

8) Europäische Literatur und lateinisches Mittelalter (2. Aufl. 1954). — Zur Geschichte und Problematik der Topik — die zugleich Geschichte und Problematik der praktischen Philosophie ist — siehe außer Viehweg vor allem W. Hennis, Zum Begriff der politischen Wissenschaft (noch ungedr. Frankfurter Habilitationsschrift, 1960), insbes. das Kapitel über „Topik und Politik", sowie R. Bäumlin, Staat, Recht und Geschichte (1961), S. 26 ff.

9) Siehe Viehweg, a. a. O., S. 16 ff. im Anschluß an N. Hartmann, Diesseits von Idealismus und Realismus, Kant-Studien. Bd. XXIX (1924), S. 160.

10) a. a. O., insbes. S. 26 ff.

werden in dem Sinne, in dem wir davon sprechen, daß jemand sich „zurechtfindet"[11]).

Aus diesem Ansatz heutiger Interpretationslehre — der übrigens in zunehmendem Maße durch neuere dogmatische Arbeiten unterstützt wird[12]) — ergibt sich nicht, daß sich die Jurisprudenz in Kasuistik auflösen oder erschöpfen könnte. Vielmehr ist hier das Problem des „Vor-Urteils" im Blick zu behalten[13]). Wir erfassen ein juristisches Problem ja nicht „an sich", sondern immer nur mit einem gewissen Vorverständnis. Die Begründung dieses Vorverständnisses, das Zusammentragen der für ein Problem maßgeblichen Gesichtspunkte, die vorläufige Einordnung des Problems und seiner Lösung in einen sinnvollen Zusammenhang mit anderen Problemkreisen, sind Aufgaben der Theorie oder der — recht verstandenen — Systematik, also Aufgaben der Lehre. Ihre Erfüllung muß der Erörterung und Lösung des konkreten Falls immer schon vorangehen. Umgekehrt muß die gefundene Problemlösung dann — über Mittelstufen wie Fallgruppen und Problemtypen, über Kristallisationspunkte in Form von Begriffen und Grundsätzen, über systematische Bearbeitung und Ausgestaltung einzelner Rechtsinstitute — wieder in die Theorie eingearbeitet werden. Zwischen der Konzentrierung auf den konkreten Fall und dem Versuch der Zusammenordnung der Problemerörterungen und -lösungen zu einem sinnvollen Ganzen besteht also ein ständiges Geben und Nehmen. Dabei bleibt die intendierte Einheit der Rechtsordnung stets offen. Einmal weil sich dauernd neue Probleme stellen, zum anderen weil sich gefundene Problemlösungen als korrekturbedürftig herausstellen können. Logisch

---

11) Daß von diesem Boden aus die positivistische Rechtsquellenlehre keinen Bestand haben kann, liegt auf der Hand. Ich möchte Esser, a.a.O., S. 132 ff., darin folgen, nur die „Positivierungs"-Instanzen als Rechtsquellen zu bezeichnen, zu denen auch die Rechtsprechung gehört. Daneben ist eine Lehre von den Rechtserkenntnisquellen zu entwickeln — Esser, ebd.; Wieacker, a.a.O., S. 15 f. —, die die Autorität des jeweiligen Rechtsmaterials zu bestimmen hätte. Diese Aufgabe ist etwa auf dem Gebiet des Internationalen Privatrechts von G. Kegel in seiner Lehre von den „Rechtsanzeichen" in Angriff genommen worden (Internationales Privatrecht, 1960, S. 164), allerdings in zu enger Beschränkung auf „Rechtsfindungsregeln" (zu diesen siehe Esser, a.a.O., S. 87 ff., 107 ff.).

12) Siehe etwa — zum Problem der strafrechtlichen Unterlassungsdelikte — A. Kaufmann, Dogmatik der Unterlassungsdelikte (1959) und — zum Problem des zivilrechtlichen Fahrlässigkeitsunrechts — R. Wiethölter, Der Rechtfertigungsgrund des verkehrsrichtigen Verhaltens (1960).

13) Zum Grundsätzlichen siehe H.-G. Gadamer, Wahrheit und Methode (1960), S. 250 ff.

zwingende Schlüsse, das zeigt gerade die moderne Logistik, gibt es in der Jurisprudenz nur in sehr begrenztem Maße. Aber auch das theoretische Vorverständnis mag sich als korrekturbedürftig erweisen. Esser spricht von einem „schubweisen Stoffwechsel zwischen den Neuerfahrungen der Fall-Praxis und den Formkräften der Schule“[14]).

Da das Problemdenken den zu beurteilenden Sachverhalt immer in die Problemstruktur einbezieht, erfaßt es — anders als die Vorstellung einer bloßen „Anwendung“ des Rechts auf einen gewissermaßen „zufälligen“ Sachverhalt — die gerade von der Problemstruktur des konkreten Falls erzwungene Fortbildung des Rechts. Für die Gesetzesauslegung, die nur einen Teilbereich des Interpretationsproblems ausmacht, überwindet das Problemdenken die bloß voluntaristische Gesetzesauffassung mit der Erkenntnis, daß auch dem Gesetzgeber das Problem vorgegeben ist, auch das Gesetz eine Problemlösung intendiert, indem es Maßstäbe für die Lösung vorgegebener Probleme in unterschiedlicher Dichte fest- und aufstellt. Viehweg spricht von einem „unablässigen Suchen nach dem jeweils Gerechten, aus dem das positive Recht erst entspringt und das sich an Hand des positiven Rechts fortsetzt“[15]).

Es bleibt die Frage, wie sich von diesem Boden aus die herkömmlichen Interpretationsmethoden ausnehmen. Daß mit ihnen nicht allzuviel zu erreichen ist, zeigt sich z. B. in der Rechtsprechung des Bundesverfassungsgerichts. Dieses hat sich zu einer sogenannten „objektiven“ Methode der Gesetzesauslegung bekannt, nach der der Entstehungsgeschichte eines Gesetzes für dessen Auslegung allerhöchstens sekundäre Bedeutung zukommen soll[16]). Die Bedeutung dieses Bekenntnisses für die Auslegungspraxis des Gerichts scheint mir aber gering zu sein. Wenn sich das Gericht z. B. mit der Auslegung eines Gesetzes im Hinblick auf dessen Verfassungsmäßigkeit zu beschäftigen hat, erfährt die Entstehungsgeschichte des Gesetzes eine bemerkenswerte Aufwertung. Das gilt besonders im Falle einer gegenüber dem Wortlaut restriktiven Auslegung[17]). Hier stellt das Gericht dann etwa die auf dem Boden einer objektiven Gesetzesauslegung wenig sinnvolle Frage, ob sich „ein dem Wortlaut entsprechender eindeutiger Wille des Gesetzgebers“, oder gar „ein eindeutiger Wille des Gesetzgebers zu-

---

[14]) A.a.O., S. 6. — Zur Bedeutung des Vorverständnisses im Strafrecht siehe jetzt G. Stratenwerth, Entwicklungstendenzen der modernen deutschen Strafrechtsdogmatik, Juristenjahrbuch 1961/62, S. 195 ff.

[15]) A.a.O., S. 63.

[16]) Siehe etwa BVerfGE 1, 299 (312); 10, 234 (244).

[17]) Siehe etwa BVerfGE 2, 380 (396 ff.); 9, 89 (102 ff.).

gunsten der wörtlichen Anwendung" feststellen lasse[18]). Im Bereich der sog. „verfassungskonformen" Auslegung erklärt es sogar, daß es von der „Absicht des Gesetzgebers" das mit der Verfassung vereinbare Maximum aufrechterhalte[19]). In der Rechtsprechung der Landesverfassungsgerichte haben Bachof und Jesch die gleiche Inkonsequenz festgestellt[20]). Sie beruht vermutlich darauf, daß die Verfassungsgerichte, wenn sie hier mit dem Gewaltenteilungsproblem konfrontiert werden, dem „Willen des Gesetzgebers" im Sinne der historisch-genetischen Methode doch eine wesentliche Bedeutung zumessen[21]). Daß das Bekenntnis des Bundesverfassungsgerichts zu einer sogenannten objektiven Gesetzesauslegung nicht rein „objektiv" ist, zeigt sich auch schon darin, daß es nicht die Formel vom „Willen des Gesetzes" aufgegriffen hat, sondern vom objektivierten „Willen des Gesetzgebers" spricht[22]). Für die Erforschung dieses „objektivierten Willens des Gesetzgebers" werden sowohl Wortlaut und Sinnzusammenhang[23]) als auch Wortlaut und Entstehungsgeschichte[24]) einer Vorschrift als zunächst maßgebend bezeichnet, und sogar innerhalb eines Urteils werden „Sinn" und „Entstehungsgeschichte" ausgetauscht[25]).

[Aber auch mit einer „objektiven" Handhabung der Gesetzesauslegung durch das Bundesverfassungsgericht würde für die grundsätzliche Interpretationsproblematik nicht viel gewonnen. Denn auch die „objektive" Auslegungsmethode ist durch die Konzentration auf den Wortlaut gekennzeichnet (so daß sie unter anderem gegenüber dem Phänomen ungeschriebenen Rechts hilflos ist). Wie Reinhardt richtig bemerkt hat, wurde mit der Lösung von den Gesetzmaterialien ja zunächst nur die Begriffsjurisprudenz historischer durch eine solche objektiver Prägung ersetzt[26]). Nun versteht das Bundesverfassungsgericht allerdings seine „objektive" Methode offensichtlich in einem weiteren Sinne. So hat es kürzlich erklärt, gram-

---

18) BVerfGE 9, 89 (102, 104).

19) BVerfGE 8, 28 (39 f.); 9, 194 (200); vgl. andererseits 10, 59 (80), wo das Gericht erklärt, die Entstehungsgeschichte des betroffenen Gesetzes biete für seine verfassungskonforme Auslegung keinen Anhalt. Dazu näheres unten S. 74 f.

20) O. Bachof und D. Jesch, Die Rechtsprechung der Landesverfassungsgerichte in der Bundesrepublik Deutschland, JbdöR. N.F., Bd. 6 (1957), S. 47, 59 (mit Anm. 53), 66.

21) Ob zu Recht oder zu Unrecht, sei hier dahingestellt.

22) BVerfGE 1, 299 (312); 10, 234 (244).

23) Siehe etwa BVerfGE 1, 299 (312); 10, 234 (244).

24) Siehe etwa BVerfGE 8, 28 (33); 9, 194 (200).

25) BVerfGE 8, 28 (1. Leitsatz: 33); vgl. 2, 380 (398).

26) Oben, Anm. 4. zitiert, S. 12.

matische, historisch-genetische, systematische und teleologische Methode ergänzten einander mit dem Ziel objektiver Gesetzesauslegung[27]). Eine solche — begrüßenswerte — Erweiterung schafft zwar für sachbezogene Entscheidungen Raum, läßt aber offen, was unter „systematisch" oder „teleologisch" im einzelnen zu verstehen ist, und wie sich die verschiedenen sogenannten Auslegungsmethoden zueinander verhalten. So zeichnet sich die Auslegungspraxis des Bundesverfassungsgerichts denn auch insoweit — ebenso wie die anderer Gerichte[28]) — durch eine Vielfalt des Vorgehens aus[29]).

Diese Auslegungsproblematik — nicht selten mit dem Stichwort von einem angeblichen „Methoden-Chaos" bezeichnet — spricht nun aber im wesentlichen nicht gegen die eben am praktischen Problem ausgerichtete Rechtsprechung, sondern gegen die Methodenauffassung unserer herkömmlichen Auslegungslehre. Vorzuwerfen ist den Gerichten höchstens, daß sie sich nicht selten für eine auf anderem Wege gefundene sachbezogene Problemlösung nachträglich auf eine der genannten Auslegungsmethoden berufen.]

*

Alle diese „Methoden", die an einem Text ausgerichtet sind und sich daher als „Auslegungs"-Methoden bezeichnen, haben nur darin ein relatives Recht, daß sie bestimmte — allgemeine, nicht dem jeweiligen konkreten Problembereich eigene — Gesichtspunkte für juristische Problemlösungen herausstellen. Auch der vielfach geforderte Methodenpluralismus — den das Bundesverfassungsgericht sich unter der Bezeichnung „objektive" Auslegung zu eigen gemacht hat — hat nur darin sein relatives Recht, daß er bestimmte allgemeine Interpretationsgesichtspunkte in einer gewissen Auswahl zusammenträgt. Als unfruchtbar müssen dagegen Versuche zurückgewiesen werden, zwischen diesen verschiedenen Gesichtpunkten eine stufenweise Rangordnung aufzustellen[30]). Bei einer alten, vielleicht seit Jahrzehnten durch Rechtsprechung und Lehre ausgestalteten Vorschrift kommt in der Regel weder dem Wortlaut noch der

---

27) BVerfGE 11, 126 (129 ff.).

28) Für die Landesverfassungsgerichte siehe Bachof und Jesch, a.a.O., S. 59 ff.

29) Siehe dazu K. Stern, Gesetzesauslegung und Auslegungsgrundsätze des Bundesverfassungsgerichts (Diss. jur. München 1957), S. 311 ff.

30 Siehe Stern, a.a.O., S. 171 ff., 224 ff.; B. Bender, Zur Methode der Rechtsfindung bei der Auslegung und Fortbildung gerechten Rechts, JZ 1957, S. 593 ff.; und die dort zitierte Literatur.

Entstehungsgeschichte Gewicht zu. Bei jungen Gesetzen mag etwa der Entstehungsgeschichte für die Auslegung grundsätzlicher Vorschriften weniger Gewicht zukommen als für die Auslegung von Zweckvorschriften und singulären Normen[31]). Auch über den Wortlaut eines jungen Gesetzes oder einer jungen Verfassung mag man hinweggehen — und gehen die Gerichte hinweg —, wenn er keinen Ansatzpunkt für eine sinnvolle Problemlösung bietet. So herrscht z. B. Einigkeit darüber — auch das Bundesverfassungsgericht hat sich im Kehl-Urteil dieser Ansicht angeschlossen[32]) —, daß entgegen dem eindeutigen Wortlaut des Artikels 32 Abs. 3 GG die Länder auch mit anderen Partnern als auswärtigen Staaten völkerrechtliche Verträge abschließen können.

Das relative Unrecht unserer herkömmlichen Auslegungslehre liegt darin, daß sie für juristische Problemlösungen relevante partielle Gesichtspunkte zu selbständigen „Methoden" verabsolutiert. Dieses Problem der Methoden-Auffassung — das m. E. eng mit der Wissenschaftsgeschichte des 19. Jahrhunderts zusammenhängt — ist aber ein noch viel allgemeineres: denn ob man die juristische Interpretation nun an die Philologie und die Logik, oder aber an die Geschichte, Soziologie, Ökonomie etc. anzulehnen sucht, immer hofft man, von partiellen Gesichtspunkten ausgehend, außerhalb des eigentlichen juristischen Problembereichs eine sogenannte „allgemeine" (und natürlich auch „exakte") Interpretationsmethode entwickeln zu können. Mit dieser nähert man sich wie mit einer Wünschelrute den juristischen Problemen, um den Quell der Erkenntnis zum Sprudeln zu bringen. Wenn dieser Quell dann sprudelt, liegt es aber in den wenigsten Fällen an der Wünschelrute unserer ebenso zahlreichen wie partiellen „Methoden". Denn eine von der Sache losgelöste „allgemeine Methode", die in „Anwendung" auf die verschiedensten Probleme sachliche Ergebnisse hervorzubringen vermöchte, kann es nicht geben.

I, 2

[Von hier aus ist noch ein Blick auf die geisteswissenschaftliche Methode zu werfen. Es fragt sich zunächst, ob nicht auch der Glaube an eine allgemeine geisteswissenschaftliche Hermeneutik, wie der Aberglaube an eine allgemeine naturwissenschaftliche Methode, Ausdruck einer zutiefst problematischen — letzten Endes eben doch durchgängig an den Naturwissen-

---

[31]) Siehe P. Liver, Der Wille des Gesetzes (1954).

[32]) BVerfGE 2, 347 (374 f.)

schaften ausgerichteten — Wissenschaftsauffassung des 19. Jahrhunderts ist. Unsere juristischen Arbeiten über die Verbindung von juristischer Interpretation und allgemeiner geisteswissenschaftlicher Hermeneutik[33]) pflegen sich regelmäßig auf Schleiermacher, gewissermaßen als Ahnherrn der allgemeinen Hermeneutik zu berufen, vor allem auch wegen seines Einflusses auf Dilthey. Die neuere philosophische Diskussion hebt aber gerade kritisch hervor[34]), daß diese Hermeneutik in problematischer Weise die Frage nach dem „Was", d. h. nach dem Zugang zum sachlichen Problem und seiner Lösung, durch die Frage nach dem „Wie" ersetzt habe, wobei sie das Gewicht stark vom Gegenstand auf das Subjekt der Erkenntnis verschoben hat. Im übrigen ist interessant, daß die juristische Diskussion der allgemeinen geisteswissenschaftlichen Diskussion meist nur bis zu einem bestimmten Punkt gefolgt ist, vor allen Dingen — abgesehen von den phänomenologischen Ansätzen[35]) — die Auseinandersetzung mit Dilthey nur sehr teilweise mitgemacht hat[36]).

Die Bedeutung der geisteswissenschaftlichen Methode, oder vielleicht richtiger: Methoden, für die Jurisprudenz liegt m. E. im wesentlichen darin, daß sie eine Erkenntnistheorie der Geisteswissenschaften zu entwickeln sucht. Indem sie das „produzierende" Moment menschlicher Sprache und damit menschlichen Verständnisses aufzeigt[37]), entzieht sie allen rein logisch-deduktiven Vorstellungen den Boden und kann daher erkenntnistheoretische Grundlage einer Problem- und damit Sachbezogenen juristischen Interpretationslehre, aber nicht selbst Interpretationslehre sein.]

II, 1

Gegen den so gewonnenen Hintergrund der allgemeinen juristischen Interpretationsproblematik läßt sich nun abheben,

---

[33]) Siehe etwa Betti und Coing, oben Anm. 4 zitiert.

[34]) Siehe Gadamer, Wahrheit und Methode, S. 157 ff., 172 ff., 205 ff.; H. Kimmerle (Hrsg.), Schleiermachers Hermeneutik (Abhdlgn. d. Heidelb. Akad. d. Wiss., Phil. Hist. Klasse, 1959, 2. Abhandlung), Einleitung.

[35]) Siehe etwa A. Reinach, Die apriorischen Grundlagen des bürgerlichen Rechts (1913); G. Husserl, Der Rechtsgegenstand (1933).

[36]) Zu dieser sei etwa auf G. Misch, Lebensphilosophie und Phänomenologie (1930), insb. S. 281 ff., S. 291 ff., O. F. Bollnow, Das Verstehen (1949), S. 29 ff., 71 ff. und nochmals Gadamer, a.a.O., S. 157 ff., 205 ff. verwiesen.

[37]) Siehe dazu Gadamer, a.a.O., S. 361 ff., vgl. E. Forsthoff, Recht und Sprache (1940).

was die spezielle Problematik der Verfassungsinterpretation ausmacht. Umgekehrt wird auf diese Weise deutlich, worin die Einheit der Jurisprudenz liegt: Sie liegt in ihrer topischen Grundstruktur.

Auch verfassungsrechtliches Denken ist Problemdenken. Es ist es sogar in besonderer Deutlichkeit. Nicht zufällig ist der Angriff gegen den Positivismus in der Weimarer Zeit gerade im Verfassungsrecht geführt worden[38]). Leichter als das Zivilrecht, das sich erst Schritt für Schritt von der Kodifikation und dem Kodifikationsgedanken[39]) sowie von den allzu allgemeinen Allgemeinheiten seines Allgemeinen Teils[40]) lösen muß, läßt das nichtkodifizierte Verfassungsrecht seine strukturelle Offenheit erkennen. Sie ist vor allem von Heinrich Triepel, Rudolf Smend, Erich Kaufmann und Hermann Heller eindrücklich aufgezeigt worden[41]). Angesichts der Knappheit und relativen Konstanz des Textes der Verfassung einerseits, der inhaltlichen Weite und Unbestimmtheit ihrer Grundzüge andererseits, liegt im Verfassungsrecht die Notwendigkeit kontinuierlicher Rechtsfortbildung klar zutage. Nicht zufällig hat man daher auch immer wieder gerade von den Problemen der Verfassungswandlung[42]) und der Verfassungsänderung[43]) her versucht, das Wesen des Verfassungsrechts in den Griff zu bekommen. Diese strukturelle Offenheit eröffnet zugleich einen unbefangenen Blick auf die Vielgestaltigkeit des Verfassungsrechtsmaterials: auf seine — zwar keine Normen, aber doch Interpretationsgesichtspunkte darstellenden — Werte, Rechtsgüter und Prinzipien, wie sie uns in unterschiedlicher Weise in den Arbeiten etwa von Rudolf Smend, Erich Kaufmann, Günther Holstein und Gerhard Leibholz, von Dietrich Schindler, Werner Kägi

---

[38]) Siehe oben Anm. 2.

[39]) Siehe dazu z. B. E. v. Caemmerer, Wandlungen des Deliktsrechts, Festschrift Deutscher Juristentag, Bd. I (1960), S. 49.

[40]) Siehe dazu z. B. W. Flume, Rechtsgeschäft und Privatautonomie, Festschrift Deutscher Juristentag, Bd. I (1960), S. 135.

[41]) H. Triepel, Staatsrecht und Politik (1927); R. Smend, Verfassung und Verfassungsrecht (1928), jetzt in: Staatsrechtliche Abhandlungen (1955), S. 119 ff.; E. Kaufmann, Die Grenzen der Verfassungsgerichtsbarkeit, VVDStRL, Heft 9 (1952), S. 1, jetzt in: Gesammelte Schriften, Bd. I (1960), S. 500; H. Heller, Staatslehre (1934). — Siehe jetzt vor allem R. Bäumlin, oben Anm. 8 zitiert.

[42]) Siehe etwa Hsü Dau-Lin, Die Verfassungswandlung (1932) und die dort zitierte Literatur. Aus neuerer Zeit siehe A. F. v. d. Heydte, Stiller Verfassungswandel und Verfassungsinterpretation, ARSP Bd. 39 (1950/51), S. 461.

[43]) Siehe etwa H. Haug, Die Schranken der Verfassungsrevision (1947); H. Ehmke, Grenzen der Verfassungsänderung (1953); und die dort zitierte Literatur.

und Hans Huber vor Augen geführt worden sind[44]); auf seine Grundentscheidungen, wie sie sie — wieder mit verschiedenen Akzenten — etwa Carl Schmitt und Hans-Julius Woff beschrieben haben[45]), auf seine Leitgrundsätze, deren Bedeutung insbesondere Ulrich Scheuner dargelegt hat[46]). Sie alle reichen in den weiten, keineswegs auf das Gewohnheitsrecht beschränkten Bereich des ungeschriebenen Verfassungsrechts hinein, dessen Vielfalt kürzlich Hans Huber vor uns ausgebreitet hat[47]). Sie alle sind zugleich mit der von Dietrich Schindler herausgearbeiteten Ambiance einer Verfassung aufs engste verbunden[48]). Herbert Krüger spricht in einem seiner Beiträge zu unserer heutigen Tagung darüber hinaus von einem zur Verfassung gehörenden „Hof" von Konventionen, Gewohnheiten, Denkweisen usf.[49]).

Angesichts der grundlegenden Bedeutung der Verfassung und ihrer Institutionen für das Leben des politischen Gemein-

---

[44]) Siehe insb. R. Smend, oben Anm. 42 zitiert; Ders., Das Recht der freien Meinungsäußerung, VVDStRL, Heft 4 (1928), S. 44, jetzt in: Staatsrechtliche Abhandlungen, S. 89; ders., Bürger und Bourgeois im deutschen Staatsrecht (1933), jetzt in: Staatsrechtliche Abhandlungen, S. 309; E. Kaufmann, Kritik der neukantischen Rechtsphilosophie (1921), jetzt in: Gesammelte Schriften, Bd. III (1960), S. 176; ders., Die Gleichheit vor dem Gesetz im Sinne des Art. 109 der Reichsverfassung, VVDStRL, Heft 3 (1927), S. 2, jetzt in: Gesammelte Schriften, Bd. III, S. 246; ders., Juristische Relationsbegriffe und Dingbegriffe, Diskussionsbeitrag VVDStRL, Heft 4 (1928), S. 77, jetzt in: Gesammelte Schriften, Bd. III, S. 266; G. Holstein, oben Anm. 2 zitiert; ders., Elternrecht, Reichsverfassung und Schulverwaltungssystem, AöR N. F. Bd. 12 (1927), S. 187; G. Leibholz, Die Gleichheit vor dem Gesetz (2. Aufl. 1959); D. Schindler, Verfassungsrecht und soziale Struktur (3. Aufl. 1950); ders., Über den Rechtsstaat, in: Recht, Staat, Völkergemeinschaft (1948), S. 163 ff.; W. Kägi, Die Verfassung als rechtliche Grundordnung des Staates (1945); ders., Rechtsstaat und Demokratie, Festgabe für Giacometti (1953), S. 107 ff.; H. Huber, Die Garantie der individuellen Verfassungsrechte, Verhandlungen des Schweizerischen Juristenvereins 1936, 1. Heft; ders., Die verfassungsrechtliche Bedeutung der Grundrechte und die Schweizerische Rechtsprechung, in: Recht, Staat, Wirtschaft, Bd. 4 (1953), S. 120.

[45]) C. Schmitt, Verfassungslehre (Neudr. 1954); H. J. Wolff, Rechtsgrundsätze und verfassungsgestaltende Grundentscheidungen als Rechtsquellen, Jellinek-Gedächtnisschrift (1955), S. 33.

[46]) Die Auslegung verfassungsrechtlicher Leitgrundsätze (Rechtsgutachten, 1952); ders., Probleme und Verantwortungen der Verfassungsgerichtsbarkeit in der Bundesrepublik, DVBl. 1952, S. 293.

[47]) Probleme des ungeschriebenen Verfassungsrechts, in: Rechtsquellenprobleme im Schweizer Recht (Berner Festgabe für den Schweizer Juristenverein, 1955), S. 95.

[48]) Verfassungsrecht und soziale Struktur, insbes. S. 92 ff.

[49]) Verfassungsauslegung aus dem Willen des Verfassungsgebers, DVBl. 1961, S. 685, 688 Anm. 18.

wesens mußte eine nicht zur Sache vorstoßende Auslegungslehre gerade im Verfassungsbereich als ungenügend empfunden werden. Die eigentliche verfassungsrechtliche Hermeneutik kann nur eine sachbezogene, die Problemhorizonte erschliessende, die „Vor-Urteile" begründende und die Fall-Praxis „verarbeitende" Verfassungstheorie sein, was sich auch dahin formulieren läßt, daß eine verfassungsrechtliche Hermeneutik, die die praktische Arbeit wirklich leiten will, zur materialen Verfassungstheorie werden muß.

Ein Zwischenergebnis meiner Darlegungen zur allgemeinen und zur speziell verfassungsrechtlichen Problematik glaube ich schon jetzt ziehen zu können: Versuchen, sich angesichts der vielfältigen Problematik eines materialen Verfassungsverständnisses wieder in das Wetterhäuschen des Positivismus zurückzuziehen, kann keine weiterführende Bedeutung zukommen. Da mir Forsthoffs neue methodologische Bemühungen auf dem Gebiet des Verfassungsrechts[50]), wenn nicht in der Intention so doch im Ergebnis, einen solchen Versuch darzustellen scheinen, halte ich sie — bei Anerkennung berechtigter Kritik — für wenig fruchtbar. Einen positiven hermeneutischen Gewinn vermag ich in ihnen nicht zu entdecken. Auch die ihnen zugrundeliegende Analyse vermag mich nicht zu überzeugen. Dagegen wird man Forsthoff hinsichtlich der Symptome, die methodologische Kritik herausfordern, recht weitgehend zustimmen können[51]).

*

Können von einem materialen Verfassungsverständnis her gesehen die heutigen zivilrechtlichen Bemühungen geradezu als eine „Annäherung" an das Verfassungsrecht erscheinen, so stellt umgekehrt der Ausbau der Verfassungsrechtsprechung, der die fallrechtliche Problemerörterung und autoritative Fallentscheidung — ohne die das Zivilrecht garnicht zu denken wäre — nun auch im Verfassungsrecht in den Vordergrund rückt, eine „Annäherung" des Verfassungsrechts an das Zivilrecht dar.

Diese Einheit der jurisprudentiellen Grundstruktur hebt aber die sachliche Eigenart des Verfassungsrechts nicht auf,

---

[50]) Die Umbildung des Verfassungsgesetzes, Schmitt-Festschrift (1959), S. 35; d e r s., Zur Problematik der Verfassungsauslegung, res publica Heft 7 (1961).

[51]) Siehe dazu im einzelnen A. H o l l e r b a c h, Auflösung der rechtsstaatlichen Verfassung? AöR Bd. 85 (1960), S. 241; H. E h m k e, Wirtschaft und Verfassung (1961), S. 45 ff.; P. L e r c h e, Stil, Methode, Ansicht, DVBl. 1961, S. 690.

wie sich ja auch das Strafrecht sachlich durchaus vom Zivilrecht unterscheidet. Eine einheitliche topische Grundstruktur schließt nicht aus, daß die Topoi jeweils verschiedene sind. Die sachliche Eigenart des Verfassungsrechts, die notwendigerweise auch die Eigenart der Verfassungsrechtsprechung bestimmt, wird mit Recht darin gesehen, daß es „politisches" Recht ist, ähnlich wie man das Wirtschaftsrecht „wirtschaftliches" Recht nennen könnte.

[Gerade in der sogenannten staatsrechtlichen „Methoden"-Diskussion der Weimarer Jahre ist deutlich geworden, daß eine sachbezogene Verfassungstheorie immer zugleich auch Bestandteil des Ringens um das politische Selbstverständnis eines Gemeinwesens ist, und daß sie daher mit der politischen Theorie der Ordnung, Aufgaben und Funktionen unseres Gemeinwesens und seiner Institutionen verbunden sein muß. Insbesondere darf sich die Verfassungstheorie nicht negativ an einer Auffassung ausrichten, die das Politische als eine teils voluntaristische, teils dämonische Naturangelegenheit mißversteht, und damit im Grunde genauso pervertiert ist, wie die Rechtsauffassung des Positivismus[52]). Gerade eine solche Verbindung der Verfassungstheorie mit der politischen Theorie kann verhindern, daß das Verfassungsrecht zwischen „rein juristischer" Konstruktion einerseits und Zugeständnissen an die jeweilige tagespolitische „Zweckmäßigkeit" andererseits hin- und herpendelt. Verfassungsrecht ist „politisches" Recht also nicht in dem Sinne, daß es „notfalls" der Politik zu weichen habe. Aber dic Dynamik des politischen Lebens, die richtungweisend einzudämmen Aufgabe des Verfassungsrechts ist, wirkt doch auch wieder auf es zurück. Dabei darf nicht vergessen werden, daß die Tradition des Verfassungsrechts und damit sein Problemlösungs-Schatz weit geringer ist als der des Zivilrechts, und daß darüber hinaus das Verfassungsrecht einer freiheitlichen Demokratie gerade bei uns bisher ja überhaupt nur Ansätze einer Tradition hat ausbilden können.]

Neben der Weite und „Dynamik" seines Gegenstandes und der relativ geringen Dichte seiner Bezugspunkte zeichnet sich das Verfassungsrecht vor allem durch seine enge Bezogenheit auf die und damit seine Abhängigkeit von der jeweils geschichtlichen Einheit des Gemeinwesens aus. (Da diese Einheit seit dem 19. Jahrhundert eine nationalstaatliche ist, wird heute die Auflockerung nationalstaatlicher Einheit zugunsten übernationaler Integration auch zum verfassungsrechtlichen Problem). Zwei Momente — vor allem von Smend und Heller immer wieder hervorgehoben und von Herbert Krüger jetzt noch ein-

---

[52]) Dazu vor allem H e n n i s , oben Anm. 8 zitiert.

mal nachdrücklich betont[53]) — bestimmen insoweit die Eigenart des Verfassungsrechts: Der konstituierende, Einheits-stiftende Charakter der Verfassung und — gerade gegenüber dem Zivilrecht: ius privatum sub tutela iuris publici latet — ihr Auf-Sich-Selbst-Angewiesen-Sein.

Trotz der Einheit der jurisprudentiellen Grundstruktur läßt daher die Eigenart des Verfassungsrechts als erstes Prinzip der Verfassungsauslegung noch immer Chief Justice Marshalls berühmtes dictum aus dem Jahre 1819 erscheinen: „We must never forget, that it is a constitution we are expounding"[54]). Dies gilt auch für die Verfassungsrechtsprechung, auf die sich Marshalls Äußerung ja gerade bezog.

Die Verfassungstheorie ändert mit dem Ausbau der Verfassungsrechtsprechung nicht ihr Wesen. In Einbeziehung der judiziellen Momente richterlicher Fallentscheidung kommt ihr aber hier — bei aller Selbständigkeit gegenüber der Verfassungsrechtsprechung — eine stärker dienende und gerade darin nun erst recht hermeneutische Funktion zu. Eine der ersten von ihr in diesem Zusammenhang zu beantwortenden Fragen ist die Frage nach Stellung und Aufgabe des Verfassungsgerichts selbst.

II, 2

Die Frage, ob eine Verfassungsrechtsprechung verfassungspolitisch wünschenswert ist, möchte ich hier nicht im einzelnen behandeln aber jedenfalls doch für uns grundsätzlich bejahen[55]). Allerdings weist meines Erachtens — hier stimme ich mit den Darlegungen von Imboden in der Huber-Festschrift

---

[53]) Smend, Verfassung und Verfassungsrecht; Heller, Staatslehre; H. Krüger, Verfassungswandlung und Verfassungsgerichtsbarkeit, in: Staatsverfassung und Kirchenordnung, Festgabe für Rudolf Smend (1962), S. 151; ders., Verfassungsauslegung aus dem Willen des Verfassungsgebers, DVBl. 1961, S. 685; ders., Verfassungsänderung und Verfassungsauslegung, DÖV 1961, S. 721.

[54]) McCulloch v. Maryland, 4 Wheat. 316, 407.

[55]) Zur Verfassungsgerichtsbarkeit siehe H. Triepel und H. Kelsen, Wesen und Entwicklung der Staatsgerichtsbarkeit, VVDStRL Heft 5 (1929); E. Kaufmann und M. Drath, Die Grenzen der Verfassungsgerichtsbarkeit, VVDStRL Heft 9 (1952); E. Friesenhahn, Wesen und Grenzen der Verfassungsgerichtsbarkeit, Z. Schw. Re. N. F. Bd. 73 (1954), S. 129 ff.; G. Leibholz, Verfassungsgerichtsbarkeit im modernen Rechtsstaat, in: Strukturprobleme der modernen Demokratie (1958), S. 168 ff.; U. Scheuner, Probleme und Verantwortung der Verfassungsgerichtsbarkeit in der Bundesrepublik, DVBl. 1952, S. 293; J. Wintrich, Aufgaben, Wesen, Grenzen der Verfassungsgerichtsbarkeit, in: Festschrift für H. Nawiasky (1956), S. 191.

überein[56]) — eine besondere Verfassungsgerichtsbarkeit, zumal eine solche mit derartig umfassenden Zuständigkeiten wie sie das Grundgesetz geschaffen hat, gegenüber einer reinen incidenter-Kontrolle, wie sie die Vereinigten Staaten kennen, manche Nachteile auf. Auch auf diese Frage brauche ich aber im Zusammenhang unseres Themas nicht näher einzugehen. Bei der mit dem Grundgesetz gegebenen Rechtslage scheint es mir vielmehr im wesentlichen auf das rechte Verständnis der Stellung und Aufgabe des Verfassungsgerichts und auf die Art und Weise der Ausübung seiner Funktionen anzukommen.

Dem Verfassungsgericht, das zugleich eines der obersten Verfassungsorgane ist[57]), fällt für die notwendige Fortbildung des Verfassungsrechts eine sehr wesentliche, aber keineswegs eine ausschließliche und m. E. noch nicht einmal die führende Rolle zu, ohne daß ich so weit gehen will, mit Erich Kaufmann von einem nur „bescheidenen Raum" der Verfassungsgerichtsbarkeit zu sprechen[58]). Es ist unrichtig, wenn etwa Geiger von der „Suprematie des Bundesverfassungsgerichts" spricht und die Bundesrepublik als eine neben der Präsidentschafts- und der parlamentarischen Demokratie stehende „freiheitlich-rechtsstaatliche Demokratie der Dritten Gewalt" bezeichnet[59]). Dagegen hat sich u. a. schon Friesenhahn gewandt[60]). Der Standpunkt Friesenhahns scheint mir nun aber andererseits — trotz seiner theoretischen Anerkennung der Eigenart des Verfassungsrechts — mit der Betonung einer „strengen Normgebundenheit" des Gerichts[61]), doch noch in der Nähe von Interpretationsvorstellungen zu liegen, deren Überwindung selbst im Zivilrecht ich eingangs vor Augen zu führen gesucht habe.

Im übrigen könnte eine statisch-deduktive Auffassung der Verfassungsrechtsprechung auch nur zu dem Schluß führen, daß ein Verfassungsgericht die erforderliche kontinuierliche Fortbildung des Verfassungsrechts nicht zu leisten vermag. Zu diesem Ergebnis ist Herbert Krüger gekommen[62]). Er meint, die Verfassungsgerichtsbarkeit löse die Rigidität der Verfas-

---

[56]) M. Imboden, Normenkontrolle und Verfassungsinterpretation in: Verfassungsrecht und Verfassungswirklichkeit (Festschrift für Hans Huber, 1961), S. 133, 146 ff.

[57]) Siehe: Der Status des Bundesverfassungsgerichts, Material — Gutachten, Denkschriften und Stellungnahmen, mit einer Einleitung von G. Leibholz, JbdöR N. F. Bd. 6 (1957), S. 109 ff.

[58]) Oben, Anm. 55 zitiert, S. 12.

[59]) W. Geiger, Einige Probleme der Bundesverfassungsgerichtsbarkeit, DÖV 1952, S. 481.

[60]) Oben, Anm. 55 zitiert, S. 159.

[61]) A.a.O., S. 160.

[62]) Verfassungswandlung und Verfassungsgerichtsbarkeit, oben Anm. 53 zitiert; siehe auch seine weiteren ebd. zitierten Arbeiten.

sung nicht auf, sondern verstärke sie noch. Meines Erachtens kommt das ganz auf die Verfassungsrechtsprechung an. In der noch viel „rigideren" Verfassung der Vereinigten Staaten stellt gerade der Supreme Court, jedenfalls im Ganzen gesehen, ein Moment der Flexibilität und der weiteres Wachstum ermöglichenden Offenheit dar[63]). Ich möchte daher die von Krüger gestellte Frage, ob die Verfassungsgerichtsbarkeit als Gegenpol zur sogenannten „Rigidität" des Grundgesetzes, wie sie insbesondere in Art. 79 GG zum Ausdruck kommt, zu verstehen ist, gerade bejahen. Zwischen der Wachstumsfähigkeit einer Verfassung und der Festigkeit ihrer Grundlagen besteht kein Widerspruch, sondern ein notwendiger Zusammenhang: Nur in der Fortbildung kann die freiheitlich-demokratische Grundordnung bewahrt werden. So hat sich auch das Bundesverfassungsgericht selbst zu seiner Rechtsfortbildungs-Aufgabe bekannt[64]).

Damit stellt sich die Frage, wie die Aufgabe der Fortbildung des Verfassungsrechts auf die verschiedenen Verfassungsorgane verteilt ist. In der Fortentwicklung des Verfassungsrechts sind formalisierte Verfassungsänderung und Verfassungsinterpretation leicht, dagegen Verfassungsinterpretation und Verfassungswandlung kaum zu trennen. Die Möglichkeit der Verfassungsänderung im technischen Sinne liegt allein beim (verfassungsändernden) Gesetzgeber. Der Gesetzgeber hat m. E. aber auch im Bereich der Verfassungswandlung die Vorhand. Die vom Bundesverfassungsgericht gelegentlich geäußerte Ansicht, daß es selbst in erster Linie zur Fortbildung des Verfassungsrechts berufen sei[65]), halte ich nicht für richtig. Der Ausbau des Verfassungsstaates und damit des Verfassungsrechts ist Aufgabe der politischen Instanzen, vor allem des Gesetzgebers. Er liegt in seiner Initiative. Die Verfassung lebt nicht aus sich allein. Erst die Gesetzgebung kann die soziale Wirklichkeit gestalten. Jedes Gesetz stellt im Grunde eine Interpretation der Verfassung dar, sei es, daß es sich für mit der

[63]) Um den Umfang des Berichts nicht noch weiter zu vergrößern und um Wiederholungen zu vermeiden, verweise ich hier und im folgenden hinsichtlich der amerikanischen Probleme, die der Bericht mit im Blick behalten soll, weitgehend auf meine oben Anm. 51 zitierte Arbeit über die Verfassungsrechtsprechung des Supreme Court und die in jener Arbeit zitierte Literatur. Eine kritische Betrachtung des Supreme Court jetzt bei E. Wolf, Verfassungsgerichtsbarkeit und Verfassungstreue in den Vereinigten Staaten (1961).

[64]) BVerfGE 1, 351 (359).

[65]) BVerfGE 6, 222 (240), möglicherweise muß diese Äußerung aber als auf das Verhältnis des Bundesverfassungsgerichts zu den anderen Gerichten beschränkt verstanden werden.

Verfassung im Einklang hält, sei es, daß es sich als von der Verfassung gefordert versteht. Bei Gesetzen, die etwa den Inhalt des Eigentums oder der Berufsfreiheit bestimmen oder die zahlreichen Vorbehalte der Grundrechte ausgestalten, ist das deutlich. Aber auch Gesetze, die Rechtsschutz oder Sozialleistungen gewähren, oder Gesetze und Verträge im Bund/Länder-Verhältnis können als „Interpretationen" der Verfassung von Bedeutung werden. Im amerikanischen Verfassungsrecht spielen solche „legislative precedents" eine wichtige Rolle.

Soweit Gesetze oder sonstige Akte vor das Verfassungsgericht kommen — wie jedes andere Gericht hat es keine eigene Initiative —, steht dem Gericht die Entscheidung über die Streitfrage zu, mehr aber auch nicht (weshalb u. a. Versuche, auch den tragenden Gründen seiner Entscheidungen Bindungskraft zuzuschreiben[66]), als unhaltbar erscheinen müssen). Das Gericht übt dabei eine bloß kontrollierende Funktion aus. Es hat nur zu fragen, ob das Gesetz noch mit der Verfassung vereinbar ist, nicht, ob es von der Verfassung her gesehen die bestmögliche oder aber auch nur eine gute Lösung darstellt. So sehr das Verfassungsgericht im übrigen, wie jedes andere Gericht, Streitfragen wenn auch nicht immer richtig, so doch immer bindend entscheidet: die Diskussion und das Ringen um das rechte Verfassungsverständnis, das, wie gesagt, zugleich ein Ringen um das rechte Selbstverständnis eines Gemeinwesens ist, geht weiter[67]). So hat auch das Bundesverfassungsgericht sowohl die Möglichkeit des Bedeutungswandels von Verfassungsvorschriften[68]), als auch die Möglichkeit der Änderung seiner eigenen Rechtsauffassung anerkannt[69]). Wie oft der amerikanische Supreme Court seine eigenen Entscheidungen „overruled" hat, ist bekannt.

III, 1

Ich wende mich nunmehr dem Versuch zu, an Beispielen zu zeigen, was das Verständnis der materialen Verfassungstheorie

[66]) Siehe BVerfGE 1, 14 (37).

[67]) Die Einführung des — allerdings weise zu handhabenden — Rechts zur Abgabe von abweichenden Voten in der Verfassungsgerichtsbarkeit würde diese Diskussion m. E. fördern, u. a. schon darum, weil sie die Urteile des Gerichts von ihrem teilweise (es sei etwa an das Konkordats-Urteil erinnert) offensichtlichen Kompromißcharakter befreien und damit zur Klarheit der Argumentation beitragen würde. Im positiven Sinne jetzt auch K. Zeidler, Gedanken zum Fernseh-Urteil des Bundesverfassungsgerichts, AöR Bd. 86 (1961/62), S. 361, 368 f.

[68]) BVerfGE 2, 380 (401); 3, 407 (422); siehe auch 7, 342 (351); zur Bildung von Verfassungsgewohnheitsrecht siehe 1, 144 (151, 157); 11, 77 (87).

als eigentlicher verfassungsrechtlicher Hermeneutik praktisch bedeutet.

Ob man sich nun dessen bewußt ist oder nicht, in allen Interpretationsfragen von einigem Schwierigkeitsgrad wird das Problem durch das bewußte oder unbewußte Vorverständnis, mit dem man an es herantritt, vorentschieden. Im sogenannten Wehrprozeß[70]) ging es z. B. zunächst und im Grunde allein um die Frage, was eine Verfassung und ein Verfassungsstaat eigentlich sind. Ob man den Staat gewissermaßen als eine nur nachträglich hinter juristische Gitter gebrachte Naturangelegenheit aufzufassen hat[71]), so daß jedem Staat seiner „Natur" oder seinem „Begriff" nach die Befugnis zur Aufstellung bewaffneter Streitkräfte zukommt, oder ob ein Verfassungsstaat als ein durch seine Verfassung in seinem Wesen bestimmtes politisches Gemeinwesen verstanden werden muß[72]). Im Konkordats- und im Fernseh-Prozeß[73]) ging es — um weitere Beispiele zu nennen — ganz wesentlich um das Vorverständnis des Bundesstaates. Die Bedeutung dieses Vorverständnisses ist kürzlich dadurch unterstrichen worden, daß das Bundesverfassungsgericht im Hessen-Urteil der sich anbahnenden Aufwertung der Theorie eines dreigliedrigen Bundesstaates — mit Recht — energisch entgegengetreten ist[74]). Ebenso geht es in allen Fragen der Grundrechtsinterpretation zunächst um das Vorverständnis der Bedeutung und Funktion der Grundrechte. Mit der vor allem von Nipperdey vertretenen Lehre von der absoluten oder sogenannten „Drittwirkung" der Grundrechte[75]) würde sich zum Beispiel in der Grundrechtsinterpretation eine Revolution durchsetzen, und zwar weder eine kleine, noch m. E. eine gute[76]). In seinem Beitrag zu unserer heutigen Tagung hat Leisner die, wie er schreibt, „Allgegenwart" des Verfas-

---

69) BVerfGE 2, 79 (92).

70) Siehe: Der Kampf um den Wehrbeitrag (3 Bde. 1952/58).

71) Vgl. Smend, in: Der Kampf um den Wehrbeitrag, Bd. 2 (1953), S. 563.

72) Siehe Smend, in: Der Kampf um den Wehrbeitrag, Bd. 1 (1952), S. 146 ff.; Bd. 2 (1953), S. 559 ff.

73) Siehe BVerfGE 6, 309 sowie: Der Konkordatsprozeß, 4 Bde. (1956/58); ferner das „Fernseh"-Urteil, BVerfGE 12, 205.

74) BVerfGE 13, 54. Siehe dazu auch Zeidler, a.a.O., S. 375 mit Anm. 36.

75) Siehe zusammenfassend Enneccerus-Nipperdey, Allgemeiner Teil des Bürgerlichen Rechts (15. Aufl. 1959), Bd. I, S. 91 ff.

76) Siehe im einzelnen Ehmke, Wirtschaft und Verfassung, S. 78 ff. und 605 ff.

sungsrechts — für meine Begriffe eher eine theologische als eine juristische Kategorie — nun schon von den Grundrechten auf das Parlamentsrecht erstreckt. Dieses könne zwar, so schreibt er, der „Natur der Sache" nach nicht Grundsätze für das Familienrecht abgeben, aber etwa doch „für die Regelung (wenigstens des öffentlich-rechtlichen) ‚Gesellschaftsrechts' von Bedeutung werden"[77]. Nun weiß ich nicht ganz, was Leisner mit „öffentlich-rechtlichem Gesellschaftsrecht" meint. Wenn man sich aber etwa vor Augen führt, in welchem Ausmaß die gegenwärtige Diskussion um die Aktienrechtsreform unter solchen sachfremden Argumenten leidet — ich darf hier auf das Buch von Rudolf Wiethölter verweisen[78] — dann scheint mir das erneut zu bestätigen, daß die „Drittwirkungs"-Theorie unrichtig ist.

Damit komme ich zur Gretchen-Frage meiner Auffassung, daß die materielle Verfassungstheorie die eigentliche verfassungsrechtliche Hermeneutik sei, es ist im Grunde die Gretchen-Frage aller Hermeneutik: Wenn es logisch zwingende Schlüsse in der Jurisprudenz im allgemeinen und im Verfassungsrecht im besonderen nur in sehr begrenztem Maße gibt, und wenn die am naturwissenschaftlichen Wissenschaftsideal ausgerichteten, sich „exakt" gebenden „Methoden" im Grunde nur hinter scheinlogischen Argumenten ihre Vor-Urteile verbergen, wonach bestimmt sich dann, welches verfassungstheoretische Vorverständnis maßgebend ist? Die Antwort muß — in der Tradition der Topik[79] — lauten: Nach der von der naturwissenschaftlichen Beweisbarkeit grundverschiedenen Überzeugungskraft einer verfassungstheoretischen Argumentation. Die nächste Frage ist dann: Wer bestimmt, ob eine in der Sache wurzelnde verfassungstheoretische Überzeugungskraft vorliegt? Nun, sicher nicht das Bundesverfassungsgericht, sondern vielmehr der Konsens aller „Vernünftig- und Gerecht-Denkenden"[80]. Zu den ersteren gehören vor allem die Rechtslehrer und die Richter (von hieraus erschließt sich die hermeneutische

---

[77]) Betrachtungen zur Verfassungsauslegung, DÖV 1961, S. 641, 651; siehe auch d e r s., Grundrechte und Privatrecht (1960).

[78]) Interessen und Organisation der Aktiengesellschaft (1960). Siehe insbesondere Teil 2 (Deutschland), Teil 3 (USA) und — zur geringen Bedeutung des Gleichheitssatzes im Aktienrecht — S. 103 ff.

[79]) Siehe dazu die oben Anm. 8 zitierte Literatur.

[80]) In meinem mündlichen Referat und in den diesem zugrundeliegenden Leitsätzen (III, 2) habe ich in diesem Zusammenhang vom „verfassungs r e c h t l i c h e n Konsens" gesprochen. Das war — worauf mich dankenswerterweise G. L e i b h o l z aufmerksam gemacht hat — mißverständlich. Für das Verhältnis von Verfassungstheorie und Verfassungsrecht darf ich auf mein Schlußwort zur Diskussion verweisen, unten, S. 130.

Bedeutung der „einhelligen“ oder jedenfalls „herrschenden“ Lehre und der „ständigen“ Rechtsprechung), zu den zweiten gehört — in mehr kontrollierender Funktion — das ganze Gemeinwesen (von hieraus erschließt sich die hermeneutische Bedeutung des Fehlens bzw. des Vorhandenseins einer anerkannten politischen Tradition für die Verfassungsinterpretation)[81]). Man mag fragen: Wenn sich die „Vernünftig- und Gerecht-Denkenden“ nun aber — Irren ist menschlich — von etwas Unrichtigem überzeugen lassen? Darauf kann man nur antworten: dann läuft die Sache eben schief. Eine Verfassung, auch eine solche mit Verfassungsgerichtsbarkeit, ist nun einmal keine politische Lebensversicherung. Ich darf in diesem Zusammenhang ein Wort Hermann Hellers aus dem Jahre 1929 zitieren. Er sagt dort:

> „Ein im Zentralsten erschüttertes Lebensgefühl sucht heute nach berechenbaren Sicherheiten, die keine geisteswissenschaftliche Erkenntnis zu bieten vermag. Unsere Überzeugungsgewißheit ist im letzten unsicher geworden, und die Wissenschaft möchte sie durch die Objektivität logisch-mathematischer Denkgewißheit ersetzen, um uns damit die Entscheidung und eine für manchen kaum noch erträgliche Verantwortung zu ersparen“[82]).

Glücklicherweise ist heute unsere Überzeugungsgewißheit wieder größer geworden, und so kann sich unsere Diskussion insoweit vielleicht auf einem sicheren Boden bewegen als die Weimarer Diskussion. Jedenfalls können wir uns, glaube ich, ziemlich unbefangen einzelnen P r i n z i p i e n der Verfassungsinterpretation zuwenden.

III, 2

P r i n z i p i e n der Verfassungsinterpretation im technischen Sinne sind Hilfsmittel im hermeneutischen Geschäft der Verfassungstheorie. Man kann sie mit Esser „Rechtsfindungsregeln“ nennen[83]). Im Gegensatz zu den gegenüber der Sache verselbständigten „Auslegungsmethoden“ stellen sie am Problem entwickelte sachliche Regeln für Problemlösungen dar. Sie sind Ausdruck des verfassungstheoretischen Vorverständnisses bestimmter verfassungsrechtlicher Probleme. Der materielle Charakter von Prinzipien der Verfassungsinterpretation

---

[81]) In der amerikanischen Diskussion spricht W. H u r s t — in E. C a h n (Hrsg.), Supreme Court und Supreme Law, S. 58 — vom „best consensus of many minds and many years“.

[82]) Bemerkungen zur staats- und rechtstheoretischen Problematik der Gegenwart, AöR N. F. Bd. 16 (1929), S. 321, 322.

[83]) Grundsatz und Norm, S. 87 ff., 107 ff.

wird schon darin deutlich, daß in unserer heutigen Diskussion Grundrechte und Verfassungsgrundsätze oft zugleich als Interpretationsprinzipien bezeichnet werden[84]). Damit ist gemeint, daß diese Grundrechte und Grundsätze auch in Fällen, die sie nicht direkt betreffen, für die Problemlösung relevante Gesichtspunkte darstellen können. Der tragende Grund dieser Auffassung ist das Prinzip der Interpretation der Verfassung als einer Einheit[85]). Als Prinzipien der Interpretation der Grundrechte selbst können etwa das Prinzip der Interpretation der Grundrechte aus einem vorausgesetzten Grundrechts-„System", der Satz „in dubio pro libertate" oder das Prinzip der sog. „Grundrechtseffektivität" genannt werden. Aus dem bundesstaatlichen Bereich wäre etwa der — m. E. heute etwas überstrapazierte — Grundsatz der „Bundestreue" zu nennen. Diese Prinzipien mögen sachlich richtig oder unrichtig sein, damit werde ich mich noch beschäftigen, strukturell richtig sind sie darum, weil sie s a c h l i c h e Entscheidungsregeln zu entwickeln suchen.

Neben solchen materiell-rechtlichen Interpretationsprinzipien gibt es vor allem in einem Verfassungsrecht mit Verfassungsrechtsprechung aber noch eine andere Art von Interpretationsprinzipien. Ich möchte sie die funktionell-rechtlichen nennen. In ihnen wirkt sich die sachliche Eigenart des Verfassungsrechts auf die Stellung des Verfassungsgerichts selbst aus. Sie betreffen u. a. die Verteilung der Aufgaben der Verfassungsinterpretation und der Verfassungsfortbildung auf die verschiedenen Verfassungsorgane. Während sie etwa im amerikanischen Verfassungsrecht eine große Rolle spielen, wird ihnen bei uns weniger Aufmerksamkeit geschenkt. Ich nenne hier als Beispiele den Grundsatz der verfassungskonformen Gesetzesauslegung und die „political question"-Doktrin. Wie die letztgenannte Doktrin und in der amerikanischen Diskussion vor allem auch die sogenannte „preferred freedoms"-Doktrin[86]) zeigt, stehen die materiell-rechtlichen und die funktionell-rechtlichen Interpretationsprinzipien in unlösbarem Zusammenhang, ja im Grunde hat jedes Interpretationsprinzip eine materiell- und eine funktionell-rechtliche Bedeutung.

---

[84]) Siehe etwa v. M a n g o l d t - K l e i n, Das Bonner Grundgesetz (2. Aufl. 1957), S. 69, 89. M a u n z - D ü r i g, Grundgesetz, Ziff. 71, 72 zu Art. 2 Abs. 1; und schon G. H o l s t e i n, VVDStRL, Heft 2 (1925), S. 252; C. S c h m i t t, Inhalt und Bedeutung des zweiten Hauptteils der Reichsverfassung, HDStR, Bd. II (1932), S. 597, 605.

[85]) Das wird etwa in BVerfGE 1, 14 (32 f.); 2, 380 (403); 3, 225 (231) deutlich.

[86]) Siehe im einzelnen E h m k e, Wirtschaft und Verfassung, S. 437 ff.

Ich will solchen Interpretationsprinzipien im folgenden in der Rechtsprechung des Bundesverfassungsgerichts nachgehen. Wenn man die bisher vorliegenden elf Bände dieser Rechtsprechung einmal im Zusammenhang durchsieht, kann man von der Arbeit und Leistung des Gerichts nur zutiefst positiv beeindruckt sein. Für unsere heutigen hermeneutischen Zwecke habe ich aber einige Stellen herausgesucht, die ich für angreifbar halte. Ich habe das in der Überzeugung getan, daß der Versuch ebenso freimütiger wie sachlicher Kritik seiner Rechtsprechung das erste ist, was die Lehre dem hohen Gericht schuldet.

*

A. Lassen Sie mich mit Beispielen (primär) funktionell-rechtlicher Interpretations-Prinzipien beginnen.

a) Oben habe ich bereits darauf hingewiesen, daß das Bundesverfassungsgericht im Rahmen der verfassungskonformen Auslegung von der „Absicht des Gesetzgebers" das mit der Verfassung vereinbare „Maximum" aufrechterhalten will[87]). Soweit damit die „subjektive" Absicht des Gesetzgebers gemeint sein sollte, ist diese Äußerung auf dem Boden einer sog. objektiven Auslegung unverständlich. Soweit damit aber die objektive „Absicht des Gesetzes" gemeint sein sollte, ist diese Rechtsprechung verfassungsrechtlich bedenklich. Der Grundsatz der verfassungskonformen Auslegung kann nur zum Zuge kommen, wenn mehrere Auslegungen an sich möglich sind. In einem solchen Fall hat die verfassungskonforme als die objektive Absicht des Gesetzes zu gelten; materiell-rechtlich weil das Gesetz in die gesamte Rechtsordnung ein- und damit der Verfassung untergeordnet ist, funktionell-rechtlich, weil das Verfassungsgericht nur ein klar verfassungswidriges Gesetz für nichtig erklären darf. Dann ist es aber sinnlos, im Falle einer verfassungskonformen Gesetzesauslegung von einem aufrechterhaltenen „Maximum" des Gesetzes zu sprechen. Andererseits kann das Bundesverfassungsgericht sich nicht — wie es es m. E. zum Beispiel hinsichtlich des

---

[87]) BVerfGE 8, 28 (33 f.); 9, 194 (200); siehe oben S. 58. Vgl. BVerfGE 2, 266 (282); 2, 336 (340); 2, 380 (389); 4, 7 (22) ;4, 331 (351;) 7, 53 (58); 7, 120 (126); 7, 267 (272 f.); 7, 305 (319); 8, 38 (41); 8, 71 (78); 8, 210 (217, 220 f.); 8, 274 (324); 10, 59 (80); 10, 340 (351); 12, 45; 12, 151. Zu dieser Rechtsprechung siehe V. Haak, Quelques aspects du contrôle de la constitutionnalité des lois, Revue Internationale du droit comparé, 1961, S. 1 ff.; ferner B. Bender, Inhalt und Grenzen des Gebots der verfassungskonformen Gesetzesauslegung, MDR 1959, S. 441, insb. zur verfassungkonformen Auslegung sog. vor-konstitutioneller Gesetze.

§ 18 Abs. 3 des Landesverwaltungsgerichtsgesetzes von Rheinland-Pfalz getan hat[88]) — im Namen einer sogenannten verfassungskonformen Auslegung über Wortlaut, Entstehungsgeschichte und Sinn und Zweck eines Gesetzes hinwegsetzen. Der Grundsatz der verfassungskonformen Auslegung ist keine Kompetenzgrundlage für die „Verbesserung" von Gesetzen durch das Bundesverfassungsgericht. Er ermächtigt das Bundesverfassungsgericht auch nicht, seine Kontrollzuständigkeit von dem Fall klarer Verfassungswidrigkeit auf den Fall zweifelhafter Verfassungsmäßigkeit auszudehnen.

Eine diffizilere Problematik der sog. verfassungskonformen Auslegung liegt in unserem System einer besonderen Verfassungsgerichtsbarkeit beschlossen. Für den amerikanischen Supreme Court hat man mit Recht gesagt, daß in seiner Rechtsprechung die Gesetzesinterpretation eine größere Rolle spielt als die Ausübung des richterlichen Prüfungsrechts[89]). Aber der Supreme Court ist auch ein „normales" Gericht, das heißt, ohnehin für die Gesetzesinterpretation zuständig und zwar mit Präzedenz-Wirkung. Kann ein besonderes Verfassungsgericht auf dem Wege über die verfassungskonforme Auslegung — auf die parallele Problematik bei gegen gerichtliche Entscheidungen erhobenen Verfassungsbeschwerden sei nur hingewiesen — zu einer Art oberstem Zivil-, Straf- oder Verwaltungsgericht werden? Hinzu kommt die Problematik des „Landesrechts in Bundesgerichten". Da in unserem Recht jedes Gericht vorlegen kann, und außerdem die Entscheidungen der obersten Gerichte keine Präzedenz-Wirkung haben, spricht sicher manches für die Ansicht des Bundesverfassungsgerichts, daß es bei Vorlage gemäß Art. 100 GG die an der Verfassung zu messende Norm selbst auszulegen habe[90]). Muß hier aber nicht differenziert werden? Kann sich das Gericht zum Beispiel — wie in dem oben erwähnten rheinland-pfälzischen Fall — über die sonst einhellige Auslegung einer landesrechtlichen Vorschrift hinwegsetzen? Muß es nicht auch jedenfalls an eine feststehende Gesetzesauslegung der oberen Bundesgerichte gebunden sein? Ich will hier nicht versuchen, diese Fragen zu beantworten. Diesen Problemen einer besonderen Verfassungsgerichtsbarkeit muß im einzelnen nachgegangen werden.

b) Damit komme ich zur „political question"-Doktrin. Friesenhahn hat mit Recht darauf hingewiesen, daß es sich hier

---

88) BVerfGE 9, 194.

89) W. Hurst in E. Cahn, a.a.O., S. 153.

90) Siehe etwa BVerfGE 2, 105 (110); 2. 181 (193); 7, 45 (50); 8, 210 (217); 10, 340 (345).

um eine speziell amerikanische Doktrin handele, die nicht ohne weiteres in unser Verfassungsrecht übernommen werden kann. Er hat ferner betont, daß es sich für uns hier im Grunde um die materiell-rechtliche Frage handele, ob eine die staatlichen Instanzen bindende Norm überhaupt vorhanden sei[91]). Das steht in Übereinstimmung mit dem, was ich oben über den engen Zusammenhang der materiell- und der funktionell-rechtlichen Seite von Interpretationsprinzipien gesagt habe[92]). So hat sich der Supreme Court etwa in Fragen der Steuer- und der Währungskompetenz der „political question"-Doktrin auch von der materiell-rechtlichen Seite her genähert[93]). Nur hat Friesenhahn zum Beleg seiner These ein m. E. zu leichtes Beispiel gewählt, nämlich das der Anerkennung einer auswärtigen Regierung. Lassen Sie mich ein anderes Beispiel bilden: Zwei Exporteure A und B nehmen — von ihrer Regierung ermuntert — jeweils umfangreiche ausländische Regierungsaufträge an, der eine vom Land A, der andere vom Land B. Plötzlich bricht ihre Regierung ohne jeden Grund die Beziehungen, auch die handelspolitischen Beziehungen, zum Land A, aber nicht zum Land B ab. Der Exporteur A kann seinen Auftrag, auf den er alles gesetzt hat, nicht ausführen. Ihm droht der Verlust seines Vermögens und seines Unternehmens. Im Wege der Verfassungsbeschwerde rügt er die Verletzung der Art. 2, 3, 12 und 14 GG. Hier sind also Normen, die die Regierung binden. Und trotzdem kann das Gericht nicht mit einer Entscheidung über die Verfassungsbeschwerde die Außenpolitik der Regierung „korrigieren". Die Frage ist: Aus materiell-rechtlichen oder aus funktionell-rechtlichen Gründen nicht, weil nämlich das Gericht trotz bestehender materiell-rechtlicher Normen aus diesen „politischen Fragen" ausgeschlossen ist? Im zweiten Fall müßte das Gericht die Verfassungsbeschwerde schon als unzulässig abweisen: Eine Lösung für die — angesichts des Umstandes, daß das Gericht auf keinen Fall den Abbruch der Beziehungen zum Land A rückgängig machen kann, das Ergebnis seiner Entscheidung also von vornherein feststeht — doch manches spricht.

c) Auch die sog. „preferred freedoms"-Doktrin zeigt die materiell- und funktionell-rechtliche Doppelseitigkeit von In-

---

[91]) Oben Anm. 55 zitiert, S. 152 ff.

[92]) Auch Esser hat darauf hingewiesen, daß es für die Beantwortung der Frage, ob ein bestimmtes Prinzip ein materielles Prinzip oder eine Rechtsfindungsregel sei, ganz auf den Blickpunkt ankomme, von dem aus man die Norm betrachte, Grundsatz und Norm, S. 107 ff.

[93]) Siehe Ehmke, Wirtschaft und Verfassung, S. 150, 166 ff., 180 ff., 333, 463, 467, 475.

terpretationsprinpizien. Die Doktrin besagt im wesentlichen folgendes: Gesetze im wirtschaftlichen Bereich können vom Supreme Court nur auf Willkür nachgeprüft werden. Im übrigen muß die Beseitigung einer bedrückenden oder sonst schlechten Wirtschaftsgesetzgebung der demokratischen Auseinandersetzung überlassen bleiben. Das Offenhalten des freien demokratischen Prozesses, in dem eine solche Korrektur erzwungen werden kann, ist dagegen eine der wichtigsten Aufgaben der Verfassungsrechtsprechung. Daher reicht die Prüfungszuständigkeit des Verfassungsgerichts im politischen Bereich weiter als im wirtschaftlichen Bereich. Ich halte diese Doktrin, die ich an anderer Stelle eingehender behandelt habe[94]), für eine im wesentlichen richtige Einsicht in Fragen der Grundrechtsinterpretation. Gerade sie zeigt im übrigen, daß nur eine sachbezogene Interpretationslehre die notwendige Differenzierung der Interpretation nach Problembereichen erschließen kann.

Meine Untersuchung von Prinzipien der Grundrechtsinterpretation, der ich mich nunmehr im Zusammenhang mit dem Prinzip der Interpretation der Verfassung als einer Einheit zuwende, wird im wesentlichen im wirtschaftlichen Bereich liegen. Meine diesbezüglichen Ausführungen wollen aber auf dem Hintergrund der hier angedeuteten Differenzierung verstanden werden.

B) Ich wende mich nunmehr Beispielen (primär) materiell-rechtlicher Interpretationsprinzipien zu.

a) Zunächst zum Prinzip der Interpretation der Verfassung als einer Einheit. Dieses Prinzip spiegelt nicht den formalen Zusammenhang des Verfassungsrechts oder den Versuch seiner Zusammenfassung in einer Urkunde wieder. Es ist auch nicht der Ausdruck einer apriorischen Einheit geisteswissenschaftlicher Gebilde. Es ist vielmehr der Ausdruck der konkreten materialen Einheit einer Verfassung, die wir für das Grundgesetz als „freiheitliche demokratische Grundordnung" umschreiben (Art. 18, 21 Abs. 2 GG)[95]). Daß „Einheit" weder systematische noch werthierarchische Geschlossenheit bedeuten kann, versteht sich von selbst. Es geht vielmehr um die Notwendigkeit, die Verfassung jeweils als einen in sich sinnvollen, zwar vielseitigen und keineswegs spannungslosen, aber doch immer auf die Einheit des politischen Gemeinwesens gerichteten Ordnungszusammenhang zu interpretieren. Daß das Prinzip für die Verfassung eine weit größere Bedeutung als für das Straf-

---

[94]) A.a.O., S. 437 ff.

[95]) Für einen Versuch, die Einheit dieser Grundordnung von einem speziellen Blickpunkt her zu erfassen, siehe Ehmke, oben Anm. 43 zitiert.

oder das Zivilrecht hat, ist in dem konstitutiven, einheitstiftenden Charakter der Verfassung begründet.

Auch das Bundesverfassungsgericht versteht die Einheit der Verfassung in diesem materialen Sinne[96]). Dabei zeigt seine Rechtsprechung aber manche Unklarheiten und Widersprüche.

aa) Der Zweite Senat hat im Südwest-Staat-Urteil unter Hinweis auf Art. 79 Abs. 3 GG die Einheit der Verfassung als eine hierarchische verstanden, in der die Einzelbestimmungen den tragenden Grundsätzen der Verfassung untergeordnet seien. In einem Leitsatz hat das Urteil gleichzeitig für das Bundesverfassungsgericht das Recht in Anspruch genommen, Bestimmungen der ursprünglichen Verfassung an überpositivem Recht zu messen[97]). Der Erste Senat hat im Gleichberechtigungs-Urteil aus der Einheit der Verfassung dagegen gefolgert, daß es auf der Ebene der Verfassung selbst keine höher- oder niederrangigen Normen geben könne[98]). Für die Möglichkeit, trotzdem auch Normen der ursprünglichen Verfassung zu überprüfen, hat sich der Erste Senat dann ebenfalls auf überpositives Recht berufen.

[Nach seinen Ausführungen und seinen Literaturzitaten ist nicht klar, ob er nur von der Verfassung aufgenommenes Recht meint. Solches gibt es natürlich. Auch der Verfassungsgeber arbeitet nicht im rechtlich luftleeren Raum, auch ihm sind Probleme und Lösungsmöglichkeiten vorgegeben[99]). Insoweit spricht das Gericht an anderer Stelle auch mit Recht von einem „v o r -verfassungsmäßigen Gesamtbild"[100]). Mit der Aufnahme in die Verfassung, die im Text nur unvollkommen Ausdruck finden mag, gehören diese Grundstäze dann aber doch zum v e r f a s s u n g s m ä ß i g e n Gesamtbild, so daß das in einem solchen Sinne verstandene Argument im Grunde wieder auf die gerade abgelehnte Hierarchie-Vorstellung herauslaufen würde. Das Urteil kann also nur dahin verstanden werden, daß es außerhalb der Verfassung stehendes Recht meint[101]).]

Sowohl eine „hierarchische" Vorstellung, die Einzelbestimmungen der ursprünglichen Verfassung von den tragenden Verfassungsgrundsätzen her nicht nur interpretieren, sondern

---

96) BVerfGE 1, 14 (32 f.); 2, 380 (403); 3, 225 (231 ff.).

97) BVerfGE 1, 14 (32: Leitsatz 27); siehe auch 5, 85 (137).

98) BVerfGE 3, 225 (231 ff.).

99) Siehe dazu etwa O. B a c h o f, Verfassungswidrige Verfassungsnormen? (1951), S. 27 ff.; E h m k e, oben Anm. 43 zitiert, S. 85 ff.

100) BVerfGE 2, 380 (403).

101) So auch J. F e d e r e r, Die Rechtsprechung des Bundesverfassungsgerichts zum Grundgesetz für die Bundesrepublik Deutschland, JbdöR. N. F. Bd. 3 (1954), S. 15, 20 ff.; vgl. die dort zitierte Literatur, insb. O. B a c h o f, oben, Anm. 99 zitiert.

hinweginterpretieren will, als auch die Vorstellung einer „Korrektur" der Verfassung von „überpositivem" Recht her geben die Idee der Einheit der Verfassung im Grunde auf.

Die Möglichkeit eines Widerspruches zwischen einer Verfassungsbestimmung und elementaren Rechtsgrundsätzen schlechthin zu verneinen, wäre zwar in der Tat Positivismus. Gegen die Überprüfung von Bestimmungen der ursprünglichen Verfassung — die Frage ist von der Überprüfung verfassungsändernder Gesetze etwa an Art. 79 Abs. 3 GG grundverschieden — bestehen aber unter beiden Theorien erhebliche funktionell-rechtliche Bedenken. Auch das Verfassungsgericht ist eine Schöpfung der Verfassung. Die Verfassung ist auch die Grundlage seiner Befugnisse. Könnte es den Verfassungsgeber „korrigieren", so könnte es damit seine eigene Kompetenzgrundlage revidieren. Das halte ich für ausgeschlossen.

Gegen eine Prüfung von Verfassungsbestimmungen an ausserhalb der Verfassung stehendem Recht besteht noch ein weiteres Bedenken. Für das Verfassungsrecht ist ein — nicht auf Naturrecht, sondern auf positivem Recht beruhendes — Prüfungsmonopol eines Gerichts denkbar. Kann es aber auch für überpositives Recht ein Prüfungsmonopol geben? In der Rechtsprechung der Landesverfassungsgerichte wird die Überprüfung einfacher Gesetze an überpositivem Recht interessanterweise den ordentlichen Gerichten überlassen[102]), übrigens eine Ansicht, zu der es in der frühen Rechtsprechung des Supreme Court Parallelen gibt [103]). Kann für Verfassungsbestimmungen etwas anderes gelten, kann hier das positiv-rechtliche Prüfungsmonopol in Anspruch genommen werden? Nehmen wir an, daß z. B. ein Strafrichter einen Fall dem Verfassungsgericht vorlegt, da er eine strafrechtliche Verfassungsbestimmung, etwa eine Hochverratsbestimmung, für mit einem elementaren Rechtsgrundsatz unvereinbar hält. Das Verfassungsgericht entscheidet im entgegengesetzten Sinne. Soll der Richter jetzt entgegen seiner elementaren Rechtsüberzeugung bestrafen müssen? Die gleiche Frage stellt sich natürlich auch in Revisionsfällen im Instanzenzug der ordentlichen Gerichte. Ich möchte die Beantwortung dieser schwierigen Frage der Naturrechtsdiskussion überlassen. Sie scheint mir jedenfalls zu zeigen, daß das Bundesverfassungsgericht gut daran täte, sich nicht an überpositives Recht, sondern an die materiale Einheit der Verfassung zu halten[104]).

---

[102]) Bachof und Jesch, a.a.O., S. 56 f.

[103]) Siehe Ehmke, Wirtschaft und Verfassung, S. 218 m. Anm. 16, S. 228 m. Anm. 58.

[104]) Im gleichen Sinne H. Ipsen, Grundgesetz und richterliche Prüfungszuständigkeit, DV 1949, S. 486, 490; A. Arndt, Das Ver-

bb) Im wesentlichen beruhen die Unklarheiten des Gerichts in dieser Frage nun allerdings lediglich darauf, daß es das Prinzip der Interpretation der Verfassung als einer Einheit gerade auf Bestimmungen angewandt hat, für die das Prinzip keine Rolle spielen kann, nämlich auf Übergangsbestimmungen. Als Beispiele aus der Rechtsprechung des Bundesverfassungsgerichts nenne ich Artikel 117 Abs. 1 GG[105]), Art. 118 GG[106]), Art. 131 GG[107]), Art. 132 Abs 1 GG[108]), Art. 139 GG[109]). In allen Fällen wurden die aus der besonderen Situation des Zusammenbruchs und des Neuanfangs begründeten Übergangsbestimmungen aufrechterhalten. Dazu bedurfte es keiner Auseinandersetzung mit dem Prinzip der Verfassung als einer Einheit[110]).

cc) Hat sich das Verfassungsgericht in den Fällen der Übergangsbestimmungen mit dem Prinzip der Verfassungseinheit unnötige Mühe gemacht, so ist es ihm umgekehrt in den Fällen nicht ganz gerecht geworden, in denen es sich mit sogenannten „Antinomien" der Verfassung beschäftigt. Die Behauptung von „Antinomien" im Verfassungsrecht bestreitet ja gerade die Einheit der Verfassung. Es sei nur an die — m. E. unrichtige — Entgegensetzung von Rechtsstaat und Demokratie bei Schmitt oder von Rechtsstaat und Sozialstaat bei Forsthoff erinnert[111]). Das Gericht gebraucht den Begriff der „Antinomie" zwar mehr im Sinne eines gewissen Spannungsverhältnisses. Gerade das insoweit interessanteste Problem, das Verhältnis von Art. 38 zu Art. 21 GG, hätte sich aber durch den Gedanken der Einheit der Verfassung (speziell: des Zusammenhanges von Parlaments- und Parteienordnung) überzeugender lösen lassen, als durch die Behauptung einer „prinzipiellen Unvereinbarkeit"

---

fassungsgericht, DVBl. 1951, S. 297, 299; W. Apelt, Erstreckt sich das richterliche Prüfungsrecht auf Verfassungsnormen?, NJW 1952, S. 1; ders., Verfassung und richterliches Prüfungsrecht, JZ 1954, S. 401; D. Engelhardt, Das richterliche Prüfungsrecht im modernen Verfassungsstaat, JbdöR. N. F. Bd. 8 (1959), S. 101, 129 ff. Dagegen erneut O. Bachof, Bemerkungen zur „verfassungswidrigen Verfassungsnorm", DÖV 1961, S. 927, 928.

105) BVerfGE 3, 225 (229 ff.).

106) BVerfGE 1, 14 (32 f.).

107) BVerfGE 1, 167 (177 ff.).

108) BVerfGE 4, 294 (296).

109) Siehe BVerfGE 1, 5 (7).

110) Siehe dazu auch H. Ehmke, Verfassungsänderung und Verfassungsdurchbrechung, AöR Bd. 79 (1954), S. 385, 405 ff.

111) Siehe dazu Kägi, Rechtsstaat und Demokratie, oben Anm. 44 zitiert; R. Bäumlin, Die rechtsstaatliche Demokratie (1954); K. Hesse, Der Rechtsstaat im Verfassungssystem des Grundgesetzes, in: Staatsverfassung und Kirchenordnung, Festgabe für Rudolf Smend (1962), S. 71.

der Vorschriften und das anschließende Erdrücken des Art. 38 durch das angeblich „höhere Gewicht" des Art. 21 GG[112]). Das dieser Argumentation zugrundeliegende verfassungstheoretische Vorverständnis ist die vor allem von Leibholz vertretene interessante These von der grundsätzlichen Verschiedenheit der sogenannten liberalrepräsentativen und der sogenannten parteienstaatlichen Demokratie[113]). Leibholz hat diese These in eingehender Weise zu begründen gesucht, und doch bezweifle ich — insbesondere nach Scheuners neuer Arbeit über die historische Entwicklung des repräsentativen Prinzips[114]) —, daß diese idealtypische Entgegensetzung der historischen und politischen Analyse letztlich standhalten wird. Ich glaube vielmehr, daß eine solche Analyse gerade auch in diesem Fall zu einem besseren Verständnis der Einheit der Verfassung führen wird.

[Ebenso läßt sich das vom Bundesverfassungsgericht behandelte Verhältnis von Art. 21 Abs. 2 zu Art. 5 GG[115]) oder von Art. 3 Abs. 2 zu Art. 6 Abs. 1 GG[116]) von der Einheit der Verfassung her bestimmen.]

*

b) Habe ich mich bisher nur zu zeigen bemüht, daß in der Anwendung des Prinzips der Interpretation der Verfassung als einer Einheit durch das Bundesverfassungsgericht Unklarheiten und Widersprüche bestehen, ohne zu behaupten, daß diese Mängel auch zu unrichtigen Interpretationen einzelner Verfassungsvorschriften oder gar zu unrichtigen Entscheidungen konkreter Streitfälle geführt hätten, so wende ich mich nunmehr Fällen zu, in denen die Nichtbeachtung des Grundsatzes der Einheit der Verfassung m. E. solche Resultate gehabt hat. Diese Fälle liegen auf dem Gebiet der Grundrechtsinterpretation. Bevor ich mich der Kernfrage dieser Nichtbeachtung unseres Prinzips in der Grundrechtsinterpretation zuwende, muß ich zunächst zwei Arten der Grundrechtsinterpretation behandeln, die diese Nichtbeachtung mit begründet haben.

---

112) BVerfGE 2, 1 (72 ff.); abgemildert zum „gewissen Spannungsverhältnis" in BVerfGE 5, 85 (233).

113) Strukturprobleme der modernen Demokratie, S. 71 ff., 78 ff., 142 ff.

114) Das repräsentative Prinzip in der modernen Demokratie, Huber-Festschrift (1961), S. 222; siehe ferner E. Fraenkel, Die repräsentative und die plebiszitäre Komponente im demokratischen Verfassungsstaat (1958), und W. Hennis, Meinungsforschung und repräsentative Demokratie (1957), S. 48 ff.

115) BVerfGE 5, 85 (137 ff.).

116) BVerfGE 3, 225 (241 ff.); 6, 55 (82); 10, 59 (66 ff.).

aa) Die erste ist die Interpretation der Grundrechte aus einem vorausgesetzten Grundrechts-„System". Diese Vorstellung beruht entweder auf einem unhistorischen Grundrechtsverständnis, für das die Ableitung eines sogenannten „lückenlosen Wertschutzsystems" aus Art. 1 und 2 GG durch Dürig repräsentativ ist[117]), oder aber auf einem historisch unrichtigen Grundrechtsverständnis, für das die Äußerung des Bundesverfassungsgerichts, die Grundrechte hätten sich aus den im 18. Jahrhundert proklamierten Rechten der Freiheit und Gleichheit entwickelt[118]), nicht unrepräsentativ ist. Den Hauptansatzpunkt des grundrechtlichen „Systemdenkens" bildet Art. 2 Abs. 1 GG, der als „Mutterrecht", „Hauptfreiheitsrecht", „Auffangrecht" usw. bezeichnet und zum System-Angelpunkt erhoben wird.

Auch das Bundesverfassungsgericht faßt Art. 2 Abs. 1 GG als allgemeines Grundrecht auf, dem gegenüber die anderen Grundrechte dann als „speziell" erscheinen[119]). Nun mag man, da etwa die religiöse oder die künstlerische Freiheit (Art. 4, Art. 5 Abs. 3 GG) sicher auch zur „freien Entfaltung der Persönlichkeit" gehören, den „Ergänzungscharakter" des Art. 2 Abs. 1 GG zumindest historisch gesehen bejahen. Die Vorstellung eines aus den Postulaten der Freiheit und Gleichheit resultierenden Grundrechts-„System" führt das Gericht aber — im Anschluß an eine starke Strömung in der Literatur — dazu, „freie Entfaltung der Persönlichkeit" im Sinne der Garantie einer allgemeinen Handlungsfreiheit zu interpretieren, Art. 2 Abs. 1 GG also all-ergänzenden Charakter zuzusprechen[120]). Das nach dem Wortlaut der Vorschrift und ihrer Stellung im

---

117) Maunz-Dürig, Grundgesetz, zu Art. 1 und Art. 2; dazu Ehmke, Wirtschaft und Verfassung, S. 58 ff.

118) BVerfGE 1, 97 (104).

119) BVerfGE 6, 32 (37); 8, 274 (328); 9, 63 (73); 10, 55 (58); 11, 234 (238). — Allerdings ist das Bundesverfassungsgericht in der Handhabung der „Spezialität" — wie schon B. Wolff, Die Rechtsprechung des Bundesverfassungsgerichts von 1957—1959, JbdöR. N. F. Bd. 9 (1960), S. 69, 74 ff., betont hat — nicht ganz konsequent: Während es einerseits ein Gesetz, das in Ansehung des Art. 12 Abs. 1 GG vor seinen Augen Bestand haben kann, nicht mehr unter dem Gesichtspunkt des Art. 2 Abs. 1 GG prüft (siehe BVerfGE 9, 73 [77]; 9, 338 [343]), prüft es etwa Auferlegungen von Geldleistungen oder Preisbindungen, die es für mit Art. 14 GG vereinbar hält, dennoch unter dem Gesichtspunkt des Art. 2 Abs. 1 GG (BVerfGE 4, 7 [15 ff.]; 8, 274 [330]). Müßte nicht Art. 14 GG, soweit er überhaupt herangezogen werden kann, auch „speziell" sein?

120) BVerfGE 6, 32. Siehe dazu J. Wintrich, Zur Auslegung und Anwendung des Art. 2 Abs. 1 GG, in: Festschrift für W. Apelt (1958), S. 1 ff. und die dort zitierte Literatur.

Grundgesetz zunächst naheliegende Verständnis des Art. 2 Abs. 1 GG, daß nämlich nur ein Kernbereich menschlicher Freiheit garantiert wird, schiebt das Gericht — außer mit der Berufung auf die Entstehungsgeschichte des Artikels, der nach den allgemeinen Erklärungen des Gerichts nur sekundäre Bedeutung zukommt[121]) — mit einem einzigen Argument beiseite. Die freie Entfaltung der Persönlichkeit im Sinne eines personalen Kernbereichs, so argumentiert das Gericht, könne doch nicht das Sittengesetz, die Rechte anderer oder die verfassungsmäßige Ordnung verletzen. Nun wissen wir aber, daß z. B. selbst die religiöse Freiheit — man denke an die Schulbeispiele des Menschenopfers oder der „Sonnenanbeter" — an dem Sittengesetz unserer historisch-kulturellen Ordnung ihre Grenze findet. Das Bundesverfassungsgericht interpretiert also nur die in Art. 2 Abs. 1 GG ausdrücklich genannten „Schranken" der freien Entfaltung der Persönlichkeit in inhärente Grundrechtsschranken um, womit sie als ausdrückliche in der Tat überflüssig werden. Nur kann man dann aus ihnen auch keine Schlußfolgerungen auf das in Art. 2 Abs. 1 garantierte Recht ziehen.

Mindestens ebenso problematisch ist das Ergebnis, zu dem das Bundesverfassungsgericht auf diese Weise kommt. Mit dem Grundrecht dehnt es nämlich — insoweit folgerichtiger als ein Teil seiner Kritiker — auch die Schranken des Art. 2 Abs. 1 GG zu einem allgemeinen Gesetzesvorbehalt aus. Sein Zusatz, daß die die Handlungsfreiheit einschränkenden Gesetze verfassungsgemäß sein müssen, versteht sich von selbst. Nur gibt es hier entscheidende Nuancen. Als sich das Gericht noch nicht zur allgemeinen Handlungsfreiheit durchgerungen hatte, hat es erklärt, bei einer solchen Auslegung des Art. 2 Abs. 1 GG müßten die die allgemeine Handlungsfreiheit einschränkenden Gesetze mit den s o n s t i g e n Bestimmungen des Grundgesetzes vereinbar sein[122]). So verstanden sagt Art. 2 Abs. 1 GG nichts anderes, als was unser rechtsstaatliches Grundprinzip seit jeher sagt und was von unserem Strafrecht — nulla poena sine lege — und von unserem Verwaltungsrecht — Grundsatz der Gesetzmäßigkeit — seit jeher vorausgesetzt wird: „Eingriffe" in die Freiheit des Bürgers bedürfen einer gesetzlichen Grundlage. Nur bezieht sich dieser Grundsatz eben nicht auf den Gesetzgeber selbst. So verstanden würde Art. 2 Abs. 1 GG daher gegenüber dem Gesetzgeber „leerlaufen", sein personaler Kern wäre hinweginterpretiert.

---

[121]) Siehe BVerfGE 6, 389 (431). Zur Gesetzesauslegung siehe oben, S. 59 f.
[122]) BVerfGE 4, 7 (16).

Um dieser Folgerung zu entgehen, erklärte das Gericht nunmehr, ein freiheitseinschränkendes Gesetz dürfe keinem Satz der Verfassung — also auch Art. 2 Abs. 1 GG selbst — nicht widersprechen[123]), ein „letzter unantastbarer Bereich menschlicher Freiheit" müsse gewahrt bleiben[124]). Damit kehrt das Gericht zur „Kernauffassung" der Vorschrift zurück, mit der es auch — übrigens unter Berufung auf Art. 19 Abs. 2 GG — ursprünglich sympathisiert hatte[125]). In dieser Linie liegt dann etwa die Entscheidung, daß Körordnungen nicht gegen Art. 2 Abs. 1 verstießen, da sie nicht „den Kernbereich der menschlichen Persönlichkeit", sondern nur die wirtschaftliche Betätigungfreiheit beschränkten[126]). Andererseits sollen sich aber auch juristische Personen auf Art. 2 Abs. 1 GG berufen können, so daß die Vorschrift insoweit gewissermaßen die „freie Entfaltung der juristischen Persönlichkeit" zu garantieren scheint[127]). Die Persönlichkeit des Art. 2 Abs. 1 GG leidet in der Rechtsprechung des Bundesverfassungsgerichts offensichtlich an Bewußtseinsspaltung. Hinsichtlich der Anwendung des Art. 19 Abs. 1 Satz 2 GG wird das Grundrecht denn auch ganz offen zweigeteilt: Auf Einschränkungen der allgemeinen Handlungsfreiheit im Gegensatz zur personalen Entfaltungsfreiheit findet Art. 19 Abs. 1 Satz 2 GG keine Anwendung (weil die allgemeine Handlungsfreiheit eben doch kein Grundrecht ist)[128]).

Im Endergebnis hat das Bundesverfassungsgericht in Art. 2 Abs. 1 GG neben die ursprüngliche Garantie eines personalen Kernbereichs zwecks Vervollständigung eines vorausgesetzten Grundrechts-„Systems" das rechtsstaatliche Grundprinzip hineininterpretiert. Nun könnte man sich mit dem Gedanken beruhigen, daß ja alles beim alten geblieben sei. Aber das hieße zunächst, die funktionell-rechtliche Bedeutung dieser Interpretation zu übersehen. Zum Grundrecht erhoben, kann das Grundprinzip des Rechtsstaats nunmehr im Wege der Verfassungsbeschwerde verfolgt werden. Jedes Gesetz, das die allgemeine Handlungsfreiheit einschränkt — und welches Gesetz tut das nicht? — kann nun mit der Behauptung, es verletze irgend-

---

123) BVerfGE 10, 354 (363).

124) BVerfGE 6, 32 (41); 6, 389 (433).

125) BVerfGE 2, 237 (265 f.).

126) BVerfGE 10, 55 (59); hier wird aus dem Grundsatz der „Spezialität" (s. oben Anm. 119) erst dem Art. 12 Abs. 1 GG der Vorzug gegeben, dann aber doch noch die „Kernfrage" geprüft; siehe auch 9, 137 (146).

127) BVerfGE 10, 89 (99). Siehe auch BVerfGE 10, 221 (225): Rechtsfähiger Verein.

128) BVerfGE 6, 32 (37); 8, 274 (329); 10, 89 (99).

eine Bestimmung der Verfassung, im Wege der Verfassungsbeschwerde angegriffen werden[129]). Dem Sinn des § 90 BVerfGG scheint mir dieses Ergebnis direkt zu widersprechen. Wüßte man nicht, welche Arbeitslast das Gericht zu tragen hat, so könnte man geradezu argwöhnen, daß es sich hier um eine Art Arbeitsbeschaffungsprogramm im Wege der Selbsthilfe handele.

Zugleich hat das Hineininterpretieren des Grundprinzips des Rechtstaats in Art. 2 Abs. 1 GG aber auch eine ganz grundsätzliche materielle Bedeutung. Es sprengt die Einheit der Verfassung zugunsten eines in sich geschlossenen Grundrechtssystems. Von der Einheit der Verfassung her gesehen gibt es kein Grundrechts-„System", sondern nur bestimmte grundrechtlich gesicherte Lebensbereiche, deren Einheit nur im Zusammenhang mit dem Grundprinzip des Rechtsstaats verstanden werden kann, das die Sicherung und Ausgestaltung der Freiheit des Bürgers unter Bindung der Verwaltung und der Gerichte in die Hände des Gesetzgebers legt. Die Umformung der „grundsätzlichen Freiheitsvermutung" des Rechtsstaats in ein Grundrecht[130]), ändert dieses Prinzip in seinem Wesen, indem es es zu einer „Freiheitsvermutung" gegen die Rechtsetzung des Gesetzgebers macht. Hans Huber hat schon vor 25 Jahren dargelegt, wie unrichtig eine Vorstellung ist, die das Recht als Widerspruch zur sogenannten „natürlichen" Freiheit auffaßt, da es doch Freiheit nur im Recht geben kann[131]). Er hat dabei zugleich gezeigt, daß diese Auffassung ihre Wurzeln in der deutschen Verwaltungsrechtswissenschaft hat. Es ist die deutsche Tradition des den Absolutismus nicht überwindenden, sondern nur gegen ihn gesetzten Rechtsstaats, die hier eine absolut gesetzte Freiheit des Einzelnen als Gegenpol der absoluten Staatsmacht erscheinen läßt[132]), (übrigens eine Tradition, die heute im Verfassungsrecht auf breiter Front in Form einer oft schiefen Rezeption verwaltungsrechtlicher Vorstellungen in Er-

---

[129]) BVerfGE 6, 32 (41); 6, 389 (433); 7, 111 (119); 9, 3 (11 f.); 10, 89 (99); 10, 354 (360); 11, 105 (110); 11, 234 (236).

[130]) Siehe BVerfGE 6, 32 (42).

[131]) Die Garantie der individuellen Verfassungsrechte, Verhandlungen des Schweizerischen Juristenvereins 1936, 1. Heft, S. 118 a ff. Siehe jetzt vor allem P. Häberle, Die Wesensgehaltgarantie des Art. 19 Abs. 2 GG. Zugleich ein Beitrag zum institutionellen Verständnis der Grundrechte und zur Lehre vom Gesetzesvorbehalt (1962), S. 145 ff., 224 ff.

[132]) Siehe dazu H. Ehmke, „Staat" und „Gesellschaft" als verfassungstheoretisches Problem, in: Staatsverfassung und Kirchenordnung, Festgabe für Rudolf Smend (1962), S. 23, und die dort zitierte Literatur.

scheinung tritt[133])). Im Grundrechtsbereich wird die Freiheit des Bürgers als prinzipiell unbegrenzt gedacht, um dann in einem komplizierten System von Vorbehalten, Eingrenzungen, Schrankenziehungen usw. gewissermaßen nachträglich und von außen eingeschränkt zu werden. Es ist eine Grundrechtsvorstellung, die etwa dem anglo-amerikanischen Denken völlig fremd ist[134]), und gegen die bei uns von einem institutionellen Grundrechtsverständnis her Erich Kaufmann und vom Boden der Integrationslehre aus Rudolf Smend mit Recht gekämpft haben[135]).

Die Umformung der Freiheitsvermutung des Rechtsstaats in ein Grundrecht führt im übrigen ganz folgerichtig zum zweiten unrichtigen Interpretationsprinzip im Grundrechtsbereich, dem ihrer grundsätzlich extensiven Auslegung.

bb) In unmittelbarem Zusammenhang mit dem zu Art. 2 Abs. 1 GG Ausgeführten steht der alte, in unserer Diskussion — ebenfalls in Anlehnung an das Verwaltungsrecht — vor allem von Peter Schneider vertretene angebliche Interpretationsgrundsatz: „in dubio pro libertate"[136]). Damit keine Mißverständnisse entstehen, möchte ich zunächst betonen, daß es sich hier nicht um ein in der Schweizer Lehre anerkanntes Prinzip handelt. Herr Schneider hat schon selbst Walther Burckhardt zitiert, der in diesem angeblichen Interpretationsprinzip nur einen „logischen Kniff" gesehen hat[137]). Hans Huber hat das Prinzip „ein Kunststück einer politisch angehauchten Theorie" genannt[138]), Hegnauer hält es für schematisch und potentiell begriffsjuristisch[139]) und in der jüngsten Schweizer Arbeit zur Interpretationslehre wird es schlicht als „falsch" bezeichnet[140]). Der amerikanischen Lehre würde es für den wirtschaftlichen Bereich als unrichtig, für den politischen Bereich als grobe Simplifizierung erscheinen. Auf die erforderliche Differenzierung zwischen diesen beiden Bereichen habe ich schon hingewiesen.

---

133) Siehe dazu jetzt die Arbeit von P. Lerche, Übermaß und Verfassungsrecht (1961).

134) Siehe dazu Ehmke, Wirtschaft und Verfassung, Kap. 2

135) Siehe dazu jetzt Häberle, oben Anm. 131 zitiert.

136) Siehe P. Schneider, In dubio pro libertate, Festschrift Deutscher Juristentag, Bd. II (1960), S. 263 ff.; siehe auch Wintrich. oben Anm. 120 zitiert, S. 6.

137) Methode und System des Rechts (1936), S. 287 f.

138) A.a.O., S. 119 a.

139) C. Hegnauer, Das Sprachenrecht der Schweiz (Diss. Zürich 1947), S. 212 ff.

140) A. Keller, Die Kritik, Korrektur und Interpretation des Gesetzeswortlauts (Diss. Zürich, 1960), S. 278 f.

Abgesehen davon, daß die Anwendung der Begriffe „Vermutung" und „Zweifel" auf Normen, statt auf Tatsachen, nicht sehr glücklich ist[141]), gilt in der dialektischen Einheit von Freiheit und Ordnung[142]), wie Keller es sehr schön formuliert hat, „im ‚Zweifel' ... weder die freiheitlichere noch die unfreiheitlichere, sondern nur die richtige Regelung"[143]). Eine „Vermutung", daß der Mensch sich rechtmäßig verhalten werde, vermag eine extensive Grundrechtsinterpretation genauso wenig zu rechtfertigen, wie eine „Vermutung", daß der Mensch sich unrechtmäßig verhalten werde, eine extensive Kompetenzauslegung (oder restriktive Grundrechtsauslegung) rechtfertigen könnte. Denn der anthropologische Optimismus wie der anthropologische Pessimismus müssen sich gleichermaßen auf Regierte und Regierende erstrecken[144]).

Das Bundesverfassungsgericht hat — wie die Literatur[145]) — unter Berufung auf Thoma den Grundsatz der sogenannten „Grundrechtseffektivität" zu einem Interpretationsprinzip erhoben[146]).Es folgert aus ihm, daß Grundrechte weit ausgelegt werden müßten. Das ist genau die Folgerung, die Thoma selbst als „groben Irrtum" bezeichnet hat[147]). Für Thoma ging es um die Alternative „Programmsatz" oder „aktueller Rechtssatz"[148]). Nach dem, was ich oben zur Struktur der Rechtsordnung (der Zivilrechts- wie der Verfassungsrechtsordnung) ausgeführt habe, ist diese Alternative zwar unrichtig, aber das steht auf einem anderen Blatt. Der Satz, dem Grundrecht sei die Auslegung zu geben, „die die juristische Wirkungskraft der betreffenden Norm am stärksten entfaltet"[149]), bedeutete für Thoma einzig und allein, daß grundrechtliche Sätze „im Zweifel" als Rechts- und nicht als bloße politische Programmsätze zu verstehen sind. Dagegen hat er ausdrücklich erklärt, daß

---

[141]) Huber, ebd.; Keller a.a.O., S. 279.

[142]) Siehe dazu vor allem F. Neumann, The Concept of Political Liberty, 53 Colum. L. Rev. 901 (1953).

[143]) A.a.O., S. 279.

[144]) „It may be a reflection on human nature, that... devices should be necessary to control the abuses of government", sagt James Madison in Nr. 51 des „Federalist", um fortzufahren: „But what is government itself but the greatest of all reflections on human nature?"

[145]) Siehe etwa v. Mangoldt-Klein, Das Bonner Grundgesetz, Vorbem. Grundrechte B XIV, 3.

[146]) BVerfGE 6, 55 (72).

[147]) R. Thoma, Die juristische Bedeutung der grundrechtlichen Sätze der Deutschen Reichsverfassung im Allgemeinen, in: H. C. Nipperdey (Hrsg.), Grundrechte und Grundpflichten der Reichsverfassung, Bd. I (1929), S. 1, 13.

[148]) A.a.O., S. 5.

[149]) A.a.O., S. 9.

aus dem Satz keinerlei Schlüsse auf den „speziellen Inhalt" eines Grundrechts gezogen werden könnten, daß der Satz z. B. für die Frage, ob der Gleichheitssatz auch den Gesetzgeber binde, irrelevant sei[150]). Wie Schmitt bereits im Handbuch des Deutschen Staatsrechts dargelegt hat, nimmt diese Trennung von Geltungskraft und Inhalt dem Prinzip jeden hermeneutischen Wert[151]). Legt man es aber im inhaltlichen Sinne einer extensiven Grundrechtsinterpretation aus, wie das Bundesverfassungsgericht es tut, dann ist es genauso unrichtig wie der Satz „in dubio pro libertate".

Ergänzend sei bemerkt, daß die Anwendung dieses angeblichen Interpretationsprinzips das Bundesverfassungsgericht m. E. auch im Ergebnis fehlgeleitet hat. Ich halte die Ausdehnung der Institutsgarantie des Art. 6 Abs. 1 GG zu einem allgemeinen, über den Gleichheitssatz des Art. 3 Abs. 1 GG hinausgehenden Grundsatz der Gleichbehandlung der Eheleute mit den Ledigen[152]) für unrichtig. Auch das konkrete Ergebnis, die Nichtigerklärung der gemeinsamen Steuerveranlagung von Eheleuten, will mir fragwürdig erscheinen. Das Bundesverfassungsgericht hat später die unterschiedliche Behandlung von Ehen mit einem oder aber mit zwei Einkommen sowie von auf gemeinsame oder aber auf selbständige Rechnung arbeitenden Eheleuten mit der Begründung für verfassungsgemäß erklärt, daß Art. 6 Abs. 1 GG auf unterschiedliche Besteuerung innerhalb der Ehen keine Anwendung finden könne bzw. — gegenüber Ledigen — nicht verletzt sei[153]). Die verfassungsrechtliche Einteilung der Ehen nach der Zahl ihrer sog. „marktwirtschaftlichen Einkommen" scheint mir mit dem durch Art. 6 Abs. 1 GG geschützten Institut der Ehe schwerer vereinbar zu sein als die gemeinsame Steuerveranlagung aller Eheleute.

Im übrigen kann das angebliche Interpretationsprinzip der „Grundrechtseffektivität" oder die Forderung des Nicht-„Leerlaufens" von Grundrechten[154]) auch nicht die Umformung eines Gesetzgebungsauftrags der Verfassung in einen Grundrechtssatz rechtfertigen. So halte ich z. B. die vom Bundesverfassungsgericht in Aussicht genommene Möglichkeit, den Gesetzgebungsauftrag des Art. 6 Abs. 5 GG bei übermäßigem Zeitab-

---

[150]) A.a.O., S. 13 ff.; in scheinbarem Widerspruch dazu die Ausführung auf Seite 35, die von der „größeren rechtsstaatlichen Wirkung" spricht, aber auf das Notstandsrecht beschränkt ist.

[151]) Inhalt und Bedeutung des zweiten Hauptteils der Reichsverfassung, S. 572, 602.

[152]) BVerfGE 6, 55 (71 ff., 76 ff.); siehe ferner 12, 151; 12, 180.

[153]) BVerfGE 9, 237 (242, 247 f.).

[154]) Siehe etwa BVerfGE 6, 32 (40); 7, 377 (403 f.).

lauf in einen aktuellen Grundrechtssatz umzuinterpretieren[155]), für eine Unmöglichkeit[156]).

cc) Damit komme ich im Bereich der Grundrechtsinterpretation nun wieder auf das Prinzip der Interpretation der Verfassung als einer Einheit zurück und zwar im Hinblick auf eine kritische Würdigung der Rechtsprechung des Bundesverfassungsgerichts zu Art. 12 Abs. 1 GG[157]).

Ich habe mich oben zu zeigen bemüht, daß die Grundrechte nicht als ein in sich geschlossenes „System" verstanden werden können, sondern daß sich ihr Zusammenhang nur von der Einheit der ganzen Verfassung her erschließt. In dieser nehmen sowohl nach dem Rechtsstaats- wie nach dem demokratischen Prinzip das Gesetz und der Gesetzgeber eine hervorragende Stelle ein. Eine Verfassung ist keine „anti-staatliche" Veranstaltung, sie organisiert und gestaltet das Gemeinwesen als politische und rechtliche „Entscheidungs- und Wirkungseinheit" (Heller). Daher ist eine Interpretation der Verfassung, die die — ohnehin nicht konsequent durchgeführte — redaktionelle Zweiteilung der Verfassung in Grundrechts- und organisatorischen Teil als eine materielle Zweiteilung mißversteht, unrichtig[158]). Sowohl die Interpretation der Grundrechte als auch diejenige einzelner Grundrechte als isolierter Wirkgrößen übersieht den unlösbaren Zusammenhang von Grundrecht und Kompetenz. Das ist nicht nur in einem problematischen Grundrechts-, sondern auch in einem problematischen Kompetenzverständnis begründet.

Die Kompetenzzuweisungen des Grundgesetzes an den Bund werden weitgehend als bloße Zuständigkeitsabgrenzungen zwischen Bund und Ländern verstanden[159]). Das ist zum Teil wohl dadurch bedingt, daß in einem System kodifizierten Rechts diese Zuweisungen im wesentlichen systematische

---

155) BVerfGE 8, 210 (216 f.); vgl. BVerfGE 3, 225 (240).

156) Die Zulässigkeit eines Feststellungsurteils, daß der Gesetzgeber durch Nichterlaß eines Gesetzes gemäß Art. 6 Abs. 5 GG (siehe BVerfGE 8, 210 [216]) — oder durch Nicht-Schaffung einer dem Gleichheitssatz gemäßen Regelung in Ausführung des Gesetzgebungsauftrags des Art. 131 GG (siehe BVerfGE 6, 257 [265 f.]) — die Verfassung verletze, wäre dagegen wohl zu bejahen.

157) Siehe dazu vor allem O. Bachof, Freiheit des Berufs, in: Bettermann-Nipperdey-Scheuner, Die Grundrechte, Bd. III, 1 (1958), S. 155 ff.; v. Mangoldt-Klein, a.a.O., zu Art. 12; G. Uber, Freiheit des Berufs (1952); W. Hamel, Das Recht zur freien Berufswahl, DVBl. 1958, S. 37.

158) So schon Smend, Verfassung und Verfassungsrecht, S. 88; Bürger und Bourgeois im deutschen Staatsrecht, S. 13 ff. (siehe jetzt Staatsrechtliche Abhandlungen, S. 198, 318 ff.)

159) Siehe im einzelnen Ehmke, Wirtschaft und Verfassung, S. 11 Anm. 24, S. 23 ff., 29 ff.

Rechtsgebiete aufzählen (etwa Art. 74 Nr. 11 GG: „die konkurrierende Gesetzgebung erstreckt sich ... auf das Recht der Wirtschaft ..."). In der Verfassung der Vereinigten Staaten als einem Common Law-Land ist das anders (z. B. Art. I § 8 cl. 3: „The Congress shall have power ... to regulate commerce ...")[160]). Hierin zeigt sich der Einfluß, den die allgemeine Rechtsordnung eines Landes auf sein Verfassungsrecht hat. Der Sache nach bedeuten die Kompetenzzuweisungen aber in beiden Verfassungen das gleiche: a) gegenüber den Gliedstaaten eine Zuständigkeitsverteilung, b) gegenüber den Bundesbürgern eben eine Kompetenzzuweisung. Der Bund, der nicht über eine „komplette" Staatsgewalt verfügt, erhält hier Kompetenzen gegenüber den Bürgern übertragen, d. h. ihm werden bestimmte Aufgaben und die zur Durchführung dieser Aufgaben erforderliche Gewalt zugewiesen.

Das Bundesverfassungsgericht hat sich nun gerade im Bereich der Wirtschaftsregulierung ausdrücklich zu einem solchen positiven Kompetenzverständnis bekannt — speziell in Hinsicht auf Art. 74 Nr. 11 GG, der auch das Gewerberecht umfaßt[161]). Seine Rechtsprechung auf diesem Gebiet ist m. E. überhaupt — mit Ausnahme der Rechtsprechung zu Art. 12 GG — weit überzeugender als die heute herrschende oder jedenfalls „überwiegende" Lehre[162]).

[Darüberhinaus hat das Gericht auch im Rahmen des Gleichheitssatzes[163]) und der Sozialstaatsklausel[164]) die „Gestaltungsfreiheit des Gesetzgebers" — das Gericht ist jetzt mit Recht von dem verwaltungsrechtlichen Begriff des „Ermessens" zu diesem Begriff übergangen — anerkannt.]

Das Bundesverfassungsgericht hat bei verschiedenen Anlässen auch den Zusammenhang von Kompetenzen und Grundrechten gesehen. Am klarsten ist insoweit der kürzlich ergangene Beschluß des Ersten Senats zum Wehrpflichtgesetz[165]). Angesichts der dem Bund in Art. 73 Nr. 1 GG gegebenen Kompetenz, die Wehrpflicht zu regeln, so erklärt das Gericht, könne — abgesehen von der Frage der Regelung der Kriegsdienstverweigerung (Art. 4 Abs. 3 GG) — auch an der materiellen Vereinbarkeit der Einführung der allgemeinen Wehrpflicht

---

[160]) Vgl. a.a.O., S. 26, 109 ff.

[161]) BVerfGE 4, 7 (15); 8, 274 (328 f.); siehe auch 6, 55 (81).

[162]) Dazu Ehmke, Wirtschaft und Verfassung, S. 3 ff.

[163]) Siehe etwa BVerfGE 3, 162 (182); 9, 291 (302); 11, 105 (123).

[164]) Siehe etwa BVerfGE 1, 97 (100 f.).

[165]) BVerfGE 12, 45. Das Gericht erklärt, die Bestimmung des Art. 73 Nr. 1 sei „mehr als eine bloße Kompetenzbestimmung" (S. 50); richtig müßte es heißen: „mehr als eine bloße Zuständigkeitsbestimmung".

mit dem Grundgesetz kein Zweifel bestehen. Damit beantwortet das Gericht die Frage, ob eine Kompetenzergänzung etwas am Grundrechtsbestand ändern kann, im positivem Sinne. Allerdings muß man hier sorgfältig differenzieren. Einmal kann natürlich auch eine Kompetenzergänzung wegen Verstosses gegen Art. 79 Abs. 3 GG verfassungswidrig sein. Zum anderen ist aber das bundesstaatliche Problem im Blick zu halten. Geht man davon aus, daß vor der Ergänzung des Art. 73 Nr. 1 GG weder dem Bund noch den Ländern eine Wehrkompetenz zustand, so hat die Ergänzung des Art. 73 Nr. 1 GG in der Tat die durch die Einheit von Kompetenz und Grundrecht bestimmte Verfassungsrechtslage geändert. Werden dagegen aus der einheitlichen Staatsgewalt der Länder Kompetenzen auf den Bund übertragen, so wird mit ihrer Aufnahme in den Kompetenzkatalog des Bundes nur schon vorhandene Staatsgewalt konkreter geformt und formuliert. Immerhin läßt aber z. B. die Rechtsprechung des Supreme Court klar erkennen, daß die konkrete Ausformung bestimmter Bundes-Kompetenzen einer der Gründe dafür ist, daß das Gericht in seiner Grundrechtsjudikatur dem Kongreß gegenüber mehr Zurückhaltung zeigt als gegenüber den Gesetzgebern der Einzelstaaten[166]).

Auch von der Grundrechtsseite her hat das Bundesverfassungsgericht den Grundrechts-Kompetenz-Zusammenhang erkannt. Allerdings nicht immer ganz klar. Wenn es z. B. mit der herrschenden Lehre entscheidet, daß Art. 14 GG keinen Schutz gegen die Auferlegung von Geldleistungen gewähre[167]), so folgt das — gerade angesichts der heutigen Ausdehnung der durch Art. 14 GG geschützten Vermögensrechte — nicht so sehr aus Art. 14 GG, sondern vielmehr aus dem Wesen der Steuer- und Abgabenkompetenz[168]). Das gleiche gilt etwa für die Währungskompetenz. Es ist nicht richtig, hier von einer Grundrechts-Lücke zu sprechen[169]), es gibt eben kein geschlossenes Grundrechtssystem, sondern nur die Einheit der freiheitlich-demokratischen Grundordnung[170]).

---

[166]) Siehe Ehmke, Wirtschaft und Verfassung, S. 411 mit den dortigen Verweisungen und S. 451 Anm. 224.

[167]) BVerfGE 4, 7 (17).

[168]) Gerade von der Kompetenzseite her läßt sich daher das Argument Bernhard Wolffs untermauern, daß ein mit Art. 14 GG in Einklang stehendes Abgabegesetz nicht noch anschließend unter Art. 2 Abs. 1 GG geprüft werden darf; siehe oben Anm. 119.

[169]) So aber dem Sinne nach K. Ballerstedt, Artikel „Wirtschaftsverfassungsrecht" in: Bettermann-Nipperdey-Scheuner, a.a.O., Bd. III, 1 (1958), S. 1, 39.

[170]) Gerade von der Kompetenzseite her läßt sich auch die von der „preferred freedoms"-Doktrin vorgenommene Differenzie-

Klar aber nur sehr partiell erkannt hat das Gericht den Kompetenz-Grundrechts-Zusammenhang gerade im Bereich des Art. 12 Abs. 1 GG. Auf zweierlei Weise: Einmal, indem es erklärt, eine Regelung der Berufsausübung müsse, um mit Art. 12 Abs. 1 GG vereinbar zu sein, auch mit sonstigen Verfassungsbestimmungen übereinstimmen[171]); sie muß also auch eine Kompetenzgrundlage haben. Außerdem dadurch, daß es sich — im Apotheken-Urteil — für die Vereinbarkeit von Zulassungsbeschränkungen mit Art. 12 Abs. 1 GG auf die Kompetenzbestimmung des Art. 74 Nr. 19 GG berufen hat. Im übrigen hat es auch in diesem Urteil seine positive Kompetenzauffassung hinsichtlich der Wirtschaftsregulierung wiederholt[172]). Dieses positive Kompetenzverständnis hat es dann aber dadurch „leerlaufen" lassen, daß es Art. 12 Abs. 1 GG in isolierter Interpretation einseitig wirtschaftspolitisch-liberal ausgelegt hat[173]).

[Will man diese Rechtsprechung verstehen, so wird man im Blick behalten müssen, daß sie in starkem Maße, zwar nicht rechtlich aber doch faktisch, durch die Rechtsprechung des Bundesverwaltungsgerichts, auf die ich hier nicht eingehen will, präjudiziert war. Ein Mitglied des Bundesverwaltungsgerichts spricht von „einer langen, geplanten Reihe von Entscheidungen" und meint, daß die Rechtsprechung des Bundesverwaltungsgerichts der „ideengeschichtlichen Konzeption der Verwaltungsgerichtsbarkeit" und dem „Menschentyp", von dem sie in Anspruch genommen werde (nämlich dem „Bürger"), gerecht werde[174]). Die Rezeption aus dem 19. Jahrhundert stammender verwaltungsrechtlicher Vorstellungen in das Verfassungsrecht der zweiten Hälfte des 20. Jahrhunderts ist aber sehr problematisch. Nichtsdestoweniger hat sie auch die Rechtsprechung des Bundesverfassungsgerichts zu Art. 12 Abs. 1 GG bestimmt — trotz seiner sonstigen Betonung der Sozialgebundenheit des Menschen im „Menschenbild" des Grundgesetzes[175])]

rung zwischen politischem und wirtschaftlichem Bereich (s. oben S. 76 f.) untermauern: Die Kompetenzzuweisungen beziehen sich vorwiegend auf die Gestaltung des sozialen und wirtschaftlichen Bereichs und sind dort am weitesten. Im politischen Bereich nähern sie sich viel stärker der bloßen Ausgestaltung einzelner Grundrechte (z. B. Meinungs-, Versammlungs-, Vereinigungs-, Wahl-Freiheit). Für die amerikanische Bundesverfassung siehe Ehmke, oben Anm. 166 zitiert.

171) BVerfGE 9, 83 (88).

172) BVerfGE 7, 377 (401, 400).

173) Siehe außer BVerfGE 7, 377 vor allem noch 9, 39; 11, 30; 11, 168.

174) M. Baring, Rechtsprechung des Bundesverwaltungsgerichts zum Grundgesetz für die Bundesrepublik Deutschland, JbdöR. N. F. Bd. 9 (1960), S. 93, 125, 148 f.

Der „leading case“ in der Rechtsprechung des Bundesverfassungsgerichts zu Art. 12 Abs. 1 GG ist das schon genannte Apotheken-Urteil[176]). Auf die m. E. weitgehend angreifbaren Einzelheiten der Urteilsbegründung will ich hier nicht näher eingehen[177]). Denn diese Einzelheiten und das Urteil als ganzes

[175]) Siehe etwa BVerfGE 4, 7 (15 f.); 7, 320 (323); vgl. dagegen 7, 377 (402 f.) und dazu unten Anm. 177 unter Ziff. 2.

[176]) BVerfGE 7, 377. — Siehe dazu U. Scheuner, Das Grundrecht der Berufsfreiheit, DVBl. 1958, S. 845; P. Lerche, Zum Apotheken-Urteil des Bundesverfassungsgerichts, Bayer. Verw. Bl. 1958, S. 231; O. Bachof, Zum Apothekenurteil des Bundesverfassungsgerichts, JZ 1958, S. 468.

[177]) In Stichworten nur folgendes: 1. Zunächst muß nach dem Text des Urteils fraglich erscheinen, ob das Gericht überhaupt über die Frage zu entscheiden hatte, über die es entschieden hat. En passant erfährt man aus dem Urteil, daß dem Beschwerdeführer zwar die Erlaubnis zur Errichtung der von ihm geplanten Apotheke versagt, ihm aber die Übernahme einer ländlichen Apotheke angeboten worden war (S. 425/26, 430). Hätte das Gericht seine Entscheidung nicht auf das Problem einer nur örtlich wirkenden Zulassungsbeschränkung begrenzen müssen? (vgl. etwa BVerwGE 2, 151). — 2. Das Gericht setzt sich mit Recht über den etwas verunglückten Wortlaut des Art. 12 Abs. 1 GG hinweg, indem es die Regelungsbefugnis auch auf die Berufswahl als Beginn der Berufsausübung erstreckt (S. 401). Andererseits versucht es dann aber doch, zwischen Berufswahl und Berufsausübung eine feste Grenze zu ziehen, wobei es hier Berufswahl nicht im Sinne der Berufsaufnahme, sondern im Sinne der inneren Entscheidung des Berufswählens versteht und nur der Berufsausübung soziale Bedeutung zuspricht (S. 403, 407). Im konkreten Fall war die Freiheit des inneren Berufswählens aber gar nicht tangiert, während die soziale Bedeutung der Berufswahl im Sinne der Berufsaufnahme klar auf der Hand lag. Daß sich Berufswahl im Sinne der Berufsaufnahme und Berufsausübung nicht klar trennen lassen, zeigt die Rechtsprechung auf Schritt und Tritt: Die Regelung des § 157 Abs. 3 Satz 2 ZPO (Prozeßagenten) wurde z. B. vom Bundesverwaltungsgericht als Regelung der Berufswahl (BVerwGE 2, 89), vom Bundesverfassungsgericht dagegen als Regelung der Berufsausübung verstanden (BVerfGE 10, 185). In BVerfGE 9, 39 erklärte das Gericht, die Festsetzung einer Mindestmenge für den Handel mit loser Milch verletze die Freiheit der Berufs wahl, in BVerfGE 9, 73 sah es dagegen im Verbot des Verkaufs von Arzneimitteln durch Drogisten nur eine zulässige Regelung der Berufs ausübung (siehe dazu auch BVerfGE 7, 377 [431, 439]). Im Kassenarzt-Urteil verschwimmen die Grenzen vollends (BVerfGE 11, 30 [40 ff.]). Siehe dazu Bachof, oben Anm. 157 zitiert, S. 193 f., 212 ff. — 3. Auch die schematische Abstufung von sog. objektiven und subjektiven Zulassungsvoraussetzungen ist wenig überzeugend. Siehe dazu etwa BVerfGE 9, 338 (344 ff.). Sowohl die jeweilige Berufsart wie die praktische Auswirkung einer Regelung verlangen eine weit größere Differenzierung, die im Grunde nur von Fall zu Fall erfolgen kann; siehe Bachof, a.a.O., S. 216 ff.; Scheuner, oben Anm. 176 zitiert, S. 848. — 4. Nachdem das Gericht den „Schutzbereich“ des Art. 12 Abs. 1 GG in der geschilderten Weise „abgestuft“ hat, erklärt es den Grundsatz, daß der Gesetzgeber zwischen gleich geeigneten

stehen und fallen mit der isolierten Interpretation des Art. 12 Abs. 1 GG.

[Das Bundesverfassungsgericht erklärt, Art. 12 Abs.1 GG sei ein „echtes" Grundrecht[178]). Aber mit der aus der deutschen verwaltungsrechtlichen Tradition gewachsenen Auffassung der Grundrechte als subjektiver Rechte wird für die Auslegung eines Grundrechts wenig gewonnen. Die amerikanischen „constitutional guarantees" sind z. B. weitgehend als Kompetenzbegrenzungen formuliert: "Congress shall make no law ...", "No State shall make any law ...". Außerdem hat das Bundesverfassungsgericht einmal selbst erklärt, es stehe auch da, wo es über verletzte Rechte entscheide, „weniger im Dienste subjektiver Rechtsverfolgung als im Dienste objektiver Bewahrung des Verfassungsrechts"[179]). Zuzustimmen ist dem Gericht, soweit es den personalen Kern der Berufsfreiheit betont[180]), der u. a. die Anwendung des Art. 12 Abs. 1 GG auf juristische Personen[181]) fragwürdig erscheinen läßt. Aber auch das personale Verständnis der Berufsfreiheit vermag die Entscheidung nicht zu tragen.]

Der tragende Gesichtspunkt des Urteils, aus dem alle Einzelheiten folgen, ist der Grundsatz der „Grundrechtseffektivität", die „Freiheitsvermutung" gegenüber dem Gesetzgeber[182]). Das Urteil ist dementsprechend auch ganz am verwaltungsrechtlichen Ermessens-, Verhältnismäßigkeits-, Erforderlichkeitsbegriff usw. ausgerichtet[183]). Die Regelung der Berufswahl soll nur zum Schutze überragend wichtiger Gemeinschaftsgüter zulässig sein. Sog. „objektive" Zulassungsbedingungen sollen nur zur Abwehr nachweisbarer oder höchstwahrscheinlicher Gefahren für solche Güter, sog. „subjektive" Zulassungsbedingun-

---

Mitteln wählen könne, in bezug auf ein Grundrecht mit „gestaffeltem Schutzbereich" für unanwendbar (S. 410). Die schematische Stufen-Staffelung ist aber u. a. gerade schon darum fragwürdig, weil der absolute Schutz des Wesensgehalts eines Grundrechts (Art. 19 Abs. 2 GG) zeigt, daß j e d e s Grundrecht verschieden dichte Schutzzonen hat, ohne daß man diese schematisch staffeln könnte oder dürfte. — 5. In der Auslegung der „Regelungs"-Befugnis (S. 403 ff.) verkennt das Gericht den für die soziale Wirklichkeit des Grundrechts lebensnotwendigen Gestaltungsauftrag des Gesetzgebers und zugleich den Zusammenhang von Grundrecht und Kompetenz.

[178]) A.a.O., S. 400.

[179]) BVerfGE 2, 79 (86).

[180]) A.a.O., S. 397, 400, 405.

[181] Siehe BVerwGE 3, 304 (306); 6, 145 (147); 8, 14; vgl. dazu B a c h o f, oben Anm. 157 zitiert, S. 179.

[182]) So richtig — aber zustimmend — S c h n e i d e r, oben Anm. 136 zitiert, S. 288 f.

[183]) Siehe dazu L e r c h e, oben Anm. 133 zitiert, insb. S. 107 ff., 144 ff., 253 f., 288 ff., 332 f.

gen nur im Rahmen des Verhältnismäßigkeitsprinzips aufgestellt werden dürfen[184]). Für die Regelung der Berufsausübung sollten ursprünglich „vernünftige Erwägungen des Gemeinwohls" ausreichend sein[185]), wegen der Nicht-Abgrenzbarkeit von Berufs-Wahl und Berufs-Ausübung brachte das Kassenarzt-Urteil aber auch insoweit eine Verschärfung[186]). Im übrigen soll der Gesetzgeber immer nur die allernotwendigste Regelungsstufe wählen dürfen[187]). Abschließend wird erklärt, der Bundes- bzw. der Landesgesetzgeber könnten sich für die „Höhenstufe" ihrer Regulierung nicht darauf berufen, daß der andere eine in seinem Kompetenzbereich mögliche „niedrigere" Regelung nicht vornehme[188]). Was der eine Gesetzgeber tun soll, wenn der andere nicht handelt, bleibt offen. Vermutlich wird er in einem solchen Fall unter dem — wie gesagt, ohnehin schon strapazierten — Gesichtspunkt der Bundestreue vom Bundesverfassungsgericht die Verpflichtung des anderen Gesetzgebers zur Gesetzgebung qua „Verfassungsvollzug" feststellen lassen müssen.

Was diese Rechtsprechung praktisch bedeutet, daran läßt das Apotheken-Urteil selbst keinen Zweifel. Das Gericht weist dem Gesetzgeber unter Aufgebot von Sachverständigen nach, welche gesetzliche Regelungen „besser" im Sinne von „freiheitlicher" wären, wobei übrigens die Verwirklichung einiger seiner Ratschläge gar keinen individuellen Freiheitsgewinn darstellen, sondern nur die notwendige Freiheitsbeschränkung an eine andere Stelle verlegen würde[189]). Daß das Gericht überhaupt in die Prüfung des dem Gesetz zugrundeliegenden Sachverhalts eintritt, ist richtig. Denn im Grunde prüft das Gericht nie, wie vereinfachend gesagt wird, das Gesetz, sondern immer nur das Verhältnis des Gesetzes zu dem ihm vorgegebenen Problem

---

184) A.a.O., S. 405 ff.

185) A.a.O., S. 405.

186) BVerfGE 11, 30 (42 f.).

187) A.a.O., S. 405, 408 ff.

188) A.a.O., S. 443.

189) So ist z. B. nicht recht einzusehen, warum etwa eine verstärkte Überwachung der Berufsausübung „freiheitlicher" sein soll als eine Zulassungsbeschränkung, die mit der wirtschaftlichen Stabilität der Apotheken gerade deren Eigenverantwortlichkeit sichern will. Wieso ein Verbot der Abgabe von nicht-rezeptpflichtigen Arzneimitteln durch andere Stellen als Apotheken (S. 431, 439 — siehe dazu auch oben Anm. 177 Ziff. 2 a. E.) „freiheitlicher" sein soll als eine örtliche Zulassungsbeschränkung für Apotheken bleibt ebenso dunkel, wie die „Natur" des angeblich „natürlichen Monopols" der Apotheken für die Abgabe von Arzneimitteln, auf das sich das Gericht in diesem Zusammenhang beruft (S. 431).

am Maßstab der Verfassung[190]). Aber nach dem was oben über die bloß kontrollierende Funktion des Gerichts ausgeführt worden ist, kann es diese Prüfung nur auf die Frage erstrecken, hat das Gesetz — einschließlich der Mittel-Zweck Relation — eine vernünftige Grundlage? Es hat nicht zu fragen, ob eine schwere Gefahr für die Volksgesundheit durch eine übermäßige oder gar „hemmungslose" Vermehrung der Apotheken sicher oder höchstwahrscheinlich ist, sondern ob eine Gefahr ausgeschlossen oder ganz unwahrscheinlich ist. Das hat das Gericht keineswegs behaupten können. Es geht im wesentlichen von der Überzeugung aus, daß die Apotheker sich schon nicht unvernünftig verhalten werden, daß das freie wirtschaftliche Spiel schon zu einer vernünftigen Beschränkung der Zahl der Apotheken und zu ihrer vernünftigen Verteilung auf Stadt und Land führen werde. Dieser liberale Glaube kann gegenüber einer die gleichen Ziele anstrebenden Zulassungsregelung überhaupt nur zu der Annahme führen, daß das Gesetz dann praktisch überflüssig wird, nicht aber daß es verfassungswidrig ist.

Wenn es andererseits nun aber entgegen der Hoffnung des Gerichts — und vielleicht sogar von dessen Urteil inspiriert — doch zu unsinnigen Apothekengründungen kommen sollte, die die wirtschaftliche Stabilität der Apotheken und damit die Arzneimittelversorgung der Bevölkerung gefährden, oder wenn — hinsichtlich des gegen das Bundessozialgericht entschiedenen Kassenarzt-Urteils[191]) — die ärztliche Betreuung der Bevölkerung auf dem Lande oder in den Krankenhäusern doch empfindlich gestört werden sollte: Wer trägt die Verantwortung? Das keiner demokratischen Kontrolle unterliegende Gericht? Darf der so gebundene Gesetzgeber wenigstens handeln, wenn das Kind in den Brunnen fallen sollte, und kann er es dann noch? Vielleicht treten diese Folgen nicht ein, vielleicht waren diese Gesetze überflüssig und schlecht. Aber die Beseitigung überflüssiger und schlechter Gesetze ist in einer Demokratie nicht Sache des Verfassungsgerichts. Die Ansicht des Gerichts, daß es kraft seiner allgemeinen Stellung dem Vorwurf unberechtigten Eingriffs in die Gesetzgebungskompetenz weniger ausgesetzt sei als andere Gerichte, ist — wie schon Lerche hervorgehoben hat — unbegründet[192]). Nach meiner Überzeugung wird diese Rechtsprechung zu Art. 12 Abs. 1 GG

[190]) Siehe dazu Ehmke, Wirtschaft und Verfassung, S. 69, 293; 339 ff., 383.

[191]) Siehe dazu W. Bogs, Die Rechtsprechung des Bundessozialgerichts zum Grundgesetz, JbdöR. N. F. Bd. 9 (1960), S. 151, 164 f.

[192]) A.a.O., S. 413; Lerche, oben Anm. 176 zitiert, S. 234.

unserer freiheitlich-demokratischen Grundordnung weder unter materiell- noch unter funktionell-rechtlichen Gesichtspunkten gerecht. Im übrigen beschwört sie die Gefahr einer Verfassungsnovellen-Gesetzgebung zur Gewerbefreiheit herauf[193]), über deren Mängel uns unsere leidgeprüften Schweizer Kollegen nicht im Unklaren gelassen haben[194]).

In seinem Urteil zur Handwerksordnung gibt jetzt auch das Bundesverfassungsgericht der Erkenntnis Ausdruck, daß das Grundrecht der Berufsfreiheit der gesetzlichen Konkretisierung geradezu bedürfe. Es erachtet ferner den Gesetzgeber in der Ausgestaltung von „Berufsbildern" offenbar für nur an das Willkürverbot gebunden. Schließlich folgert es hier aus einem positiven Kompetenzverständnis, daß der Gesetzgeber bestimmen könne, welche Gemeinschaftsgüter schutzwürdig sind[195]). Ich wage zu hoffen, aber nicht zu behaupten, daß dieses Urteil einen Wendepunkt in der Rechtsprechung des Gerichts zu Art. 12 Abs. 1 GG darstellt.

*

Ich komme zum Schluß. Ich habe mich bemüht, zu zeigen, daß nur eine sachbezogene Verfassungstheorie die praktische verfassungsrechtliche Arbeit zu leiten vermag. Es ging und geht mir im Zusammenhang unseres heutigen Themas nicht darum, bestimmte materiellrechtliche Thesen zu verfechten, sondern vielmehr darum, die grundlegende hermeneutische Bedeutung des verfassungstheoretischen Vorverständnisses eines Problems für dessen sachliche Lösung aufzuzeigen.

Ein sachliches Ergebnis möchte ich allerdings doch festhalten, daß nämlich das A und O verfassungs*gerichtlicher* Interpretation die nicht nur proklamierte, sondern auch praktizierte Zurückhaltung des Gerichts sein muß[196]). In dem „judicial self-restraint" des Supreme Court steckt eine tiefe richter-

---

193) Worauf bereits *Scheuner*, oben Anm. 176 zitiert, S. 849, hingewiesen hat.

194) Siehe H. *Huber*, Das Staatsrecht des Interventionismus, Z. Schw. Re. N. F. Bd. 70 (1951), S. 173; *ders.*, Grundsätze in der Auslegung der Wirtschaftsartikel, Wirtschaft und Recht, Bd. 10 (1958), S. 1.

195) BVerfGE 13, 97.

196) Man hat vom Supreme Court nicht zu Unrecht gesagt, daß der Schlüssel zu seinem außerordentlichen Einfluß gerade in der Beschränkung seiner Befugnisse liege: E. V. *Rostow*, The Democratic Character of Judicial Review, 66 Harv. L. Rev. 193, 213 (1952).

liche wie politische Weisheit[197]). Nur wenn das Gericht selbst maß-hält, mag auch unseren so rechtsstreitlustigen politischen Instanzen wieder deutlich werden, daß jedenfalls in mancher Hinsicht doch ein wahrer Kern in dem Satz steckt, den unser früherer Reichsgerichtspräsident und Vorsitzender des Weimarer Staatsgerichtshofs, D. Dr. Walter Simons, der Entscheidungssammlung des Staatsgerichtshofs vorausgeschickt hat, daß nämlich in politischen Streitfragen die Anrufung des Richters im Grunde nicht weniger eine Bankrotterklärung des Staatsmannes darstellt, als die Anrufung des Feldherrn[198]).

---

[197]) Siehe Justice Stone's dissenting opinion in: Butler v. United States, 297 U. S. 1, 78/79 (1936).

[198]) Lammers-Simons, Die Rechtsprechung des Staatsgerichtshofs für das Deutsche Reich, Bd. I (1929), S. 14.

Leitsätze des Mitberichterstatters über: Prinzipien der Verfassungsinterpretation

I.

Zur juristischen Interpretation im Allgemeinen

1. *Für die verfassungsrechtliche Problematik muß die Entwicklung der allgemeinen, insbesondere also der zivilrechtlichen Interpretationslehre im Blick behalten werden,*
   a) *weil die Frage nach den besonderen Problemen des Verfassungsrechts die Frage nach der Einheit der Jurisprudenz umschließt;*
   b) *weil sich die moderne verfassungsrechtliche Problematik aus der im staatsrechtlichen Positivismus erfolgten Übernahme einer bestimmten zivilrechtlichen Konstruktionsmethode ergeben hat.*
2. *Die moderne zivilrechtliche Lehre zeichnet sich durch den Versuch aus, die Struktur der Jurisprudenz als praktischer Disziplin zu erfassen.*
   a) *Juristisches Denken ist Problemdenken. Seine Grundstruktur ist topisch. Es wird durch einen „schubweisen Stoffwechsel zwischen den Neuerfahrungen der Fall-Praxis und den Formkräften der Schule" (Esser) bestimmt.*
   b) *Vom archimedischen Punkt der Rechtsprechung aus hinter das Gesetz (und die Kodifikation) zurück - und über es (und sie) hinausfragend überwindet die moderne Interpretationslehre die voluntaristische Gesetzesauffassung des Positivismus und die Vorstellung der Rechtsordnung als eines geschlossenen Systems abschließend formulierter Rechtssätze.*
   c) *Von der Struktur des konkreten Falles her zeigt das Problemdenken die Vielgestaltigkeit des Rechtsmaterials, die grundsätzliche Offenheit der Struktur der Rechtsordnung und das Rechtsfortbildungsmoment der Rechtsprechung auf.*
   d) *Von hier aus gesehen erscheinen unsere diversen herkömmlichen „Auslegungsmethoden" als verabsolutierte partielle Interpretationsgesichtspunkte.*

e) *Auch der sog. Methodenpluralismus tut nicht mehr, als bestimmte allgemeine Gesichtspunkte, die für juristische Problemlösungen relevant sind, in gewisser Auswahl zusammenzustellen.*

f) *Eine feste Rangordnung zwischen diesen partiellen Gesichtspunkten läßt sich nicht aufstellen.*

g) *Das bedeutet nicht, daß sich die Jurisprudenz in Kasuistik erschöpfen könnte. Vielmehr fällt gerade der das Vorverständnis juristischer Probleme begründenden und die Problemlösungen zusammenordnenden Theorie oder — recht verstandenen — Systematik die entscheidende hermeneutische Aufgabe zu.*

II.

Zur verfassungsrechtlichen Interpretation im Besonderen

1. *Die Offenheit der Struktur der Rechtsordnung, die Vielgestaltigkeit ihres Rechtsmaterials und die Notwendigkeit der kontinuierlichen Rechtsfortbildung liegen im Verfassungsrecht noch weit klarer zutage als im Zivilrecht. Gerade im Verfassungsrecht ist daher eine sachbezogene Theorie die eigentliche Hermeneutik.*

   a) *Nicht zufällig ist daher in den Weimarer Jahren der Angriff gegen den Positivismus gerade im Verfassungsrecht geführt worden.*

   b) *Versuchen, sich angesichts der vielfältigen Problematik einer materialen Verfassungstheorie wieder in das Wetterhäuschen des Positivismus zurückzuziehen, kann keine weiterführende Bedeutung zukommen.*

2. *Stellt die Entwicklung der modernen zivilrechtlichen Interpretationslehre eine „Annäherung" des Zivilrechts an das Verfassungsrecht dar, so stellt der Ausbau der Verfassungsrechtsprechung eine „Annäherung" des Verfassungsrechts an das Zivilrecht dar. Im Bereich des Common Law sind die beiden Gebiete seit jeher fruchtbar verbunden.*

3. *Die Einheit der jurisprudentiellen Grundstruktur hebt nicht die sachliche Eigenart des Verfassungsrechts auf. Dieses ist bestimmt*

   a) *durch die Weite und Dynamik des von ihm richtungsweisend zu bewältigenden Gegenstandes (des politischen Lebens eines Gemeinwesens),*

b) durch die Bezogenheit auf die und damit Abhängigkeit von der geschichtlichen, d. h. seit dem 19. Jahrhundert: nationalstaatlichen, Einheit des Gemeinwesens (was heute gerade in der Auflockerung dieser Einheit zugunsten übernationaler Integration zum Problem wird),

c) durch seinen einheits-stiftenden Charakter und — gerade gegenüber dem Zivilrecht: ius privatum sub tutela iuris publici latet — durch sein Auf-sich-selbst-angewiesensein.

4. *Mit dem Ausbau der Verfassungsrechtsprechung verändert die Verfassungstheorie nicht ihr Wesen, vielmehr tritt ihre hermeneutische Funktion noch deutlicher hervor.*

5. *Die Eigenart des Verfassungsrechts bestimmt auch die Eigenart der Verfassungsgerichtsbarkeit.*

   a) Der Verfassungsrechtsprechung fällt in besonderem Maße eine Aufgabe der Rechtsfortbildung zu.

   b) Daher ist gegenüber der Verfassungsrechtsprechung eine statisch-deduktive Auffassung des Rechtsprechens in besonderem Maße unrichtig.

   c) In erster Linie ist aber nicht das Bundesverfassungsgericht, sondern der demokratischen Gesetzgeber zum Ausbau des Verfassungsstaates und zur Fortentwicklung des Verfassungsrechts berufen.

III.

Zur Verfassungsinterpretation in der Rechtsprechung des Bundesverfassungsgerichts

1. *Gerade in schwierigen Interpretationsfällen läßt sich zeigen, daß das — bewußte oder unbewußte — verfassungstheoretische Vorverständnis eines Problems dessen Lösung vorentscheidet.*

2. *Darüber, welches verfassungstheoretische Vorverständnis „richtig" im Sinne von überzeugend ist, entscheidet nicht das Bundesverfassungsgericht, sondern der Konsens „aller Vernünftig- und Gerecht-Denkenden"*.*

3. *Prinzipien der Verfassungsinterpretation im technischen Sinne sind Hilfsmittel im hermeneutischen Geschäft der Verfassungstheorie.*

---

*) Siehe oben S. 71, Anm. 80.

a) Im Gegensatz zu den gegenüber der Sache verselbständigten „Auslegungsmethoden" stellen sie am Problem entwickelte sachbezogene Regeln für Problemlösungen dar.

b) Es gibt materiell-rechtliche und funktionell-rechtliche Interpretationsprinzipien. Die letztgenannten beziehen sich auf die Funktion des Verfassungsgerichts im Prozeß der Rechtsfortbildung. Vielleicht muß man aber richtiger sagen, daß jedes Interpretationsprinzip eine materiell- und eine funktionell-rechtliche Bedeutung hat.

4. *Beispiele (primär) funktionell-rechtlicher Interpretationsprinzipien:*
   a) Der Grundsatz der verfassungskonformen Auslegung (wird vom Bundesverfassungsgericht in teilweise problematischer Weise gehandhabt),
   b) die „political question"-Doktrin (kann auch für die Rechtsprechung des Bundesverfasungsgerichts von Bedeutung sein),
   c) die sog. „preferred freedoms"-Doktrin (zeigt in besonderer Klarheit die materiell- und funktionell-rechtliche Doppelbedeutung von Interpretationsprinzipien).
5. *Beispiele (primär) materiell-rechtlicher Interpretationsprinzipien:*
   a) Die Interpretation der Verfassung als einer Einheit (das vielleicht wichtigste verfassungsrechtliche Interpretationsprinzip, vom Bundesverfassungsgericht unklar und teilweise widerspruchsvoll gehandhabt).
   b) Besondere Prinzipien der G r u n d r e c h t s interpretation (die mit dem unter a) genannten Prinzip in Widerspruch stehen und das Bundesverfassungsgericht zu unrichtigen Interpretationen und Entscheidungen geführt haben):
      aa) Die Interpretation der Grundrechte aus einem angenommenen Grundrechts-„System" (die Rechtsprechung des Bundesverfassungsgerichts zu Art. 2 Abs. 1 GG),
      bb) die angeblichen Interpretationsprinzipien „in dubio pro libertate" und der sog. „Grundrechtseffektivität" (die Rechtsprechung des Bundesverfassungsgerichts zu Art. 6 Abs. 1 GG),
      cc) die aus den unter aa) und bb) genannten Prinzipien folgende isolierte Grundrechtsinterpretation, die den Zusammenhang von Grundrecht und Kompetenz übersieht (die Rechtsprechung des Bundesverfassungsgerichts zu Art. 12 Abs. 1 GG).

Prinzipien der Verfassungsinterpretation

Aussprache und Schlußworte*)

Scheuner (Diskussionsleiter): Für die Gliederung der Debatte würde ich vorschlagen, die Aufmerksamkeit zunächst den allgemeinen theoretischen Problemen zuzuwenden. Dabei würde ich auch diejenigen Kollegen bitten, die den neuen hier vorgetragenen Gedanken vielleicht nicht ohne Vorbehalt gegenüberstehen, ihre Auffassung zum Ausdruck zu bringen. Es läßt sich gewiß zur Verteidigung der älteren Methode manches vortragen. Da beide Referate sich zu einer neuen Sicht bekannten, so ist sie wohl heute morgen nicht ausreichend zum Zuge gekommen. Vielleicht kann man dabei davon ausgehen, daß der älteren Methode der Vorwurf gemacht wurde, sie suche ihre Aufgabe durch ein logisch geschlossenes System zu bewältigen, das als solches gar nicht zu gewinnen sei. Es gelte vielmehr, von einer Anzahl topischer Gesichtspunkte aus eine Auslegung aufzubauen.

Zum zweiten sollten wir uns der Frage zuwenden, die Herr Kollege Peter Schneider heute morgen in vielfältiger Facettierung behandelt hat, in welcher Weise sich nämlich die Zeitgebundenheit der Auslegung auswirkt. Auch in dem Buche des Kollegen Forsthoff ist, wenn ich es recht verstehe, nicht allein eine historische Methode der Interpretation empfohlen, sondern mit dem Blick auf die politische Natur des Verfassungsrechts auch eine Deutung nach vorn, in die Zukunft hinein empfohlen.

Als ein weiterer Punkt wäre herauszugreifen die von Herrn Ehmke herausgestellte Problematik der funktionellen Seite der Interpretation, d. h. der Verbindung der Auslegungsgrundsätze mit der Frage nach den Instanzen, in deren Hand die Auslegung ruht. Damit ließe sich unschwer die Frage verbinden, ob eigentlich Grundrechte und Kompetenznormen etwas völlig Verschiedenes oder doch im Grunde Zusammenhängendes darstellen.

---

*) Mehr als 2/3 der Diskussion wurden infolge Versagens des Geräts nicht auf Band aufgenommen. Die Rekonstruktion der vom Tonband nicht festgehaltenen Beiträge konnte nur unvollkommen gelingen.

Merkl: Ich möchte die sachlich so tiefgründigen Berichte in einer Richtung ergänzen, die aus der Erfahrungswelt der Auslandsdeutschen gewiesen wird. Gewiß, die Berichte sind von vornherein — es ist dies ausdrücklich zum Ausdruck gekommen — abgestellt auf die Lage der Deutschen Bundesrepublik. Aber es mag vielleicht hier ein Übergreifen auf die Lage in solchen Staaten erlaubt sein, in denen sich deutsche Minderheiten befinden. Die Verfassungen unserer Zeit bekennen sich gleichzeitig zu mehreren Baugesetzen, sogenannten regulativen Prinzipien, sei es nun ausdrücklich oder durch die Einrichtung von Rechtsinstituten, wie etwa des gleichen freien Wahlrechts, der Volksabstimmung, des Plebiszits, des Rechtsstaats und des Gesetzesstaats und dessen rechtlichen Sicherungen, im besonderen ferner zum Liberalismus durch Vorschriften über die Gestaltung der Freiheit, zum Demokratismus durch die Gestaltung der Gleichheit, zum Konservatismus durch Sicherungen einer starken Staatsführung — denken wir an die nordamerikanische Präsidentschaftsrepublik, an das Frankreich de Gaulles — zum Sozialismus in den sogenannten Sozialisierungsbestimmungen. Sie lassen aber im großen Bereich der einfachen Gesetzgebung Spielraum über die Nutzanwendung, im besonderen über die Dosierung dieser Baugesetze. Die Mehrzahl dieser Baugesetze ist bekanntlich eine Folge der heutigen Spaltung der Kulturvölker in eine Mehrzahl von Weltanschauungen, religiösen Bekenntnissen, und nicht zuletzt eine Folge der politischen Parteien. Es besteht also im Staatsleben bereits auf der Verfassungsstufe nicht Stileinheit oder Stilreinheit, sondern ein Stilgemengsel, so wie uns ja auch ein Stilgemengsel in der Architektur selbst am selben Gebäude geläufig ist. Gerade dieser Vergleich mit der Architektur mag diese komplizierte Einrichtung der heutigen Verfassungen der Kulturvölker besonders begreiflich machen. Diese Tatsache ist bei demokratischer Rechtsschöpfung die unvermeidliche Folge der bekenntnismäßigen Spaltung des Staatsvolkes, die nun freilich die vielseitigen Referate uns nicht etwa in Erinnerung gebracht haben; sie haben darüber hinaus uns auch keine Anhaltspunkte für die im Sinne der fraglichen Verfassungen gegebene notwendige erforderliche richtige Wahl und die Dosierung dieser politischen Baustile dargeboten. Es steht im Sinne der willens-juristischen historischen Auslegung fest, daß eine Gruppe des Staatsvolkes möglichste Freiheit, eine andere Gruppe möglichste Gleichheit wünscht und, eigentümlich für den gemischtnationalen Staat, daß das herrschende Volk die möglichste Freiheit, das beherrschte Volk, jedenfalls das in einer Minderheit, insbesondere in einer dauernden hoffnungslosen Minderheit befindliche Volk die möglichste Gleichheit wünscht. Die beiden Wünsche sind innerhalb gewisser Grenzen praktisch vereinbar, darüber hinaus aber unvereinbar.

Die Minderheit z. B. erstrebt eine Gleichheit in der Verwendung der staatlichen Mittel, in der Errichtung von Schulen, der Zulassung zu Berufen usw. Die Mehrheit hingegen wird bestrebt sein, ihre Auffassung von der Verfassung als die allein maßgebliche zu erklären. Würde man ihrer Ausdeutung folgen, so würde sich eine Verschiebung der Lage zugunsten der Minorität ergeben. Geschichtliche Anwendungsfälle dieser Entwicklung sind bekannt. Ich brauche sie in diesem Kreise nicht zu nennen. Es ist das eben eine Folge dieser völligen Ungeklärtheit des Begriffes des suum cuique. Die Mehrheit versteht unter dem ihr gebührenden Seinen gerade das Gegenteil dessen, was die Minderheit für sich in Anspruch nimmt. So erklärt es sich auch, daß auf dem Wege einer juristisch nachgewiesenen richtigen, unanfechtbaren, behauptetermaßen unanfechtbaren, Auslegung der Verfassung eine vollständige Verschiebung der Interessenlage und der Machtlage zwischen dem Mehrheitsvolk und dem Minderheitsvolk eintritt.

Ule: Der Herr Vorsitzende hat dazu aufgerufen, die überlieferten Auslegungsmethoden zu verteidigen. Ich persönlich sehe mich dazu leider nicht in der Lage, weil nach meiner Auffassung der Vorzug der beiden Referate gerade darin liegt, daß sie die Ausweglosigkeit des früheren Standpunktes deutlich gemacht haben, mit Hilfe einer dieser Methoden zu einem rechtlich verbindlichen Ergebnis zu gelangen. Das hat nicht nur Herr Schneider sehr eingehend dargelegt; der gleiche Gedanke findet sich auch in dem Referat von Herrn Ehmke. Wenn Sie etwa seinen Leitsatz unter I 2 d) lesen, dann steht dort: „Von hier aus gesehen erscheinen unsere diversen herkömmlichen ‚Auslegungsmethoden' als verabsolutierte partielle Interpretationsgesichtspunkte". Diesen Leitsatz kann ich ganz unterschreiben. In der Tat hat es sich gezeigt, daß es unmöglich ist, überzeugend darzutun, daß das Suchen nach dem „Willen" des historischen Gesetzgebers oder nach dem objektiven Sinn einer Norm die Verbindlichkeit eines bestimmten Ergebnisses evident machen kann, und mir scheint, daß sich damit beide Referate sehr eindeutig auf einen Standpunkt gestellt haben, der sowohl in der Interpretationstheorie überhaupt als auch in der Interpretationstheorie im öffentlichen Recht seit geraumer Zeit anerkannt worden ist. Das schließt nicht aus, daß alle diese Wege verfolgt werden müssen, wenn man die rechtlich verbindliche Bedeutung einer Bestimmung ermitteln will. Aber zum eigentlichen Interpretationsproblem kommt es nur dann, wenn jeder dieser verschiedenen Wege zu einem anderen Ergebnis führt. Wenn wir also bei der Frage nach dem „Willen“ des historischen Gesetzgebers zu einem anderen Ergebnis gelangen, als wenn wir mit Hilfe logischer, systematischer Überlegungen die Norm als solche zu uns sprechen lassen, so müssen wir uns fragen, nach welchen Gesichtspunkten man denn nun einer dieser Möglichkeiten den Vorzug zu geben hat.

Herrn Schneiders Referat — wenn ich es richtig verstanden habe — läuft darauf hinaus, dieses Nebeneinander der verschiedenen Auslegungswege zu überwinden, und ich glaube, daß das in der Tat die Richtung ist, die man hier einschlagen muß. Ob man sie nicht noch ein Stück weiter verfolgen sollte, als Herr Schneider das hier angedeutet hat, möchte ich jedenfalls als Frage einmal aufwerfen. Das Thema heißt ja: Prinzipien der Verfassungsauslegung. Aber Herrn Schneiders Leitsätze enden in Prinzipien der Interpretation einer rechtsstaatlich-demokratischen Verfassung, und man müßte doch wohl zu einem Prinzip gelangen, das ganz allgemein für die Interpretation von Verfassungen brauchbar ist. Ich könnte mir denken, daß hier durchaus noch ein Fortschreiten auf dem von ihm eingeschlagenen Wege möglich ist, wobei ich auch an die Untersuchungen von Theodor Viehweg erinnere, der zwei Grundprinzipien solcher Lösungsmöglichkeiten angedeutet hat. Damit möchte ich im Augenblick meine Ausführungen beenden, weil ich ja nur auf Ihre Frage, Herr Scheuner, die Antwort gebe wollte, daß ich mich persönlich nicht zum Verteidiger einer der überlieferten Auslegungsmethoden machen kann.

Drath: Ich will nicht sprechen, um die Judikatur des Bundesverfassungsgerichts zu verteidigen, wo gerade kritische Besinnung angeregt werden soll, die immer not tut. Jedoch glaube ich, daß manche Kritik auf Mißverständnissen beruht. Ich möchte zu einem grundsätzlichen Mißverständnis sprechen:

Die Forderung nach einer Verfassungstheorie, die Voraussetzung jeder sinnvollen Verfassungsauslegung ist, ist kein neues Petitum, sondern greift nur das alte Problem teleologischer Auslegung wieder auf, das allerdings bei einer Verfassung ganz besonders liegt; denn hier muß eine Fülle von Normen, die das Ganze des Verfassungslebens doch nur stellenweise ergreifen, zu einem geschlossenen Verfassungss y s t e m integriert werden. Dieses Verfassungssystem unseres Staates darzustellen, ist die Aufgabe der Verfassungstheorie. Das ist nicht primär Normenauslegung, sondern Darstellung des politischen und gesellschaftlichen Lebens unter dieser Verfassung, seiner Möglichkeit und seiner — selbstverständlich immer nur relativen — Wohlgeordnetheit. Hätten wir eine solche Verfassungstheorie, könnte jede Interpretation einer einzelnen Verfassungsnorm ein Mosaikstein sein, der zugleich das Gesamtbild auffüllt.

Die Entwicklung solcher Theorie ist aber nicht Sache der verfassungsgerichtlichen Auslegung des Grundgesetzes, sondern ist eine wissenschaftliche Aufgabe; das Verfassungsgericht kann hier höchstens eine Ersatzfunktion ausüben, weil die Wissenschaft diese Aufgabe nicht gelöst hat. Ich verkenne nicht, daß außer der Wissenschaft auch die richterliche Praxis und im Grunde auch der Gesetzgeber hieran beteiligt sind, weil auch dieser sich nicht nur an die Verfassung halten, sondern ihr zur Ausformung verhelfen soll. Die Verfassungstheorie dieses konkreten Staates müßte das Telos beschreiben, auf das hin die Verfassungsnormen teleologisch zu interpretieren sind. Dieses Telos ergibt ein wichtiges Kriterium für die Richtigkeit von Verfassungsinterpretation und verfassungsgerichtlicher Entscheidung, nicht aber schon ein consensus; dieser könnte es doch nur dann, wenn er an einem objektiven Maße ausgerichtet wäre; er kann ja auch zufällig sein, und ich will gerade aus Herrn Ehmkes eigenen Beispielen einen Fall herausgreifen, in dem das Bundesverfassungsgericht — vielleicht fälschlich — einen wissenschaftlichen consensus zu Grunde gelegt hat, der theoretisch nicht gerechtfertigt ist, das Gericht aber zu einer Argumentation geführt hat, die problematisch ist. Ich meine den Verlust der Abgeordnetenmandate bei Parteiverbot und also das Verhältnis von Art. 21 zu Art. 38 GG. Hier hat das Bundesverfassungsgericht zu Art. 38 die liberale Repräsentationslehre zu Grunde gelegt. Ich frage nicht, ob es zu einem richtigen Ergebnis gekommen ist; wohl aber meine ich, daß seine Argumentation nicht überzeugt. Die crux bestand darin, daß wir Verfassungstheorie zwar zum alten repräsentativen Mandat, aber nicht zum modernen Mandat in unserer grundgesetzlichen Verfassung besaßen. Es ist ein Irrtum, wenn man annehmen wollte, daß der juristische Positivismus etwa zur Bismarck'schen Verfassung keine Verfassungstheorie gehabt hätte; hierüber sollten wir uns seit Triepel keine Illusionen machen. Leider muß aber das Bundesverfassungsgericht bei jeder Entscheidung Stück für Stück einen Teil solcher Verfassungstheorie sich selbst erarbeiten.

Neu ist also nicht die Forderung nach Orientierung an einer solchen Theorie; sie hat nur im Bundesverfassungsgericht heute einen neuen, aber falschen Adressaten. An diesen braucht die Forderung gar nicht gerichtet zu werden, weil sie ihm in seiner Praxis jeden Tag von neuem klar wird. Ihm fehlt nur ständig die Möglichkeit zu solcher Orientierung, weil jene Verfassungstheorie nicht vorhanden ist. Nicht das Problem ist neu, und nicht die Forderung ist neu. Neu ist sozusagen die Aufgabe; aber auch diese nur, weil sie noch ungelöst ist.

P. Schneider: Zu den ersten beiden Voten darf ich mich wie folgt äußern:

Herr Ule verlangt eine allgemeine Interpretationstheorie, die sich auch in nichtrechtsstaatlichen Verhältnissen zu bewähren hätte. Weder Herr Ehmke noch ich haben in diesem Sinne eine allgemeine Theorie der Verfassungsauslegung entwickelt.

Ich habe vor allem darauf hingewiesen, daß Interpretation im Felde des Marxismus etwas ganz anderes bedeutet als im Bereiche der westlichen Rechtsstaatlichkeit. Dabei stütze ich mich auf die fruchtbare Analyse Theodor Viehwegs, welche den Gegensatz zwischen der Interpretation, die sich an einer Rechtsgrundsatz-Dogmatik orientiert, und einer solchen, welche das Recht in den Gesamtablauf der Geschichte eingeordnet sieht, herausarbeitet. Ich habe ferner darauf hingewiesen, daß im Geltungsbereich der marxistisch orientierten Rechtsauffassung die gesamte Interpretationsproblematik letztlich bedeutungslos werde, weil die entscheidungsbefugte Instanz von vornherein den Anspruch erhebe, die eigene Entscheidung zu interpretieren.

Herr Drath hat für die Interpretation der rechtsstaatlichen Verfassung das Harmonisierungsprinzip als oberstes Leitprinzip charakterisiert. Ich teile seine Auffassung und bin überdies der Ansicht, daß dieses Prinzip eng mit der Konzeption verbunden ist, welche die Interpretation als dialektischen Denkvorgang faßt. Eine Frage allerdings wurde mir durch die Ausführungen Herrn Draths aufgedrängt: Wird der gemeinsame Diskussionshorizont, innerhalb dessen die rechtsstaatliche Verfassung begriffen und die Auslegung im Sinne der Dialektik als verantworteter Vorgang verstanden werden kann, nicht durch die Meinung aufgelöst, das Interpretationsziel sei das „zweckmäßige" Ergebnis? Faßte man das „zweckmäßige" Ergebnis und damit die richtige Lösung der Interpretationsaufgabe im Sinne einer Lösung, die den Beteiligten am wenigsten wehtut, dann freilich hätte man sich einem außerordentlich fragwürdigen Interpretationsprinzip verschrieben. Auch der Begriff des „zweckmäßigen" Ergebnisses ist von der — wie Herr Drath es formuliert — vor- und aufgegeben, in der Verfassung konkretisierten freiheitlichen Grundnorm aus zu bestimmen.

Scheuner: Hier steckt die Problematik darin, daß die Topoi, von denen Sie, Herr Schneider, und auch Herr Ehmke gesprochen haben, sich wohl aus einer konkreten Sachlage entwickeln lassen, aber auch allgemeine Prinzipien darstellen, während man das Telos der besten Lösung des Einzelfalles nur konkret gewinnen kann.

Drath: Das Telos, um das es hier geht, ergibt sich nicht aus einer Zweckmäßigkeit, auch nicht aus dem, was am leichtesten im politischen Leben rezipiert werden würde. Beides wird praktisch widerlegt durch die wahrscheinlich als „weise" gedachte Entscheidung des Staatsgerichtshofes für das Deutsche Reich im Herbst 1932 zum Preußen-Konflikt. Es handelt sich vielmehr um einen Entwurf normativen Charakters; er soll Orientierungsmittel für die Verfassungsauslegung im einzelnen sein. Aber dieser Entwurf ist selbst nicht frei konstruiert, sondern beruht u. a. auf allem, was die Normen der Verfassung und ihre Prämissen — auch wenn sie ungeschrieben sind — ergeben. Es handelt sich um das Bild einer auf den Prämissen und einzelnen Normen unserer Verfassung beruhenden Demokratie im Funktionieren, und zwar nicht nur im Funktionieren zwischen den Verfassungsorganen, sondern auch im Verhältnis zu unserer Gesellschaft von heute. Erst wenn ein solcher Entwurf vorhanden ist, besitzen wir eine wichtige Voraussetzung dafür, daß jede Verfassungsauslegung im einzelnen eine wirkliche Entfaltung des gegebenen Verfassungssystems ist.

Ehmke: Wenn Sie Telos in dem weiten Sinne fassen — so hat es ja auch Triepel in „Staatsrecht und Politik" verstanden —, dann heißt es eben doch, ein verfassungstheoretisches Vorverständnis zu begründen. Dann geht es darum, einen Konsens über die wesentlichen Fragen zu erringen. Das ist dann eigentlich — wenn das Telos so weit gefaßt wird — mehr eine terminologische Frage, in der wir sachlich nicht sehr auseinandergehen würden.

Drath: Wir gehen wahrscheinlich keineswegs auseinander, sondern müssen uns nur präzise klarmachen, wovon wir reden. Ich möchte deshalb fragen, Herr Kollege Ehmke: Ihrem Vortrag liegt eine prinzipielle Basis zu Grunde, von der aus Sie argumentieren; und auch das Bundesverfassungsgericht muß vor der Kritik an den grundsätzlichen Prämissen seiner Verfassungsinterpretation bestehen. Aber eine Diskussion wird erst fruchtbar, wenn die Partner sich nicht an Einzelheiten festbeißen, sondern ihre methodischen und inhaltlichen Voraussetzungen klarstellen. Das gilt auch von der Verfassungstheorie; denn sie ist bei uns nicht in langer, vielleicht jahrhundertealter Tradition gewachsen. Das Problem eines consensus über ihren Inhalt ist so lange sekundär, als sie überhaupt noch keinen Inhalt hat.

P. Schneider: Zwischen der verschiedentlich geäußerten Auffassung und der in unseren Referaten vertretenen Ansicht besteht tatsächlich in einem wesentlichen Punkte Übereinstimmung: Weder Herr Ehmke noch ich haben über die hergebrachten Auslegungstheorien das Urteil gesprochen. Wir haben lediglich versucht, in verschiedener Weise den Ort zu bestimmen, von dem aus sie eingesetzt werden können und von dem aus ihr gegenseitiges Verhältnis ausgemittelt werden kann. Mir war es darum zu tun, aus der Verknüpfung der freiheitlichen Grundnorm mit dem Sicherheitspostulat den Primat der objektiven, am objektivierten Willen des Verfassungsgebers einsetzenden Methode zu erhellen. Im übrigen aber haben wir, so glaube ich, beide dem Zeitfaktor, wie er in der alten historischen Theorie unter verschiedenen Gesichtspunkten: subjektiv-historisch, objektiv-historisch, in Erscheinung tritt, und dem geltungszeitlichen Gesichtspunkt Rechnung zu tragen versucht.

Pfeifer: Ich möchte etwas zugunsten der traditionellen Auffassungen vorbringen: In Österreich haben wir einen allgemeinen Auslegungsgrundsatz im Bürgerlichen Gesetzbuch festgelegt, das bekanntlich aus dem Jahre 1811 stammt und dessen § 6 besagt: „Einem Gesetz darf in der Anwendung kein anderer Verstand beigelegt werden, als welcher aus der eigentümlichen Bedeutung der Worte in ihrem Zusammenhange und aus der klaren Absicht des Gesetzgebers hervorleuchtet.“ Wissenschaft und Rechtsprechung haben diese allgemeine Auslegungsregel des ABGB im Sinne der objektiv-teleologischen Interpretation ausgelegt.

Auch der Verfassungsgerichtshof erkennt diese Auslegungsregel an. Die im Wortlaut der Verfassung aufscheinenden Begriffe müsesn nach seiner Rechtsprechung in der Bedeutung verstanden werden, die ihnen zur Zeit der Schaffung des Verfassungstextes allgemein in Österreich zukam. Somit kann man für Österreich die Herrschaft einer objektiv-teleologischen und entstehungszeitlichen Auslegung feststellen. Leitende Grundsätze der Verfassung sind zu ihrer Auslegung heranzuziehen. Hierfür ein Beispiel: Nach Art. 50 B-VG. bedürfen politische Staatsverträge, andere nur, sofern sie gesetzändernden Inhalt haben, zu ihrer Gültigkeit der Genehmigung durch den Nationalrat. Der Begriff „gesetzändernder Inhalt“ ist nicht näher definiert, gewinnt aber seinen Sinn daraus, daß einem demokratischen Staate Gesetze nur von der Volksvertretung (und dem Volke) beschlossen werden dürfen [Art. 1, 24 u. 44 (2) B-VG.].

Daher muß der Begriff dieser genehmigungspflichtigen gesetzändernden Verträge weit ausgelegt werden und sich auf alle Verträge beziehen, die Gegenstände regeln, zu deren innerstaatlicher Regelung formelle Gesetze erforderlich sind. Diese Auslegung entspricht auch der Regelung, die das Bonner Grundgesetz in Art. 59 (2) getroffen hat.

Ermacora: Es ist den Referenten nicht allein darum gegangen, neue Methoden der Interpretation zu finden, sondern auch um den richtigen Einsatz der alten Auslegungsmittel. Alle Methoden sind für das Verständnis wichtig, sie müssen zusammenwirken. Die Referate sind nicht allen hier zu berücksichtigenden Relationen nachgegangen. Man muß vor allem die Aufmerksamkeit auch auf die Struktur der Verfassung richten. Die Vorstellung, daß die Verfassung eine Einheit sei, lebt nur in der wissenschaftlichen Lehre, nicht aber in der praktischen Politik. Hier erscheint die Verfassung mehr als ein Kompromiß, hinter dem sich die unterschiedlichen politischen Ausgangspunkte nur verbergen, um alsbald wieder aufzutreten. Auch der jeweilige individuelle Charakter einer Verfassung muß bei der Auslegung bedacht werden. Im Bonner Grundgesetz ist alles sehr genau bis ins einzelne geregelt. In der Verfassung der Vereinigten Staaten ist nur ein allgemeiner Rahmen für das Funktionieren der Staatseinrichtungen gegeben. Sie ist eine Rahmenverfassung, wenn ich so sagen darf. Es gibt Verfassungen, die stärker historisch orientiert sind, andere die unter fremden Einfluß stehen. Man wird also stets auf den besonderen Fall der Verfassung abstellen müssen. Die Struktur des Interpretationsgegenstandes kann nicht ohne Einfluß auf die zu wählende Auslegungsmethode bleiben, wie umgekehrt die jeweilige Vorstellung der Gesellschaftsordnung die Interpretationsmethode beeinflußt. Ein Beispiel mag der österreichischen Rechtsüberlieferung entnommen werden. Die Grundrechte der österreichischen Verfassung von 1867 gehen auf die Urkunde der Frankfurter Nationalversammlung von 1848 und auf die belgische Verfassung von 1831 zurück. Daran hat sich die Interpretation auch stets gehalten. Oder man denke an die Wandlung, die sich in der Verfassungsinterpretation der Artikel zum Schutze des Eigentums ergeben haben. Historisch waren diese Artikel im liberalen Sinne zu verstehen. Heute in moderner Auffassung werden sie im Rahmen eines sozialen Rechtsstaates interpretiert.

Scheuner: Man darf es als einen Gewinn der Referate ansehen, daß sie den Weg gewiesen haben, um Normen, vor allem solche aus älterer Zeit, an die fortschreitende Entwicklung anzupassen. Wenn man vom Verfassungswandel spricht, so mag dabei in erster Linie an gewohnheitsrechtliche Veränderungen und an allmähliche aus der Staatspraxis entstehende Angleichungen und Fortbildungen der Verfassung gedacht sein. Aber auch die Interpretation der Verfassung, wie sie sowohl von Verfassungsorganen wie Gerichten vorgenommen wird, hat ihren Beitrag hierzu zu leisten. Was die beiden Referenten im Auge haben, ist im Ergebnis eine Überwindung rein historisch ausgerichteter Auslegung, eine Hinführung des einmal normativ begründeten Rechtssatzes an die Gegenwart und ihre staatlichen und wirtschaftlichen Bedingungen. Es wird dabei nicht eine historische Sinngebung, sondern eine aus dem Wortlaut und Gehalt der Norm zu erschließende und stets der Aktualisierung und Verlebendigung bedürftige objektive Inhaltsbestimmung zugrunde gelegt.

Ich darf eine Frage an die Referenten stellen; namentlich an Herrn Schneider: Mir kommen Zweifel, ob das Gebot an den Verfassungsgeber, abgeleitet aus dem Naturrecht, gerechte Normen zu schaffen wirklich justiziabel ist. Das Bundesverfassungsgericht hat eine solche Kompetenz zwar theoretisch in Anspruch genommen. Aber man wird darauf hinweisen müssen, daß es jedenfalls nicht möglich ist, ihm für die Feststellung des Naturrechts eine verbindliche oder monopolistische Stellung einzuräumen. Naturrechtliche Regeln — will man sie anerkennen —, gelten überall, zu jeder Zeit und für jedermann. Der einzelne Richter muß sich auf sie unmittelbar berufen können, und kann dabei unmöglich — zumal man ihm hinterher aus einer solchen Haltung Vorwürfe machen kann — sich an eine Entscheidung anderer Stellen, auch nicht des Verfassungsgerichts, binden. Im allgemeinen aber dürften sich die Konfliktsfälle Naturrecht-Verfassungsgesetz auf seltene Ausnahmen beschränken. Anrufung des überpositiven Rechts ist ein letzter Notbehelf, nicht die Verwendung eines Alltagsmaßstabs.

Merk: Für die Auslegung der Verfassung gelten m. E. keine anderen Grundsätze als bei Rechtsätzen anderer Art. Auszugehen ist nach meiner Auffassung von der sogenannten subjektiven Auslegungsweise. Der Gesetzgeber will mit seiner Regelung in Verfassung oder Gesetz bestimmte Zwecke verfolgen, römisch-rechtlich gesprochen: „ita ius esto“, insbesondere gegenüber verschiedenen anderen Möglichkeiten, die an sich denkbar sind. Also eine willentliche Anordnung liegt vor, und deshalb kann man von dem in der Verfassung oder im Gesetz zum Ausdruck gekommenen Willen des Gesetzgebers nicht absehen. Zunächst muß die Lösung aus dem Wortlaut der Verfassung selbst nach dessen Sinn und Zweck unter Berücksichtigung des Gesamtzusammenhangs gefunden werden, und wo sich so kein sicheres Ergebnis erzielen läßt, ist auf die gesetzgeberischen Vorarbeiten zurückzugreifen. Somit besteht ein subjektiver Ausgangspunkt. Bezeichnender Weise sagt auch die gegenständliche oder objektive Auslegungsweise nach Ziff. III 1 b, bb der Leitsätze des Herrn Schneider, auf die gesetzgeberischen Vorarbeiten dürfe man nur zurückgreifen, wenn aus Wortlaut, System und Zweck des Gesetzes keine Antwort auf die Auslegungsfrage zu ermitteln sei. Nun hat aber freilich eine Verfassung wie ein Gesetz, wenn es einmal vom Gesetzgeber durch Erlaß und Inkraftsetzung in die Außenwelt entlassen ist, eine gewisse verselbständigte und gegenständliche Bedeutung, und so kommen für die Auslegung auch gegenständliche Gesichtspunkte in Betracht, nicht anders als bei rechtsgeschäftlichen Willenserklärungen, die so aufzufassen sind, wie sie von vernünftigen, gerecht und billig denkenden Volksgenossen aufgefaßt werden dürfen; es sei auf die §§ 133, 157, 242 BGB hingewiesen. Weiter können in der Verfassung gewisse allgemeine Hauptgrundsätze festgelegt sein, die als Maßstäbe für die Auslegung im einzelnen dienen können. Ich denke beim GG an die Grundsätze der Volksherrschaft und des sozialen Rechtsstaates einschließlich der Grundrechte. So wird man auch die Grundrechte, die aus der liberalen Zeit stammen, mit dem Gedanken des sozialen Rechtsstaates in Verbindung zu bringen haben, indem auch sie eine soziale Bezogenheit aufweisen, wie auch in der Rechtsprechung des BVerfG und des BVerwG anerkannt ist. — Eine solche Auffassung soll natürlich nicht zu einer Erstarrung der Auslegung führen gegenüber einem Fortschreiten der Verhältnisse in der Zeit, wie dies z. B. auch im SteueranpassungsG ausgesprochen ist: eine Fortentwicklung auch in der Auslegung muß anerkannt werden, soweit nichts Besonderes bestimmt ist, wie z. B. in § 2 StGB. Da die Verhältnisse nicht stille stehen, muß gegebenenfalls versucht werden, insbesondere an Hand der Wertvorstellungen des GG, zu einer weiteren Entfaltung des Sinngehalts der Verfassung und der Gesetze zu schreiten, soweit der Verfassungsgesetzgeber oder der Gesetzgeber nicht eine neue Regelung erläßt. Es können sich aber auch bei der Auslegung der Verfassung Lükken ergeben. Hier wird man bei deren Ausfüllung z. B. an die Bestimmung des Schweizerischen ZivilGB in Art. 1 denken können, wo in solchem Falle auf das Gewohnheitsrecht und das Rechtsbewußtsein des Richters verwiesen wird, der dabei bewährter Lehre und Überlieferung folgt. Diese Gesichtspunkte können auch allgemeine Bedeutung beanspruchen.

P. Schneider: Die Problematik der Verfassungsinterpretation berührt auch das Naturrechtsproblem. Das zeigt sich deutlich im Zusammenhang mit der Frage der „verfassungswidrigen Verfassungsnormen". Ich darf an die polemischen Äußerungen von Apelt und Nawiasky erinnern.

Wenn man die positivistische Position ablehnt, wonach Gehalt und Geltung der Verfassung ausschließlich auf dem Willen des Verfassungsgebers beruhen, so wird man die Vorstellung von „überpositiven", diesen Willen bindenden Normen nicht ausschließen können. Diese Vorstellung umschließt aber nicht notwendig die Ansicht, daß die überpositiven Normen ein in sich geschlossenes mit dem positiven Verfassungsrecht konkurrierendes Normensystem darstellen, mit Hilfe dessen die eigenständige Geltung des positiven Verfassungsrechtes zerstört werden könne. Im Normalfall ist vielmehr von einer Übereinstimmung von überpositivem und positivem Recht auszugehen. Der Grenzfall ist indessen denkbar, in welchem das, was der Verfassungsgeber will, in Diskrepanz zu dem steht, was er soll. Dieser Grenzfall tritt dann ein, wenn die freiheitliche Grundnorm im Sinne des Postulates der praktischen Vernunft in Frage gestellt ist.

Die Herren Pfeifer und Ermacora haben die Frage aufgeworfen, wie man auf der Ebene der Verfassungsinterpretation angesichts heterogener, einander widersprechender Verfassungssätze zu Lösungen gelangen könne.

Wenn es sich um echte Widersprüche, um Antinomien handelt, ist eine Lösung nicht denkbar. Vor allem wird in einem solchen Fall der Rückgriff auf den „historischen Willen" des Verfassungsgebers nicht helfen. Ein echter Widerspruch im objektivierten Willen des Verfassungsgebers verweist auf Interessen- und Ideengegensätze, mit denen der historische Gesetzgeber nicht fertig zu werden vermochte.

Außerordentlich vorsichtig wird man indessen vorzugehen haben, wenn es die Frage zu beantworten gilt, ob überhaupt ein echter Widerspruch gegeben sei. In der Regel dürfte dies nicht der Fall sein, in der Regel dürfte es sich um ein Spannungsverhältnis zwischen Verfassungsprinzipien gleichen oder verschiedenen Ranges handeln, das in concreto aufgelöst werden kann. So herrscht m. E. zwischen Art. 21 und Art. 38 GG kein echter Widerspruch, sondern ein je auflösbares Spannungsverhältnis. Das gleiche gilt für das im sozialen Rechtsstaat charakteristische Verhältnis zwischen individueller Freiheit und sozialer Sicherheit. Zu Lösungen dürfte wohl am besten eine Betrachtungsweise führen, welche von vornherein davon Abstand nimmt,

Prinzipien eindimensional aufzufassen und dann gegeneinander auszuspielen, eine Betrachtungsweise, welche darauf angelegt ist, die dialektische Verbindung der Prinzipien zu erhellen.

Dürig: Wenn man gleichzeitig Professor und Richter ist, fühlt man sich bei Fragen der Interpretationsmethoden oft etwas gespalten. Als Professor strebt man natürlich nach allgemeingültigen Lösungen, man übersieht jedoch dabei oft, daß der Richter primär eine gerechte Einzelfallentscheidung finden muß. Als das Reichsgericht etwa den „Badewannenfall" entschied, hat es mit Gewißheit nicht Methodenprobleme gewälzt. Der konkrete Fall mußte vernünftig entschieden werden, ohne Rücksicht darauf, wie man später aus diesem Fall abstrakte Regeln entwickeln würde. Das bedeutet keine Bankrotterklärung der Methodenwissenschaft. Ich wollte nur daran erinnern, daß wir bei der Methodenkritik an Gerichtsurteilen nicht den konkreten zur Entscheidung stehenden Fall des Lebens übersehen dürfen. Das kann in der Tat zu einem „Changieren" in der Methode führen und ich glaube, daß gerade die Verfassungsgerichtsbarkeit hiervon besonders betroffen sein muß. Etwa fragt der Zivilrichter in der Regel nicht nach Vollstreckbarkeit und Folgen seines Spruches, z. B. nach der Leistungsfähigkeit des Schuldners. Der Verfassungsrichter kommt m. E. ohne diesen ständigen Blick auf die Folgen seines Spruches nicht aus. Beispielsweise wäre es sicher eine Fehlentscheidung über den Enteignungsbegriff, wenn er den finanziellen Staatsruin bewirken würde. Umgekehrt kann sich für den Verfassungsrichter die so verpönte historische Interpretation geradezu aufdrängen, wenn es etwa gilt, ein gezieltes Einzelpersongesetz zu erkennen.

Lieber Herr Ehmke, noch ein Wort zur Wertinterpretation. Sie haben im Referat ein geschlossenes Wertsystem geleugnet. Wir werden literarisch noch die Klingen kreuzen. Hier nur soviel: Selbst wenn es wahr sein sollte, daß man sich in unserer modernen Massengesellschaft nicht positiv auf Werte einigen kann, so steht doch fest, daß wir alle miteinander ziemlich genau wissen, wie eine Rechtsordnung, gemessen an Werten nicht aussehen darf. Blickt man in unsere Vergangenheit und nach drüben, dann ist es einfach nicht wahr, daß jetzt mit einer Wertinterpretation alles relativ und subjektivistisch wird. Ich meine, daß das BVerfG seinen Weg zur Aufstellung eines positiven Wertkatechismus ruhig fortsetzen sollte. Die kommende Generation wird ihm dafür dankbar sein.

Ehmke: Eine Verfassungstheorie hat zur Aufgabe, kontrollierbare Interpretationsergebnisse zu ermöglichen. Das gilt auch insoweit, als die Verfassung eine Wertordnung verkörpert.

Man darf z. B. nicht aus dem Ganzen der Verfassungsordnung bestimmte Werte isolieren und — nach dem aus der späten Naturrechtslehre übernommenen positivistischen Idealbild eines geschlossenen Systems — zu einem lückenlosen Wertsystem plattwalzen. Lieber Herr Dürig, Sie wollen z. B. aus Art. 2 GG die Folgerung ableiten, daß die Bundeswehr mit Atomwaffen ausgerüstet werden müsse, da man den Soldaten nicht einem weit überlegen bewaffneten Gegner gegenüberstellen dürfe. Ist eine solche Interpretation methodisch noch irgendwie gesichert? Oder kann man mit Ihnen aus Art. 2 GG wirklich die „Aufforderung" herauslesen, öffentliche Unternehmen zu privatisieren? Hier werden m. E. die Grenzen kontrollierbarer Interpretation überschritten.

Hans Huber: Für die Auslegung einer Verfassung gelten nicht die gleichen Methoden, insbesondere nicht die privatrechtlichen, z. T. in der Pandektistik gewonnenen Regeln. Eine Verfassung ist keine Kodifikation. Man kann viele Regeln des normalen Interpretationsverfahrens nicht einfach auf die Verfassung übertragen. So etwa die Regel, daß Ausnahmebestimmungen restriktiv zu interpretieren seien. Dieser Satz ist an sich schon problematisch und gilt für das Privatrecht nur eingeschränkt, wie Herr Larenz in seiner Methodenlehre jüngst wieder dargelegt hat. Es hat überhaupt seine Bedenken, ganz allgemeine Interpretationsregeln im Verfassungsrecht zur Anwendung zu bringen. Das würde ich auch glauben von dem Satz: In dubio pro libertate. Es mag gefragt sein, ob nicht auch einmal eine begrenzte Auslegung (Konkretisierung) eines Grundrechts auf die Länge der Zeit ihm wirksameren Gehalt verleiht als die Verwendung der Vermutung „pro libertate". Auch die Verwendung der Begriffe intra et praeter constutionem sind nicht unbedenkliche Bilder angesichts der Verwobenheit aller Verfassungsnormen mit den tragenden Verfassungsgrundsätzen. Überhaupt liegt eine gewisse Gefahr in der Verwendung räumlicher Bilder und Vorstellungen.

Die Bindung an das Wort ist im Verfassungsrecht geringer als im Privatrecht. So ist das Bundesgericht in der Schweiz mit Recht über die Worte „alle Schweizer" im Gleichheitsgebot hinweggeschritten und hat das Gebot auf alle der Rechtsordnung Unterstehenden, also auch die Ausländer, ausgedehnt. Ähnliches gilt von der Eigentumsgarantie, die in der Verfassung der Eidgenossenschaft fehlt, jedoch heute durch das Bundesgericht als ungeschriebenes Recht anerkannt ist. Das Bundesgericht behandelt indes als „Eigentum" im Sinne der Garantie alle vermögenswerten Privatrechte und daneben öffentliche Berechtigungen, die ihnen ähnlich sind, wie Rechte der Beamten und Rechte der Konzessionäre. Eine verfassungsrechtliche Auslegung kann nicht die Begriffe in ihrer engeren „technischen" Bedeutung wie zumeist im sonstigen Recht einfach übernehmen. So streitet man etwa um den Begriff Kompetenzkonflikt als bundesstaatliche Organstreitigkeit. Aber ist dieser Begriff in einem Bundesstaat überhaupt angebracht zur Bezeichnung des Streitgegenstandes? Entstammt er nicht dem Problem der Abgrenzung von Rechtsweg und Verwaltungsweg? Beruht er nicht auf der irrigen Vorstellung, daß auch in einer Streitigkeit zwischen Bund und Ländern stets ausgefochten werde, welchem Teil ein- und dieselbe Zuständigkeit zukomme? In Wahrheit handelt es sich um die Abgrenzung von Aufgabenbereichen; ein Land bestreitet nicht, daß der Bund eine bestimmte Zuständigkeit habe, aber es ficht die Art und Weise an, wie diese Zuständigkeit von der Seinigen in einer andern Materie abzuheben sei. Die Bindung des Verfassungsgerichts an das Wort „Kompetenzflikt" und seinen von anderswo kommenden Vorstellungsgehalt darf also wohl in Österreich und in der Schweiz nicht streng sein (In der Bundesrepublik hat Art. 93 GG für diese bundesstaatsrechtlichen Streitigkeiten mit Recht, wie schon die Weimarer RV, nicht den Begriff des Kompetenzkonfliktes zwischen Bund und Ländern gebraucht). Man muß sich also in die Rolle des Verfassungsgesetzgebers versetzen und namentlich auch auf das Rechtsschutzbedürfnis und auf die allgemeine Ausgestaltung von Bundesstaat und Verfassungsgerichtsbarkeit achten.

Leibholz: Die Thesen, die von den Referenten anhand eines umfangreichen Materials vor uns entfaltet worden sind, dürften kaum methodisch geeignet sein, der Verfassungsrechtsprechung neue Wege zu weisen.

1. Mit großem Recht ist zwar von Herrn Ehmke hervorgehoben worden, daß die Verfassungsrechtsprechung, wenn sie ihre Funktionen sachgerecht erfüllen soll, einer materialen Verfassungstheorie bedarf. Tatsächlich setzen viele Grundsatzentscheidungen des Bundesverfassungsgerichts, wenn man sie recht verstehen will, ein verfassungstheoretisches Vorverständnis voraus. Wenn es aber dann z. B. in dem uns von Herrn Ehmke zu III 2 vorgelegten Leitsatz heißt, daß darüber, welches verfassungstheoretische Vorverständnis ‚richtig' ist, der „verfassungsrechtliche Konsens aller Vernünftig- und Gerecht-Denkenden" entscheidet, so wird der fruchtbare Ansatzpunkt vom Referenten selbst verlassen. Denn das verfassungstheoretische Vorverständnis kann nicht mit

dem verfassungsrechtlichen Konsens identifiziert werden. — Aber selbst wenn man diesen offenbaren Irrtum berichtigt, kann die „Richtigkeit" einer Verfassungstheorie und damit des verfassungstheoretischen Vorverständnisses auch nicht von dem Konsens aller „vernünftig und gerecht Denkenden" abhängig gemacht werden, ohne daß man unwillkürlich in einen nun nicht mehr zeitgemäßen, letzthin positivistischen Psychologismus zurückfällt. Der Konsens aller „vernünftig und gerecht Denkenden" setzt das Vorhandensein eines objektiven Maßstabes, dessen Existenz nach den in diesem Jahrhundert gemachten Erfahrungen zumindestens nicht ohne weiteres als gesichert betrachtet werden kann, voraus. Der Konsens aller „vernünftig und gerecht Denkenden" liefert bestenfalls ein Indiz für die Richtigkeit und Vernünftigkeit einer Verfassungstheorie; er ist aber nicht geeignet, als zuverlässiger Maßstab für die Richtigkeit des verfassungstheoretischen Vorverständnisses zu dienen.

2. Was die „Political Questions" Doktrin angeht, so nimmt der amerikanische Supreme Court zu dieser Doktrin Zuflucht, um gelegentlich einer Entscheidung auszuweichen. Diese Theorie leidet darunter, daß sie nicht klar zwischen einer politischen Rechtsstreitigkeit und einer politischen Streitigkeit unterscheidet, die zu entscheiden nicht Sache eines Gerichts sein kann. Im Gegensatz zu einer solchen politischen Streitigkeit ist eine politische Rechtsstreitigkeit eine solche, die anhand einer mit Hilfe der üblichen Interpretationsmethoden inhaltlich näher bestimmbaren Norm rechtlich entschieden werden kann. Ob ein solcher politischer Rechtsstreit im einzelnen politische oder gar hochpolitische Wirkungen hat, ist nicht von Belang, da auch eine hochpolitische Frage dadurch, daß sie an einer justiziablen Norm meßbar ist, zu einer Rechtsfrage wird und damit zum Gegenstand rechtlicher Beurteilung werden kann.
3. Gewiß ist das Bundesverfassungsgericht in besonderem Maße aufgerufen, an der Fortentwicklung des Verfassungsrechts mitzuwirken. Dieser Aufgabe ist sich das Gericht auch durchaus bewußt. Wenn aus dieser Funktion der Verfassungsrechtsprechung aber gefolgert worden ist, daß „eine statisch deduktive Auffassung der Rechtsprechung in besonderem Maße unrichtig ist", so beruht dieser Schluß auf der irrigen Annahme, als ob das geschriebene Verfassungsrecht selbst etwas ein für alle Mal statisch Fixiertes wäre. Das Gegenteil ist aber der Fall. Das Verfassungsrecht befindet sich in einem ständigen dynamischen Entwicklungsprozeß. Die

Verfassungsgerichtsbarkeit ist in diesen kontinuierlichen Wandlungsprozeß der Verfassung eingeflochten. Daher läßt sich die Auffassung, daß das Bundesverfassungsgericht lediglich den Inhalt einer verfassungsrechtlichen Norm zu ermitteln und für die Zukunft festzulegen hat, nicht aufrechterhalten.

Im übrigen bedarf die Auffassung, daß das Bundesverfassungsgericht es an dem erforderlichen „Self-restraint" hat fehlen lassen, der Korrektur. Wenn in den letzten Jahren gelegentlich Tendenzen in der Rechtsprechung sichtbar geworden sind, die den Eindruck erweckt haben mögen, als ob es dem Gericht an der notwendigen Zurückhaltung gefehlt habe, so wird ein balanciertes Urteil auf der Grundlage der gesamten Rechtsprechung dem Gericht attestieren müssen, daß diese im ganzen gesehen sich bewußt geblieben ist, daß der „Self-restraint" das Lebenselixier seiner Rechtsprechung ist; es sei beispielsweise nur an die Rechtsprechung zum Gleichheitssatz erinnert, die bis in die jüngste Zeit hinein diese Haltung des Gerichts immer wieder erneut unter Beweis gestellt hat.

4. Was die hervorgehobene Notwendigkeit anbetrifft, die Verfassung als Einheit zu begreifen und zu interpretieren, so enthebt diese Aufgabe den Interpreten in keiner Weise, die sich aus einer richtig verstandenen materialen Verfassungstheorie ergebenden Antinomien unter Berücksichtigung ihres historischen und ideengeschichtlichen Gehalts des näheren zu analysieren und darüber hinaus zu versuchen, mit Hilfe der üblichen Interpretationsmethoden diese Antinomien soweit wie möglich zu beheben oder doch diesen jedenfalls ihre Schärfen zu nehmen.

Im übrigen kann mit diesem Interpretationsprinzip nur dann vernünftig operiert werden, wenn zuvor das Verhältnis von Verfassungsnorm und Verfassungswirklichkeit klargestellt ist. Es sei daran erinnert, daß im Wortlaut übereinstimmende Grundrechte in verschiedenen Verfassungssystemen verschieden interpretiert zu werden pflegen, weil die politische Wirklichkeit, auf die die Verfassung als Ganzes und damit auch die Grundrechte bezogen werden, jeweils eine verschiedene ist. Oder ich erinnere daran, daß heute im Gegensatz zur Weimarer Verfassung die politischen Parteien, auch wenn man von Art. 21 GG absieht, nicht mehr ausschließlich als im politisch-soziologischen, sondern auch als im verfassungsrechtlichen Raum angesiedelt betrachtet werden. Kurzum, das Postulat von der Einheit der Verfassung, das als regulatives Interpretationsprinzip von so grundlegender Bedeutung ist, setzt einen Verfassungsbegriff voraus, der die Verfassung selbst und damit das Verfassungsrecht grundsätzlich als sinn- und rechtserfüllte Wirklichkeit erscheinen läßt.

5. Was schließlich die von Herrn Kollegen Schneider herausgestellte These „in dubio pro libertate" anbetrifft, so sollte nicht vergessen werden, daß diese Interpretationsmaxime heute sich in Formen ausdrückt, die von denen des klassisch liberalen Zeitalters verschieden sind. Unser politisches Denken sollte gerade, soweit es sich um die Sicherung der freiheitlichen Komponente unserer Demokratie handelt, sich nicht immer starr an den traditionellen Kategorien der Vergangenheit orientieren, mit denen den zwangsläufig entliberalisierend wirkenden Tendenzen des modernen radikal egalitären Demokratismus nicht wirksam begegnet werden kann. Neue Formen der Sicherung der Freiheit werden in der heutigen parteienstaatlichen Demokratie benötigt; es gehört zu den vordringlichen Anliegen gerade auch der Verfassungstheorie, vorausschauend die Rechtsformen herauszustellen, mit deren Hilfe die Freiheit in unserem Jahrhundert gesichert werden kann.

Scheuner: Ich glaube, wir können nunmehr zum zweiten Diskussionspunkt übergehen.

Ipsen: Ich möchte zunächst auf die Frage der political questions zurückkommen. Über Weite und Dynamik dieses Begriffs ist nicht zu streiten. Herr Ehmke hat hierzu das Beispiel der Exportindustrie gebracht, die die auswärtige Gewalt zu Investitionen und Risiken veranlaßt hatte, um sie später durch andere Entscheidungen zu benachteiligen. Sollte eine solche Änderung der politischen Richtlinien mit Schadenswirkung für den Einzelnen wirklich willkürlich erfolgen, so sind Entschädigungsansprüche doch keineswegs a limine ausgeschlossen. Ich denke dabei an die Amtshaftung, die heute sicherlich nicht mehr — wie nach dem Reichsgesetz von 1910 — einfach deshalb entfallen kann, weil der Außenminister das Verhalten des betreffenden Beamten als außenpolitisch gerechtfertigt erklärt. Daß es Grenzen der Verfassungsinterpretation in rebus politicis gibt, ist mir nicht zweifelhaft. Es bleibt doch zu bedenken, daß das Verfassungsgericht ohne jede spätere Kontrollmöglichkeit entscheidet und selbst ohne unmittelbare demokratische Legitimation ist. Deshalb stimme ich der These II 5 c von Herrn Ehmke zu, die die Verfassungsinterpretation und -Fortbildung in erster Linie dem Gesetzgeber zuweist.

Schließlich zur Interpretationsmethode: im Apothekenurteil (und auch sonst) hat das Bundesverfassungsgericht versucht, Erwägungen des Gesetzgebers nachzuvollziehen, indem es mit nicht geringem Aufwand Sachverständige hörte. Eine solche Methode setzt die Verfügung über einen beträchtlichen Apparat voraus. Jedes Prozeßgericht kann aber im Rahmen des Art. 100 GG vor gleichen Aufgaben stehen, ohne über diesen Apparat zu verfügen. Richtig erscheint mir daher eine Methode, die von jedem Gericht gehandhabt werden kann.

Friesenhahn: Gegenüber Herrn Ehmkes verfassungsrechtlichem Vorverständnis ist zu fragen, woher dieses Vorverständnis genommen werden soll. Jedenfalls wohl nicht aus der Verfassung, die ja erst ausgelegt werden soll. Bedenken habe ich dagegen, daß Herr Ehmke uns Methoden amerikanischer Herkunft empfehlen will (z. B. in Punkt III, 4), die nicht allgemeingültig sind. Herr Ehmke möchte uns praktisch das Vorverständnis des Supreme Court aufoktroyieren, wir müssen aber doch vom Grundgesetz her entscheiden. Und was sollen wir mit dem „verfassungsrechtlichen Konsens aller Vernünftig- und Gerecht-Denkenden" anfangen? Das heißt doch wohl wie die Leute denken sollen, nicht wie sie wirklich denken? Gesetzgeber und Verfassungswille stehen sich gegenüber. Woher soll der maßgebende Konsens kommen? Wie läßt sich der Verfassungssinn ermitteln, wenn nicht mit dem herkömmlichen Methodensynkretismus? Zwar bringt jeder Verfassungsinterpret schon durch seine Persönlichkeitsstruktur eine mehr oder weniger große Affinität zu der einen oder anderen Lösung eines Problems mit, aber er wird immer mit heißem Bemühen die notwendige Distanznahme zur eigenen politischen Beurteilung anstreben und sein Normverständnis aus Geist und Willen des Normgebers zu finden versuchen.

Eine Übernahme der Doktrin der politischen Fragen ins deutsche Recht erscheint mir nicht möglich. Das Bundesverfassungsgericht muß sich am Grundgesetz orientieren, das sie nicht kennt. Im Bereich der auswärtigen Gewalt wären allerdings noch manche Fragen zu untersuchen, etwa, wieweit die Gerichte die Anerkennung einer ausländischen Regierung nachprüfen können, oder ob die Grundlinien der Politik die Gerichte binden. Die auswärtige Gewalt darf aber jedenfalls nicht willkürlich handeln.

Ehmke: Die Behandlung des Problems der „politischen Fragen" muß davon ausgehen, daß auch das Bundesverfassungsgericht den Abbruch diplomatischer Beziehungen — um bei meinem Beispiel zu bleiben — nicht nachprüfen kann. Wäre es dann nicht besser, derartige Klagen a limine abzuweisen, als sie formell zuzulassen mit dem von vornherein feststehenden Ergebnis der sachlichen Abweisung? Darf man Art. 19 Abs. 4 GG so weit auslegen, daß er eine derartige „Scheinzulassung" der Klage gebiete? In diesem Zusammenhang ist auch Forsthoffs Unterscheidung von Funktionsnorm und Kontrollnorm zu bedenken.

Friesenhahn: Im Ergebnis stimme ich mit diesen Gedanken überein. Doch muß die Verfassungsbestimmung des Art. 19 Abs. 4 GG beachtet werden. Man kann nicht Prinzipien einer anderen Verfassung in das Verfassungsrecht der Bundesrepublik übertragen.

Für Herrn Ehmke ist bei der Ermittlung des verfassungsrechtlichen Vorverständnisses maßgebend der Konsens der vernünftig Denkenden, die er wohl im Parlament versammelt findet. Nach seiner Meinung soll dem G e s e t z g e b e r mehr Gewalt gegeben werden. Dem kann man die andere Auffassung entgegenhalten, daß gerade dem R i c h t e r die maßgebende Entscheidung über den Inhalt der Verfassung gebühre. Das Grundgesetz jedenfalls hat sich dafür entschieden, die letzte Entscheidung, wie die Verfassung zu verstehen ist, in die Hand der Richter zu legen. Woran aber sollen dann die Richter den „Konsens" erkennen? Hier bestehen gegen die Vorschläge des Referenten doch erhebliche Bedenken.

Carstens: Die bisherige Diskussion hat sich mit der Verfassung in ihrer Rolle als innerer Ordnung befaßt. Wie sieht es aber aus, wenn man den Blick nach außen, auf das Zusammenwirken mit anderen Staaten richtet? Wir sind mit verschiedenen Staaten verbündet. Existieren nicht auch Verfassungsprinzipien für das Verhältnis zu anderen Staaten? Gilt nicht für das Grundgesetz das Prinzip, die Verfassung müsse so ausgelegt werden, daß der deutsche Staat friedlich mit anderen Ländern zusammenleben und sich in Krisen gegenüber ihm feindlich entgegentretenden Staaten behaupten kann? Diese Fragen spielen eine Rolle z. B. für das Bund-Länder-Verhältnis. Die Handlungsfähigkeit des Bundes nach außen muß gewährleistet bleiben. Darauf hat jede Verfassungsauslegung Bedacht zu nehmen.

Eine sich daran anschließende Frage lautet:

Gibt es Prinzipien der Verfassungsauslegung, die für alle Verfassungen gemeinsam sind? Handelt es sich bei dem zuletzt genannten Prinzip um ein solches? Kann man etwa sagen, daß alle Verfassungen so auszulegen sind, daß sie eine wirksame

Teilnahme der Staaten an den Aufgaben der internationalen Staatengemeinschaft ermöglichen?

Diese Fragen sollen nur aufgeworfen werden, um die Möglichkeiten einer Ergänzung beider Referate anzudeuten.

Scheuner: Sollten wir uns jetzt nicht dem dritten und letzten Punkte zuwenden und den Blick auch auf die einzelnen materiellen Prinzipien richten, die für eine Auslegung herangezogen werden können?

Münch: Herr Ule hat bemängelt, daß wir zu wenig von allgemeiner Interpretationslehre gehört haben. Mein gravamen ist ein ähnliches: daß nämlich Betrachtungen, die doch vor dem Begriff der juristischen Interpretation rangieren sollten, hinter ihm gewissermaßen als Arten juristischer Interpretation gebracht worden sind.

Eine allgemeine Interpretationslehre haben wir etwa bei Betti, der die künstlerische Interpretation eines Kunstwerks mitbehandelt. Ich fürchte aber, daß wir dort nur eine Formel nach Art des kategorischen Imperativs, aber keinen Inhalt finden — etwa die Erkenntnis, daß die Art der Interpretation vom Wesen des Gegenstands und von der Aufgabe der Interpreten bestimmt wird. Es wäre also die Interpretation der Dienstanweisung einer Großfirma durch ihren Lagerhalter, die Interpretation einer Verwaltungsanordnung durch einen Subalternbeamten, und die Interpretation des Gesetzes durch den Richter zu unterscheiden. Man setzt dann aber voraus, daß der Richter das Verhältnis des Gesetzeswortlautes zum Recht, das er sprechen soll, als Rechtsprechungsorgan erörtern und bestimmen darf, daß er also nicht nur den Ausdruck mit dem Auszudrückenden vergleicht, sondern einen weiteren Schritt tut und das Auszudrückende bewertet.

Dann fragt sich aber weiter, ob das Verfassungsgericht als Verfassungsorgan, worauf Herr Leibholz hinwies, eine andere Funktion hat als der ordentliche Richter und der Verwaltungsrichter und daher anders auslegen muß, oder ob es darauf ankommt, daß die Verfassung sowohl vom ordentlichen Richter als auch vom Verfassungsrichter ausgelegt wird, worauf Herr Ipsen Wert legte. Wir wissen ja, daß die totale Justiziabilität, die wir hier stillschweigend vorausgesetzt haben, eine andere Interpretation zur Folge hat als etwa das Interpretationsmonopol des französischen Staatspräsidenten, der als „arbitre" auftritt.

In diesem Zusammenhang möchte ich auf eine eigenartige Bemerkung von Migliazza, La Corte di Giustizia delle Comunità

Europee, aufmerksam machen. Er sieht einen wesentlichen Unterschied in den Funktionen der nationalen Gerichte und des Gerichtshofs der Gemeinschaften darin, daß die ersteren ganz allgemein dem einzelnen den Rechtsschutz gewähren, der letztere aber das Gemeinschaftsrecht verwirklicht und durchsetzt. Kann man nun vielleicht die Aufgabe eines Verfassungsgerichts darin sehen, die Verfassung gegen Widerstände in Exekutive und Judikatur durchzusetzen und das Publikum vor einem törichten Gesetzgeber zu schützen? Das Bundesverfassungsgericht und seine Richter bestreiten das ja — aber könnte die allgemeine Meinung nicht eben doch dahin gehen und das Verfassungsgericht beeinflussen? Dann ergäben sich doch neue Nuancen in der Handhabung der Interpretation.

Partsch: Herr Schneider hat im Abschnitt I den Raum abgesteckt, in dem überhaupt Verfassungsinterpretation stattfindet, und dabei von einer Divergenz zwischen Ausdruck und Auszudrückendem gesprochen. Mir scheint diese Abgrenzung zu stark im Sinne der subjektiven Auslegungsmethode vorgenommen und daher zu eng zu sein. Damit würden nämlich aus dem der Auslegung zugänglichen Bereich die Fragen ausgeschaltet, an die der Schöpfer der Verfassung gar nicht denken konnte oder denken durfte und hinter denen gerade die Schwierigkeiten des Auslegungsproblems stehen. Wenn ich nochmals an den Wehrstreit erinnern darf: dort ist ja mit guten Gründen die Auffassung vertreten worden, daß die Aufstellung von Streitkräften ohne eine Ergänzung des Grundgesetzes zulässig gewesen wäre. Dabei handelt es sich um eine Frage, zu der der Schöpfer des Grundgesetzes im Jahre 1949 gar keine Meinung haben durfte. Ich darf es daher wohl so verstehen, daß nicht aus historischer Sicht beurteilt werden darf, was auszudrücken gewesen wäre.

Zweitens möchte ich darauf hinweisen, daß Herr Schneider bei der Kennzeichnung der subjektiven Methode (unter II/i b aa) auch Auslegungsformen erwähnt hat, die mir der objektiven Methode anzugehören scheinen, das gilt z. B. für eine Auslegung, welche darauf abstellt, „was in der historischen Situation von einem vernünftigen Gesetzgeber gewollt worden wäre“. Das geht über eine subjektive Methode hinaus und gehört bereits zur objektiven.

P. Schneider: Die Ausdrucksweise im Abschnitt I — Divergenz von Ausdruck und Auszudrückendem — weist nicht auf die Wahl einer bestimmten Methode hin.

Im zweiten Punkte — Wille des Gesetzgebers — hat sich meine Ausführung am Sprachgebrauch orientiert. Ich meine hier die subjektiv-normative Methode, von der Forsthoff spricht.

Scheuner: Wenn wir die Relation von Verfasser und Gesetzgeber ins Auge fassen, so sollte vermieden werden, den Gesetzgeber dabei allzusehr auf die Stufe eines bloß die Verfassung vollziehenden Organs herabzudrücken und ihn gewissermaßen, nur in einem erweiterten Rahmen, an die Seite der Verwaltung in ihrem Verhältnis zum Gesetzgeber zu rücken. Die Funktion der Gesetzgebung ist eine sehr viel größere. Gerade in Demokratien findet die im Mehrheitswillen zum Ausdruck kommende Meinungsformung und Entscheidung der demokratisch gewählten Organe, vor allem der Volksvertretung, heute ihren Ausdruck im weitesten Maße in der Gesetzgebung. Der Gesetzgeber aber handelt hier zwar in Bindung an den von der Verfassung gezogenen normativen Rahmen, aber innerhalb dieser Sphäre hat er eine volle Freiheit der Sozialgestaltung und Verantwortung. Das Gericht kann diese Entscheidung nicht nachvollziehen. Ihm ist nur die Aufgabe zugewiesen, den normativ dauerhaft aufgerichteten Rahmen der Verfassung gegenüber Überbordungen der Gesetzgebung zu stabilisieren und zu verteidigen. Es tritt aber nicht an die Stelle des Gesetzgebers. Es kann dessen Anordnungen wohl zu Fall bringen, aber nicht ersetzen. In einem weiteren Sinne ist daher die Gesetzgebung Verfassungsinterpretation, allerdings mit dem Risiko behaftet, daß eine Auslegung nicht die Anerkennung des Bundesverfassungsgerichts findet. Aber diese Interpretation ist nur ein Element, gewissermaßen die vorbereitende Stufe der freien Bestimmung des Sachgehalts der sozialen Normen durch den Gesetzgeber.

Zu den Prinzipien der Verfassungsauslegung wäre noch manches zu sagen. Ich will nur zwei Punkte berühren:

a) Eines der grundlegenden Gebote aller Verfassungsauslegung ist das Prinzip der Harmonisierung. Da eine moderne Verfassung ein einheitliches Ganzes ist und als solches interpretiert werden muß, sollen Widersprüche und Gegensätze innerhalb des Textes von der Auslegung ausgeglichen, weggeräumt, kurz „harmonisiert" werden. Dabei kommt sowohl das Moment der Anerkennung gewisser leitender Grundprinzipien zur Geltung, in deren Licht Einzelheiten verstanden, begrenzt oder vertieft werden müssen, wie der Gedanke gegenseitiger Abwägung verschiedener Grundgedanken (etwa der Freiheit und des Sozialstaatsprinzips) und auch der der Beachtung des gegenseitigen inneren Zusammenhangs zwischen Grundrechten und institutionellen Ordnungen der Verfassung.

Es ist zum Beispiel in einer Demokratie nicht möglich, die Einzelperson des Grundrechtsteils rein als eigennütziges und isoliertes Individuum, als antistaatlich ausgerichteten Träger von Rechten zu verstehen, ohne damit die politische Ordnung, die auf dem Gedanken eines am Staat mitwirkenden, verantwortlich zum Ganzen orientierten Bürgers beruht, tatsächlich zu unterhöhlen. Die hier liegende Begrenzung rein individueller Zwecksetzung im Grundrechtsteil scheint mir freilich bei unserer herrschenden Auslegung nicht genügend beachtet zu werden.

b) Es sollte auch nicht übersehen werden, daß mehr als man oft geneigt ist anzuerkennen, sogar zwischen Kompetenzbestimmungen des Grundgesetzes und Grundrechten Verbindung bestehen. In den Kompetenzbestimmungen sind zuweilen direkte sachliche Anweisungen für die inhaltliche Gestaltung eines Gebietes enthalten (vgl. z. B. Art. 74 Ziffer 11 a, 16 und 17), die von gleicher Tragkraft sind wie grundrechtliche Vorschriften und die für die richtige Begrenzung und Sinngebung grundrechtlicher Normen durchaus heranzuziehen sind.

Spanner: Wenn hier die Frage von Herrn Friesenhahn aufgeworfen wurde, ob sich Grundsätze der Verfassungsinterpretation auf eine andere Rechtsordnung übertragen lassen, so sollte man zwischen zwei Gruppen von Auslegungsprinzipien unterscheiden. Es gibt Prinzipien absoluter Art, die für jede Verfassung gelten, und es gibt Grundsätze, die relativ sind, d. h. nur für bestimmte Verfassungen Geltung besitzen. In den Thesen von Herrn Schneider sind VI a und b allgemeine Prinzipien.

Die Feststellung der konkreten Gehalte der „Gerechtigkeit" muß doch in erster Linie dem Gesetzgeber in Durchführung der Verfassung verbleiben. Der demokratische Staat ist ein Gesetzgebungsstaat. Es ist bedenklich, wenn das Verfassungsgericht den Gesetzgeber etwa supplieren will, zumal dort, wo es sich darum handelt, daß der Gesetzgeber nicht gehandelt hat, wo er also säumig ist. Hier bleibt in der Regel nur die Möglichkeit, eine Verfassungsbestimmung wegen Säumnis des Gesetzgebers nicht anzuwenden.

Kaiser: Was heißt Vorverständnis der Verfassung? Diese Frage stellt sich auch unter dem hier behandelten dritten Gesichtspunkt. In manchen der Voten sprach sich die Überzeugung aus, daß man keine Verfassungsinterpretation unternehmen könne ohne einen Einheitsbezug. Worin aber besteht diese Einheit der Verfassung? Diese Frage erscheint mir um so wichtiger, als die verschiedenen Auslegungsgrundsätze nicht mehr wie einst durch eine verbindliche Systematik zusammengehalten sind. Was ist indessen das einheitsstiftende Moment? Welchem Gedanken könnte hier ein Vorrang zukommen?

Die Kraft der Nationalstaatsidee hat sich erschöpft. Zwischenstaatliche Gesichtspunkte, auf die Herr Carstens hingewiesen hat, und von supranationalen Ordnungen und Instanzen ausgehende Gebote treten heute schon hervor und werden sich in Zukunft noch zunehmend zur Geltung bringen. In der schweizerischen Rechtsprechung kann man ein gewisses Übergewicht des an die Person anknüpfenden Moments erkennen.

Worin gründet nach Herrn Ehmkes Meinung die apriorische Einheit der Verfassung, für die etwa der Menschenrechtstradition oder auch der Judikatur des Bundesverfassungsgerichts Beispiele und Ansätze entnommen werden könnten. „Vorverständnis“ kann im Sinne eines psychologischen Positivismus gemeint sein, wie schon Herr Leibholz bemerkt hat; ein „Vorverständnis“ läßt sich sowohl nach altliberaler Manier wie auch dezisionistisch feststellen und ausbeuten. Hic Rhodos!

Zeidler: Ich möchte die Aufmerksamkeit noch einmal auf einen Punkt richten, der bereits in dem Beitrag von Herrn Münch angeklungen ist. Er sollte bei der im Anschluß an diese Tagung zu erwartenden Diskussion nicht ganz untergehen. Beide Referate und die heutige Diskussion sind durch die Suche nach einer allgemein gültigen Interpretationsmethode charakterisiert. Allgemeingültig heißt: Die Methode soll für das BVerfG in gleicher Weise gelten wie für den Gesetzgeber oder die Verwaltung oder die Gerichte außerhalb des BVerfG. Mir scheint die Frage Aufmerksamkeit zu verdienen, ob man die Tätigkeit des BVerfG — wenigstens in gewissem, durch § 31 BVerfGG angedeuteten Umfang — nicht auch als „authentische Verfassungsinterpretation“ auffassen kann. Wäre das der Fall, dann ließe sich die Gerichtstätigkeit in funktioneller Hinsicht als Verfassungsgesetzgebung und nicht als Verfassungsanwendung deuten. Zu prüfen bliebe, ob für eine solche Funktion des BVerfG die gleichen Maßstäbe verbindlich sein sollen wie für die Anwendung der Verfassung in den übrigen Bereichen.

Drath: Viele Hinweise der Kritiker bedürfen noch der Erwägung. Ich möchte das an zwei Punkten belegen.

Die von Herrn Friesenhahn angeschnittenen political questions können uns etwas sagen zu der von Herrn Ule gestellten Frage nach der Bedeutung einer allgemeinen und einer besonderen Verfassungstheorie. Eine allgemeine Verfassungstheorie der Rechtsstaaten würde m. E. auf das Problem der political questions stoßen. Schon die Aufwerfung dieses Problems würde etwas Materielles bedeuten, z. B. daß die rechtliche Gewährleistung von Einzelinteressen in Frage gestellt sein könnte, wenn überragendes Gemeinwohl entgegensteht. Die bloße Fragestellung würde diese In-Frage-Stellung implizieren. Darüber hinaus aber dürfte eine allgemeine Verfassungstheorie kaum gelangen. Die verfassungsrechtliche Antwort kann sich selbstverständlich nur aus dem konkreten Verfassungsrecht ergeben; aber sie muß sich orientieren können an einer konkreten Verfassungstheorie dieses so geordneten Staates! Die Analyse der Funktionsgesetze und Funktionsnotwendigkeiten einer konkreten Ordnung ist eben eine Aufgabe verfassungstheoretischer und nicht verfassungsrechtlicher Art. Das wird in Deutschland nur dadurch verdeckt, daß wir Ausführungen verfassungstheoretischer Art bei uns fast nur in verfassungsrechtlichen Arbeiten finden, und dies wird seit Laband oft geradezu axiomatisch vorausgesetzt, als wenn der Inhalt unbezweifelbar wäre, während er doch gerade das eigentlich Problematische ausmacht, so daß die scheinbar daraus „abgeleiteten" verfassungsrechtlichen Lösungen gelegentlich als objektiv — selbstverständlich nicht als subjektiv — „erschlichen" gekennzeichnet werden konnten.

Die Anerkennung eines justizfreien Raumes in political questions kann in den USA mit den von Herrn Friesenhahn angegebenen Argumenten begründet werden; unter der Bismarck'schen Reichsverfassung wäre eine ähnliche Begründung auch bei uns möglich gewesen. Die Regelung in Art. 59 GG aber ererlaubt uns heute eine solche Argumentation schwerlich. Andere verfassungsrechtliche Argumente hierfür sind aus dem Grundgesetz m. W. noch nicht vorgetragen worden; es waren letztlich immer verfassungstheoretische Standpunkte. Ebensolche dürften aber auch in den USA das eigentlich Entscheidende gewesen sein; der Unterschied besteht wohl nur darin, daß sich dort im positiven Verfassungsrecht Anknüpfungspunkte gefunden haben, die man als einen „Ausdruck" der in Wahrheit zu Grunde liegenden verfassungstheoretischen Auffassung ansehen konnte. Dort brauchte man diese verfassungstheoretische Grundlage dann nicht einmal mehr offenzulegen; bei uns würde man hierum schwerlich herumkommen, weil das Grundgesetz ähnliche Anknüpfungspunkte nicht bietet.

Mein zweiter Punkt betrifft die Entscheidung, mit der das Bundesverfassungsgericht das Monopol für eine Nichtigerklärung positiver Gesetze wegen Widerspruches zum Naturrecht beansprucht hat. Mir erscheint zweifelhaft, ob das Bundesverfassungsgericht hier wirklich eine Entscheidungsgewalt arrogiert hat, wie behauptet worden ist. Die Frage wäre doch: wem gegenüber hätte es sie arrogiert? Etwa gegenüber dem Gesetzgeber? Das ist unmöglich; denn dieser ist ja dem Naturrecht unterworfen, das von ihm gesetzte Recht muß sich am Naturrecht messen lassen! Etwa dem Naturrecht selbst gegenüber? Nein; denn wenn das Bundesverfassungsgericht dessen Schutz in seinen Händen monopolisieren will, so tut es nichts, was den wirklich durchgearbeiteten Lehren des Naturrechts widerspricht; hiernach darf jeder — auch der Richter — dem positiven Recht erst dann ungehorsam sein, wenn alle positivrechtlichen Abhilfen erschöpft oder aussichtslos sind. Eine Gerichtsvorlage an das Bundesverfassungsgericht wegen Naturrechtswidrigkeit ist gerade ein solches positivrechtliches Abhilfemittel. Dann könnte die Arrogierung gegenüber dem Naturrecht nur noch darin liegen, daß das Bundesverfassungsgericht Verbindlichkeit seiner Entscheidung für den anderen Richter beansprucht, auch wenn sie keine Abhilfe bringt. Hier wüchse die Arrogierung gegenüber dem Naturrecht zusammen mit der Arrogierung gegenüber dem anderen Richter selbst, der sich der Entscheidung des Bundesverfassungsgerichts beugen soll. Aber handelt es sich wirklich um eine solche doppelte Arrogierung? Darf denn der Richter seine — vom Bundesverfassungsgericht abweichende — Gewissensentscheidung mit m e h r Recht dem Rechtsunterworfenen auferlegen, als das Bundesverfassungsgericht, wenn es eben diesem Richter und mittelbar dem Rechtsunterworfenen s e i n e Gewissensentscheidung auferlegen will? Es wäre doch wohl kurzschlüssig, wenn man nur dächte, daß der Richter kraft Naturrechts immer vom positiven Rechte f r e i stellen, daß er nicht auch umgekehrt entgegen dem positiven Recht, aber kraft Naturrechts jemanden b e l a s t e n wolle! Die Amtspflicht des Richters beruht zunächst auf dem positiven Recht; dieses selbst müßte also jedem Richter als Amtspflicht den Gehorsam gegenüber dem Naturrecht auch im Widerspruch zu einer Entscheidung des Bundesverfassungsgerichts auferlegen; das ist nicht schon dadurch geschehen, daß das positive Recht den jedermann jederzeit bindenden Charakter des Naturrechts anerkennt und auf diese Weise auch in die Amtspflicht des Richters einbezöge! Denn unsere Verfassung enthält das Verwerfungs m o n o p o l des Art. 100 GG; gerade wenn man in unseren Grundrechten den Ausdruck von Naturrecht sieht, erstreckt sich das Verwerfungsmonopol insoweit auch auf Naturrechtswidrigkeit. Dann aber verlangt unser Grundgesetz von jedem Richter mindestens insoweit, daß er seine eigene Gewissensentscheidung n i c h t gegen die des Bundesverfassungsgerichts durchsetzt. Nun könnte man nur noch behaupten, daß jeder Richter aus dem auch über

Art. 100 GG stehenden Naturrecht selbst gehalten sei, dieses positive Amtsrecht vor einem höheren naturrechtlichen Gebote zurückzustellen. Aber dieses höhere naturrechtliche Gebot müßte selbst amtsrechtlichen Charakter oder amtsrechtliche Wirkung haben; denn es handelt sich nicht darum, was der Richter privat tut, sondern was „seines Amtes ist". Daß der Richter nach dem Naturrecht selbst so verfahren darf, solange unser Verfassungssystem und in ihm das Bundesverfassungsgericht intakt sind, ist doch wohl mindestens fraglich! Nur von diesem Fall und für diesen Fall aber hat das Bundesverfassungsgericht gesprochen. Es mag wohl sein, daß ein Richter, dem der Zwang einer Entscheidung des Bundesverfassungsgerichts über Naturrechtsfragen in seinem Gewissen unerträglich wird, sich der Ausübung seines eigenen Amtes — sei es im konkreten Falle, sei es generell durch Verzicht auf sein Amt — enthalten muß, wenn die Arrogierung nicht — auch und gerade nach den Geboten des Naturrechts — bei ihm selbst liegen soll. Der Hinweis darauf, was man nach 1945 Richtern wegen ihres Gehorsams gegenüber positiven Gesetzen der NS-Zeit vorgeworfen hat, kann hiergegen kein Argument sein. Denn es geht heute um ein Verfassungssystem und in ihm um ein Bundesverfassungsgericht, deren prinzipielle Intaktheit doch wohl nicht verglichen werden soll mit dem Verfassungssystem (und seinen Organen) in jener Zeit, in der es nicht nur keine positivrechtliche Möglichkeit zur Beseitigung von „gesetzlichem Unrecht" gab, sondern in der solche Möglichkeiten sogar systematisch ausgeschaltet waren. — Ich will mich nicht vermessen, damit das Problem in seiner ganzen Weite und Tiefe zu lösen, sondern möchte nur auf beide hinweisen, weil sie Vorsicht vor kurzschlüssigen Argumenten gebieten.

Ehmke (Schlußwort): Als Herrn Schneider und mir die Behandlung unseres heutigen Themas aufgegeben wurde, waren wir uns angesichts des Umfangs und der Kompliziertheit der Interpretationsproblematik von vornherein darüber im klaren, daß wir nicht den „Stein der Weisen" finden würden, daß es vielmehr nur um einen Versuch gehen könne, im Zusammenhang mit der modernen Diskussion insbesondere im Zivilrecht die Struktur des Interpretationsvorganges aufzuzeigen und an Beispielen zu belegen. Die von mir gebrachten Beispiele sind mit Ausnahme der „political question"-Doktrin zu meinem Erstaunen nicht angegriffen worden. Auch die grundlegende hermeneutische Bedeutung der das Vorverständnis verfassungsrechtlicher Probleme begründenden Verfassungstheorie ist nicht in Frage gestellt worden, womit natürlich die denkbaren Einwände gegen eine solche Auffassung noch keineswegs ausgeräumt sind. Im wesentlichen bin ich in der Diskussion gefragt worden, wie denn die Verfassungstheorie und in dieser die von mir stark betonte Einheit der Verfassung im einzelnen aussehe. Das sind — akzeptiert man einmal die Auffassung der Verfassungstheorie als eigentlicher verfassungsrechtlicher Hermeneutik — ebenso zentrale wie schwierige Fragen, zu denen ich nun noch einmal Stellung zu nehmen versuchen will.

Herr Scheuner hat mich gefragt, ob das verfassungstheoretische Vorverständnis normativ oder soziologisch gedacht sei. Nun, die Verfassungstheorie ist Lehre und daher ihrem Geltungsgrund nach nicht normativ (vgl. oben Seite 56, Anm. 11). In ihrer Intention, und darauf zielt wohl Herrn Scheuners Frage, ist sie dagegen normativ, d. h. sie will nicht faktische Zustände beschreiben, sondern ein Bild des Ordnungszusammenhanges der Verfassung entwerfen. Daß sie dabei zugleich auch den jeweiligen von der Verfassung zu bewältigenden Lebenssachverhalt erfassen muß, versteht sich nach dem oben Ausgeführten von selbst. Hier ist dann auch der Ort für die Berücksichtigung der von Herrn Carstens angesprochenen auswärtigen Lage eines Staates, oder der von Herrn Kaiser noch einmal unterstrichenen Rückwirkung übernationaler Integration auf die innere Ordnung eines Landes.

Von hier aus ist auch die Frage von Herrn Leibholz nach dem Verhältnis von verfassungstheoretischem Vorverständnis und verfassungsgerichtlicher Entscheidung zu beantworten. Wie ich in meinem Referat betont habe, entscheidet das Gericht zwar über die ihm vorgelegten verfassungs*rechtlichen* Streitfragen, nicht aber über das die Probleme erschließende verfassungs*theoretische* Vorverständnis bindend. Dieses kann vielmehr, wie ich heute früh zu zeigen versucht habe, nur durch den *Konsens* aller „Vernünftig- und Gerecht-Denkenden" mit Überzeugungskraft (also nicht mit technischer Bindungskraft) begründet werden (vgl. hierzu oben Seite 71, Anm. 80). Die Vorstellung eines Konsenses der Vernünftig- und Gerecht-Denkenden über die ratio und das Ethos der Verfassung ist nun, Herr Kaiser, alles andere als „altliberal". Sie reicht vielmehr über den zentralen Begriff des sensus communis und die Tradition der Topik bis in die Antike zurück. Sie klingt uns heute nur darum so fremd, weil wir uns im 19. Jahrhundert an der naturwissenschaftlichen Wissenschaftsauffassung zu orientieren begonnen haben. Mit der Betonung der grundlegenden hermeneutischen Funktion des verfassungstheoretischen Vorverständnisses will ich im übrigen die Bedeutung des Bundesverfassungsgerichts in keiner Weise schmälern, sondern insoweit lediglich jeglichen subjektiv guten Glauben daran untergraben, daß das Gericht das Grundgesetz doch nur — gewissermaßen „so wie es geschrieben steht" — „anwende".

Auch die Betonung der gebotenen Zurückhaltung des Gerichts zielt nicht auf eine Schwächung, sondern gerade auf eine Stärkung seiner Stellung. Wie etwa beim Grundrechtsschutz so fallen auch bei der verfassungsgerichtlichen Nachprüfung Optimum und Maximum keineswegs zusammen. Die freundliche Aufnahme meines Referats durch die hier anwesenden Mitglieder des Gerichts hat mir gezeigt, daß ich insoweit auch nicht mißverstanden worden bin.

Was nun den „Inhalt" der Verfassungstheorie im allgemeinen und die Einheit der Verfassung im besonderen betrifft, so hoffe ich, nicht den Eindruck erweckt zu haben, als ob ich hier aus dem Füllhorn einer abgerundeten und ausgereiften Verfassungstheorie nur einige Kostproben zum besten gegeben hätte. Es ging lediglich um einen Versuch, anhand konkreter Fragen den Grundzügen einer Verfassungstheorie und dem verfassungstheoretischen Vorverständnis bestimmter verfassungsrechtlicher Probleme näher zu kommen. Daher muß ich sowohl hinsichtlich des verfassungstheoretischen Vorverständnisses wie hinsichtlich des Gesichtspunkts der Einheit der Verfassung, die von mir gegebenen Beispiele für sich selbst sprechen lassen: Also etwa die Einheit der Verfassung gegenüber „Korrekturen" vom „überpositiven" Recht her; die Einheit von organisatorischem und Grundrechts-Teil der Verfassung im allgemeinen und von Kompetenzen und Grundrechten im besonderen; die Unmöglichkeit eines die Einheit der Verfassung sprengenden geschlossenen Grundrechts-„Systems" oder einer isolierten, extensiven Grundrechtsinterpretation; den Zusammenhang von Parlaments- und Parteienordnung in seiner Bedeutung für die Bestimmung des Verhältnisses von Artikel 21 zu Artikel 38 GG; den funktionell-rechtlichen Zusammenhang der staatlichen Organe in der Interpretation und Fortentwicklung des Rechts, der etwa die vom Bundesverfassungsgericht geübte „verfassungskonforme" Gesetzesauslegung sowohl gegenüber den anderen Gerichten, also auch — unter anderen Gesichtspunkten — gegenüber dem Gesetzgeber als teilweise bedenklich erscheinen läßt; die von der Einheit der Verfassung her gesehen zentrale Stellung des demokratischen Gesetzgebers in unserer freiheitlich demokratischen Grundordnung mit der funktionell-rechtlichen Folgerung der notwendigen — aber gemäß dem Grundgedanken der „preferred freedoms"-Doktrin zu differenzierenden — Zurückhaltung des Bundesverfassungsgerichts, etc.

Im übrigen führt die Frage nach dem „Inhalt" der Verfassungstheorie wieder auf die Frage des Konsenses und damit auf unsere gemeinsame Aufgabe zurück. Für die Wissenschaft liegen die Dinge anders als wie sie uns Herr Ermacora für die Tagespolitik geschildert hat. Mit dem Verzicht auf die Forderung nach einem und auf das Bemühen um einen verfassungstheoretischen Konsens würde das Staats- und Verfassungsrecht sich selber aufgeben. Wir müssen uns darüber einig werden, worin sich von Verfassungs wegen das ganze Gemeinwesen einig sein soll. Darum gestatten Sie mir zum Schluß die Frage, ob sich nicht auch unsere Vereinigung als mehr verstehen muß als nur eine Art „Berufsvereinigung", nämlich auch als einen möglichen institutionellen Ansatzpunkt für das verfassungstheoretische Wissen und Gewissen unseres demokratischen Gemeinwesens.

P. Schneider (Schlußwort): Es war mein Anliegen, die Umrisse einer Theorie der Verfassungsinterpretation herauszuarbeiten. Ich habe darzulegen versucht, daß durch eine solche Theorie das, woraufhin Verfassungsinterpretation zu geschehen hat, als Grundnorm, als Postulat zu bestimmen sei. Verfassungsinterpretation vollzieht sich sonach im Zeichen des Sollens, nicht aber im Zeichen des Wollens, der Setzung oder der Konvention. Sie ist nicht das Ergebnis einer konstitutiven Vorverständigung der „Beteiligten" über das Thema der Verfassungsinterpretation. Sie stellt sich dar als Postulat der praktischen Vernunft und somit als „Denknotwendigkeit" und nicht als Ergebnis eines für das Denken unerreichbaren Fühlens oder Schauens. Sie gibt auch nicht Antwort auf die Frage darnach, was der Mensch seinem Wesen nach ist, sondern auf diejenige, was er sein soll. Der Gehalt dieser Antwort ist durch den Autonomiesatz Kants bestimmt. Dabei ist noch einmal besonders hervorzuheben, daß dieser Satz nicht nur die Freiheit als Selbstbestimmung des Einzelnen, sondern auch die Achtung vor der Freiheit des anderen meint, und zwar — es sei wiederholt — als Postulat, als Norm, und nicht als Aussage über die „Wirklichkeit" des Menschen. Was diese anlangt, so erscheint sie unter dem Gesichtspunkt der genannten Grundnorm, des Postulats der praktischen Vernunft in Gestalt der doppelten Möglichkeit, des normgemäßen und des normwidrigen Verhaltens und Wollens. Mit der negativen Möglichkeit des normwidrigen Verhaltens und Wollens wird die Gefahr der gegenseitigen Vernichtung und damit die Notwendigkeit in Sicht gebracht, diese Gefahr durch Einsatz von Zwangsgewalt zu steuern. Daraus ergibt sich eine Rechtfertigung der Zwangsgewalt an sich und so auch des Staates, keinesfalls aber eine Rechtfertigung der unbeschränkten Zwangsausübung. Darf doch die gegenläufige Möglichkeit, daß sich Menschen in Freiheit gegenseitig achten und vertragen, ebensowenig außer Sicht kommen wie die Gefahr, daß die Träger der Staatsgewalt auf allen Stufen ihre

Damit ist der rohe Grundriß für das Modell eines freiheitlichen Rechtsstaates gewonnen. Er ergibt sich aus der Verbindung zwischen Grundnorm und der doppelten Möglichkeit normgemäßen und normwidrigen menschlichen Verhaltens. Er gibt allein die notwendige Zuordnung von staatlicher Zuständigkeit einerseits und Freiheitssphäre andererseits. Von Differenzierungen ist hier abzusehen. Diese werden allein in konkreten Verfassungsgesetzen sichtbar, und zwar sowohl im Hinblick auf die Gestalt der Zuständigkeitsordnung wie auch im Hinblick auf die Ausgestaltung des Verhältnisses zwischen Staats- und Freiheitssphäre. Sie sind nicht aus der Grundnorm selbst abzuleiten, verweist diese doch ihrerseits auf eine konkrete Verfassung, die sich als Willensentscheidung des Trägers der verfassunggebenden Gewalt darstellt. Dient diese Entscheidung der Sicherung und damit der Verwirklichung der Grundnorm, so ist sie selbst wiederum nur in der Form verbindlich, in der sie objektiv in Erscheinung kommt und mit größtmöglicher Sicherheit feststellbar ist. Insofern gebietet das Prinzip der Rechtssicherheit im Zuge der Verfassungsverwirklichung primär die objektive Methode der Interpretation. Was die Interpretation der konkreten Verfassung, will heißen des objektivierten Willens des Verfassungsgesetzgebers, auf welche die inhaltlich bestimmte Grundnorm verweist, im einzelnen anlangt, so ist noch einmal hervorzuheben:

Sie ist auf eine dialektische Verbindung, auf eine Harmonisierung der verschiedenen Prinzipien im einzelnen Fall anzulegen. Negativ ausgedrückt: Sie darf nicht von einem antinomischen Prinzipiengegensatz ausgehen. Das will nicht heißen, daß nicht im einzelnen Fall das Eigengewicht der Prinzipien und unter Umständen der Vorrang des einen gegenüber dem anderen berücksichtigt werden dürfe. So ist — und dies scheint mir von grundsätzlicher Bedeutung — etwa von der Regel der Freiheit auszugehen, die nur unter bestimmten Voraussetzungen eingeschränkt werden darf. So wenig man, wie Herr Jesch eindringlich dargetan hat, die Frage, ob der Gegenstand die Methode oder die Methode den Gegenstand bestimme, in einem billigen Sowohl-als-auch offen lassen kann, so wenig darf die Frage, ob der Freiheit oder der Freiheitsbeschränkung bei der Auslegung der Vorrang zukomme, im Sinne einer falsch verstandenen Dialektik offen bleiben. Dies gebietet die inhaltlich bestimmte Grundnorm, welche das Geschäft der Interpretation lenkt und leitet.

Zweiter Beratungsgegenstand

Gefährdungshaftung im öffentlichen Recht?

Zur Haftung des Staates ohne Verschulden

1. Bericht von Professor Dr. Günther Jaenicke, Frankfurt (Main)

1.

Die Theorie der öffentlichrechtlichen Gefährdungshaftung, die in letzter Zeit vor allem von Forsthoff vertreten worden ist[1]), bisher jedoch in der Lehre nur wenig Boden gewinnen konnte[2]), will das bestehende System der Staatshaftung um einen neuen Haftungstatbestand erweitern. Diese Haftung soll kein Verschulden auf Seiten der handelnden Staatsorgane voraussetzen, sondern eine reine Verursachungshaftung sein; sie soll für solche Schäden eintreten, die unmittelbare Folge einer von hoher Hand geschaffenen individuellen und außergewöhnlichen Gefahrenlage sind.

---

[1]) Lehrbuch des Verwaltungsrechts, 1. Bd.: Allgemeiner Teil, 8. Aufl. 1961, S. 315 ff.

[2]) Reinhardt, Gutachten, Vhdlg. d. 41. Dtsch. Juristentages 1955, 1. Bd., 1. Halbbd., 1955, S. 256 ff.; ders., Einige Grundgedanken über § 839 BGB und die Staatshaftung, DÖV 1955 S. 542 (544); G. Rinck, Gefährdungshaftung, 1959, S. 13—14; Wilke, Die Haftung des Staates für rechtswidriges, aber schuldloses Verhalten eines Amtsträgers in Wahrnehmung von Hoheitsrechten, 1960, S. 54 ff.

Scheuner, Grundfragen der Staatshaftung für schädigende Eingriffe, Gedächtnisschrift für Walter Jellinek, S. 331 (333, 345) und Zeidler, „Verwaltungsfabrikat" und Gefährdungshaftung, DVBl. 1959, S. 681 (687) empfehlen die Gefährdungshaftung nur de lege ferenda; ersterer äußert aber in DÖV 1955 S. 545 (s. u. Anm. 8) Zweifel, ob neben dem Aufopferungsanspruch ausreichender Anlaß dafür besteht. Katzenstein (Entschädigungspflicht des Staates bei rechtswidrig-schuldloser Ausübung öffentlicher Gewalt, 1935) und Schack, die vielfach zu den Befürwortern der Gefährdungshaftung gerechnet wurden, erkennen diese nicht als ein Sonderinstitut des öffentlichen Entschädigungsrechts an (Katzenstein, Die Entschädigungspflicht des Staates aus rechtswidrig-schuldloser Ausübung öffentlicher Gewalt, MDR 1952 S. 193; Schack, Gefährdungshaftung auf dem Gebiete des deutschen öffentlichen Rechts, DÖV 1961 S. 728, 733, 734).

Ein erstes, naheliegendes Bedenken gegen einen solchen Haftungstatbestand ergibt sich daraus, daß er nicht eindeutig umschreiben kann, von welcher Art und Intensität die Gefahrenlage sein muß, um haftungsbegründend zu sein. Die Anhänger der öffentlichrechtlichen Gefährdungshaftung nennen als Beispiele für solche Gefahrenlagen: Gesundheitsschäden der bei Nothilfeleistungen eingesetzten Personen, Verletzung unbeteiligter Passanten durch den Waffengebrauch eines Polizisten oder Schäden durch Explosion eines Munitionsdepots[3]). Daß diese Schadensfälle nach unserem Rechtsempfinden entschädigungsbedürftig sind, auch wenn sie nicht auf ein Verschulden staatlicher Organe zurückgeführt werden können, wird heute nicht mehr bestritten; die Rechtsprechung hat aber Wege gefunden, in Schadensfällen dieser Art aus dem Gesichtspunkt der Aufopferung eine Entschädigung zu gewähren, ohne hierzu auf den Haftungsgrund der Gefährdungshaftung zurückgreifen zu müssen[4]).

Die Anhänger einer öffentlichrechtlichen Gefährdungshaftung glauben, daß Schadensfälle dieser Art mit dem Tatbestand der Aufopferung nicht befriedigend erfaßt werden könnten, weil es an spezieller hoheitlicher Nötigung zu solchen außergewöhnlichen Schäden fehle; sie sind der Ansicht, daß der eigentliche und ausschließliche Haftungsgrund für solche Schadensfälle in der Herbeiführung einer besonderen Gefahrenlage gesucht werden müsse[5]). Man muß bezweifeln, ob die Herbeiführung einer besonderen Gefahrenlage für sich allein ein ausreichender Haftungsgrund sein kann; eine genauere Betrachtung der genannten Beispiele zeigt nämlich, daß die besondere

---

[3]) Vgl. Forsthoff, aaO. (s. Anm. 1) S. 315; ferner die von Schack, aaO. (s. Anm. 2) S. 729 gegebenen Beispiele.

[4]) Übersicht über die Rspr. des RG bei Schack, Die Anwendung des § 75 Einl. z. Pr ALR auf schuldlos rechtswidrige Eingriffe der öffentlichen Gewalt in der Rechtsprechung des Reichsgerichts, VerwArch 40 (1935) S. 426 ff. und bei dems., Gutachten, Vhdlg. d. 41. Dtsch. Juristentages 1955, 1. Bd., 1. Halbbd., 1955, S. 16 f. Aus der neueren Rechtsprechung vgl. BGH, 10. 2. 1956, BGHZ 20, 81 und BGH, 29. 10. 1959, Vers.Recht 1960, S. 248 (Aufopferungsentschädigung bei Verletzung Unbeteiligter durch polizeilichen Waffengebrauch). Soweit Vermögensrechte und -interessen beeinträchtigt werden, setzt der BGH an die Stelle der Aufopferung den „enteignenden Eingriff“: vgl. BGH, 10. 11. 1959, BGHZ 28, 310 (Entschädigung für die Beschädigung eines im Rahmen gemeindlicher Hand- und Spanndienste in Anspruch genommenen Treckers bei gefährlichen Transportarbeiten); OLG Celle, 15. 10. 1960, DVBl. 1960 S. 939 = NJW 1961 S. 79 = JZ 1961 S. 372 mit Anm. Schack (Sachschäden durch militärische Schießübungen), wegen Annahme einer Sonderopferlage, die das OLG verneint hatte, zurückverwiesen durch BGH, 15. 3. 1962, DÖV 1962, 543.

[5]) Forsthoff, aaO. (s. Anm. 1) S. 315.

Gefahrenlage zunächst einmal nur den notwendigen Kausalzusammenhang zwischen der staatlichen Tätigkeit und der außergewöhnlichen Schadensfolge herstellt. Die Anhänger der öffentlichrechtlichen Gefährdungshaftung sind sich auch der Gefahr bewußt, daß sie mit dieser Haftungsbegründung in letzter Konsequenz auf eine allgemeine Verursachungshaftung des Staates zusteuern; sie machen deshalb die Einschränkung, daß es zur Begründung der Haftung eine individuelle und außergewöhnliche Gefahrenlage sein müsse, in die der Staat den Geschädigten versetzt habe.[6]). Eine solche Feststellung wird jedoch nur durch eine nachträgliche Beurteilung der konkreten Situation des Geschädigten auf Grund des eingetretenen außerordentlichen Schadens getroffen werden können; damit muß im Grunde doch wieder auf die konkrete Situation des Geschädigten im Verhältnis zu den anderen abgestellt und eine Sonderopferlage zur Grundlage der Haftung gemacht werden.

2.

De lege lata läßt sich ein Rechtsgrundsatz, wonach der Staat für Schäden aus einer von ihm verursachten Gefahrenlage ohne Rücksicht auf Verschulden haftet, weder im geschriebenen noch im ungeschriebenen Recht nachweisen. Die Gerichte haben dazu — bis auf zwei einander widersprechende Oberlandesgerichtsentscheidungen[7]) — noch nicht Stellung genommen; sie hatten bisher, wie schon bemerkt, auch keinen Anlaß, auf einen solchen Rechtsgrundsatz zurückgreifen zu müssen, um einen als entschädigungsbedürftig betrachteten Schadensfall befriedigend zu lösen. Das Schrifttum steht der Annahme einer

---

[6]) Forsthoff, aaO. (s. Anm. 1), S. 318: „Um nicht uferlosen Entschädigungsansprüchen das Wort zu reden, wird streng darauf zu achten sein, der Gefährdungshaftung strenge und kontrollierbare Grenzen zu setzen. Deshalb muß die Gefahrenlage eine individuelle und außergewöhnliche sein, das heißt sie muß die normalen Gefahren, denen sich jeder ausgesetzt sieht und die unterschiedliche Grade haben und von unterschiedlicher Art sind, eindeutig übersteigen. Der Beurteilungsmaßstab wird in der Regel von der Gefahrenquelle her gegeben sein... Der Schaden muß die unmittelbare Folge der Realisierung der Gefahr sein, er darf nicht mittelbar durch die Gefahr bedingt sein. Auf die Höhe des Schadens und damit seine Zumutbarkeit kommt es an sich nicht an, dagegen wird man eine untere Grenze annehmen dürfen, durch welche Bagatellschäden von der Abgeltung ausgeschlossen werden."

[7]) Das OLG Neustadt/W. hat im Urteil vom 20. 12. 1957 (MDR 1958 S. 427) Forsthoffs Lehre übernommen, die Entschädigung aber in dem entschiedenen Falle nicht gewährt; das OLG Oldenburg (8. 11. 1957, JR 1958 S. 222 = NJW 1958 S. 1096) lehnt eine Gefährdungshaftung ab.

allgemeinen öffentlichrechtlichen Gefährdungshaftung des Staates mit Skepsis gegenüber[8]).

Eine solche Haftung kann auch nicht durch Übertragung des Rechtsgedankens der privatrechtlichen Gefährdungshaftung[9]) auf das Verhältnis zwischen Staat und Bürger begründet werden:

a) Die privatrechtliche Gefährdungshaftung knüpft an bestimmte, mit besonderen Schadensrisiken belastete Tätigkeiten an, die nach Ansicht des Gesetzgebers eine abweichende Verteilung des Risikos für unverschuldete Schäden zu Lasten des Unternehmers dieser Tätigkeiten rechtfertigen; sie ist auf Schadensfolgen spezifischer Betriebsgefahren[10]) und in der Regel durch Haftungshöchstsummen[11]) begrenzt. Die sondergesetzlichen Haftungstatbestände der privatrechtlichen Gefährdungshaftung lassen nach übereinstimmender Ansicht in Rechtsprechung und Schrifttum wegen ihrer Spezialität eine analoge Anwendung auf sonstige mit besonderen Schadensrisiken verbundene Tätigkeiten nicht zu[12]).

---

[8]) Bettermann, Zur Lehre vom Folgenbeseitigungsanspruch, DÖV 1955 S. 528 (531); ders., Rechtsgrund und Rechtsnatur der Staatshaftung, DÖV 1954 S. 299 (303 f.); Friebe, Vorschläge für die Neuordnung des Amtshaftungsrechts, ZBR 1957 S. 389 (393); Janssen, Der Anspruch auf Entschädigung bei Aufopferung und Enteignung, 1961, S. 156; Schack, aaO. (s. Anm. 2); Scheuner, Probleme der staatlichen Schadenshaftung nach deutschem Recht, DÖV 1955 S. 545; Schlochauer, Öffentliches Recht, 1957, S. 232; Weimar, Gibt es eine öffentlich-rechtliche Gefährdungshaftung? JR 1958 S. 96; Wolff, Verwaltungsrecht I, 4. Aufl. 1961, S. 369.

[9]) §§ 1 ff. Reichshaftpflichtgesetz v. 7. 6. 1871 (RGBl. S. 207), ergänzt am 15. 8. 1943 (RGBl. I, S. 489); §§ 1 ff. Sachhaftpflichtgesetz v. 29. 4. 1940 (RGBl. I S. 691); § 7 Straßenverkehrsgesetz v. 19. 12. 1952 (BGBl. I S. 837); §§ 33, 53 Luftverkehrsgesetz v. 10. 1. 1959 (BGBl. I S. 9); §§ 25 ff. Atomgesetz v. 23. 12. 1959 (BGBl. I S. 814); § 22 Wasserhaushaltsgesetz v. 27. 7. 1957 (BGBl. I S. 1110).
Nach einem — bisher nicht veröffentlichten — Referentenentwurf des Bundesjustizministeriums soll im Rahmen der geplanten Bereinigung und Neuordnung des Schadensersatzrechts die Gefährdungshaftung des Reichshaftpflichtgesetzes auf Anlagen zur Fortleitung von Dampf, Wasser und sonstigen Flüssigkeiten sowie auf die Herstellung, Lagerung und Beförderung explosiver, feuergefährlicher und giftiger Stoffe ausgedehnt werden; an der Systematik des Haftpflichtrechts soll im übrigen — bis auf die Haftungsgrenzen — nichts Wesentliches geändert werden.

[10]) Esser, Schuldrecht, 2. Aufl. 1960, S. 949 ff.

[11]) §§ 7a, 7b Haftpflichtgesetz, § 4 Sachhaftpflichtgesetz, § 12 StVG, § 37 Luftverkehrsgesetz, § 31 Atomgesetz.

[12]) Vgl. Enneccerus-Lehmann, Recht der Schuldverhältnisse, 15. Bearb. 1958, S. 928; RG, 11. 4. 1935, RGZ 147, 353 (355, 356); OLG Oldenburg, 8. 11. 1957, JR 1958, S. 222 = NJW 1958, S. 1096; neuestens BArbG, Gr.Sen., 10. 11. 1961, NJW 1962, S. 411

b) Die privatrechtliche Gefährdungshaftung läßt sich auch ihrem Rechtsgedanken nach auf das öffentlichrechtliche Verhältnis zwischen Staat und Bürger nicht übertragen. Die Anhänger einer öffentlichrechtlichen Gefährdungshaftung wollen Fälle mit einer ganz anderen Sach- und Interessenlage erfassen:

1) Die Haftung soll nicht an einen abgegrenzten Kreis bestimmter, besonders „gefährlicher" Tätigkeiten anknüpfen, die eine generelle Überbürdung des Schadensrisikos auf den „Unternehmer" dieser Tätigkeiten rechtfertigen könnten; sie knüpft vielmehr an den Tatbestand eines außerordentlichen Schadens an, der durch irgendeine — nicht notwendig „gefährliche" — Staatstätigkeit ausgelöst worden ist.

2) Die Haftung soll keinen Interessenausgleich zwischen gleichrangigen Interessenträgern durch Verteilung des Schadensrisikos herbeiführen, sie soll und kann auch gar nicht allgemein und für alle Zeit festlegen, in welchem Umfange der einzelne Bürger im Verhältnis zum Staat nachteilige Folgen staatlicher Tätigkeit zu tragen hat; sie soll nicht im Verhältnis zum Staat, sondern vielmehr im Verhältnis zwischen den einzelnen Bürgern einen Ausgleich herbeiführen, indem sie dem einzelnen Bürger Belastungen abnimmt, die zu tragen ihm nach dem Grundsatz der Lastengleichheit aller Staatsbürger nicht zugemutet werden kann.

Wegen dieser grundsätzlichen Verschiedenheit der Sach- und Interessenlage sollte man besser davon absehen, den Begriff der „Gefährdungshaftung", der im Bereich der privatrechtlichen Haftpflichtregelungen seinen festen Platz mit einem klar umrissenen Inhalt hat, auf die anders gelagerten Tatbestände des öffentlichen Rechts zu übertragen.

Auch in ausländischen Rechtssystemen ist bisher die durch staatliche Tätigkeit herbeigeführte besondere Gefahrenlage als selbständiger genereller Haftungsgrund nicht anerkannt worden. Nur das französische Staatshaftungsrecht macht hier — teilweise — eine Ausnahme: Die Anhänger der öffentlichrechtlichen Gefährdungshaftung können mit einem gewissen Recht darauf verweisen[13]), daß die Rechtsprechung des französischen Conseil d'Etat eine Haftung des Staates für einige von staatlichen Organen verursachte „risques exceptionnels" ohne Nachweis eines Verschuldens anerkannt hat[14]). Aus dieser Recht-

---

[13]) Forsthoff, aaO. (s. Anm. 1) S. 316.

[14]) Die grundlegenden Entscheidungen des Conseil d'Etat zur Haftung aus erhöhtem Gefahrenrisiko sind folgende: 28. 3. 1919, Fall Regnault-Desroziers, Rec. 1919, S. 329 (Explosion eines Munitionsdepots); 24. 12. 1926, Fall Walther, Rec. 1926, S. 1140 (Übergreifen des Feuers auf ein Nachbargrundstück beim Niederbrennen eines verseuchten Hauses); 24. 6. 1949, Fall Lecomte, Rec. 1949,

sprechung darf jedoch nicht der Schluß gezogen werden, daß der Conseil d'Etat ganz allgemein damit die vom Staat ver-

S. 307 (Verletzung eines unbeteiligten Passanten bei berechtigtem Schußwaffengebrauch der Polizei); 3. 2. 1956, Fall Thouzellier, Rec. 1956, S. 49 (Schäden durch einen entwichenen jugendlichen Sträfling in der Nachbarschaft einer „offenen" Reedukationsanstalt im Gegensatz zu den Fällen, in denen Sträflinge oder Geisteskranke aus dem normalen Straf- oder Haftvollzug entwichen waren und hierfür nur bei grobem Verschulden der verantwortlichen Vollzugsorgane gehaftet wird; vgl. 3. 2. 1956, Fall Harrau, Rec. 1956, S. 50, und 3. 10. 1958, Fall Rakotarivony, Rec. 1958, S. 470).

Die folgenden vom Conseil d'Etat anerkannten Fallgruppen einer Haftung ohne Verschulden beruhen dagegen auf anderen Grundlagen:

a) Die Haftung des Staates für Schäden durch sog. travaux publics (zum unbeweglichen Vermögen gehörende öffentliche Bauten und Anlagen, wie z. B. Straßen, Brücken, Kanäle, Eisenbahnen, Elektrizitäts- und Gasleitungen etc. einschließlich der Arbeiten zu ihrer Herstellung und Unterhaltung) wird auf ein Gesetz aus dem Jahre 1800 zurückgeführt und folgt eigenen, von den Verwaltungsgerichten in ständiger Rechtsprechung entwickelten Regeln: Danach wird dem Benutzer solcher Anlagen und Einrichtungen nur bei Verschulden (z. B. bei ihrer ungenügenden Unterhaltung), unbeteiligten Dritten jedoch ohne Verschulden gehaftet, sofern nicht höhere Gewalt oder eigenes Verschulden des Dritten vorliegt (z. B. neuestens Conseil d'Etat, 25. 4. 1958, Fall Barbaza, Rec. 1958, S. 228, Tod eines Dritten durch ein als stromlos bezeichnetes, jedoch inzwischen unbefugt unter Strom gesetztes Hochspannungskabel); ausnahmsweise wird auch dem Benutzer ohne Verschulden gehaftet, wenn es sich um die Realisierung einer besonderen, mit der Anlage verbundenen außerordentlichen Gefahr handelt (Conseil d'Etat, 21. 1. 1949, Fall Société Grand-combienne d'éclairage et d'énergie, Rec. 1949, S. 32, Blitzschlag über die Elektrizitätsleitung in das Haus des Verbrauchers). Die Haftung für travaux publics beruht nach herrschender Ansicht auf dem Grundgedanken, daß die Lasten und Gefahren öffentlicher Anlagen, die den Interessen der Allgemeinheit und der Benutzer dieser Anlage dienen sollen, nicht von dem Einzelnen, sondern von der Gesamtheit der Bürger (oder von dem Benutzer dieser Anlagen) getragen werden sollen; danach hat zwar der Benutzer, nicht aber der unbeteiligte Dritte die normalen Risiken solcher Anlagen zu tragen.

b) Die Haftung des Staates für Schäden derjenigen, die entweder auf Anfordern der Behörden oder freiwillig bei der Durchführung von Verwaltungsmaßnahmen Hilfe leisten (z. B. Festnahme von Verbrechern, Bekämpfung von Bränden, ärztliche Unfallhilfe), wird in Erweiterung der für öffentliche Bedienstete entwickelten Regeln aus dem Fürsorgepflichtgedanken hergeleitet; danach hat der Dienstherr für Schäden aufzukommen, die seinen Bediensteten im Rahmen des „risque professionnel" entstehen.

c) Die Haftung für Schäden durch Dienstkraftwagen, die früher aus vermutetem Verschulden beim Gebrauch „gefährlicher" Sachen („choses dangereuses") hergeleitet wurde, ist seit dem Gesetz vom 31. 12. 1957 in die Zuständigkeit der Zivilgerichte übergegangen und wird nunmehr nach den privatrechtlichen Haftungsgrundsätzen für Kraftfahrzeuge behandelt.

ursachte Gefahrenlage als selbständigen Haftungsgrund anerkannt habe. Eine solche Schlußfolgerung würde nicht genügend berücksichtigen, daß das französische Staatshaftungsrecht den Haftungsgrund der Aufopferung nicht kennt, seine Haftungsgrundsätze unabhängig vom Zivilrecht nicht nur für spezifisch hoheitliche Tätigkeiten, sondern auch für andere — im deutschen Recht meist der Privatrechtsordnung unterworfene — Staatstätigkeiten (öffentliche Bauten und Arbeiten, Tätigkeit der öffentlichen Versorgungsbetriebe, Verkehrssicherung auf öffentlichen Wegen, Gebrauch von Dienstkraftwagen) entwickelt hat. Der Conseil d'Etat wendet die Haftung des Staates aus erhöhtem Risiko nur auf bestimmte, keineswegs auf alle gefährlichen Tätigkeiten oder Zustände und auch dann nur mit größter Zurückhaltung an, wenn eine Verschuldenshaftung auch mit sehr weiten Schuldvermutungen nicht zu begründen ist, dem Geschädigten aber aus Billigkeitsgründen ein Verschuldensbeweis nicht zugemutet werden kann[15]). In der französischen Lehre ist daher umstritten, inwieweit die vom Conseil d'Etat anerkannten Tatbestände der Haftung des Staates ohne Verschulden auf dem Grundsatz der Haftung aus erhöhtem Risiko oder auf dem Grundsatz der Lastengleichheit aller Staatsbürger beruhen[16]). Instruktiv ist in diesem Zusammenhange, wie der Conseil d'Etat die Schadensfälle durch Waffengebrauch der Polizei behandelt hat: Der durch berechtigten oder unberechtigten Schußwaffengebrauch der Polizei verletzte unbeteiligte Dritte erhielt eine Entschädigung, ohne ein Verschulden der verantwortlichen Polizeibeamten nachweisen zu müssen; derjenige aber, gegen den zur Erzwingung eines polizeilichen Haltgebots mit Hilfe der Schußwaffe vorgegangen wurde, erhielt eine Entschädigung nur bei Nachweis

[15]) Conseil d'Etat, 7. 3. 1958, Fall Dejous, Rec. 1958, S. 153 (Impfschaden durch Übertragung von Bazillen); der Gerichtshof lehnte hier entgegen der Ansicht der Vorinstanz und abweichend von dem Plaidoyer des Commissaire du gouvernement (abgedr. Revue de droit public, 1958, S. 1087 ff.) die Anwendung der Risikohaftung auf derartige Impfschäden ab und stützte die Entschädigungspflicht auf vermutetes Verschulden.

[16]) Aus dem französischen Schrifttum: F. B. Bénoit, Le régime et le fondement de la responsabilité de la puissance publique, Juris-Classeur Périodique 1954, I, 1178; R. Chapus, Responsabilité publique et responsabilité privée, 1957, S. 265—346; Ch. Eisenmann, Sur le degré d'originalité du régime de la responsabilité extracontractuelle des personnes publiques, Juris-Classeur Périodique 1949, I, 742 (751); A. de Laubadère, Traité élémentaire de droit administratif, 2. Aufl. 1957, S. 471—484; Lefèvre, L'égalité devant les charges publiques, 1948; G. Vedel, Droit administratif, 2. Aufl. 1961, S. 257—263; M. Waline, Droit administratif, 8. Aufl. 1959, S. 725—757.

eines Verschuldens des Beamten, auch wenn objektiv kein Grund zu einem Vorgehen gegen ihn bestand und das polizeiliche Gebot von ihm ohne Verschulden mißachtet wurde[17]). Diese Differenzierung zeigt sehr klar, daß für den Conseil d'Etat nicht die in beiden Fällen gleiche Gefährlichkeit des Waffengebrauchs, sondern die unterschiedliche Situation des Geschädigten im Verhältnis zur Polizei der bestimmende Faktor für die Beurteilung des Schadensfalles war[18]). Das französische Staatshaftungsrecht scheint mir daher nicht recht geeignet, die Konstruktion einer allgemeinen öffentlichrechtlichen Gefährdungshaftung des Staates zu rechtfertigen.

3.

Die Anhänger der öffentlichrechtlichen Gefährdungshaftung begründen die von ihnen für notwendig gehaltene Erweiterung der Haftung des Staates mit der veränderten Stellung des Einzelnen im modernen Staat, die es nicht mehr zulasse, ihm das Risiko für vom Staat verursachte Schäden aufzubürden[19]).

---

17) Siehe die folgenden gegensätzlichen Entscheidungen des Conseil d'Etat: 24. 6. 1949, Fälle Lecomte und Franquette et Daramy, Rec. 1949, S. 307 und 308 (Verletzung unbeteiligter Passanten durch abirrende Kugeln beim Schußwaffengebrauch gegen einen die Polizeisperre durchbrechenden Kraftwagen); 27. 7. 1951, Fall Aubergé et Dumont Rec. 1951, S. 447 (Verletzung der Insassen eines Kraftwagens beim Durchfahren einer von ihnen ohne Verschulden unbemerkt gebliebenen Polizeisperre).

18) Hierzu die eingehenden Untersuchungen bei J. Moreau, L'influence de la situation et du comportement de la victime sur la responsabilité administrative, 1957. Danach ist der Conseil d'Etat nicht geneigt, eine Haftung ohne Verschulden in den Fällen anzunehmen, in denen das schädigende Verhalten der Polizei Personen betroffen hat, die als Nutznießer oder Adressaten der schadensauslösenden Verwaltungstätigkeit in speziellen Beziehungen zur Verwaltung stehen; eine solche Haftung wird vielmehr nur zugunsten solcher Personen angenommen, die als vollkommen Unbeteiligte von den unmittelbaren Auswirkungen einer gefährlichen Verwaltungstätigkeit betroffen werden. Im gleichen Sinne das Plaidoyer des Commissaire du gouvernement im Falle Dejous (s. o. Anm. 15) aaO. S. 1094: „On doit donc admettre que la seule condition d'admission de la théorie du ris.ue est, au regard du préjudice, celle du dommage anormal et que les notions de voisinage et de chose dangereuse ne sont en aucune façon essentielles ... le dommage anormal, ce n'est pas ... le préjudice dû à l'emploi d'engins dangereux ou de procédés dangereux, c'est celui qui implique une rupture de l'égalité des citoyens devant les charges publiques à l'occasion d'un fonctionnement des services..."

19) Forsthoff, aaO. (s. Anm. 1) S. 316.

Dieses Anliegen hat seine Berechtigung, auch wenn man zu seiner Befriedigung den Weg über die Einführung einer allgemeinen Verursachungshaftung des Staates nicht für richtig hält. Dieses Anliegen ist auch nicht neu: es hat Otto Mayer schon zu seiner Theorie einer allgemeinen Verursachungshaftung des Staates veranlaßt, nur mit dem Unterschied, daß die Theorie der öffentlichrechtlichen Gefährdungshaftung den Haftungsgrund in der Gefahrenlage, Otto Mayer hingegen den Haftungsgrund in dem vom Geschädigten erbrachten Sonderopfer sah[20]). Die Voraussetzungen für die Anerkennung der Theorie Otto Mayers wären heute ungleich günstiger als vor 50 Jahren; die Rechtsprechung hat sich dem Ziel Otto Mayers durch Ausweitung der Haftungstatbestände der Amtspflichtverletzung und der Aufopferung (Enteignung) weitgehend angenähert.

Die heutige Verfassungslage gibt neuen Anlaß zu einer Überprüfung unseres Haftungssystems in dieser Richtung. Der Staat ist nach der Konzeption unseres Grundgesetzes nicht nur Rechtsstaat, sondern auch Sozialstaat: er hat nach den heutigen Vorstellungen über die Staatsziele und Staatszwecke eine erhöhte Verantwortung für die Existenzsicherung des Einzelnen und als Folge seiner umfangreichen Einwirkungsmöglichkeiten auf die Lebensgrundlagen des Einzelnen eine korrespondierende Verpflichtung, im Sinne des materiellen Gleichheitsprinzips einen Ausgleich der sich aus seiner Einwirkung ergebenden Vorteile und Nachteile unter den Staatsbürgern anzustreben. Damit soll einer „Sozialisierung" aller Folgen staatlicher Tätigkeit nicht das Wort geredet werden; es darf aber auf der anderen Seite nicht übersehen werden, daß wir heute gegen Verletzungen des Lastengleichheitsgrundsatzes besonders empfindlich geworden sind.

Diese veränderte verfassungsrechtliche Lage könnte de lege ferenda eine Ergänzung des bestehenden Systems der Staatshaftung rechtfertigen, wenn dieses Lücken enthielte und dem Einzelnen im Widerspruch zum Grundsatz der materiellen Lastengleichheit Schäden aufbürdete, die zu tragen ihm nicht zugemutet werden kann. Ehe jedoch hierzu ein neuer — in seinen Konsequenzen noch nicht voll übersehbarer — Haftungstatbestand in Erwägung gezogen wird, muß zunächst einmal geprüft werden, ob die Haftungstatbestände des geltenden

---

[20]) Otto Mayer, Deutsches Verwaltungsrecht, 2. Bd., 3. Aufl. 1924, S. 295 ff.; ders. Entschädigungspflicht des Staates, in Stengel-Fleischmann, Wörterbuch des Deutschen Staats- und Verwaltungsrechts, Bd. 1, 2. Aufl. 1911, S. 731 ff.

Rechts tatsächlich solche Lücken enthalten und — falls das der Fall ist — ob sie nicht so ausgelegt und weiterentwickelt werden können, daß diese Lücken befriedigend geschlossen werden.

Ich kann in diesem sachverständigen Kreise davon absehen, eine Analyse des geltenden Rechts der Staatshaftung zu geben. Ich lege den folgenden Ausführungen die Tatbestände der Amtshaftung und der Aufopferung mit dem Inhalt zugrunde, den sie durch die neueste Rechtsprechung erhalten haben; ich verwende dabei den Begriff der Aufopferung in einem weiteren Sinne, der die Tatbestände der Enteignung und des enteignungsgleichen Eingriffs mitumfaßt[21]). Gestatten Sie mir nur eine grundsätzliche Bemerkung zur Konzeption des bestehenden Haftungssystems, weil sich daraus die Entwicklungsmöglichkeiten, gleichzeitig aber auch die Grenzen einer solchen Weiterentwicklung ergeben:

a) Die Amtshaftung hat ihren Haftungsgrund in dem amtspflichtwidrigen Verhalten eines Staatsorgans; ihre zusätzlichen einschränkenden Voraussetzungen, daß die Amtspflicht speziell dem Geschädigten gegenüber bestanden haben und ihre Verletzung schuldhaft begangen sein muß, haben in der neueren Rechtsprechung zunehmend an Bedeutung verloren[22]) [23]). Wieweit man das Tatbestandsmerkmal der Amts-

---

[21]) Zur Aufopferung vgl. BGH, 19. 2. 1953, BGHZ 9, 83; BGH, 17. 10. 1955, BGHZ 18, 286; BGH, 13. 2. 1956, BGHZ 20, 61; BGH, 18. 3. 1957, NJW 1957 S. 948 = LM § 75 Einl. Preuß ALR Nr. 22; BGH, 26. 9. 1957, BGHZ 25, 238, BGH, 23. 11. 1959, BGHZ 31, 187; BGH, 1. 12. 1960, BGHZ 34, 23.

Zum enteignungsgleichen Eingriff vgl. neben der grundlegenden Entscheidung des Großen Senats für Zivilsachen des BGH vom 10. 6. 1952, BGHZ 6, 270, die neueren Urteile des BGH vom 25. 4. 1960, BGHZ 32, 208, 7. 7. 1960, NJW 1960 S. 1995, 30. 5. 1960, MDR 1960 S. 1000, 23. 1. 1961, BGHZ 34, 188, 25. 5. 1961, LM Art. 14 (Cf) GrundG Nr. 19.

[22]) Reinhardt, DÖV 1955 S. 542 (544). Freilich hat die Rspr. auch versucht, den Kreis der geschützten Dritten einzugrenzen (besonders instruktiv BGH, 30. 4. 1959, NJW 1959 S. 1316; vgl. auch BGH, 27. 10. 1960, LM § 839 (C) BGB Nr. 60).

[23]) Vgl. Reinhardt, aaO. (s. Anm. 2) S. 254 ff., Scheuner, aaO. (Anm. 2), S. 339. — Das eindruckvollste Beispiel für die „schuldhafte" Amtspflichtverletzung als notwendigen Lückenbüßer bei fehlendem Unfallversicherungsschutz im Falle einer gefährlichen hoheitlichen Veranstaltung bieten die Entscheidungen zu Verletzungen im Turnunterricht. Da für Turnunfälle nicht kraft Gesetzes Unfallfürsorge gewährt wird, sehen sich die Gerichte veranlaßt, Lehrern oder Schulvorständen fahrlässige Pflichtverletzungen nachzuweisen, um zu einer Schadenshaftung zu gelangen; der BGH hat in den Urteilen vom 21. 1. 1957 (FamRZ 1957 S. 132), 27. 1. 1958 (LM § 839 [Fd] BGB Nr. 6 = FamRZ 1958 S. 175 = MDR 1958 S. 409), 3. 7. 1958 (LM § 839 [C] BGB Nr. 40 = FamRZ 1958

pflichtverletzung auch ausweiten mag, Haftungsgrund bleibt das von der Rechtsordnung mißbilligte Verhalten eines Staatsorgans.

b) Die Aufopferungshaftung hat ihren Haftungsgrund in der hoheitlichen Beeinträchtigung einer geschützten Rechtsposition des Geschädigten, die diesem ein mit dem Grundsatz der Lastengleichheit aller Staatsbürger nicht vereinbares Sonderopfer auferlegt. Die neuere Rechtsprechung neigt dazu, den Kreis der geschützten Rechtspositionen zu erweitern und jede Beeinträchtigung einer solchen Rechtsposition, die den Geschädigten in ihren tatsächlichen Wirkungen im besonderen Maße belastet, zur Begründung einer Aufopferungslage ausreichen zu lassen[24]). Wie weit der Kreis der entschädigungspflichtigen Aufopferungslagen aber auch gezogen werden mag, Haftungsgrund ist hier nicht das Verhalten des für die Beeinträchtigung verantwortlichen Staatsorgans, sondern die von der Rechtsordnung mißbilligte Wirkung der hoheitlichen Maßnahme auf die Position des Geschädigten.

Die Haftungsgründe der Amtspflichtverletzung und der Aufopferung liegen demnach, wie mit Recht gesagt worden ist, auf zwei ganz verschiedenen Ebenen. Die Unterschiede in den Haftungsfolgen (Schadensersatz oder angemessene Entschädgung), die von der Rechtsprechung immer mehr eingeebnet werden[25]), sind demgegenüber von sekundärer Bedeutung. Der grundlegende Unterschied beider Haftungstatbestände im Haftungsgrunde hat zur Folge, daß dadurch sowohl die Einordnung der entschädigungsbedürftigen Schadensfälle unter die Amtshaf-

S. 366 = MDR 1958 S. 752) solche Amtshaftungsansprüche anerkannt; in einem anderen Falle, in dem der BGH vor der Überspannung der Sorgfaltspflichten in solchen Fällen warnte (Urt. v. 8. 7. 1957, LM § 839 [Fd] BGB Nr. 4 = FamRZ 1957 S. 372), erfolgte lediglich Zurückverweisung.

[24]) Vgl. Schack, Gutachten, aaO. (s. Anm. 4) S. 39, 40; Wolff, aaO. (s. Anm. 8) S. 338. — Wenn der BGH (Urt. v. 28. 1. 1957, BGHZ 23 S. 157, 161; Urt. v. 22. 5. 1958, MDR 1958 S. 587; vgl. auch Kröner, Die Eigentumsgarantie in der Rspr. des Bundesgerichtshofes, 1961, S. 29, 30, 43) für den enteignungsgleichen Eingriff zwar den Eingriff in ein „vermögenswertes Recht" fordert, als solches aber ganz allgemein den „Gewerbebetrieb" anerkennt, so läuft dies im Ergebnis regelmäßig auf dasselbe hinaus; im Urteil vom 2. 7. 1959, III ZR/58, NJW 1959, S. 1916 läßt er einen Eingriff in eine „enteignungsfähige Rechtsposition" genügen.

[25]) Die Rechtsprechung des BGH zum enteignungsgleichen Eingriff in den eingerichteten und ausgeübten Gewerbebetrieb (vgl. Urteil vom 28. 1. 1957, BGHZ 23, 157, 172) gewährt hier Ersatz des entgangenen Gewinns, soweit es sich um den normalen Unternehmergewinn handelt; weitere — unveröffentlichte — Urteile des BGH bei Kröner, aaO. (s. Anm. 24) S. 68.

tung oder unter die Aufopferung als auch die Richtung einer erweiternden Auslegung oder Umformung dieser beiden Haftungstatbestände bereits weitgehend vorgezeichnet sind.

4.

Zur Beantwortung der Frage, ob die bestehenden Haftungstatbestände der Amtshaftung und Aufopferung ausreichen oder ob ein dritter Haftungstatbestand aus Verursachung, Gefährdung oder ähnlichem Haftungsgrunde notwendig ist, bedarf es zunächst einer Konfrontation der entschädigungsbedürftigen, bisher nicht befriedigend gelösten Schadensfälle mit den Haftungstatbeständen des geltenden Rechts. Ich gehe dabei primär nicht von der üblichen Aufteilung in rechtmäßige, schuldlos-rechtswidrige und schuldhaft-rechtswidrige Maßnahmen des Staates aus, weil mir diese Aufteilung für unsere Zwecke nicht der richtige Ansatzpunkt zu sein scheint; ich differenziere vielmehr nach den verschiedenen Handlungsformen des Staates: Rechtsnorm, Verwaltungsakt und sonstige Verwaltungstätigkeit[26]), weil bei jeder dieser Handlungsformen die Schadenshaftung besondere Aspekte aufweist. Danach ergibt sich folgende Gliederung der problematischen Schadensfälle:

a) Schäden durch Rechtsnormen: In diesem Bereich muß unterschieden werden, ob es sich um schädigende Auswirkungen einer ungültigen oder einer gültigen Rechtsnorm handelt:

1) Im Falle ungültiger Rechtsnormen ist problematisch, aus welchem Rechtsgrunde und unter welchen Voraussetzungen der Staat für Schäden haftbar gemacht werden kann, die durch die unmittelbare Wirkung verfassungswidriger oder aus sonstigen Gründen ungültiger Rechtsnormen verursacht werden.

2) Im Falle gültiger Rechtsnormen ist problematisch, aus welchem Rechtsgrunde und unter welchen Voraussetzun-

---

[26]) Schäden durch Rechtsprechungsakte sind aus dieser Untersuchung bewußt ausgeklammert worden, weil sie zur Problematik der öffentlich-rechtlichen Gefährdungshaftung keine Berührungspunkte haben und eine Betrachtung unter besonderen Gesichtspunkten erfordern, die über den Rahmen dieses Berichts hinausgehen würde. Ob die vorhandenen gesetzlichen Regelungen (§ 839 Abs. 2 BGB, Gesetz über die Entschädigung der im Wiederaufnahmeverfahren freigesprochenen Personen vom 20. 5. 1898 [RGBl. 1898, S. 345] und Gesetz über die Entschädigung für unschuldig erlittene Untersuchungshaft vom 14. 7. 1904 [RGBl. 1904, S. 321]) eine ausreichende Regelung derartiger Schäden darstellen, muß daher hier offen bleiben.

gen der Staat für Schäden haftbar gemacht werden kann, die sich bei der Anwendung gültiger — bei abstrakter Betrachtung verfassungsrechtlich unbedenklicher — Rechtsnormen aus den besonderen Umständen des konkreten Anwendungsfalles ergeben. Beispiele für Fälle dieser Art sind Gesundheitsschäden durch eine gesetzliche Zwangsimpfung oder Vermögensschäden durch den Eingriff eines neuen Gesetzes in ein bestehendes konkretes Rechtsverhältnis.

b) Schäden durch Verwaltungsakte: In diesem Bereich muß unterschieden werden, ob es sich um schädigende Auswirkungen rechtswidriger oder rechtmäßiger Verwaltungsakte handelt:

1) Im Falle rechtswidriger Verwaltungsakte ist problematisch, aus welchem Rechtsgrunde und unter welchen Voraussetzungen der Staat für einen Schaden haftbar gemacht werden kann, der aus dem Vollzug eines rechtswidrigen Verwaltungsaktes oder aus der rechtswidrigen Ablehnung eines beantragten Verwaltungsaktes entsteht, auch wenn die Rechtswidrigkeit nicht auf einem Verschulden der verantwortlichen Verwaltungsbehörde beruht.

2) Im Falle rechtmäßiger Verwaltungsakte ist problematisch, aus welchem Rechtsgrunde und unter welchen Voraussetzungen der Staat haftet, wenn der Vollzug eines rechtmäßigen Verwaltungsaktes infolge besonderer Umstände für den Adressaten oder einen unbeteiligten Dritten einen außergewöhnlichen, normalerweise mit einem solchen Verwaltungsakt nicht verbundenen Schaden verursacht. Beispiele für Schäden dieser Art sind die Fälle außergewöhnlicher Gesundheits- oder Sachschäden bei rechtmäßiger Inanspruchnahme von Requisitions- oder Nothilfeleistungen oder die Fälle der Verletzung unbeteiligter Passanten beim gesetzmäßigen Schußwaffengebrauch der Polizei.

c) Schäden durch sonstige Verwaltungstätigkeit: In diesem Bereich ist problematisch, aus welchem Rechtsgrunde und unter welchen Voraussetzungen der Staat auch ohne Nachweis eines Verschuldens haftet:

1) für Schäden, die den Nachbarn durch Einwirkungen staatlicher Betriebe und Veranstaltungen entstehen;

2) für Schäden, die den Anliegern durch eine Veränderung öffentlicher Wege oder Wasserläufe oder durch Bauarbeiten an diesen entstehen;

3) für Schäden, die Benutzern oder Dritten durch das Versagen technischer Einrichtungen der Staats-

verwaltung (z. B. bei automatischen Verkehrsregelungen) entstehen.

Bei der Konfrontierung dieser Schadensfälle mit den Haftungstatbeständen des geltenden Rechts werde ich in Übereinstimmung mit der vereinbarten Arbeitsteilung dem Herrn Mitberichterstatter die Prüfung überlassen, inwieweit sie Anlaß zu einer Weiterentwicklung des Amtshaftungsrechts geben, und meine Untersuchung darauf konzentrieren, inwieweit diese Schadensfälle im Rahmen des Aufopferungs- und Enteignungsrechts einer befriedigenden Lösung zugeführt werden können.

5.

Betrachten wir zunächst die Schadensfälle, die unmittelbar durch die rechtsetzende Tätigkeit des Staates verursacht werden, und hier als erstes Problem die Frage, aus welchem Rechtsgrunde und unter welchen Voraussetzungen der Staat für die Folgen des Erlasses einer ungültigen Norm entschädigungspflichtig ist.

In der Diskussion über die Rechtswirkungen verfassungswidriger Gesetze, die im Schrifttum der letzten Jahre einen prominenten Platz eingenommen hat[27]), ist die Frage, ob der Staat verpflichtet ist, die Folgen eines verfassungswidrigen Gesetzes wiedergutzumachen, in den Hintergrund gedrängt und kaum erörtert worden[28]). Daß der Gesetzgeber nach ungeschriebenem Verfassungsrecht zu irgendeiner Form der Folgenbeseitigung verpflichtet ist, darf heute nicht a limine als indiskutabel abgelehnt werden; eine solche Verpflichtung könnte sogar als ein Postulat der materiellen Gerechtigkeit erscheinen. § 79 BVerfGG macht ja einen ausdrücklichen Vorbehalt für derartige sondergesetzliche Regelungen[29]). Man muß sich

---

[27]) Arndt, Hat die Feststellung der Verfassungswidrigkeit eines Gesetzes die Nichtigkeit der darauf gestützten Verwaltungsakte zur Folge?, NJW 1959, S. 863; Michel, Normenkontrolle durch die vollziehende Gewalt, NJW 1960 S. 841, Götz, Der Wirkungsgrad verfassungswidriger Gesetze, NJW 1960 S. 1177; Sigloch, Vorläufige Geltung verfassungswidriger Gesetze? JZ 1958 S. 80; Hoffmann, Die Verwaltung und das verfassungswidrige Gesetz, JZ 1961 S. 193.

[28]) Gegen eine Haftung des Staates Scheuner, Die Einwirkung der verfassungsgerichtlichen Feststellung der Nichtigkeit von Rechtsnormen auf vorgängige Hoheitsakte, BB 1960 S. 1253 (1256).

[29]) § 79 Abs. 2 BVerfGG lautet: „Im übrigen bleiben vorbehaltlich der Vorschrift des § 95 Abs. 2 oder einer besonderen gesetzlichen Regelung die nicht mehr anfechtbaren Entscheidungen, die auf

aber darüber klar sein, daß eine solche — notwendig rückwirkende — Beseitigung der inzwischen eingetretenen rechtlichen und tatsächlichen Auswirkungen eines verfassungswidrigen Gesetzes rechtsstaatliche Probleme aufwirft, die denen ähnlich sind, die sich aus der Annahme einer ex tunc wirkenden Nichtigerklärung eines verfassungswidrigen Gesetzes ergeben. Ich brauche dieses Problem hier nicht zu vertiefen, denn auch wenn man eine verfassungsrechtliche Pflicht des Gesetzgebers zu Wiedergutmachungsmaßnahmen bejahen wollte, wird man jedenfalls damit dem Einzelnen keinen klagbaren Anspruch auf solche gesetzgeberischen Maßnahmen eröffnen wollen.

Der Rechtsgedanke des § 79 BVerfGG, daß die aufgrund eines verfassungswidrigen Gesetzes vorgenommenen und inzwischen unanfechtbar gewordenen Hoheitsakte und Vermögensverschiebungen grundsätzlich unberührt bleiben, ist ein Gebot der Rechtssicherheit[30]) und daher allgemeiner Anwendung fähig. Er steht der Annahme, daß der Einzelne wegen eines verfassungswidrigen Gesetzes Folgenbeseitigungs- und Erstattungsansprüche geltend machen könnte, auch dort entgegen, wo § 79 BVerfGG keine unmittelbare Anwendung findet; solche Ansprüche ohne sondergesetzliche Regelung zu gewähren, wäre aus Gründen der Rechtssicherheit, die insoweit dem Bestreben nach Verwirklichung der materiellen Gerechtigkeit Schranken setzen, nicht zu rechtfertigen. § 79 BVerfGG darf aber andererseits nicht dahin interpretiert werden, daß er die Haftungstatbestände der Amtshaftung und Aufopferung (Enteignung) ausschalten soll, falls sie hier überhaupt Anwendung finden können; eine solche Auslegung verbietet sich schon mit Rücksicht auf den Verfassungsrang dieser Haftungstatbestände:

Die Amtshaftung scheidet hier allerdings aus. Ihre Anwendung auf die gesetzgebende Tätigkeit des Staates ist in Rechtsprechung und Lehre schon immer zweifelhaft gewesen und meist mit der gleichen Begründung abgelehnt worden, daß es hier an einer konkreten, dem einzelnen Bürger gegenüber bestehenden Amtspflicht der gesetzgebenden Organe zur Ein-

---

einer gemäß § 78 für nichtig erklärten Norm beruhen, unberührt. Die Vollstreckung aus einer solchen Entscheidung ist unzulässig. Soweit die Zwangsvollstreckung nach den Vorschriften der Zivilprozeßordnung durchzuführen ist, gilt die Vorschrift des § 767 der Zivilprozeßordnung entsprechend. Ansprüche aus ungerechtfertigter Bezeichnung sind ausgeschlossen."

[30]) Vgl. dazu die Rechtsprechung des BVerfG zu § 79 BVerfGG, dessen Verfassungsmäßigkeit das BVerfG bestätigt hat (1. 7. 1953, BVerfGE 2,380 (404—405); 12. 12. 1957, BVerfGE 7,196 (196); 7. 7. 1960, BVerfGE 11,263).

haltung ihrer verfassungsmäßigen Kompetenzen fehle[31]). Diese Begründung scheint mir richtig zu sein, sie ist aber nicht mehr ganz so überzeugend, seitdem die neuere Rechtsprechung bei Kompetenzüberschreitungen der Verwaltungsorgane in der Annahme einer Amtspflichtverletzung gegenüber dem Geschädigten sehr weitherzig ist[32]). Der entscheidende Grund scheint mir vielmehr der zu sein, daß die mit der Amtshaftung übernommene Garantie des Staates für die ordnungsmäßige Führung der Amtsgeschäfte durch seine Amtsträger sich ihrem Haftungsgrund nach nur auf die Gesetz- und Rechtmäßigkeit konkreter Amtshandlungen der Verwaltung und Rechtsprechung, nicht aber auch auf die Ausübung der gesetzgebenden Gewalt bezieht und beziehen sollte[33]). Hierzu mag rechtsvergleichend angemerkt werden, daß auch ausländische Rechtssysteme, in denen ein Gesetz wegen Verfassungswidrigkeit für ungültig erklärt werden und das Problem der Haftung für die Folgen solcher Gesetze praktisch werden könnte, eine Amtshaftung des Staates für die Tätigkeit der Legislativorgane oder ihrer Mitglieder nicht in Erwägung ziehen[34]). Die

---

[31]) Schack, Entschädigung bei „legislativem Unrecht"?, MDR 1953, S. 514—518 (mit Nachweisen über die Rechtsprechung des Reichsgerichts). A. A. Forsthoff, Rechtsfragen zur Neuregelung der Sonntagsarbeit, BB 1960, 1135 (1138), der im Bereich der Amtshaftung eine Unterscheidung zwischen Normsetzungs- und Exekutivakten nicht mehr für gerechtfertigt hält. Das LG Freiburg, 30. 9. 1952, MDR 1953, S. 564 (Badisches Ladenschlußgesetz) hat eine Amtspflichtverletzung des Gesetzgebers für ein kompetenzwidriges Gesetz wegen Mangel eines nachweisbaren Verschuldens abgelehnt.Der BGH bejahte zwar in dem Urteil vom 3. 12. 1953, BGHZ 11, 192 (197—198) die Anwendung der Amtshaftung auf die Mitglieder des Kreistages; in diesem Falle handelte es sich jedoch um die Erteilung einer Baugenehmigung durch den Kreistag als „Baupolizeibehörde", d. h. in Ausübung typischer Verwaltungstätigkeit.

[32]) Ständige Rechtsprechung; der BGH hat in seinem Urteil vom 30. 4. 1959, NJW 1959, 1316 (1317) versucht, diesen Grundsatz in der Weise einzugrenzen, daß „ein Beamter, der außerhalb seiner Zuständigkeit eine Amtshandlung vornimmt, nur dann eine ihm gegenüber einem Dritten obliegende Amtspflicht verletzt, wenn nach den gesamten Umständen des Falles eine Beziehung zwischen der Amtshandlung und dem Dritten besteht; das heißt, wenn die Amtshandlung an sich ... geeignet ist, die Interessen des von der Amtshandlung Betroffenen zu berühren".

[33]) Zu diesem Ergebnis gelangt auch Schack, aaO. (Anm. 31) mit dem Argument, daß die Mitglieder der gesetzgebenden Körperschaften kein „öffentliches Amt" im Sinne des Art. 34 GG ausübten.

[34]) Art. 23 der österreichischen Bundesverfassung in der Fassung vom 18. 12. 1948 und das zu seiner Ausführung ergangene Amtshaftungsgesetz vom gleichen Tage (BuGBl. 1949, S. 49) sehen ausdrücklich vor, daß nur für schuldhaft rechtswidriges Verhalten „in Vollziehung der Gesetze" gehaftet wird (Art. 23 Abs. 1: „Der

Gründe, die gegen die Anwendbarkeit der Amtshaftung auf die Legislative sprechen, gelten in gleicher Weise für die Exekutive, soweit sie durch die Gesetzesinitiative[35]) oder durch Rechtsverordnungen[36]) an der Ausübung rechtsetzender Gewalt des Staates teilnimmt; auf solche Ermessensakte die Grundsätze der Amtshaftung anzuwenden[37]), scheint mir nicht dem Sinn und Zweck dieser Haftung zu entsprechen, ausgenommen vielleicht in Fällen offensichtlichen Mißbrauchs solcher Rechtssetzungsermächtigungen. Die Anwendung der Amtshaftung auf sonstige allgemeine Anordnungen der Exekutive wird von der Rechtsprechung ohne Bedenken für zulässig gehalten[38]), sie ist, soweit diesen Anordnungen der Rechtsnormcharakter fehlt, vertretbar.

Die rechtsetzende Tätigkeit des Staates unterliegt aber im vollen Umfange der Haftung aus Aufopferung (Enteignung oder enteignungsgleichem Eingriff). Nachdem die Rechtsprechung den Aufopferungsanspruch auch gegenüber gesetzgebe-

---

Bund, die Länder, die Bezirke, die Gemeinden und die sonstigen Körperschaften und Anstalten des öffentlichen Rechts haften für den Schaden, den die als ihre Organe handelnden Personen in Vollziehung der Gesetze durch ein rechtswidriges Verhalten wem immer schuldhaft zugefügt haben."). Das amerikanische Bundesgesetz über die Staatshaftung für die Bundesbediensteten (Federal Tort Claims Act 1946) schließt ausdrücklich eine Haftung für Maßnahmen aus, die unter Beobachtung der erforderlichen Sorgfalt „in Ausführung eines Gesetzes oder einer Verordnung, gleichgültig ob diese gültig oder ungültig sind" durchgeführt worden sind (28 U. S. C. § 2680 (a) (1): ... any claim based upon an act or ommission of an employee of the Government exercising due care in the execution of an statute or regulation, whether or not such statute or regulation be valid.").

35) Vgl. RGZ 130, 319; RG, 8. 11. 1927, JW 1928, 1036 (in beiden Fällen keine Amtshaftung der Regierung für den Inhalt der von ihr eingebrachten Gesetzesvorlagen).

36) BGH, 27. 5. 1957, BGHZ 24, 302 = NJW 1957, S. 1235 (keine Amtshaftung des BArbMin für die Festsetzung von Pauschbeträgen für die Auslagenerstattung der Rentenversicherungsträger an die Ortskrankenkassen aufgrund des Rentenversicherungsgesetzes vom 24. 7. 1941).

37) Das OLG Tübingen (19. 11. 1951; MDR 1953, S. 564) hat eine Amtshaftung der Landesregierung für den Erlaß einer auf einer ungültigen Ermächtigung beruhenden Rechtsverordnung bejaht und die Landesregierung zur Zahlung der Kosten der aufgrund dieser Rechtsverordnung eingeleiteten Strafverfahren verurteilt.

38) BGH, 30. 4. 1959, NJW 1959, 1429 (Abgrenzung des Kreises der Subventionsempfänger); 23. 11. 1959, LM § 839 (C) No. 52 (Ungesetzliche Ausnahmeregelung zugunsten einer bestimmten Gruppe von Importeuren); 26. 9. 1960, NJW 1960, S. 2334 (Änderung der Ausschreibungsbedingungen während der Kontingentsperiode).

rischen Eingriffen anerkannt hat[39]), könnten Schäden, die unmittelbare Folge eines verfassungswidrigen Gesetzes oder einer aus sonstigen Gründen ungültigen Norm sind, nach Aufopferungsgrundsätzen (oder — nach der Terminologie des Bundesgerichtshofs — als „enteignungsgleiche Eingriffe") entschädigt werden. Eine Aufopferungslage ist aber nur dann anzuerkennen, wenn die ungültige Norm auch im Falle ihrer Gültigkeit den Betroffenen ein Sonderopfer auferlegt hätte und zu einer Entschädigung nach Aufopferungs- oder Enteignungsgrundsätzen verpflichtet haben würde. Das ist dann nicht der Fall, wenn die Rechtsnorm wegen einer allgemeinen, d. h. alle Staatsbürger gleichmäßig treffenden Überschreitung materieller Verfassungsschranken oder lediglich wegen Verletzung formellen Verfassungsrechts, z. B. wegen mangelnder Bundes- oder Landeskompetenz, ungültig ist; hier ist der Grundsatz der Lastengleichheit aller Staatsbürger nicht verletzt und ein finanzieller Ausgleich nicht gerechtfertigt[40]). Gleiches muß gelten, wenn der Schaden durch das verfassungswidrige Gesetz oder die ungültige Norm nicht unmittelbar, sondern erst durch einen normvollziehenden Verwaltungsakt herbeigeführt worden war. Der Satz des Bundesgerichtshofs, daß der rechtswidrige Verwaltungsakt schon durch seine Rechtswidrigkeit eine Sonderopferlage begründe[41]), kann insoweit nicht gelten.

---

[39]) Unter Aufgabe der früheren ablehnenden Rechtsprechung des RG (vgl. RGZ 156, 305, 310—314) seit BGH, 19. 2. 1953, BGHZ 9, 83 (86—88).

[40]) Insoweit ist der Entscheidung des LG Freiburg vom 20. 9. 1952, MDR 1953, 564 (Entschädigungsanspruch wegen Umsatzminderung durch das wegen mangelnder Landeskompetenz nichtige badische Ladenschlußgesetz vom 28. 3. 1951) zuzustimmen, wenn es einen Entschädigungsanspruch mit der Begründung verneint, daß der schädigende Eingriff zwar auf einem formell unwirksamen Gesetz beruhe, die im Gesetz enthaltene materielle Regelung aber — wenn sie gültig gewesen wäre — keine Entschädigungspflicht begründet haben würde.

[41]) BGH, 25. 4. 1960, BGHZ 32, 208 (211—212): „... Denn mit der Feststellung, daß ein Eingriff rechtswidrig ist, steht gerade als das dem enteignungsgleichen Eingriff Eigentümliche fest, daß das dem Einzelnen durch den Eingriff auferlegte Opfer jenseits der gesetzlichen allgemeinen Opfergrenze liegt und damit ein entsprechend dem Gebot des Gleichheitssatzes zu entschädigendes Sonderopfer darstellt." Dabei sollte jedoch bedacht werden, daß der BGH mit diesem allgemeinen Satz den Normalfall des gegen Verfassung, Gesetz oder eine sonstige Rechtsnorm verstoßenden rechtswidrigen Verwaltungsaktes im Auge hatte, nicht jedoch den Sonderfall des „gesetzmäßigen" Verwaltungsaktes, der wegen Verfassungswidrigkeit des zugrundeliegenden Gesetzes ebenfalls zu einem rechtswidrigen wird.

6.

Aber auch im Bereich der Anwendung verfassungsmäßiger Rechtsnormen können Schadensfälle eintreten, deren befriedigende Regelung im Rahmen unseres Staatshaftungssystems noch ungelöste Probleme enthält:

Rechtsnormen, die in verfassungsmäßig zulässiger Weise entschädigungslos in Freiheit, Gesundheit, Eigentum oder sonstige geschützte Rechtspositionen des Einzelnen eingreifen, können infolge besonderer Umstände des konkreten Anwendungsfalles für den Betroffenen einen außergewöhnlichen, vom Gesetzgeber nicht in Betracht gezogenen Schaden zur Folge haben. Hauptbeispiele sind die Impfschäden als Folge gesetzlich vorgeschriebener Impfungen und Eingriffe neuer Gesetze in bestehende Rechtsverhältnisse. Die Rechtsprechung hat sich bemüht, einen Weg zur Entschädigung der Betroffenen zu finden, ohne immer zu überzeugenden Lösungen gelangt zu sein[42]). Im Bereich der Wirtschaftslenkung lassen sich weitere Fälle denken, in denen dem Staat die Befugnis, aus außen-, währungs- oder wirtschaftspolitischen Gründen in bestehende Verträge einzugreifen, nicht bestritten werden kann, andererseits aber bei einzelnen Betroffenen dadurch erhebliche Vermögensschäden entstehen können; ein typisches Beispiel hierfür ist § 2 Abs. 2 Satz 2 des neuen Außenwirtschaftsgesetzes vom 28. 4. 1961, wonach Ein- oder Ausfuhrbeschränkungen unter besonderen Voraussetzungen auch abgeschlossene Verträge berühren können, ohne daß eine Entschädigung vorgesehen ist. Bleibt der von einer solchen Maßnahme Betroffene praktisch an den von ihm abgeschlossenen Vertrag gebunden, weil er ausländischem Recht und oder ausländischer Jurisdiktion unterliegt und dort die Befreiung von den Vertragspflichten nicht anerkannt wird, oder hat er besondere, nicht mehr verwertbare Aufwendungen gemacht, so könnte der Betroffene einen außergewöhnlichen Schaden erleiden, der im Normal-

---

[42]) BGH, 19. 2. 1953, BGHZ 9, 83 und 17. 10. 1955, BGHZ 18, 286 (Gesundheitsschäden als Folge einer gesetzlichen Zwangsimpfung); BGH, 26. 9. 1957, BGHZ 25, 238 (Salvarsanbehandlung aufdrund des Geschlechtskrankheitengesetzes); OVG Münster, 8. 10. 1958, OVGE 14, 82; BayVGH, 17. 3. 1961, VGH n. F. 14 I 24 = VRspr. 13, No. 203, S. 692; 14. 2. 1962, DVBl. 1962, S. 485 (sämtlich zu Eingriffen in vertragliche Rechte aufgrund Anschluß- und Benutzungszwanges). Weitere ähnliche Fälle: BGH, 13. 2. 1956, BGHZ 20, 61 (wissenschaftliche Erprobung eines neuen Heilverfahrens an einem Soldaten); BGHZ 17, 172 (Tötung eines Häftlings durch einen geisteskranken Mitgefangenen).

falle durch solche Ein- oder Ausfuhrbeschränkungen nicht eingetreten wäre[43]).

Allen diesen Schadensfällen ist gemeinsam, daß der im konkreten Fall eintretende außergewöhnliche Schaden auf die Mitwirkung von Faktoren zurückzuführen ist, die außerhalb der Normalsituation liegen, von der der Gesetzgeber beim Erlaß der Norm ausgegangen ist oder ausgehen konnte, obwohl die Kausalität der Gesetzesanwendung für den eingetretenen Schaden nicht bestritten werden kann[44]). Es ist nicht richtig, hier von Folgeschäden zu sprechen, denn diese Schäden sind eine unmittelbare Folge der Anwendung des Gesetzes; die Besonderheit dieser Fälle liegt vielmehr darin, daß zwar der Rechtseingriff nicht weiter geht als in der Normalsituation, wohl aber der mit dem Rechtseingriff verbundene Vermögensschaden. Die Rechtsprechung hat hier für die Beurteilung, ob ein Sonderopfer im Sinne des Aufopferungsrechts vorliegt, Rechtseingriff und Vermögensschaden als eine Einheit betrachtet und in wirtschaftlicher Betrachtungsweise nach letzterem das Maß des Eingriffs bestimmt[45]). Man wird dieser Betrachtungsweise folgen können, vorausgesetzt, daß es sich um Eingriffe in eine vor Beeinträchtigungen geschützte Rechtsposition, nicht um nachteilige Auswirkungen eines neuen Gesetzes auf die allgemeine Vermögenslage des Geschädigten handelt; denn niemand hat ein Recht auf Fortbestand einer bestehenden Gesetzeslage.

Bejaht man das Vorliegen eines Sonderopfers, so hat der Betroffene einen Entschädigungsanspruch aus Aufopferung, auch wenn das Gesetz diesen Fall nicht bedacht und daher für diesen Ausnahmefall keine Entschädigung vorgesehen hat. Das gilt auch dann, wenn es sich um Eingriffe in vermögenswerte Rechte handelt, die im konkreten Einzelfall enteignende Wirkung haben. Der einfachen und befriedigenden Lösung, daß hier ein Aufopferungsfall vorliegt, steht jedoch leider die Auffassung des Bundesgerichtshofs entgegen, daß Art. 14 GG Zulässigkeit und Entschädigungspflicht jeder Art von Eingriffen in vermögenswerte Rechte abschließend regele und daher hier ein nach Art. 44 GG zu beurteilender Enteignungsfall vor-

---

[43]) Zur Enteignungswirkung und Verfassungsmäßigkeit des § 2 Abs. 2 Satz 2 Außenwirtschaftsgesetz siehe Ditges, Probleme des neuen Außenwirtschaftsgesetzes, NJW 1961, S. 1849—1852; Wapenhensch, Der Eingriff in laufende Verträge im Außenwirtschaftsrecht, AWD-BB, 1961, S. 273 ff.; Harsdorf, Außenwirtschaftsgesetz, 1961, S. 14.

[44]) Zur Frage des adäquaten Kausalzusammenhanges zwischen Zwangsimpfung und Tod eingehend BGH, 17. 10. 1955, BGHZ 18, 286.

[45]) Ständige Rechtsprechung seit BGHZ 6, 270 (Enteignung) und BGHZ 9, 83 (Aufopferung).

liege[46]). Diese Auslegung des Art. 14 ist in der Lehre bereits hinreichend und mit Recht kritisiert worden[47]; sie hat gerade in Fällen der vorliegenden Art untragbare, vom Verfassungsgeber sicherlich nicht gewollte Konsequenzen: Sie zwingt bei gesetzlichen Bestimmungen, die in der Normalsituation der ihnen unterliegenden Tatbestände keinen enteignenden Charakter haben und nur in der besonderen Situation des konkreten Anwendungsfalls enteignend wirken, wegen der Junktimklausel des Art. 14 Abs. 3 Satz 2 GG zu der unausweichlichen Konsequenz, solche gesetzlichen Bestimmungen entweder als verfassungswidrig betrachten zu müssen oder in — höchst bedenklicher — verfassungskonformer Auslegung entgegen den Intentionen des Gesetzgebers auf Tatbestände dieser Art nicht anzuwenden. Diese rechtliche Beurteilung ist zwar vom Standpunkt des Betroffenen aus befriedigend, weil sie ihm mindestens eine Entschädigung garantiert; ihre staatsrechtliche Konsequenz aber, Verfassungswidrigkeit oder Nichtanwendung der Norm, wird den praktischen Bedürfnissen staatlicher Rechtsetzung nicht gerecht. Ich möchte deshalb denen zustimmen, die eine Begrenzung des Enteignungsbegriffes in Art. 14 GG anstreben, und dafür plädieren, die Anwendung des Art. 14 GG auf solche gesetzlichen Bestimmungen zu beschränken, die per se — unter Zugrundelegung der Normalsituation — enteignenden Charakter haben, wobei diese Feststellung allerdings objektiv ohne Rücksicht auf Willen oder Vorstellung des Gesetzgebers zu treffen wäre[48]).

---

[46]) Ständige Rspr. des BGH seit der Entscheidung des GSZ v. 12. 4. 1954 (BGHZ 13 S. 88, 91).

[47]) Dürig, Grundfragen des öffentlich-rechtlichen Entschädigungssystems, JZ 1955 S. 521; Huber, Wirtschaftsverwaltungsrecht, 2. Bd. 1954, S. 36 ff.; Schack, Der für den Aufopferungsanspruch neben der Enteignungsentschädigung verbliebene Raum, JZ 1956 S. 425, 426; Scheuner, aaO. (s. o. Anm. 2) S. 331 ff.; Wolff, aaO. (s. o. Anm. 8) S. 372; unentschieden Forsthoff, aaO. (s. o. Anm. 1) S. 311.

[48]) Auf die zahlreichen Versuche, den Enteignungsbegriff des Art. 14 Abs. 3 GG enger einzugrenzen, um Raum für einen nicht an das Entschädigungsjunktim des Art. 14 Abs. 3 Satz 2 GG gebundenen Aufopferungstatbestand zu schaffen, kann hier nicht im einzelnen eingegangen werden. Vgl. hierzu die in Anm. 37 genannten Autoren sowie neuestens Janssen, Der Anspruch auf Entschädigung bei Aufopferung und Enteignung, 1961, S. 133 ff., insbesondere S. 190—206 und, ihm folgend, Wolff, aaO. (s. o. Anm. 8) S. 349.

Ich vermag Janssen aber nicht zu folgen, wenn er auf die — von subjektiven Momenten nicht hinreichend gelöste — objektive „Finalität" der Norm abstellen will, d. h. also darauf, ob die Norm objektiv voraussehbare Beeinträchtigungen enteignenden Charakters in sich schließt; ich möchte vielmehr die rein objektive Unter-

Dadurch würde der Weg frei, in solchen Ausnahmesituationen keinen Enteignungs-, sondern einen Aufopferungstatbestand zu sehen und eine Entschädigung zu gewähren, ohne die Verfassungsmäßigkeit des Gesetzes oder seine Anwendung im konkreten Falle in Frage stellen zu müssen.

Im Ergebnis scheint mir daher der Aufopferungstatbestand — mit den erwähnten Korrekturen an der Rechtsprechung des Bundesgerichtshofs — ausreichend zu sein, um die problematischen Fälle außerordentlicher Schäden, die durch die unmittelbare Anwendung ungültiger oder gültiger Rechtsnormen entstehen können, in befriedigender Weise zu lösen.

7.

Wenden wir uns nunmehr den Schadensfällen zu, die eine Folge des Vollzugs von Verwaltungsakten sind, und hier zunächst dem Problem, unter welchen Voraussetzungen der Staat für die Folgen schuldlos-rechtswidriger Verwaltungsakte entschädigungspflichtig ist:

Ein allgemeiner Rechtsgrundsatz des Inhalts, daß für die Folgen rechtswidriger Verwaltungsakte Entschädigung geleistet werden muß, ist dem geltenden Recht fremd. Die Bemühungen, über die im Falle erfolgreicher Anfechtung gegebenen Folgenbeseitigungs- und Erstattungsansprüche[49]) hinaus einem um-

---

scheidung zwischen Normal- und Ausnahmesituation entscheidend sein lassen, d. h. einer Norm enteignenden Charakter im Sinne des Art. 14 Abs. 3 GG nur dann zusprechen, wenn bei abstrakter Beurteilung ihre normalen Anwendungsfälle enteignende Beeinträchtigungen in sich schließen. Diese Betrachtungsweise wird in vielen Fällen zum gleichen Resultat führen wie die Auffassung Janssens; das Element der Voraussehbarkeit sollte jedoch restlos eliminiert werden.

[49]) Bachof, Die verwaltungsgerichtliche Klage auf Vornahme einer Amtshandlung, 1951, S. 98 ff. (mit Nachweisen zur Entwicklung des Folgenbeseitigungs- und Erstattungsanspruchs). Aus der Rechtsprechung vgl.: OVG Hamburg, 5. 3. 1951, DVBl. 1951, S. 472 = DÖV 1951, S. 502; 2. 2. 1957, VerwRspr. 9, S. 635; 11. 2. 1957, ZMR 1958, S. 104; 22. 1. 1958, DVBl. 1958, S. 832 mit Anm. Ringe; OVG Lüneburg, 17. 8. 1954, OVGE 9, 340; 24. 9. 1954, OVGE 8, 484 = DVBl. 1955, S. 32; 23. 11. 1954, DÖV 1955, 89 (mit zahlreichen Nachweisen); OVG Münster, 28. 1. 1954, OVGE 8,212; 25. 3. 1954, OVGE 8,252; 29. 7. 1954, OVGE 9,65 = DVBl. 1954, S. 781; 14. 9. 1956, MDR 1957, S. 188; 23. 1. 1959, ZMR 1959, S. 151; 5. 6. 1959, ZMR 1959, S. 347; VGH Bremen, 10. 1. 1952, ZMR 1952, S. 119; Hess.VGH, 13. 5. 1952, ESVGH 2,14 = VerwRspr. 5, S. 393, 396; Württ.Bad.VGH, 17. 5. 1951, DVBl. 1951, S. 740 = DÖV 1951, S. 503; 15. 2. 1952, VerwRspr. 5, S. 726, 737; 5. 3. 1954, VerwRspr. 9, S. 501; BayVGH, 20. 10. 1958, ZMR 1959, S. 187; 2. 3. 1959, VerwRspr 12, S. 99.

fassenden Wiedergutmachungsanspruch zur Anerkennung zu verhelfen[50]), haben sich bisher nicht durchsetzen können. Hierfür besteht auch kein Bedürfnis. Der durch einen rechtswidrigen Verwaltungsakt Betroffene hat im Rahmen des heutigen Rechtsschutzsystems die Möglichkeit, im Rechtsmittelverfahren die Aufhebung dieses Verwaltungsaktes herbeizuführen. Macht er davon keinen Gebrauch, so ist es nicht gerechtfertigt, ihm allein wegen der Rechtswidrigkeit des Verwaltungsaktes einen Schadensausgleich zu geben. Anfechtungsrecht und Schadensausgleich sind Teile eines einheitlichen Rechtsschutzsystems, die nicht beliebig auswechselbar oder kumulierbar sind (vgl. § 839 Abs. 3 BGB). Nimmt der Betroffene einen rechtswidrigen Verwaltungsakt ohne Anfechtung hin und läßt ihn dadurch rechtsbeständig werden, so ist eine Entschädigung nur dann gerechtfertigt, wenn der Verwaltungsakt auch im Falle seiner Rechtmäßigkeit einen Entschädigungsanspruch begründet haben würde[51]).

Hat der Betroffene jedoch durch den rechtswidrigen Verwaltungsakt weitere Schäden erlitten, die auch durch die Aufhebung des Verwaltungsaktes und Geltendmachung von Folgenbeseitigungs- und Erstattungsansprüchen nicht beseitigt werden können, so gibt das geltende Recht nicht nur dann einen Schadensersatzanspruch, wenn der rechtswidrige Verwaltungsakt eine schuldhafte Amtspflichtverletzung dem Betroffenen gegenüber darstellt, sondern auch dann, wenn der durch den rechtswidrigen Verwaltungsakt verursachte Schaden dem Betroffenen ein Sonderopfer im Sinne des Aufopferungs- und Enteignungsrechts auferlegt hat. Nach der Rechtsprechung des Bundesgerichtshofs liegt in der Rechtswidrigkeit des Verwaltungsaktes bereits das zum Ausgleich verpflichtende Sonderopfer[52]), sofern im übrigen der Tatbestand einer Aufopferungs-

---

[50]) Haas, System der öffentlichrechtlichen Entschädigungspflichten, 1955, S. 95 ff.; Menger, Gedächtnisschrift für Walter Jellinek, 1955, S. 350 ff. In ähnlicher Richtung tendiert die von Bettermann, DÖV 1955, S. 528 (534—535) befürwortete Anerkennung eines umfassenden „quasinegatorischen" Wiederherstellungsanspruchs.

[51]) Der BGH hat zu dieser Frage noch nicht Stellung genommen. Das OLG Celle, 9. 12. 1953, NJW 1954, S. 559 hat in Abweichung von der früheren Praxis des Reichsgerichts (RGZ 140,276 [288]; 149,34 [37]; 167,14 [26]) den § 254 BGB analog angewendet und einen Entschädigungsanspruch aus Aufopferung versagt, weil es der Geschädigte aus grobem eigenem Verschulden unterlassen hatte, die gegebenen Rechtsmittel gegen den rechtswidrigen Verwaltungsakt einzulegen.

[52]) Urteil vom 25. 4. 1960, BGHZ 32, 208 (211—212); siehe oben Anm. 41.

oder Enteignungslage gegeben ist, d. h. der Vermögensnachteil durch Eingriff in eine bestehende geschützte Rechtsposition entstanden ist. Die letztere Einschränkung wird nicht immer genügend beachtet; sie schließt aus, daß die Rechtswidrigkeit eines Verwaltungsaktes schon für sich allein in jedem Falle einen Anspruch aus Aufopferung oder enteignungsgleichem Eingriff begründet. Der Bundesgerichtshof neigt zwar dazu, den Kreis der geschützten Rechtspositionen weit, vielleicht sogar — wie z. B. den Schutzbereich des Gewerbebetriebs — zu weit zu ziehen und nicht auf private subjektive Rechte im engeren Sinne zu beschränken[53]); er hält jedoch daran fest, daß der Verwaltungsakt eine bestehende Rechtsposition beeinträchtigt haben muß und nicht lediglich eine begehrte Rechtsposition vorenthalten hat[54]).

Diese Unterscheidung ist gerechtfertigt und sollte aufrechterhalten und präzisiert werden; sie beruht auf dem richtigen

---

[53]) Nach der Entscheidung des BGH vom 30. 5. 1960, VerwRspr. 13, S. 64 = MDR 60, S. 1000 (Sprengstofflagererlaubnis) kann sogar die Einschränkung einer vorläufigen, jederzeit widerruflichen oder auf Zeit erteilten Erlaubnis einen enteignenden Eingriff darstellen, wenn dadurch der Wert des Gewerbebetriebes erheblich beeinträchtigt wird.

[54]) Die Rechtsprechung des BGH ist in dieser Beziehung nicht immer ganz eindeutig. Besonders klar kommt diese Differenzierung zwischen bestehenden und begehrten Rechtspositionen aber in den Entscheidungen zur Erteilung und zum Widerruf von Gewerbegenehmigungen zum Ausdruck, wo der BGH unterscheidet, ob der bestehende Tätigkeitskreis berührt wird oder ein neuer Tätigkeitskreis aufgenommen werden soll; vgl. die folgenden Urteile: 23. 1. 1959, BGHZ 34,188 = VerwRspr. 13, Nr. 191, S. 641 (Versagung der Genehmigung zur Einrichtung einer Rezeptsammelstelle einer Apotheke in einem anderen Ort): „... Der erkennende Senat ... hat aber dem Grundsatz nach daran festgehalten, der Eigentumsschutz habe das Recht auf Fortsetzung des Betriebes aufgrund der schon getroffenen betrieblichen Veranstaltungen zum Inhalt; es müsse sich, wenn ein entschädigungspflichtiger, enteignender Eingriff gegeben sein solle, um einen Eingriff in bereits vorhandene konkrete Werte handeln. Ein solcher Eingriff liegt hier nicht vor (wird näher ausgeführt) ... Im Lichte des Enteignungsrechts ist das Verbot einer solchen Veranstaltung nicht anders als das Verbot eines erst zu errichtenden, noch in Vorbereitung befindlichen Gewerbebetriebes zu würdigen"; 25. 5. 1961, VerwRspr. 14, Nr. 18, S. 78, 79 (Versagung der Kleinhandelserlaubnis für einen Großhändler beim Handel mit unedlen Metallen): „... Dagegen ließ die Versagung der Kleinhandelserlaubnis den Betrieb der Klägerin in seiner bisherigen Form unberührt. Sie hinderte die Klägerin lediglich einen neuen Tätigkeitskreis zusätzlich aufzunehmen ... Der Begriff des Kreises der bisherigen Tätigkeit darf nicht weit gefaßt werden, um zu gewährleisten, daß nur für Eingriffe in tatsächlich bestehende vermögenswerte Rechtspositionen, und nicht für den Verlust irgendwelcher Vorteilschancen Entschädigung gewährt wird."

Gedanken, daß bestehende Rechtspositionen einen höheren Schutz verdienen als Ansprüche auf Erweiterung dieser Rechtspositionen oder Begründung neuer Rechtspositionen. Wann ein Eingriff in eine bestehende Rechtsposition vorliegt, ist im konkreten Falle nicht immer leicht zu beurteilen; entscheidend sollte sein, ob es sich um eine im Rahmen der Gesetze gegebene und ohne weiteres nutzbare Rechtsposition handelt oder ob zu ihrer Begründung oder Erweiterung noch eine besondere Verleihung, Genehmigung oder Erlaubnis seitens des Staates hinzukommen muß. Eine solche Verleihung, Genehmigung oder Erlaubnis setzt eine Tatsachen- und Rechtsprüfung durch die dafür zuständigen Verwaltungsbehörden voraus. Diese Prüfung erfordert eine gewisse Zeit und schließt die Möglichkeit entschuldbarer Beurteilungsfehler ein; dies ist, sofern dabei der Verwaltungsbehörde keine amtshaftungauslösenden schuldhaften Fehler unterlaufen, keine unzumutbare Belastung für denjenigen, der eine Rechtsposition vom Staat begehrt. Hier genügt das Anfechtungsrecht für den Rechtsschutz. Dementsprechend wäre z. B. im Falle einer ungerechtfertigten Abrißverfügung zu entschädigen, im Falle der ungerechtfertigten Verweigerung eines baurechtlichen Dispenses dagegen nicht[55]); ebenso wäre im Falle des ungerechtfertigten Verbots einer genehmigungsfreien Verkaufsveranstaltung[56]) oder im Falle des ungerechtfertigten Widerrufs einer Gewerbeerlaubnis zu

---

[55]) Im Baurecht geht der BGH vom Grundsatz der Baufreiheit aus, der dem Eigentümer schon vor der — rein formal betrachteten — Baugenehmigung eine im Rahmen der Bauvorschriften nutzbare Rechtsposition gibt, vorausgesetzt, daß es sich seiner situationsgebundenen Lage nach um ein Baugrundstück handelt (vgl. BGH, 9. 5. 1960, NJW 1960, S. 1618). Zur rechtswidrigen Versagung einer Bauerlaubnis vgl. die Entscheidung des BGH vom 9. 5. 1960, VerwRspr. 13, Nr. 15, S. 53,58 (Ablehnung der Verlängerung einer durch Zeitablauf erloschenen Baugenehmigung nach Zurückverlegung der Baufluchtlinie): „... Falls die Beklagte ohne gesetzliche Ermächtigung den Bauantrag abgelehnt haben sollte, hätte sie rechtswidrig in das allgemeine Recht der Baufreiheit beim Kläger eingegriffen und wäre nach Enteignungsgrundsätzen wegen des insoweit vorliegenden enteignungsgleichen Eingriffs zur Entschädigung verpflichtet." In dieser Entscheidung wird vorausgesetzt, daß es sich um einen Bauantrag handelte, der sich im Rahmen der baurechtlichen Vorschriften hielt und keinen Dispens erforderte; sie wird deshalb auf den Fall der Verweigerung eines Dispenses nicht ohne weiteres übertragen werden dürfen. Weitere Entscheidungen zum Baurecht bei Kröner, aaO. (s. o. Anm. 24), S. 38.

[56]) So in BGH, 25. 4. 1960, NJW 1960, S. 1149 (Fahrendes Kaufhaus).

entschädigen, im Falle der ungerechtfertigten Ablehnung einer beantragten Gewerbeerlaubnis[57]) dagegen nicht.

Je weiter man den Kreis der eine Aufopferungs- oder Enteignungsentschädigung rechtfertigenden Eingriffe ausdehnt, um so größere Bedeutung gewinnt die Frage, ob das Verhalten des Betroffenen, soweit es den Erlaß des rechtswidrigen Verwaltungsaktes mitverursacht hat, zu seinen Lasten berücksichtigt werden sollte. Der Bundesgerichtshof hat die Frage, ob eine analoge Anwendung des § 254 BGB im Rahmen der Aufopferung und Enteignung möglich ist, bisher offen gelassen, einige untere Gerichte haben sie bereits bejaht[58]). Die neueren gesetzlichen Bestimmungen, die Entschädigungsregelungen für Aufopferungs- oder Enteignungseingriffe enthalten, sehen regelmäßig vor, daß ein mitwirkendes Verschulden des Betroffenen bei der Entstehung des aus dem Eingriff entstandenen Schadens zu berücksichtigen ist[59]); hierbei ist aber wohl in erster Linie an eine Schadensabwendungspflicht des Betroffenen, nicht so sehr an die Mitverursachung des Eingriffs als solchen gedacht. Der Bundesgerichtshof hat in dem Falle eines vorsätzlich oder fahrlässig hervorgerufenen Anscheins einer polizeilichen Gefahr die in den Polizeigesetzen für die Inanspruchnahme eines Nichtstörers vorgesehene Aufopferungsentschädigung versagt und damit — wenn auch mit anderer Begründung — die verschuldete Mitverursachung des Eingriffs durch den Betroffenen für beachtlich gehalten[60]).

In diesen Zusammenhang gehört auch die bisher ungeklärte Frage, ob eine rechtswidrige, z. B. wegen Wahl des falschen

---

[57]) So in den in Anm. 54 zitierten Entscheidungen.

[58]) Das Reichsgericht hat vereinzelt (21. 4. 1941, RGZ 167, 14 [26]) ohne nähere Begründung die Anwendbarkeit des § 254 BGB auf den Aufopferungsanspruch abgelehnt; der BGH hat noch in seiner Entscheidung vom 9. 5. 1960, Verw.Rspr. 13, Nr. 15, S. 53 (60) die Anwendbarkeit des § 254 BGB ausdrücklich offen gelassen. Das OLG Celle (9. 12. 1953, NJW 1954 S. 559) berücksichtigt dagegen mitwirkende grobe Fahrlässigkeit bei der Entstehung der Schädigung. Für uneingeschränkte Anwendung des § 254 BGB, soweit die Entstehung der Schädigung aus enteignungsgleichem Eingriff in Frage steht: BayObLG, Urt. v. 14. 7. 1960, BayObLGZ 1960 S. 295 (302, 303).

[59]) Vgl. § 93 Abs. 2 Satz 2 BBauG: „Hat bei der Entstehung eines Vermögensschadens ein Verschulden des Entschädigten mitgewirkt, so gilt § 254 des Bürgerlichen Gesetzbuchs sinngemäß"; § 51 Abs. 3 BSeuchenG: „Hat bei der Entstehung, Abwendung oder Minderung des Schadens ein Verschulden des Geschädigten oder seines Sorgeberechtigten mitgewirkt, so gilt § 254 des Bürgerlichen Gesetzbuchs sinngemäß." Gleichartige Regelungen, mit oder ohne Nennung des § 254 BGB finden sich in § 43 Abs. 4 NordrhWestfOrdnBehG, § 53 Abs. 4 BremPolG, § 59 Abs. 1 BayPolAufgG.

[60]) BGH, 14. 2. 1952, BGHZ 5, 144 (151) = NJW 1952, S. 586.

Mittels oder wegen Übermaßes aufzuhebende Polizeiverfügung zu einer Entschädigung nach Aufopferungs- oder Enteignungsgrundsätzen verpflichtet, obwohl der Betroffene als Störer berechtigten Anlaß zum Einschreiten der Polizei gegeben hatte. Der Bundesgerichtshof müßte hier, weil er in der Rechtswidrigkeit des eingreifenden Verwaltungsaktes das die Aufopferungslage begründende Sonderopfer sieht, konsequenterweise eine Entschädigung wegen enteignungsgleichen Eingriffs gewähren. Der Gesetzgeber scheint anderer Ansicht zu sein; einige neuere Polizeigesetze sehen zwar für die rechtswidrige Inanspruchnahme des Nichtstörers, nicht aber für die rechtswidrige Inanspruchnahme des Störers eine Entschädigung vor[61]). Weder das eine noch das andere Ergebnis ergibt in allen Fällen befriedigende Lösungen; man wird vielmehr auch hier das Verhalten des Betroffenen für die Frage, ob ein Sonderopfer vorliegt, mitberücksichtigen müssen. Wird eine Polizeiverfügung gegen einen — objektiv polizeipflichtigen — Störer gerichtet und ist diese Polizeiverfügung wegen eines Verfahrensfehlers oder wegen Wahl des falschen Mittels rechtswidrig, so kann eine Sonderopferlage des Betroffenen nur insoweit anerkannt werden,als ihm gerade durch diese Fehler ein besonderer Vermögensnachteil entstanden ist, der auch durch Aufhebung der Verfügung nicht beseitigt werden kann. Hätte der Betroffene diesen Schaden durch Anfechtung der Polizeiverfügung abwenden können und hat er es unterlassen, von seinem Anfechtungsrecht Gebrauch zu machen, so entfällt — wie oben bereits ausgeführt — ein Sonderopfer schon aus diesem Grunde. Der vom Bundesgerichtshof aufgestellte Satz,

---

[61]) § 40 Abs. 1 des hessischen Polizeigesetzes vom 10. 11. 1954: „Wer nach § 15 *[scil. als „Nichtstörer"]* in Anspruch genommen wird, kann Ersatz des ihm hierdurch entstandenen Schadens verlangen. Das gilt auch bei schuldlos rechtswidriger Inanspruchnahme"; die übrigen Polizei- und Ordnungsbehördengesetze der Länder regeln die Folgen einer rechtswidrigen Maßnahme überhaupt nicht, lediglich § 42 Abs. 1 (b) des Ordnungsbehördengesetzes von Nordrhein-Westfalen und § 52 des bremischen Polizeigesetzes (Texte siehe unten Anm. 73) geben einen Entschädigungsanspruch für jede rechtswidrige Maßnahme der Polizei- oder Ordnungsbehörden, wobei aber auch nicht ganz zweifelsfrei ist, ob damit auch die Fälle der rechtswidrigen Inanspruchnahme eines „Störers" erfaßt werden sollten (vgl. dazu Rietdorf, Gesetz über Aufbau und Befugnisse der Ordnungsbehörden — Ordnungsbehördengesetz — für Nordrhein-Westfalen, 1957, S. 233—239, Drews-Wacke, Allgemeines Polizeirecht, 7. Auflage, 1961, S. 474—475). Nach BGH, 5. 3. 1953, DVBl. 1953, S. 367 (368) und OLG Celle, 6. 11. 1957, DVBl. 1958, S. 549 (550) ist eine analoge Anwendung des § 70 PreußPol. VerwG bzw. des ihm entsprechenden § 40 NiedersSOG auf den „Störer" ausgeschlossen.

daß die Rechtswidrigkeit des in eine Rechtsposition eingreifenden Verwaltungsaktes das die Entschädigung begründende Sonderopfer darstelle, bedarf also auch insoweit einer Einschränkung.

Das deutsche Recht ermöglicht somit eine differenzierte und gerechte Beurteilung der Schadensfolgen aus rechtswidrigen Verwaltungsakten. Ich halte es daher weder für empfehlenswert noch für rechtsstaatlich geboten, eine unterschiedslose Verursachungshaftung nach dem Muster des schweizerischen Verantwortlichkeitsgesetzes vom 14. 3. 1958[62]) mit der Folge des Schadenersatzes für jeden, selbst in entschuldbarem Rechts- oder Tatsachenirrtum erlassenen rechtswidrigen Verwaltungsakt einzuführen.

8.

Wenden wir uns nunmehr den Schäden durch rechtmäßige Verwaltungsakte zu, zu denen im weiteren Sinne auch die rechtmäßigen Vollzugsmaßnahmen der Verwaltungsbehörden zu rechnen sind.

Hier sind zunächst diejenigen Schadensfälle problematisch, in denen der Schaden nicht unmittelbar durch den Eingriff in die Rechtsposition des Adressaten, sondern erst durch den Hinzutritt besonderer Umstände des Falles hervorgerufen worden ist, wie z. B. der bei einer behördlich angeordneten medizinischen Zwangsbehandlung infolge besonderer Veranlagung des Betroffenen eingetretene außerordentliche Gesundheitsschaden[63]) oder der bei Erfüllung einer behördlich angeordneten Dienst- oder Sachleistungspflicht infolge der besonderen Umstände des Falles eingetretene außergewöhnliche Sachschaden[64]). Die Problematik dieser Fälle besteht darin,

[62]) Bundesgesetz über die Verantwortlichkeit des Bundes sowie seiner Behördenmitglieder und Beamten (Verantwortlichkeitsgesetz) vom 14. März 1958 (Eidg. Ges. S. 1958, S. 1413). Art. 3 Abs. 1 dieses Gesetzes lautet wie folgt: „Für den Schaden, den ein Beamter in Ausübung seiner amtlichen Tätigkeit Dritten widerrechtlich zufügt, haftet der Bund ohne Rücksicht auf das Verschulden des Beamten."

[63]) BGH, 26. 9. 1957, BGHZ 25,238 (medizinische Zwangsbehandlung aufgrund des Geschlechtskrankheitengesetzes); nach dieser Entscheidung ist eine Aufopferungslage gegeben, gleichgültig ob der Betroffene freiwillig der gesetzlichen Pflicht zur Behandlung nachgekommen ist oder durch eine gesundheitsbehördliche Anordnung dazu angehalten werden mußte.

[64]) BGH, 10. 11. 1958, BGHZ 28, 310 = NJW 1959, S. 384 (Beschädigung eines im Rahmen gemeindlicher Hand- und Spanndienste angeforderten Treckers bei gefährlichen Transportarbeiten). Vgl.

daß es sich hier um Schäden handelt, die mit dem Verwaltungs- oder Vollzugsakt normalerweise nicht verbunden sind, sondern außerhalb der mit ihm beabsichtigten Wirkungen lagen.

Die Rechtsprechung hat keine Bedenken getragen, den Eingriff in die Rechtssphäre des Betroffenen und den daraus durch den Hinzutritt weiterer Faktoren erwachsenden Schaden für die Beurteilung, ob ein unzumutbares Sonderopfer vorliegt, als eine Einheit zu betrachten[65]). Voraussetzung ist nur, daß sich der Schaden aus der besonderen Gefahr, die mit der hoheitlichen Inanspruchnahme wegen ihrer Eigenart notwendigerweise verbunden war, entwickelt, sich also nicht nur zufällig oder gelegentlich der Inanspruchnahme realisiert hat[66]).

Dieser Betrachtungsweise wird man zustimmen und allgemein sagen können, daß Folgeschäden eines rechtmäßigen Verwaltungsaktes für die Beurteilung der Opferlage immer dann mitberücksichtigt werden können, wenn sie als adäquat kausale Folge der durch den Verwaltungs- oder Vollzugsakt geschaffenen speziellen Situation anzusehen sind. Wir kommen so zu dem gleichen Ergebnis, das die Theorie der Gefährdungshaftung erreichen möchte, nur mit dem Unterschied, daß die Schaffung einer speziellen Gefahrenlage hier nicht als Haftungsgrund, sondern als Kausalitätsfaktor erscheint. § 26 Abs. 3 des früheren Reichsleistungsgesetzes, § 28 Abs. 1 des jetzigen Bundesleistungsgesetzes und § 51 des Bundesseuchengesetzes[67])

---

auch Barkhau, Öffentlichrechtliche Entschädigung bei Nothilfeleistungen, 1954.

[65]) Vgl. die oben in Anm. 44 zitierte Entscheidung.

[66]) BGHZ 28, 310, 313 (siehe Anm. 64): „Bei diesem Schaden handelt es sich also nicht um ein zufällig und gelegentlich der Dienstleistung eingetretenes Ereignis; für solche zufälligen Folgen steht dem Betroffenen auch bei enteignenden Eingriffen regelmäßig kein Entschädigungsanspruch zu (BGHZ 12, 52 [57]). Hier handelt es sich vielmehr um eine aus der Eigenart der hoheitlich geforderten Leistung sich ergebende, den Kl. ungleich treffende Schadensfolge, für die er nach den Grundsätzen des Enteignungsrechts einen Ausgleich verlangen kann."

[67]) § 28 Abs. 1 BLeistG: „Körper- und Gesundheitsschäden, Schäden durch Verlust, Beschädigung oder Verschlechterung anderer als der angeforderten Sachen sowie Haftpflichtschäden, die der Leistungspflichtige, seine Erfüllungsgehilfen oder der nach § 13 Abs. 1 Satz 2 Herausgabepflichtige infolge der Erfüllung einer auf der Anforderung beruhenden Leistung erleiden, hat der Leistungsempfänger, in den Fällen des § 8 Abs. 2 der Bedarfsträger den Geschädigten angemessen zu ersetzen, soweit diese nicht auf andere Weise Ersatz zu erlangen vermögen."

§ 51 Abs. 1 Satz 1 BSeuchenG: „Wer durch eine gesetzlich vorgeschriebene oder eine auf Grund der Bestimmungen dieses Gesetzes angeordnete oder eine von der Gesundheitsbehörde öffentlich

sind Beispiele für die gesetzliche Anerkennung der Entschädigungspflicht solcher außerordentlicher Folgeschäden[68]).

Eine ähnliche, wenn auch anders gelagerte Problematik ergibt sich bei Schäden, die unbeteiligten Dritten durch einen — im übrigen rechtmäßigen — Verwaltungs- oder Vollzugsakt entstehen, wie z. B. Verletzung unbeteiligter Passanten beim berechtigten Waffengebrauch gegen einen Verbrecher oder Einwirkungen auf das Nachbargrundstück beim polizeilichen Abbruch eines baufälligen Hauses. Auch hier handelt es sich um Schäden, die mit dem Verwaltungs- oder Vollzugsakt normalerweise nicht verbunden sind, sondern außerhalb seiner Zielrichtung lagen.

Die Rechtsprechung[69]) hat auch in diesen Fällen eine Aufopferungslage bejaht und diese Schadensfolgen dem Verwaltungsakt zugerechnet, weil sie es als genügend ansah, daß der Verwaltungs- oder Vollzugsakt mit hinreichender kausaler Unmittelbarkeit in eine geschützte Rechtsposition eingegriffen hat, auch wenn der Verwaltungs- oder Vollzugsakt nicht auf den Betroffenen gezielt war. Die Kritik[70]) an dieser Rechtsprechung ist nicht gerechtfertigt: Es kann keinen Unterschied machen, ob der Betroffene, in dessen Rechtssphäre eingegriffen wurde, der Adressat des Verwaltungsakts oder ein Dritter war; denn ein Verwaltungs- oder Vollzugsakt — ob rechtmäßig oder rechtswidrig — zwingt nicht nur den Adressaten, sondern auch jeden mit ihm in Berührung kommenden Dritten zur Duldung. Die mit dem Verwaltungs- oder Voll-

---

empfohlene Schutzimpfung einen über das übliche Ausmaß einer Impfreaktion hinaus gehenden Gesundheitsschaden erleidet, hat Anspruch auf Entschädigungsleistungen nach den §§ 52 bis 55."

[68]) § 537 Ziff. 5 (a)—(c) RVO gewährt freiwilligen und behördlich in Anspruch genommenen Nothelfern für die infolge ihres Einsatzes erlittenen Körperschäden kraft Gesetzes die Leistungen aus der Unfallversicherung, auch wenn sie nicht versichert sind. Diese Leistungen reichen jedoch meist nicht aus, um als angemessene Entschädigung im Sinne des Aufopferungsanspruchs gelten zu können (so übereinstimmend Forsthoff, aaO. [s. o. Anm. 1], S. 318 Anmerkung 1, Drews-Wacke, aaO. [s. o. Anm. 61], S. 477).

[69]) BGH, 16. 2. 1956, BGHZ 20,81; 29. 10. 1959, VersRecht 1960, S. 248; OLG Schleswig, 25. 1. 1951, NJW 1951, S. 605 (sämtlich Fälle von Verletzung oder Tötung unbeteiligter Passanten durch abirrende Kugeln beim Schußwaffengebrauch der Polizei). Unentschieden BGH, 5. 3. 1953, DVBl. 1953, S. 835 mit kritischer Anm. (Baufälligwerden des Nachbarhauses infolge polizeilich angeordneter Beseitigung einer Kriegsruine); der BGH hatte hier latente Baufälligkeit des Nachbarhauses festgestellt und deshalb wegen der damit gegebenen Polizeipflichtigkeit des Eigentümers eine Entschädigung versagt.

[70]) Forsthoff, aaO. (Anm. 1), S. 315; Katzenstein, aaO. (Anm. 2), MDR 1952, S. 194, Anm. 5.

zugsakt verbundene besondere Gefahr ist auch hier nicht Haftungsgrund, sondern nur Kausalitätsfaktor.

Man streitet darüber, ob ein gesetzmäßiger Verwaltungs- oder Vollzugsakt, wenn er über seine unmittelbare Zielrichtung hinaus einem unbeteiligten Dritten Schaden zufügt, dadurch oder insoweit zu einem rechtswidrigen wird[71]); auch die Gesetze, soweit sie überhaupt solche Fälle regeln, bezeichnen derartige Verwaltungsakte teils als rechtmäßig[72]), teils als rechtswidrig[73]) oder lassen ihre Qualifizierung offen[74]). Die

---

[71]) Überblick über den Streitstand bei Reinhardt, Gutachten aaO. (Anm. 2), S. 256 Anm. 95, und bei Schack, aaO. (Anm. 2), S. 730 Anm. 29.

[72]) § 13 Abs. 1 des hessischen Gesetzes über die Anwendung unmittelbaren Zwanges bei Ausübung öffentlicher Gewalt vom 11. 11. 1950 (hessGVBl. 1950, S. 247): „Wird durch die Anwendung unmittelbaren Zwanges bei rechtmäßiger Ausübung öffentlicher Gewalt jemand getötet oder verletzt oder eine Sache vernichtet oder beschädigt, so haftet das Land für den daraus entstehenden Schaden, wenn der Geschädigte nicht auf andere Weise für den Schaden Ersatz zu erlangen vermag." Das Bundesgesetz über unmittelbaren Zwang bei Ausübung öffentlicher Gewalt durch Vollzugsbeamte des Bundes vom 10. 3. 1961 (BGBl. I, S. 165) enthält leider keine Regelung dieses Falles; es gelten daher insoweit die allgemeinen, von der Rechtsprechung entwickelten Grundsätze des Aufopferungs- und Enteignungsrechts.

[73]) § 42 Abs. 1 des Gesetzes über Aufgaben und Befugnisse der Ordnungsbehörden von Nordrhein-Westfalen vom 16. 10. 1956 (GVBl. 1956, S. 290): „Ein Schaden, den jemand durch Maßnahmen der Ordnungsbehörden erleidet, ist zu ersetzen, wenn er (a) infolge einer Inanspruchnahme nach § 19 *[scil. ausdrückliche Inanspruchnahme des „Nichtstörers"]* oder (b) durch rechtswidrige Maßnahmen, gleichgültig, ob die Ordnungsbehörden ein Verschulden trifft oder nicht, entstanden ist." Nach Rietdorf, Gesetz über Aufbau und Befugnisse der Ordnungsbehörden — Ordnungsbehördengesetz — für das Land Nordrhein-Westfalen, 1957, Anm. 1 zu § 42 NWOBG, S. 233—234, soll § 42 Abs. 1 (b) auch diejenigen Schäden einschließen, die einem nicht ausdrücklich in Anspruch genommenen Geschädigten, dem sog. unbeteiligten Nichtstörer, entstanden sind.

§ 52 Abs. 1 des bremischen Polizeigesetzes (BremPolG) vom 5. 7. 1960 (BremGBl. 1960, S. 73) enthält eine gleichartige Regelung: „Erleidet jemand (a) ... infolge einer Inanspruchnahme nach § 8 oder (b) durch eine auf dieses Gesetz gestützte Maßnahme, die sich als rechtswidrig erweist, oder (c) ... einen Schaden, so kann er hierfür Entschädigung verlangen."

[74]) § 26 Abs. 2 des bayerischen Polizeiaufgabengesetzes (BayPAG) vom 16. 10. 1954 (BayGVBl. 1954, S. 237): „Das gleiche gilt *[scil. Entschädigungsleistung]*, wenn jemand, der nicht nach den Art. 9 oder 10 verantwortlich *[scil. „Störer"]* ist und gegen den nicht Maßnahmen nach Art. 12 gerichtet worden sind *[scil. ausdrückliche Inanspruchnahme eines „Nichtstörers"]*, durch eine polizeiliche Maßnahme getötet oder verletzt wird oder einen nicht zumutbaren Schaden erleidet."

Frage ist nicht von entscheidender Bedeutung, da eine Aufopferungslage in jedem Falle gegeben ist; sie läßt sich auch nicht allgemein, sondern nur danach beantworten, ob im konkreten Falle die Durchführung der Maßnahme unter Einrechnung der möglichen Gefahren im öffentlichen Interesse notwendig und durch die gesetzliche Ermächtigung gedeckt war. Bei dieser Diskussion wird meist übersehen, daß die Rechtmäßigkeit eines Verwaltungsaktes nach der Ausgangslage, nicht nach den tatsächlichen Auswirkungen zu beurteilen ist; insoweit weicht die Beurteilungsmethode von der auf den rechtswidrigen Erfolg abstellenden Rechtswidrigkeitstheorie des privatrechtlichen Deliktsrechts ab.

In allen diesen Schadensfällen außerordentlicher, von der Normalsituation abweichender Schadensfolgen eines rechtmäßigen Verwaltungs- oder Vollzugsaktes handelt es sich um einen Aufopferungstatbestand, nicht um einen enteignenden Eingriff im Sinne des Art. 14 GG, auch wenn vermögenswerte Rechte beeinträchtigt worden sind. Eine andere Beurteilung würde die gleichen Schwierigkeiten zur Folge haben, wie ich sie oben im Falle des Gesetzes, das in einer Ausnahmesituation einen außergewöhnlichen Schaden zur Folge hat, dargelegt habe.

9.

Wenden wir uns nunmehr den Schadensfällen zu, die nicht durch einen rechtsförmlichen Hoheitsakt (durch Rechtsnorm oder Verwaltungsakt), sondern durch sonstige staatliche Verwaltungstätigkeiten auf dem Gebiet öffentlicher Aufgabenerfüllung verursacht werden, wie z. B. schädigende Einwir-

---

Die übrigen neueren Ordnungsbehörden- und Polizeigesetze der Länder regeln in Anlehnung an § 70 des preußischen Polizeiverwaltungsgesetzes lediglich die Entschädigung des ausdrücklich und rechtmäßig in Anspruch genommenen „Nichtstörers", nicht dagegen die Entschädigung unbeteiligter Dritter; vgl. § 40 des Niedersächsischen Gesetzes über die öffentliche Sicherheit und Ordnung vom 21. 3. 1951, § 65 des Polizeigesetzes von Rheinland-Pfalz vom 26. 3. 1954, § 40 Abs. 1 des hessischen Polizeigesetzes vom 10. 11. 1954, § 38 Abs. 1 des Polizeigesetzes von Baden-Württemberg vom 21. 11. 1955 und § 70 der Neufassung des preußischen Polizeiverwaltungsgesetzes für Berlin vom 2. 10. 1958.

§ 40 Abs. 1 Satz 2 des hessPolG, der die Entschädigung für den Fall der rechtswidrigen Inanspruchnahme des „Nichtstörers" entsprechend regelt, soll nach Drews-Wacke, Allgemeines Polizeirecht 7. Aufl. 1961, S. 475, auch für Schäden unbeteiligter, nicht ausdrücklich in Anspruch genommener Dritter gelten, was nach dem textlichen Zusammenhang, in dem diese Vorschrift steht, bezweifelt werden muß.

kungen staatlicher Betriebe und Veranstaltungen auf ihre Umgebung oder Veränderungen öffentlicher Wege oder Gewässer zum Nachteil ihrer Anlieger oder sonstiger Nutzungsberechtigter.

Die rechtliche Einordnung dieser Schadensfälle unter die Aufopferung bereitet deshalb konstruktive Schwierigkeiten, weil es hier am sichtbaren hoheitlichen Zwangsakt fehlt, um den Tatbestand der Nötigung zu einem Sonderopfer zu begründen. Die Rechtsprechung hat aber seit jeher andere Formen hoheitlicher Einwirkung auf die Rechtssphäre des Einzelnen als ausreichend erachtet, um eine Aufopferungslage zu begründen[75]).

Die Kritik der Lehre[76]) an dieser Rechtsprechung ist nicht berechtigt. Für den Aufopferungstatbestand ist die Wirkung auf die Rechtsposition des Geschädigten entscheidend; es muß genügen, wenn der Geschädigte in irgendeiner Form — nicht notwendig in der Gestalt formalisierter Hoheitsakte — durch einen privilegierten Akt der öffentlichen Gewalt zur Aufgabe einer Rechtsposition gezwungen wird.

In diesem Zusammenhang kann rechtsvergleichend darauf hingewiesen werden, daß die Rechtsprechung in den Vereinigten Staaten vor dem gleichen Problem steht[77]). Die Gerichte gehen dabei von dem Grundsatz aus, daß Schäden, die Folge einer gesetzlich autorisierten staatlichen Tätigkeit sind, als „damnum absque injuria" entschädigungslos hinzunehmen sind, es sei denn, daß sie als eine entschädigungspflichtige Eigentumsentziehung („taking of property") im Sinne des 5. Zusatzartikels zur amerikanischen Bundesverfassung oder entsprechender Bestimmungen der Gliedstaatsverfassungen zu qualifizieren wären[78]). Soweit sondergesetzliche Entschädigungsregelungen (wie z. B. in einer Anzahl Gliedstaaten für die besonderen Schäden der Anlieger durch

---

[75]) Die umfangreiche Rechtsprechung des RG ist bei Schack, Gutachten aaO. (s. o. Anm. 4), S. 16—17 wiedergegeben. Zur neueren Rechtsprechung siehe die folgenden Anm. 88 und 89.

[76]) Stödter, Öffentlichrechtliche Entschädigung, 1933, S. 12, 44 ff.; dagegen schon Giese, Der öffentlichrechtliche Aufopferungsanspruch, 1936, S. 48.

[77]) Vgl. hierzu das führende Lehrbuch des amerikanischen Enteignungsrechts: Nichols, The Law of Eminent Domain, 3. Aufl., New York 1950, § 6, S. 234—416. Weitere Nachweise über die Rechtsprechung zu diesem Problem: Corpus Juris Secundum, Bd. 29, Eminent Domain, §§ 110—135; American Jurisprudence, Bd. 18, §§ 128—144.

[78]) Der hier in Betracht kommende Passus am Ende des 5. Zusatzartikels lautet wie folgt: "... nor shall private property be taken for public use without just compensation."

Straßenveränderungen) nicht vorhanden waren, haben die Gerichte sich deshalb bemüht, den ursprünglichen rein formal verstandenen Begriff des „taking of property" im Wege der Auslegung so auszuweiten, daß auch indirekte Eigriffe[79]) und rein tatsächliche Beeinträchtigungen, wie z. B. Überflutungen von Grundstücken der Flußanlieger als Folge von Flußregulierungen, Zugangsbehinderungen für Straßenanlieger als Folge von Straßenbauten und -veränderungen oder Nutzungsbeeinträchtigungen der Anliegergrundstücke durch den Betrieb von Eisenbahnen oder Flugplätzen[80]) als „taking of property" und nicht nur als mittelbare Folgeschäden („consequential damages") angesehen wurden. Bemerkenswert ist, daß sich die Hälfte der Gliedstaaten veranlaßt gesehen hat, die Eigentumsartikel ihrer Verfassungen in der Weise zu ergänzen, daß nicht nur die Entziehung („taking"), sondern auch schon die Schädigung („damage") des Eigentums oder sonstiger privater vermögenswerter Rechte — sofern sie aus Gründen des allgemeinen Wohles geschieht — zur Entschädigung verpflichtet[81]). Diese sogenannte „damage clause" sollte — ebenso wie die Ausweitung des Begriffs der „taking of property" — den Gerichten die Subsumtion der als entschädigungsbedürftig betrachteten Schadensfälle unter die verfassungsrechtliche Eigentumsgarantie erleichtern; sie zwang aber nun wiederum

---

[79]) Armstrong v. United States (1960), 364 U.S. 40 (Entschädigung des Zulieferers, der durch Ausübung staatlicher Vorzugsrechte gegenüber dem insolventen Hersteller an der Geltendmachung seines Pfandrechts am hergestellten Produkt gehindert wird); vgl. dagegen noch Omnia Commercial Co. v. United States (1923) 261 U.S. 502 (keine Entschädigung für den Abnehmer eines Stahlwerks, in dessen laufenden Vertrag durch Requisition der gesamten Jahresproduktion des Stahlwerks eingegriffen worden ist).

[80]) United States v. Lynah (1903) 188 U.S. 445, United States v. Welch (1910) 217 U.S. 333, United States v. Cress (1917) 243 U.S. 316 (Überflutungen von Grundstücken als Folge von Flußregulierungen, Dammbauten etc.); Peadbody v. United States (1913) 231 U.S. 530 und Portsmouth Harbor Co. v. United States (1922) 260 U.S. 327 (Schießübungen von Küstenbatterien über private Grundstücke hinweg); United States v. Causby (1946) 328 U.S. 256 (Nutzungsbeeinträchtigung eines Grundstücks [Hühnerfarm] unter der Flugschneise eines Militärflugplatzes). Weitere Hinweise auf die zahlreiche Rechtsprechung in anderen Fällen bei Nichols, aaO. §§ 6.22—6.32, 6.38 und 6.4434—6.45, S. 253—273, 285—299, 356—416.

[81]) So z. B. Art. II, § 13 der Verfassung von Illinois: „Private property shall not be taken or damaged for public use without just compensation ..." (Hervorhebung vom Verf.). Dem Beispiel von Illinois, der als erster Gliedstaat im Jahre 1870 den Eigentumsartikel seiner Verfassung in dieser Weise ergänzte, sind inzwischen 24 weitere Staaten mit gleichartigen Änderungen ihrer Verfassung gefolgt (Nichols aaO. § 6.1 (3), S. 240 und § 6.44, S. 324; Hinweise auf die Rechtsprechung hierzu §§ 6.44—6.45, S. 324—416).

die Gerichte, nach einer Begrenzung des Kreises der entschädigungspflichtigen Schädigungen zu suchen, wenn der Grundsatz, daß Schadensfolgen einer gesetzlich autorisierten staatlichen Tätigkeit keine Entschädigung rechtfertigen, nicht in sein Gegenteil verkehrt werden sollte. Die amerikanischen Gerichte haben verschiedene Kriterien für diese Abgrenzung entwickelt: sie haben z. B. nur solche Schädigungen als entschädigungspflichtig angesehen, die auch zwischen Privaten privatrechtliche Abwehr- oder Schadensersatzansprüche ausgelöst haben würden[82]) oder die so außergewöhnlich („peculiar and substantial") sind, daß sie in ihrem Ausmaß über das hinausgehen, was dem Bürger im allgemeinen zugemutet wird[83]). Die neuere Rechtsprechung stellt hauptsächlich auf das letztere Kriterium ab und nähert sich damit der Sonderopfertheorie der deutschen Aufopferungs- und Enteignungsrechtsprechung[84]).

Nach deutschem Recht unterliegt der Staat hinsichlich seiner Betriebe und Veranstaltungen, soweit sie schädigende Einwirkungen auf ihre Umgebung haben, grundsätzlich den gleichen rechtlichen Vorschriften wie der private Unternehmer solcher Betriebe und Veranstaltungen. Für ihn gelten daher:

1) die privatrechtliche oder — im Bereich der Amtshaftung — die öffentlichrechtliche Verschuldenshaftung;
2) die privatrechtliche Gefährdungshaftung auf Grund der Haftpflichtgesetze;
3) die kein Verschulden voraussetzende Schadensausgleichspflicht für Immissionen aus § 26 Gewerbeordnung und § 906 Abs. 2 n. F. BGB.

---

[82]) Vgl. die bei Nichols, aaO. § 6.441 (2), S. 329—331 zitierte Rechtsprechung.

[83]) Chicago v. Taylor (1888) 125 U.S. 161 (Behinderung des Zugangs zu einem Grundstück als Folge eines Brückenbaues); Richards v. Washington Terminal Co. (1914) 233 U.S. 546 (keine Entschädigung für die Nachteile der Anlieger einer ordnungsgemäß betriebenen Eisenbahnlinie, jedoch Entschädigung für den besonderen Schaden eines Anliegers durch konzentrierte Rauch- und Rußentwicklung an einem Tunneleingang). Weitere Hinweise auf einschlägige Rechtsprechung bei Nichols, aaO. § 4.441 (3), S. 331 bis 334.

[84]) Vgl. hierzu die in einer der neuesten Entscheidungen des amerikanischen Supreme Court gegebene Begründung für die Anwendung des 5. Zusatzartikels der amerikanischen Bundesverfassung: „... The Fifth Amendment's guarantee that private property shall not be taken for a public use without just compensation was designed to bar Government from forcing some people alone to bear public burdens which, in all fairness and justice, should be borne by the public as a whole." (Armstrong v. United States [1960], 364 U.S. 40, 49).

Das Anwendungsgebiet der Haftung aus § 26 Gewerbeordnung ist durch Gesetze[85]) und Rechtsprechung[86]) erheblich ausgedehnt worden; insbesondere läßt die Rechtsprechung heute auch einen Ersatzanspruch für bereits eingetretene Schäden zu[87]). Es erscheint deshalb nicht gerechtfertigt, dem Staat für seine Betriebe und Veranstaltungen eine noch schärfere Haftung aufzubürden, zumindest dann nicht, wenn es sich um Betriebe und Veranstaltungen handelt, die auch von einem privaten Unternehmer in gleicher Art und in gleichem Umfange durchgeführt werden könnten.

Eine andere Beurteilung ist dann geboten, wenn es sich um Betriebe und Veranstaltungen handelt, die außerhalb des Kreises der möglichen privaten Betätigungen liegen oder nach Art und Umfang über die einem Privaten erlaubten Betätigungen hinausgehen, die aber gleichwohl, weil sie zur Erfüllung staatlicher Aufgaben oder zur Befriedigung von Gemeinschaftsinteressen notwendig sind, von ihrer Umgebung kraft öffentlichen Rechts geduldet werden müssen. Beispiele solcher Betriebe und Veranstaltungen sind: Verkehrs- und Versorgungsbetriebe, Seuchenkrankenhäuser, Verteidigungsanlagen und Manöver. Die Rechtsprechung hat, ursprünglich in Anwendung des Rechtsgedankens des § 26 Gewerbeordnung, später unter ausdrücklichem Bezug auf den Haftungsgrund der Aufopferung, eine Entschädigungspflicht in allen Schadensfällen bejaht, in denen der Geschädigte auf Grund einer geschriebenen oder — aus dem öffentlichen Interesse abgeleiteten — ungeschriebenen Duldungspflicht die ihm sonst gegebenen privatrechtlichen Abwehransprüche nicht geltend

---

[85]) So z. B. die aufgrund Art. 125 EGBGB erlassenen landesrechtlichen Bestimmungen (Anwendung des § 26 GewO auf Eisenbahn-, Dampfschiffahrts- und ähnliche Verkehrsunternehmungen); § 11 LuftVerkG (auf Flughäfen); § 7 Abs. 4 AtomG (auf genehmigte Kernenergieanlagen). Gleichartige Regelungen wie § 26 GewO enthalten: Gesetz über die Beschränkung der Nachbarrechte gegenüber Betrieben, die für die Volksgesundheit von besonderer Bedeutung sind, vom 18. 10. 1935 i. Verb. mit Gesetz vom 13. 12. 1933 (Krankenhäuser, Heilanstalten, Bade- und Kuranstalten); §§ 11, 22 Abs. 3 WasserHaushG. (genehmigte Wassernutzungsanlagen).

[86]) RGZ 139, 29 (34—46); BGHZ 15, 146 (148, 150—151) = NJW 1955,19. Zur Ausdehnung auf öffentliche Anlagen und Betriebe siehe unten Anm. 88. Die Ausdehnung auf ortsübliche, aber übermäßige Einwirkungen aus dem Gesichtspunkt nachbarlicher Rücksichtnahme (RGZ 154,161; 159,139; 162,161; 167,14 und BGH, 15.6.1951, LM § 903 Nr. 1) ist durch die am 1. 6. 1960 in Kraft getretene Neufassung des § 906 BGB weitgehend gegenstandslos geworden.

[87]) RGZ 139,29 (34—36) unter Aufgabe der bis dahin gegenteiligen Rechtsprechung; bestätigt durch BGHZ 15, 146 (150—151).

machen konnte und dadurch einem erhöhten Schadensrisiko ausgesetzt war[88]).

Der die Aufopferungslage begründende hoheitliche Eingriff ist in diesen Schadensfällen der durch die öffentlichrechtliche Duldungspflicht herbeigeführte Ausschluß der privatrechtlichen Abwehransprüche. Aus dieser Erkenntnis ergibt sich zugleich die Grenze, in welchen Fällen und in welchem Umfange hier nach dem Grundsatz der Lastengleichheit eine Entschädigung gerechtfertigt ist: entschädigungspflichtig sind nur die Folgen solcher Einwirkungen, die der Geschädigte durch die ihm entzogenen Abwehransprüche hätte verhindern können und die außerdem nicht zu den privat- oder öffentlichrechtlich allgemein zumutbaren Belastungen gehören.

Die Rechtmäßigkeit oder Rechtswidrigkeit des Betriebes oder der Veranstaltungen ist in diesem Zusammenhang grundsätzlich unerheblich, entscheidend ist allein das Bestehen einer Abwehransprüche ausschließenden öffentlichrechtlichen Duldungspflicht; die Rechtmäßigkeit oder Rechtswidrigkeit der staatlichen Tätigkeit könnte lediglich für den Umfang der Duldungspflicht von Bedeutung sein.

10.

Schäden, die den Anliegern öffentlicher Wege durch Bauarbeiten, Verkehrsbeschränkungen, Niveauveränderungen etc. entstehen, sind in ständiger Rechtsprechung[89]) dann entschädigt

---

[88]) Die wichtigsten Entscheidungen sind: RGZ 73,270 (Geräusch einer Rohrpostanlage); RGZ 101,102 (Explosion einer Sprengstofffabrik während des Krieges); RGZ 122,134 und 133,342 (Schäden durch den Betrieb von Eisenbahnunternehmen); RGZ 155,154 (Steigen des Grundwasserspiegels durch Deichbauten); RGZ 159,129 (Reichsautobahn); RGZ 167,25 (Grundwassersenkung durch öffentliche Arbeiten). Weitere Nachweise über die Rechtsprechung bei Schack, VerwArch 40 (1935), S. 426,432 ff. und im Gutachten, aaO. S. 16—17 (s. o. Anm. 4).

[89]) Vgl. RGZ 145, 107 (113—114) mit Nachweisen über die frühere Rechtsprechung; ferner BGH, 28. 1. 1957, BGHZ 23,157 = NJW 1957, S. 630 (Behinderung der Sicht auf eine Gastwirtschaft durch Gestattung des Aufstellens von Verkaufsbaracken); 24. 4. 1958, LM Art. 14 GG Nr. 76 = MDR 1958, 587 (Benachteiligung eines Ladengeschäfts durch Ablenkung des Passantenstromes infolge eines Bauzaunes für einen Rathausneubau); 2. 7. 1959, III ZR 76/58, BGHZ 30, 241 = NJW 1959, S. 1776, und 2. 7. 1959, III ZR 81/58, NJW 1959, S. 1916 (in beiden Fällen Erschwerung der Zufahrt zu Bauernhöfen durch Erhöhung des Straßenkörpers); 7. 7. 1960, NJW 1960, S. 1995 = VerwRspr. 13, Nr. 16, S. 61 (anhaltende Straßensperrung durch verzögerte Bauarbeiten, verringerte Umsatzchancen durch Fehlen des Fahrzeugverkehrs).

worden, wenn sie zu einer nicht nur vorübergehenden, erheblichen Beeinträchtigung des Anliegerrechts führten; der Bundesgerichtshof hält eine Entschädigungspflicht gegeben, wenn einem Anlieger der ungehinderte Zugang zu einem Grundstück für dauernd so unterbrochen wurde, daß er nur mit erheblichen Kosten wiederhergestellt werden konnte[90]), oder wenn der Passantenverkehr vor einem auf Laufkundschaft angewiesenen Gewerbebetrieb so abgelenkt wurde, daß ein erheblicher Umsatzrückgang entstand[91]). Die neuere Gesetzgebung hat dieser Rechtsprechung bereits teilweise Rechnung getragen[92]).

Die von der Rechtsprechung auf diesem Gebiet entwickelten Haftungstatbestände sind im Ergebnis zu billigen; die Begründung dieser Haftung ist jedoch in mancher Beziehung widersprüchlich und gekünstelt. Der Bundesgerichtshof[93]) hat die Ausbau- und Unterhaltungsarbeiten an öffentlichen Wegen als „hoheitliche" Maßnahmen bezeichnet, die in vermögenswerte Rechtspositionen eingriffen, obwohl die Erfüllung öffentlicher Aufgaben für sich allein noch keine Duldungspflicht begründet; er hat keine klare Stellung bezogen, ob er diese Maßnahmen im Rahmen seiner Terminologie als rechtmäßig enteignende oder als rechtswidrige enteignungsgleiche Eingriffe betrachtet[94]), weil er sich — mit Recht — gescheut hat, in konsequenter Durchführung seiner Auslegung des Art. 14 GG diese notwendigen Bauarbeiten — mangels einer Art. 14 GG Abs. 3 GG genügenden Gesetzesgrundlage — als rechtswidrige Eingriffe zu bezeichnen; er hat schließlich nur durch bedenkliche Ausweitung des Schutzumfangs der aus dem Eigentum oder dem Gewerbebetrieb fließenden Betätigungsmöglichkeiten einen Eingriff in die Rechtsposition des Eigentümers oder Gewerbe-

---

[90]) Urteile vom 2. 7. 1959 (s. o. Anm. 89).

[91]) Urteile vom 24. 4. 1958 und 7. 7. 1960 (s. o. Anm. 89).

[92]) Durch das Änderungsgesetz vom 10. 7. 1961 (BGBl. 1961, I, S. 877) wurde in § 8 des Bundesfernstraßengesetzes vom 6. 8. 1953 (BGBl 1953, I, S. 903) folgender Absatz 4 (a) neu eigefügt: „Werden durch den Ausbau von Bundesstraßen Zufahrten zu Grundstücken unterbrochen, die keine anderweitige ausreichende Verbindung mit dem öffentlichen Verkehrsnetz besitzen, so hat der Träger der Straßenbaulast einen angemessenen Ersatz zu schaffen oder eine angemessene Entschädigung in Geld zu gewähren. Das gilt nicht für Zufahrten, die auf Grund einer widerruflichen Erlaubnis bestehen."

[93]) Urteile vom 2. 7. 1959 (s. o. Anm. 89).

[94]) Der BGH hatte hier zunächst nur von einem „entschädigungspflichtigen" Eingriff gesprochen (2. 7. 1959, III ZR 76/58, s. o. Anm. 89); in dem Urteil vom 7. 7. 1960 (s. o. Anm. 89) hat er sich dann entschlossen, bei unnötigen Verzögerungen in der Durchführung von Straßenbauarbeiten von einem „enteignungsgleichen" Eingriff zu sprechen.

treibenden konstruieren können, obwohl eine natürliche Betrachtungsweise den Zugang des Anliegers zu einem öffentlichen Wege als diejenige Rechtsposition bezeichnen würde, in die hier eingegriffen wird.

Gegen das Ergebnis, daß hier ein Aufopferungstatbestand gegeben ist, wird man keine Bedenken haben können; man wird es nur anders begründen müssen: Man sollte sich entschließen, die öffentlichrechtlich begründete Anliegerposition als geschützte Rechtsposition im Sinne des Aufopferungs- und Enteignungsrechts zu betrachten, ohne sie deshalb schon echten subjektiven öffentlichen Rechten im engeren Sinne gleichzustellen[95]). Der gegen die Anerkennung einer solchen Anliegerposition immer wieder ins Feld geführte Satz, daß ein Anlieger keinen Anspruch auf Aufrechterhaltung der bestehenden Wohn-, Geschäfts- oder Verkehrslage habe, ist kein stichhaltiges Argument; dieser Satz besagt lediglich, daß die üblichen und normalen Folgen der Bau- und Verkehrsentwicklung zu den allgemeinen Vor- und Nachteilen gehören, die alle Anlieger gleichmäßig treffen und für sich allein noch kein unzumutbares Sonderopfer begründen können[96]). Damit kann aber nicht ein über diese üblichen und normalen Folgen hinausgehender Eingriff in den freien Zugang zum öffentlichen Verkehrsnetz gerechtfertigt werden; die praktische Stillegung einer Tankstelle durch eine anhaltende Straßensperre oder die praktische Unzugänglichkeit eines Ladengeschäftes durch Beseitigung des Bürgersteigs einer Ladengeschäftsstraße sind Sonderopfer, die über das Maß der allgemein zumutbaren Belastungen hinausgehen. Mit der Er-

[95]) Schon das RG hatte in RGZ 145, 107, wenn auch mit einer heute nicht mehr überzeugenden privatrechtlichen Konstruktion, eine besondere rechtlich geschützte Position des Anliegers, ein sog. „subjektives Anliegerrecht" zur Grundlage dieser Rechtsprechung machen wollen. Der BGH hat aber in seinem Urteil vom 2. 7. 1959, III ZR 81/58 (s. o. Anm. 89) die Anerkennung eines subjektiven öffentlichen Rechts für den sog. erweiterten Gemeingebrauch des Anliegers unter Berufung auf seine früheren Entscheidungen in BGHZ 8, 273, BGHZ 23, 157 und BGHZ 23, 235 erneut abgelehnt, jedoch im gleichen Urteil bemerkt, daß nicht nur Beeinträchtigungen vermögenswerter „Rechte", sondern auch Beeinträchtigungen sonstiger „enteignungsfähiger Rechtspositionen" einen Entschädigungsanspruch begründen könnten.

[96]) Aus diesem Grunde hatte der BGH in dem Urteil vom 22. 12. 1952, BGHZ 8, 273 (Ablenkung des Passantenverkehrs durch Straßengitter an einem verkehrsreichen Platz) eine Sonderopferlage und eine Entschädigung abgelehnt; Beeinträchtigungen durch Maßnahmen, die infolge des gesteigerten Verkehrs üblich oder sogar notwendig sind (Straßengitter, Einbahnstraßen, Halteverbote etc.) und zu keinem besonderen Schaden führen, müssen entschädigungslos hingenommen werden.

öffnung des Zugangs zum öffentlichen Wegenetz garantiert der Wegeherr eine Rechtsposition, die nicht entschädigungslos entzogen werden kann. Von dieser Ausgangsposition aus bereitet es dann keine konstruktiven Schwierigkeiten mehr, in der Ausübung der aus der öffentlichen Sachherrschaft fließenden Befugnisse zur Regelung des Gemeingebrauchs die hoheitliche Einwirkung zu sehen, die dem einzelnen Anlieger ein außerordentliches, anderen Anliegern nicht zugemutetes Sonderopfer abnötigen kann. Dabei kommt es dann nicht darauf an, ob die Anliegerposition durch Straßenverkehrsanordnungen, durch Straßensperrungen oder -umleitungen, durch Einräumung von Sondernutzungen an Dritte oder rein tatsächlich durch Bauarbeiten beeinträchtigt wird und ob der Anlieger Eigentümer, Mieter oder Gewerbetreibender ist.

Die hier entwickelten Gedanken können in entsprechender Weise auf die Beeinträchtigung anderer Nutzungsrechte an öffentlichen Wegen und Gewässern angewendet werden. Die neuere Gesetzgebung hat dies bereits getan; nach § 27 des Gesetzes zur Reinhaltung der Bundeswasserstraßen vom 17. August 1960 haben die Nutzungsberechtigten zwar zu dulden, daß die Ausübung ihrer Nutzungsrechte durch Ausbau- oder Unterhaltungsarbeiten vorübergehend behindert oder unterbrochen wird, bei dauernder oder unverhältnismäßig starker Beeinträchtigung ihrer Nutzungsrechte können sie jedoch Entschädigung beanspruchen. Es wäre zu überlegen, ob diese für das Regime öffentlicher, dem Gemeingebrauch gewidmeter Sachen entwickelten Grundsätze nicht in entsprechender Weise auch auf die anstaltliche Nutzung staatlicher oder gemeindlicher Einrichtungen angewendet werden könnten.

11.

Die letzte Gruppe von Schäden, die eine öffentlich-rechtliche Gefährdungshaftung oder eine sonstige Verursachungshaftung erfordern könnten, sind solche, in denen das Versagen technischer öffentlicher Einrichtungen dem Einzelnen, der auf ihre Benutzung angewiesen ist, erheblichen Schaden zufügt, ein Verschulden des für diese Einrichtungen verantwortlichen Personals aber nicht festgestellt werden kann. Beispiele hierfür sind das Versagen automatischer Verkehrsregelungen, technische Defekte in Trinkwasser- oder Energieversorgungsanlagen oder unvorhergesehene Deformierungen der Straßendecke[97]). Zahl und Ausmaß solcher Schäden werden mit fortschreitender Technisierung wachsen. Für die Übernahme dieser Schadensrisiken durch die Allgemeinheit spricht die Tatsache, daß der Einzelne sich ihnen nicht entzehen kann, weil er sich dieser Einrichtungen bedienen muß oder gegen seinen Willen ihrer Einwirkungen ausgesetzt ist, andererseits aber auf ihren fehlerfreien Betrieb vertrauen muß.

Die Rechtsprechung hat diese Fälle bisher in der Weise zu lösen versucht, daß sie aus dem Gesichtspunkt erhöhter Schadensgeneigtheit überspannte Sorgfalts- und Verkehrssicherungspflichten oder Schuldvermutungen konstruiert hat, um eine Haftung aus Verschulden der für die Einrichtung verantwortlichen Organe begründen zu können. Das ist nicht befriedigend und führt nicht immer zu gerechten Ergebnissen[98]). Der Gesichtspunkt der Aufopferung hilft hier auch nicht weiter, wenn man an dem Erfordernis einer hoheitlichen, zu Duldung verpflichtenden Einwirkung auf eine bestehende Rechtsposition festhalten und keine allgemeine Billigkeitshaftung im Sinne O. Mayers für jeden vom Staat verursachten außergewöhnlichen, als unzumutbares Sonderopfer zu qualifizierenden Schaden einführen will. Da der Haftungsgrund hier im technischen Versagen einer staatlichen Einrichtung und nicht in der besonderen Wirkung auf die Rechtssphäre des Geschädigten zu suchen ist, scheinen diese Fälle nicht für eine Erweiterung des Aufopferungstatbestandes, sondern eher für eine Erweiterung des Amtshaftungstatbestandes zu sprechen.

Eine befriedigende Lösung dieser Schadensfälle wird sich deshalb nur durch Einführung eines neuen selbständigen Tatbestands der Amtshaftung erreichen lassen[99]). Dieser müßte die bisherige Garantiehaftung[100]) für das amtspflichtgemäße Verhalten des

---

[97]) Ein Teil dieser Schadensfälle würde im Zuge der geplanten Neuordnung des Haftpflichtrechts (s. o. Anm. 9) durch eine Erweiterung des Reichshaftpflichtgesetzes auf Wasser- und Gasleitungen sowie auf den Verkehr mit brennbaren und explosiven Stoffen eine befriedigende Lösung finden können.

[98]) *Zeidler*, Über die Technisierung der Verwaltung 1959, S. 9; ders., „Verwaltungsfabrikat" und Gefährdungshaftung, DVBl. 1959, S. 681 (685).

[99]) Zeidler, DVBl. 1959, S. 681 (687) erblickt die Lösung in der Anerkennung einer öffentlichrechtlichen Gefährdungshaftung im Sinne Forsthoffs.

[100]) Mit der Verwendung des Begriffs der „Garantiehaftung" soll in der Diskussion über Grundlage und Sinn der Amtshaftung (dazu neuestens Bettermann, JZ 1961, S. 482—483) keine bestimmte Stellung bezogen werden. Ich verwende den Begriff hier lediglich im Sinne eines Einstehens der Körperschaft für ein amtspflichtgemäßes Verhalten ihrer Bediensteten. Inwieweit an dem Erfor-

in Erfüllung öffentlicher Aufgaben tätigen Personals durch eine entsprechende Garantiehaftung für das fehlerfreie Funktionieren der zur Erfüllung öffentlicher Aufgaben verwendeten technischen Einrichtungen ergänzen und eine Haftung ohne Verschulden gegenüber demjenigen begründen, der sich ihren Einwirkungen nicht entziehen kann und auf ihr fehlerfreies Funktionieren vertrauen darf. Die nähere Prüfung, ob eine solche Erweiterung in den Rahmen unseres Amtshaftungsrechts paßt und zu empfehlen wäre, überlasse ich gemäß der abgesprochenen Arbeitsteilung dem Herrn Mitberichterstatter.

12.

Nachdem wir, ohne erschöpfend sein zu können, das bestehende Staatshaftungssystem auf ausfüllungsbedürftige Lücken untersucht haben, können wir als Ergebnis folgendes feststellen:

Eine Ergänzung der bestehenden Haftungstatbestände durch eine zusätzliche allgemeine Verursachungshaftung für außergewöhnliche Schäden begegnet nicht nur Bedenken wegen der mangelnden Abgrenzbarkeit dieses Haftungstatbestandes, sondern ist auch nicht erforderlich, wenn der Tatbestand der Aufopferung in Übereinstimmung mit der Tedenz der neueren Rechtsprechung so weit ausgelegt wird, daß jede zur Duldung verpflichtende Form hoheitlicher Einwirkung auf eine bestehende geschützte privat- oder öffentlich-rechtliche Rechtsposition und jeder dadurch adäquat verursachte Folgeschaden (Gesundheits- oder Vermögensschaden) eine Aufopferungslage zu begründen vermag. Die wenigen, bisher nicht befriedigend gelösten Fälle des Versagens technischer staatlicher Einrichtungen rechtfertigen für sich allein eine allgemeine Verursachungshaftung noch nicht.

Die Konkurrenz zwischen Amtshaftungs- und Aufopferungsanspruch sollte — im Gegensatz zu der Grundsatzentscheidung des Großen Zivilsenats des Bundesgerichtshofs in BGHZ 13, 88 — im Sinne einer Subsidiarität des Aufopferungsanspruchs gelöst werden, wie dies auch schon dem damals vorlegenden III. Senat vorschwebte[101]), weil eine Aufopferungslage eben

---

dernis eines persönlichen Verschuldens des Bediensteten festgehalten werden soll, ist eine sekundäre Frage; der Begriff der Amtspflichtverletzung enthält bereits Elemente der Vorwerfbarkeit.

[101]) *Pagendarm*, Verhältnis von öffentlichrechtlichen Entschädigungsansprüchen zu Amtshaftungsansprüchen im Hinblick auf § 839 Abs. 1 Satz 2 BGB, DÖV 1955, S. 520, berichtet hierüber.

nicht vorliegt, wenn der Schaden schon durch einen Amtshaftungsanspruch gedeckt ist[102]).

Angesichts der Unklarheiten der bestehenden Rechtslage und der Meinungsverschiedenheiten in Rechtsprechung und Lehre könnte erwogen werden, den Aufopferungstatbestand zu kodifizieren. Ich halte das nicht für praktisch.

Zunächst steht entgegen, daß dem Bundesgesetzgeber für eine allgemeine gesetzliche Regelung der Aufopferung die Gesetzgebungskompetenz fehlt; er hat eine solche ebenso wie für die Regelung des Enteignungsrechts nur für den Bereich seiner Sachkompetenzen[103]). Auch wenn man den Aufopferungsanspruch dem Bundesgewohnheitsrecht zurechnete[104] — was nur für seine Anwendung im Sachkompetenzbereich des Bundes behauptet werden kann — oder ihm sogar Verfassungsrang zubilligte[104]) — was nur insoweit behauptet werden kann, als abweichende Regelungen gegen die Artikel 3 und 14 des Grundgesetzes verstoßen würden —, so erhielte man auch dadurch noch keine gesetzgeberische Kompetenz des Bundes zur allgemeinverbindlichen Kodifizierung des Aufopferungstatbestandes. Eine für Bundes- und Landesrecht allgemein geltende Regelung könnte nur durch eine Ergänzung des Grundgesetzes geschehen oder zugelassen werden.

Eine Kodifizierung des Aufopferungstatbestandes empfiehlt sich aber auch deshalb nicht, weil sie nur allgemeine Formulierungen enthalten könnte, die einerseits für die hier behandelten Fälle nicht sehr viel weiterhelfen würden, andererseits aber die für die Rechtsentwicklung so förderliche Auslegungsfähigkeit und Flexibilität des Aufopferungstatbestandes unnötig einengen würde. Der Aufopferungstatbestand sollte als ein ungeschriebener Auffangstatbestand erhalten bleiben, der

---

[102]) Das setzt allerdings voraus, daß § 839 Abs. 1 Satz 2 BGB keine Anwendung findet. Der BGH wendet das Verweisungsprivileg des § 839 Abs. 1 Satz 2 schon jetzt nicht mehr an, wenn der Geschädigte neben dem Amtshaftungsanspruch einen anderen wie immer gearteten Ersatzanspruch gegen die insoweit als Einheit aufgefaßte öffentliche Hand geltend machen kann, sofern nur die beiden Ansprüche (Amtshaftungsanspruch und „anderweiter Ersatzanspruch") demselben Tatsachenkreis entspringen (siehe neuestens BGH, 5. 2. 1962, NJW 1962, S. 791)

[103]) Vgl. BGH, 15. 12. 1958, BGHZ 29, 95 (97) = NJW 1959, 386 (hessisches Impfschädengesetz). Der BGH hatte hier — vor Erlaß des Bundesseuchengesetzes — die konkurrierende Gesetzgebungskompetenz der Länder zur Regelung des Aufopferungsanspruchs bei Impfschäden aus Art. 74 Ziff. 1, 7 und 19 GG abgeleitet.

[104]) Hierzu Schack, Gutachten aaO. (Anm. 4), S. 55.

es ermöglicht, neben den sondergesetzlichen Regelungen des Gesetzgebers den Grundsatz der Lastengleichheit aller Staatsbürger im Rahmen der jeweiligen politischen, gesellschaftlichen und wirtschaftlichen Situation des Staates zu verwirklichen.

Leitsätze des Berichterstatters über: Gefährdungshaftung im öffentlichen Recht?

Zur Verantwortlichkeit des Staates ohne Verschulden

1. *Die Theorie der öffentlichrechtlichen „Gefährdungshaftung" erweitert das bestehende System der Schadenshaftung des Staates durch den Haftungsgrund der Verantwortlichkeit des Staates für Schäden aus einer von ihm geschaffenen außergewöhnlichen Gefahrenlage.*
Sie will damit außergewöhnliche Schadensfälle erfassen, die, weil sie in der Staatstätigkeit ihre Ursache haben, entschädigungsbedürftig erscheinen, deren Einbeziehung in die Staatshaftung mangels einer schuldhaften Amtspflichtverletzung staatlicher Amtsträger aber Schwierigkeiten bereitet.

2. *Eine allgemeine Verursachungshaftung des Staates für außergewöhnliche Schäden ist dem deutschen Recht fremd; sie hat auch in ausländischen Rechtssystemen — mit Ausnahme der nur mit größter Zurückhaltung angewendeten Haftung für risques exceptionnels im französischen Recht — keinerlei Vorbilder.*
Eine solche Haftung kann auch mangels einer gleichartigen Sach- und Interessenlage nicht durch eine Übertragung des Rechtsgedankens der privatrechtlichen Gefährdungshaftung auf das Verhältnis zwischen Staat und Bürger begründet werden:

   a) *Die privatrechtliche Gefährdungshaftung knüpft an bestimmte, mit erhöhten Schadensrisiken belastete Tätigkeiten an; sie erstrebt durch Verschiebung der Risikogrenze für unverschuldete Schäden einen Ausgleich der gleichrangigen Interessen des Unternehmers und des Geschädigten.*

   b) *Die öffentlichrechtliche „Gefährdungshaftung" knüpft an staatliche Tätigkeiten an, die nicht per se „gefährlich", sondern erst durch die besonderen äußeren Umstände des Einzelfalles mit außergewöhnlichen Schadensrisiken belastet worden sind; sie erstrebt keine Risikoverteilung zwischen Staat und Einzelnem, sondern die Verwirklichung des Grundsatzes der Lastengleichheit aller Staatsbürger.*

3. *Nach heutigem Verfassungsrecht trägt der Staat eine erhöhte Verantwortung für die Existenzsicherung des Einzelnen und für die Verwirklichung des Grundsatzes der Lastengleichheit aller Staatsbürger; dies spricht für einen Ausbau des bestehenden Systems der Staatshaftung in Richtung eines lückenlosen Schadensausgleichs für vom Staat verursachte, dem Einzelnen nicht mehr zumutbare Schäden.*
Die Einführung eines neuen Haftungsgrundes in das bestehende System der Staatshaftung ist jedoch nur dann zu rechtfertigen, wenn die Haftungstatbestände der Amtshaftung und Aufopferung bzw. Enteignung nicht so fortentwickelt werden können, daß die festgestellten Lücken befriedigend geschlossen werden.

4. *Die Schadensfälle, deren befriedigende Regelung im bestehenden System der Staatshaftung Schwierigkeiten bereitet, lassen sich in folgenden Gruppen zusammenfassen:*
   a) *Schäden durch Rechtsnormen:*
      1) *durch die Anwendung einer ungültigen Norm bis zur Feststellung ihrer Nichtigkeit;*
      2) *durch die Anwendung einer gültigen Norm, wenn diese infolge der besonderen Umstände des konkreten Anwendungsfalles für den Betroffenen einen außergewöhnlichen Schaden zur Folge hat;*
   b) *Schäden durch Verwaltungsakte:*
      1) *durch den Vollzug eines rechtswidrigen Verwaltungsakts bis zu seiner Aufhebung;*
      2) *durch den Vollzug eines rechtmäßigen Verwaltungsakts, wenn dieser unter den besonderen Umständen des konkreten Einzelfalles für den Adressaten oder einen unbeteiligten Dritten einen außergewöhnlichen Schaden zur Folge hat;*
   c) *Schäden durch sonstige staatliche Tätigkeiten im Bereich der öffentlichen Aufgabenerfüllung:*
      1) *durch schädigende Einwirkungen staatlicher Veranstaltungen und Betriebe auf ihre Umgebung;*
      2) *durch Veränderung öffentlicher Wege und Gewässer zum Nachteil von Nutzungsberechtigten und Anliegern;*
      3) *durch Versagen technischer Einrichtungen der Staatsverwaltung.*

5. *Eine Verursachungshaftung des Staates für Rechtswirkungen ungültiger Normen ist aus dem geltenden Recht nicht abzuleiten und auch de lege ferenda aus Gründen der Rechtssicherheit nicht zu rechtfertigen. Auch die Amtshaftung kann im Bereich der rechtsetzenden Tätigkeit des Staates keine Anwendung finden.*

   Eine Entschädigung für nachteilige Rechtswirkungen ungültiger Normen ist nur unter den Voraussetzungen der Aufopferung gerechtfertigt, d. h. nur dann, wenn die Norm materiell dem Betroffenen ein Sonderopfer auferlegt hatte, das im Falle ihrer Gültigkeit zur Entschädigung nach Aufopferungs- oder Enteignungsgrundsätzen verpflichten würde.

6. *Hat die unmittelbare Anwendung einer gültigen Norm in einem konkreten Einzelfalle infolge besonderer Umstände für den Betroffenen einen außergewöhnlichen, bei der Normsetzung nicht in Betracht gezogenen Schaden zur Folge (z. B. Eingriffe neuer Gesetze in bestehende Verträge, Gesundheitsschäden im Falle einer gesetzlichen Zwangsimpfung), so ist der Betroffene nach Aufopferungsgrundsätzen zu entschädigen, auch wenn die Norm keine Entschädigung vorgesehen hat; Voraussetzung für eine Entschädigung ist, daß das Gesetz nicht lediglich indirekt die Vermögenslage beeinträchtigt, sondern in eine bestehende Rechtsposition eingegriffen hat und eine hinreichende kausale Verknüpfung zwischen der Anwendung des Gesetzes und dem eingetretenen Schaden besteht.*

   Die Auffassung des Bundesgerichtshofs, daß auch in solchen Fällen bei Eingriffen in vermögenswerte Rechte Art. 14 GG Anwendung finde, ist abzulehnen; Art. 14 Abs. 3 Satz 2 GG (Entschädigungsjunktim) gilt hier nicht.

7. *Eine Verursachungshaftung des Staates für jeden durch den Vollzug rechtswidriger Verwaltungsakte verursachten Schaden ist dem geltenden Recht fremd.*

   Macht der durch einen rechtswidrigen Verwaltungsakt Betroffene von der Möglichkeit, im Rechtsmittelverfahren die Aufhebung dieses Verwaltungsaktes herbeizuführen, keinen Gebrauch, so ist es nicht gerechtfertigt, ihm allein wegen der Rechtswidrigkeit des Verwaltungsaktes einen Schadensausgleich zu geben, weil Anfechtungsrecht und Schadensausgleich Teil eines einheitlichen Rechtsschutzsystems sind.

   Hat der Betroffene durch den Vollzug des rechtswidrigen Verwaltungsaktes Schäden erlitten, die auch durch die im Rechtsmittelverfahren erfolgende Aufhebung des Verwal-

tungsaktes und durch die Rückgängigmachung der Vollzugsmaßnahmen im Wege des Folgenbeseitigungs- und Erstattungsanspruchs nicht beseitigt werden, so können diese weiteren Schäden nach geltendem Recht entschädigt werden, wenn:

a) der Verwaltungsakt auf einer schuldhaften Amtspflichtverletzung beruht oder

b) der durch den Verwaltungsakt verursachte Schaden als ein Sonderopfer im Sinne des Aufopferungs- und Enteignungsrechts anzusehen ist.

Im Falle b) ist nach der gegenwärtigen Rechtsprechung eine Entschädigung nur dann zu leisten, wenn in eine bestehende Rechtsposition des Geschädigten eingegriffen (z. B. durch sofortigen Vollzug einer rechtswidrigen Polizeiverfügung), nicht dagegen schon dann, wenn dem Geschädigten eine begehrte Rechtsposition vorenthalten wird (z. B. durch rechtswidrige Ablehnung eines baurechtlichen Dispenses). Diese Unterscheidung ist gerechtfertigt und sollte beibehalten werden; der Kreis der geschützten Rechtspositionen sollte dabei weit gezogen und nicht auf subjektive Rechte im engeren Sinne beschränkt werden.

Die Mitverursachung des rechtswidrigen Verwaltungsaktes durch den Geschädigten ist zu berücksichtigen (Fall des gegen einen „Störer" gerichteten rechtswidrigen Verwaltungsaktes).

Die Einführung einer Verursachungshaftung für jeden rechtswidrigen, wenn auch in entschuldbarem Rechts- oder Tatsachenirrtum erlassenen Verwaltungsakt mit der Folge des vollen Schadensersatzes (so § 3, des schweizerischen Verantwortlichkeitsgesetzes vom 14. 3. 1958), erscheint im Hinblick auf die gegebenen Entschädigungsmöglichkeiten nicht geboten.

8. *Schäden, die ein rechtmäßiger Verwaltungs- oder Vollzugsakt infolge besonderer Umstände des Einzelfalles bei dem Adressaten oder einem unbeteiligten Dritten zur Folge hat (z. B. außergewöhnliche Gesundheits- oder Sachschäden bei gesetzmäßiger Inanspruchnahme von Dienst- oder Sachleistungen, unverschuldete Verletzung von unbeteiligten Dritten bei gesetzmäßigen polizeilichen Vollzugsmaßnahmen), können unter den Tatbestand der Aufopferung subsumiert werden, wenn diese Folgeschäden mit dem Verwaltungs- oder Vollzugsakt so eng verknüpft sind, daß sie als adäquat kausale Folge der durch den Verwaltungs- oder Vollzugsakt geschaffenen speziellen Situation ange-*

sehen werden können (der Haftungsgrund der öffentlichrechtlichen Gefährdungshaftung erscheint hier als Kausalitätsfaktor).

Unerheblich ist, ob durch den Verwaltungs- oder Vollzugsakt in die Rechtssphäre des Adressaten oder eines unbeteiligten Dritten eingegriffen worden ist; der Verwaltungs- oder Vollzugsakt zwingt nicht nur den Adressaten, sondern auch — gleichgültig, ob berechtigt oder unberechtigt — jeden mit ihm in Berührung kommenden Dritten zur Duldung und stellt damit eine unmittelbare hoheitliche Beeinträchtigung der Rechtsposition des Betroffenen dar.

Auch für diese Fälle gilt, soweit in vermögenswerte Rechte eingegriffen wird, Art. 14 Abs. 3 Satz 2 GG nicht.

9. *Für Schäden, die durch Einwirkungen staatlicher Veranstaltungen und Betriebe im Bereich öffentlicher Aufgabenerfüllung auf ihre Umgebung entstehen, ist eine im Vergleich zu privaten Veranstaltungen und Betrieben verschärfte Haftung des Staates nur dann gerechtfertigt, soweit der Geschädigte aufgrund einer geschriebenen oder ungeschriebenen öffentlichrechtlichen Duldungspflicht (z. B. gegenüber Manövern, Verteidigungsanlagen, Krankenhäusern, Verkehrs- und Postbetrieben) die ihm sonst gegebenen privatrechtlichen Abwehransprüche nicht geltend machen konnte und dadurch einem erhöhten Schadensrisiko ausgesetzt war. Diese Haftung läßt sich, weil der Ausschluß privatrechtlicher Abwehransprüche eine unmittelbare hoheitliche Einwirkung auf die Rechtsposition des Geschädigten darstellt, in befriedigender Weise unter den Tatbestand der Aufopferung einordnen.*

   Die Rechtmäßigkeit der staatlichen Veranstaltungen und Betriebe ist nur insoweit erheblich, als dies einen Einfluß auf Bestehen und Umfang der Duldungspflicht hat.

10. *Schäden, die den Anliegern öffentlicher Wege durch die Durchführung von Straßenbauarbeiten oder durch sonstige Verkehrsbeschränkungen entstehen, sind nach Aufopferungsgrundsätzen entschädigungspflichtig, soweit sie die durch Eröffnung des Gemeingebrauchs an einem öffentlichen Weg begründete Rechtsposition eines Anliegers (Zugangs- und Zufahrtsrechte) in einer ihn ungleich und unzumutbar treffenden Weise beeinträchtigen.*

    Diese Schadensfälle lassen sich jedoch nur dann unter die Haftung aus Aufopferung einordnen, wenn nicht nur rechtliche (z. B. durch Verkehrsanordnungen), sondern auch tatsächliche (z. B. durch Straßenniveauveränderungen)

Beschränkungen des Gemeingebrauchs an öffentlichen Wegen als hoheitliche, aus der öffentlichen Sachherrschaft fließende Eingriffe in eine bestehende Rechtsposition des Anliegers aufgefaßt werden.

11. *Schäden, die durch das Versagen technischer öffentlicher Einrichtungen verursacht wurden, sind von der Rechtsprechung durch Konstruktion eines Verschuldens unter Überspannung technischer Sorgfaltspflichten für entschädigungspflichtig erklärt worden.*

    Diese Schadensfälle lassen sich nicht durch eine Ausdehnung der Aufopferungshaftung, sondern nur durch die Einführung eines neuen selbständigen Tatbestandes der Amtshaftung befriedigend lösen, der die Garantiehaftung des Staates für das amtspflichtgemäße Verhalten seiner Amtsträger durch eine entsprechende Garantiehaftung für das ordnungsgemäße Funktionieren seiner Einrichtungen, auf die der Geschädigte angewiesen ist und auf deren fehlerfreien Betrieb er vertrauen darf, ergänzt.

12. *Aus Ziff. 5—11 folgt: Die Ergänzung des bestehenden Systems der Staatshaftung durch eine zusätzliche Verursachungshaftung für außergewöhnliche Schäden ist nicht erforderlich, wenn der Tatbestand der Aufopferung in Übereinstimmung mit der Tendenz der neueren Rechtsprechung so weit ausgelegt wird, daß jede zur Duldung verpflichtende Form hoheitlicher Einwirkung auf eine geschützte Rechtsposition und jeder dadurch adäquat verursachte Folgeschaden (Gesundheits- oder Vermögensschaden) eine Aufopferungslage zu begründen vermag.*

    Die Konkurrenz zwischen Aufopferungs- und Amtshaftungsanspruch ist im Sinne der Subsidiarität des ersteren zu lösen.

    Eine Kodifizierung des Tatbestandes der Aufopferung ist dem Bundesgesetzgeber nur für den Bereich seiner Sachkompetenzen gestattet. Eine allgemein für Bundes- und Landesrecht geltende Kodifizierung könnte nur in Form einer Ergänzung des Grundgesetzes erfolgen. Ihr praktischer Wert ist zweifelhaft.

Gefährdungshaftung im öffentlichen Recht?

Mitbericht von Professor Dr. Walter Leisner, Erlangen

„Souveränität ist Herrschaft ohne Kompensation" — auf daß dieses vielzitierte Wort von Eduard Laferrière[1]) endgültig abgelöst werde durch das Prinzip: „Staat ist Sekurität, Sekurität heißt Reparation",[2]) gelten die vorliegenden Erörterungen Fallgruppen von Schädigungen durch Hoheitseingriffe, die bisher nur schwer in das Zusammenspiel des deutschen öffentlichen Schadensausgleichsrechts einzuordnen waren, und damit der Besinnung auf eine Neugestaltung des Systems selbst. Es sind Fälle schuldloser Schädigung, die man unter den Begriff einer öffentlich-rechtlichen „objektiven" Gefährdungshaftung stellen will.[3])

Gerade hier mahnt uferloses Schrifttum: jeder Einzelbetrachtung muß ein Ausmessen des geistigen Raumes vorangehen, in dem die Diskussion stattfindet und damit ein wenigstens umrißhaftes Erfassen der großen Gegensätzlichkeiten, zwischen

---

[1]) Der Hauptbegründer der französischen rechtsstaatlichen Verwaltungsrechtswissenschaft hatte damit allerdings — wie oft übersehen wird — nur eine Haftung für Akte der Gesetzgebung ausschließen wollen: „La loi est, en effet, un acte de souveraineté et le propre de la souveraineté est de s'imposer à tous, sans qu'on puisse réclamer d'elle aucune compensation" (Traité de Juridiction administrative, 2. Aufl., Paris 1896, Bd. II, S. 13). Immerhin setzte er die ominösen Beschränkungen der Staatshaftung, auf die der Arrêt Blanco verweist, mit der Formel gleich, je „höher" die Funktion stehe (d. h.: je näher der „Souveränität"), umso weniger werde gehaftet (a. a. O. S. 183 f.). — eine Reminiszenz an die „staatshaftungslose" Periode des 19. Jahrh. (vgl. dazu die Pariser Thèse von Koechlin, H.-F., La Responsabilité de l'Etat en dehors des contrats, de l'An VIII à 1873, Paris 1957).

[2]) „Sekurität" steht hier nicht im — bisher noch so unbestimmten! — Raum der Sozialstaatlichkeit: Diese trägt nur einen grenzausgleichenden Härteschutz (vgl. dazu m. Nachw. Leisner, Grundrechte und Privatrecht, München 1960, S. 162 ff.). Würde sie aber zu Forderungen allgemeiner materieller Gleichheit eingesetzt, so ginge sie in ihrer Dynamik wiederum weit über die Funktion einer statisch-ausgleichenden Haftung hinaus. Diese muß aber stets vornehmlich, wenn auch nicht ausschließlich, als „Komplementärinstitut" zur verwaltungsgerichtlichen Kontrolle und damit im Raum der Rechtsstaatlichkeit gesehen werden, was auch die historische Entwicklung beweist.

[3]) vgl. f. and. Forsthoff, Lehrbuch des Verwaltungsrechts, 8. Aufl. 1961, S. 315 f.

denen nicht nur erkennend die Lösung gefunden, sondern entscheidend geschaffen werden muß.

Andeutungen sollen deshalb die Vorstellungspaare ins Bewußtsein heben, welche die gegensätzlichen Argumente tragen werden. Größte Antithesen des heutigen Rechts erscheinen hinter den folgenden Darlegungen: Verschuldenshaftung steht gegen Verursachungshaftung, und damit vielleicht Indeterminismus gegen Determinismus, Moral gegen verhaltensblindes Recht; Recht als Spiegelbild jeweiliger allgemeiner Entwicklungslage der Gemeinschaft und deshalb als heute „zu Objektivierendes" gegen dasselbe Recht als beharrende, den Entwicklungsstrom eindämmende Punktualregelung;[4]) „Gefahr", die Angstvorstellung unserer Zeit, als neuer Rechtsbegriff in seiner unheimlichen Unbestimmtheit technischer, übermenschlicher Potenzialität entsprechend, tritt der klaren Beziehung „Verursachung — Schaden" gegenüber.

Diesen Antithesen aus dem Rechtsbegriff selbst überlagern sich tiefe staatsrechtliche Gegensätzlichkeiten.[5]) Dem Gemeinwesen frühliberaler Vorstellungswelt, das „wie ein Privater haftet", tritt der „Staat als der ganz andere", die allmächtige innerstaatliche Souveränität mit dem Zugeständnis einer „besonderen Haftung" gegenüber. Innerhalb dieses Staatsbegriffes erscheint noch die Gegensätzlichkeit von „totalem Rechtsstaat" (Rechtsersatzstaat) und sozialem Verteilungstaat, der Ausgleich, nicht Schadensersatz fordert. Bei der Organisation dieses — wie immer verstandenen — Gemeinwesens schließlich fragt es sich: Ausdehnung des Schadensausgleichs nach allgemeinen Grundsätzen oder Formeln, oder nur auf Grund von Sondergesetzen, durch speziell-legislativen Akt oder „richterlichen Willen"?

Gerade weil diese großen allgemeinen Antithesen alles Bemühen — vielleicht unbewußt — lenken, muß rechtliche Betrachtung einen nahen Blick auf die konkreten entwicklungsmäßigen und dogmatischen Gegebenheiten des Problems richten. Zwischen den Antithesen muß ein solider Unterbau in „dogmatischer Induktion" errichtet werden, der sich einer Seite

---

[4]) Deshalb sind die vorstehenden Bemühungen um die Auslegung — d. h. heute nur mehr um die „dynamische" oder „mehr statische" Form einer Objektivierung — den folgenden Untersuchungen in besonderem Maße vorgreiflich.

[5]) Besonders klar (für das Privatrecht) erkannt schon von Esser, J., Grundlagen und Entwicklung der Gefährdungshaftung, München u. Berlin 1941, S. 80 ff.; in Frankreich ist die staatspolitische Akzentuierung in der Diskussion deutlich fühlbar, vgl. etwa Berlia, G., „Essai sur les fondements de la responsabilité civile en Droit public français", Revue du Droit public (RDP) 1951, S. 703/4.

bereits zuneigen mag, seinen krönenden Abschluß aber nur in letzter Deduktion aus den großen Begriffen finden wird.

Ein oberflächlicher Blick über das heute praktizierte öffentliche Haftungs- und Entschädigungsrecht zeigt ein Bild antinomieloser, geschlossener Systematik. Die Ausstrahlungen seiner beiden Pole — Aufopferung (Aufopferung/Enteignung) Enteignung und Staatshaftung — scheinen nicht nur das Zwischengebiet der schuldlos-rechtswidrigen Schädigungen völlig zu erfassen, sie überlagern sich neuerdings im Raum schuld h a f t-rechtswidrigen Schadenszufügung[6]). Ausdrücklich im Namen der Lückenlosigkeit, gleicher, ausgleichender Schadloshaltung[7]) scheint so praetorische Rechtsprechung dem Ideal einer materiellrechtlichen „Entschädigungsgeneralklausel" nahe zu kommen.

Doch der Schein trügt: Das „geschlossene System des öffentlichen Entschädigungsrechts", jener alte und neue Wunschtraum des deutschen Staatsrechts,[8]) ultima ratio und letzte Vollendung des Rechtsstaats, scheitert immer wieder an der Bipolarität des Entschädigungsrechts — aus zwei Gründen: Staatshaftung und „Aufopferung" — wie der Kernbegriff des Entschädigungsbereichs hier abkürzend genannt wird — sind verschiedenartige Schadensausgleichsgrundlagen[9]) und deshalb nicht voll abgren-

---

[6]) BGHGZ 13,88 und BGHZ 14,363; kritische Äußerungen dazu (m. Schrifttum) bei L e r c h e, P., Amtshaftung und enteignungsgleicher Eingriff, JuS 1961, S. 238.

[7]) Diese „erst-recht"-Logik (F o r s t h o f f, a. a. O. i. Anschluß an BGHZ 7,296) trägt im Grunde hier die gesamte Entwicklung der deutschen Rechtsprechung. Lückenlosigkeit i s t d a s Ideal (nicht nur ein Idol, vgl. Lerche, a. a. O. S. 239 Anm. 17) und muß es also auch für die folgenden Erörterungen sein. Dabei darf „Lücke" aber n u r ein Fall von systemwidriger Ungleichbehandlung sein — „Lückenlosigkeit" bedeutet nicht a priori „totale Schadloshaltung für alle". Ein bedenkliches Pendeln von einem Lückenbegriff zum anderen (und insoweit hat L e r c h e recht) muß unbedingt vermieden werden (Fall des oft zu beachtenden „Umschlagens des Methodischen ins Materielle").

[8]) vgl. z. B. O. M a y e r, Deutsches Verwaltungsrecht, 2. Aufl. 1917, 2. Bd., S. 537; zu neueren „Systematisierungs"-bemühungen vgl. u. a. H a a s, D., System der öffentlichrechtlichen Entschädigungspflichten, Karlsruhe 1955, S. 14/15, 56 f.; klar U. S c h e u n e r, JuS 1961, S. 249 (vgl. die umfangreichen Systematisierungsversuche i n n e r h a l b des Entschädigungsrechts bei J a n s s e n, G., Der Anspruch auf Entschädigung bei Aufopferung und Enteignung, Stuttgaart 1961, insbes. S. 133 ff.).

[9]) woraus der BGH in den zitierten Entscheidungen gerade die Überlagerungsmöglichkeit herleitet. — Der Grund ist die Unmöglichkeit, ein einheitliches „fondement" der „Verantwortlichkeit des Staates" aufzufinden (zum Begriff des „fondement" grundlegend Ch. E i s e n m a n n, Sur le degré d'originalité usw. Semaine juridique 1949, S. 751 ff. [a. A]): dazu E s s e r op. cit. 66/67 unter Verweis auf B u r c k h a r d t; R e i n h a r d, Gutachten in: Verhand-

zend zur Deckung zu bringen; sie haben überdies in den letzten Jahrzehnten eine unvergleichbare Expansionsdynamik entfaltet: die Aufopferung ist aus dem schmalen Raum der „klassischen“ Enteignung zu einem allgemeinen Entschädigungsprinzip für hoheitliches Wandeln emporgewachsen[10].) Neben ihr wird die Berechtigung der verschuldensbestimmten Staatshaftung problematisch,[11]) die sich demgegenüber nur unwesentlich „ausdehnen“ konnte. Dieses Nebeneinander könnte deshalb in eine Hegemonie des objektiven Entschädigungsrechts umschlagen, ohne daß die verfassungsrechtlich verankerte Staatshaftung in absehbarer Zeit verschwände.

Weit ist man also entfernt von einem ausgewogenen „System“ — die Harmonie sogar eines Nebeneinander ist bedroht und die Lückenlosigkeit ebenso in Gefahr wie die Einheitlichkeit. Das Entschädigungsrecht ist nicht im System, es ist in der Krise!

Die beiden angedeuteten Schwierigkeiten weisen den Weg der Neubesinnung: es müssen Fälle aufgesucht werden, an denen die „Nichtdeckung“ sich erweist. Sie werden auch zeigen, ob das herkömmliche Staatshaftungsrecht seinerseits noch Expansionsdynamik besitzt, ob so ein Gleichgewicht im öffentlichen Entschädigungsrecht i. w. S. herauszustellen ist[12]) und ob die beiden heterogenen Ausgleichsgrundlagen harmonisierbar sind. Diese Fälle, im wesentlichen, möchte eine neuere Lehre,[13]) in Erkenntnis der Nichtdeckung, einem dritten Pol,

lungen des 41. Dt. Juristentages, Tübingen 1955, S. 270; einen bis ins Verwaltungs(verfahrens)recht hineinreichenden Versuch zur Schaffung eines einheitlichen „Wiedergutmachungsprinzips“ unternimmt Chr. Menger, Jellinek-Gedächtnisschrift 1955, S. 347 ff. (350) (nach der Eisenmannschen Kategorisierung läge aber hier nicht das allein aufzusuchende „fondement-justification“, sondern nur ein fondement = raison de politique législative vor. Diese Unterscheidungen müssen in Deutschland noch präzisierend eingeführt werden). Vgl. auch Scheuner, DÖV 55, 545 ff. (548).

[10]) Zur historischen Entwicklung der „Aufopferung“ vgl. insbes. Katzenstein, Entschädigungspflicht des Staates für schuldlosrechtswidrige Ausübung hoheitlicher Gewalt, Hamburg 1935, S. 15 ff., neuerdings Janssen, op. cit. S. 22 ff. (m. Nachw.). Die "vorenteignungsmäßige“ Allgemeinbedeutung der Aufopferung kann hier außer Betracht bleiben.

[11]) vgl. die scharfen Angriffe von Haas, op. cit. S. 57 f.

[12]) Ein brauchbarer „Oberbegriff“ für Aufopferung/Enteignung — Schadensersatz muß entwickelt werden, ist aber schwer zu finden: „Schadensausgleich“ und „Wiedergutmachung“ sind anderweitig terminologisch festgelegt. „Entschädigungsrecht“ und „staatliche Ersatzleistungen“ weisen einseitig in die Nähe einer der beiden „Pole“. M. E. ist letzterem Ausdruck (Ersatzleistungsrecht) doch noch der Vorzug zu geben.

[13]) Vgl. zur Problematik der öffentlich-rechtlichen Gefährdungshaftung: Barkhau, Öffentlich-rechtliche Entschädigung bei Nothilfeleistungen, Stuttgart — Köln 1954, S. 84; Bachof, Die

einer öffentlich-rechtlichen Gefährdungshaftung zurechnen. Dies ist gleichzeitig ein Beitrag zu dem größeren Gebiet der schuldlos-rechtswidrigen Schädigungen, auf dem, wenn überhaupt, Staatshaftung und Aufopferung sich treffen.

Die Expansionskraft des Aufopferungsdenkens erwächst aus seiner vorkritischen Allgemeinbezogenheit auf hoheitliches Tun. Dies aber ist auch seine erste Grenze: es muß ein „Eingriff"[14]) vorliegen. Er fehlt nach der Rechtsprechung[15]) vor allem in folgenden Fällen, auf welche die folgenden Betrachtungen immer wieder zurückkommen werden.

1. Hoheitsgewalt wird überhaupt nicht eingesetzt — Schädigungen durch schuldlos-rechtswidriges Unterlassen einer Hoheitshandlung[16]).
2. Hoheitsgewalt sollte dem Geschädigten gegenüber nicht eingesetzt werden — (ungewollte Schädigungen): Schäden durch abirrende Folgen hoheitlichen Eingriffs und zwar a) Abirren bei hoheitlicher Tathandlung (Splittereinwirkung auf militärgeländenahen Grundstücken)[17]), b) Abirren hoheitlicher Rechtshandlung:[18]) Leuchtspurmunition

---

verwaltungsgerichtliche Klage auf Vornahme einer Amtshandlung, Tübingen 1951, S. 117; Bettermann, DÖV 54, 299 f.; Dürig, JZ 55,521 (523/4); Forsthoff, a.a.O.; Haas, D., op. cit. S. 67; Hubmann, H., JZ 58, 489 ff. (489, 492); Janssen, op. cit. S. 157/8; Katzenstein, op. cit. S. 26 f. m. Nachw.; Katzenstein, MDR 52, 194/5; Menger, op. cit. S. 355 (vgl. Anm. 25); Reinhardt, DÖV 1955, 542 ff. (insbes. S. 544 f.); Reinhardt, Gutachten cit. S. 256 ff.; Rinck, Gerd, Gefährdungshaftung, Göttingen 1959, S. 12 f.; Schack, Verhandlungen d. 41. Dt. Jur. T. S. 25 f.; Schack, BB 1956, 409 ff. (411); Schack, JR 58, S. 207 ff.; Schack, MDR 1953, 514 ff. (516); insbes.: Schack, Gefährdungshaftung auf dem Gebiete des deutschen öffentlichen Rechts, DÖV 61, 1377 ff.; Scheuner, DÖV 55, 545 ff. (545 u. 548); Weimar, JR 58, 96; Zeidler, DVBl. 59, 681 ff. (685).

[14]) vgl. Schrifttum zu dieser Frage bei Lerche, JuS 61, S. 240, Anm. 20, sowie Schack, DÖV 61, 1377 ff., insbes. Anm. 18 (ablehnend).

[15]) Und von diesen Fällen muß vor jeder dogmatischen oder rechtspolitischen Erwägung zunächst ganz empirisch ausgegangen werden. Zu der — hier durchaus nicht grundsätzlich ausgeschlossenen — Möglichkeit einer Ausdehnung des Eingriffsbegriffs vgl. unten!

[16]) Nach BGH 25. 4. 60, LM Art. 14 GG, Cc 8 fehlt es hier an einem „Eingriff".

[17]) vgl. den vom OLG Celle, JZ 1961 S. 372 (m. Anm. Schack) entschiedenen Fall, wo das Gericht vergeblich versucht, das Abweichen von der Rspr. des BGH (212, 57; 23, 235) durch Hinweisen auf ein angebliches Schwanken der höchstrichterlichen Rspr. (vgl. dazu unten Anm. 31) zu decken.

[18]) vgl. Wilke, Zur Haftung des Staates, Frankfurt 1960, S. 60/1 (das LG Kiel ist, soweit ersichtlich, in der Entscheidung auf das Problem nicht eingegangen (NJW 57, 994)).

eines Warnschusses — bei verwaltungsaktlicher Aufforderung zum Stehenbleiben — ruft einen Brand hervor. Hierher gehören wohl auch Schäden durch „abirrende Verwaltungsakte" — ein belastender Akt etwa kommt „zufällig" zur Kenntnis eines anderen, der dadurch einen Zusammenbruch erleidet. Leicht kann solches bei den modernen „Verwaltungsfabrikaten" eintreten[19]), weil ein „Abirren" m. E. auch vorliegt, wenn ein Eingriff „in dieser Höhe" (Steuer!) nicht gewollt ist.

3. Hoheitsgewalt schädigt einen Dritten als „Nebenwirkung" eines gegen einen anderen gerichteten Eingriffs — es liegt Schädigung durch gewollten, aber nicht gezielten Eingriff vor.[20])

4. Auf Hoheitstätigkeit geht nur der Zustand zurück, mit dem der Geschädigte in Kontakt gerät, ohne daß der Staat „noch einmal" „speziell" eingreift — ein Unterfall der ungewollten Eingriffe, bei dem die Hoheitstätigkeit „ferner" ist, sich in der Zustandsschaffung erschöpft, z. B. a) Schädigung durch Sachzustände (Umfallen eines Postautos[21]); Herunterhängen eines Kabels[22]) — was künftig in dem Maß größere Bedeutung erlangen dürfte, in welchem vom Staat geschaffene Zustände „gefährlicher werden"[23]). Sowie b) Schädigungen durch Menschen[24]), die im Gewahrsam der Hoheitsgewalt stehen (ein Sträfling verletzt den anderen)[25]).

---

[19]) Freilich nur unter der Voraussetzung, daß sich das menschliche „Handeln" aus der Inhaltsgestaltung oder aber „Richtung" des Aktes völlig eliminieren läßt, wie Zeidler, DVBl. 59, 681 ff. (686) annimmt.

[20]) Vgl. BGHZ 8, 274 und 23, 161 einerseits, BGHZ 23, 240 und 31, 1 andererseits. Über angebliche „Widersprüche" in dieser Rspr. vgl. unten Anm. 31.

[21]) Vgl. Scheuner in JuS 61, 248.

[22]) Fall v. RGZ 147, 353 (356).

[23]) Auch wenn jede Einwirkungsmöglichkeit bei den „Verwaltungsmaschinen" (vgl. oben Anm. 19) auszuschließen ist, steht ihre „Tätigkeit" näher bei 2), wenn auch eine Grenze zwischen 2) und 4) logisch kaum zu finden ist, so daß die Bedenken der Rspr. zu 2) auch für 4) gelten müssen.

[24]) BGH 17, 172 — das Gericht kommt hier schon deshalb zu einer ablehnenden Entscheidung, weil die „Opfergrenze" nicht erreicht sei (zutreffend die Kritik bei Wilke (a. a. O. S. 61/2). Auch kann noch leichter bei den „Körperschäden" vom Eingriff abgesehen werden (vgl. den „enteignungsgleichen Eingriff") als bei den „Vermögensschäden", bei denen ja der Eingriff unumgänglich nötig zu sein scheint. Die Fälle zu 4) und 5) erhalten also ihre volle Problematik erst im Zusammenhang mit der fragwürdigen (neuerdings etwa wieder von Janssen, op. cit. passim, insbes. S. 156/7) heftig bekämpften Trennung von Aufopferung und enteignungsgleichem Eingriff (vgl. dazu Schack, JZ 56, 425 ff.) durch den BGH, was

5. Derselbe Fall bei nicht vom Staat geschaffenen Zuständen: a) „Unfreiwillige Helfer" kommen zu Schaden[26]) (Vom Arbeitsamt eingesetzte Arbeiter infizieren sich bei Antiseucheneinsatz), b) der freiwillige Helfer wird geschädigt: ein Festgenommener ersticht den ihn „bewachenden" Passanten[27]).
6. Hoheitsgewalt wird gewollt, gezielt, speziell eingesetzt, sie führt aber nicht zu „typisch hoheitlicher Schädigung", weil entweder a) der Staat rein „im privaten Interesse" handelt Eröffnung des Konkursverfahrens[28]), oder b) Hoheitsgewalt zwar „als solche" eingesetzt wird, der Schaden aber genauso entstanden wäre, wenn die Handlung privatrechtlich vorgenommen worden wäre (der Bienenfall des BGH[29])).

All diesen Fällen ist eines gemeinsam: Hoheitsgewalt sollte dem Geschädigten gegenüber gar nicht, oder nicht als solche eingesetzt werden, ihre Handhabung hat aber „Auswirkungen" auf ihn gezeitigt. Der hoheitliche Handlungswille scheint entscheidend zu sein, da er aber die rechtliche Kategorisierung nicht bestimmen darf, besser gesagt: der „objektive" Ausdruck des Gestaltungswillens der Verwaltung. Ein Eingriff liegt also, nach dieser Praxis, nur bei Schädigung durch primär und typisch hoheitsrechtliches, gezieltes und spezielles Handeln vor.

Der Begriff ist zwar problematisch:[30]) jedes seiner aufeinander kaum zurückführbaren Merkmale ist dehnbar: beim „gezielten" Eingreifen kommt es auch[31]) auf die jeweilige Aus-

Schack (Gefährdungshaftung DÖV 61 cit.) nicht verkennt, aber m. E. nicht stark genug betont.

[25]) Der französische Staatsrat hat hier das „Zustandshaftungsproblem" klar erkannt und im Arrêt Thouzellier (3. 2. 1956) Haftung ohne Verschulden bei entwichenen Fürsorgezöglingen angenommen, die Schaden in so weiter Entfernung von der Anstalt angerichtet hatten, daß die herkömmliche Konstruktion des „risque de voisinage" kaum mehr tragen konnte. Nur wieder bei Verschulden allerdings wird Haftung im ähnlich gelagerten Fall Rakota-Rivouy (3. 10. 58, Recueil S. 470) gewährt.

[26]) Abgedruckt in der Ztschr. für Heimatwesen, 1942, S. 164.

[27]) RGJW 1927, 441: bezeichnenderweise mußte das RG seine Zuflucht zu bedenklichen Vertragskonstruktionen nehmen.

[28]) BGHZ NJW 59, 1085; vgl. auch BGHZ NJW 59, 1272 = LM Nr. 3 zu § 945 ZPO.

[29]) BGHZ 16, 366 (NJW 55, 747), wo übrigens die Verbindung zur reinen privatrechtlichen Gefährdungshaftung — über die Versagung der negatorischen Klagen — deutlich wird.

[30]) worauf Lerche, JuS a. a. O. mit zutreffenden Ausführungen hinweist.

[31]) Ein „Widerspruch" in der BGH-Rspr. (vgl. Anm. 20) besteht nur scheinbar in der Frage „Eingriff oder nicht", in Wahrheit gehen alle Entscheidungen von der Notwendigkeit eines solchen aus.

dehnung des beeinträchtigten Rechts an, die nur eine umfangreiche Judikatur klären kann. Die „Spezialität", und damit die „Ferne" des „schädigenden Zustandes", ist nur fallweise zu bestimmen[32]). Das „typisch Hoheitsrechtliche" erschließt nur bestreitbare Interessenwertung[33]). Trotz all dieser Elastizität kann aber der Eingriffsbegriff zu vollständiger Erfassung aller Ersatzleistungsfälle in absehbarer Zeit nicht ausreichen. Er beschränkt also erheblich die Anwendbarkeit des Aufopferungsgedankens.

Wenn sie ihn i. F. der Barackenerlaubnis neben einem Ladengeschäft (BGHZ 23, 161) und bei Schäden durch Veränderungen der Straßen (BGHZ 30, 241) bejahen, bei Schäden durch die Veränderung der Wohnlage (BGHZ 23, 240) und bei solchen, die durch Verbot der Arbeitgeberin (KPD) entstanden sind, ablehnen, so liegt darin zunächst eine — im einzelnen bestreitbare — Entscheidung zur Ausdehnung des Rechts, die mit der Eingriffsproblematik (die in der Beurteilung der Handlung(srichtung) der Verwaltung liegt) nichts zu tun hat. Sie müßte übrigens auch dann getroffen werden, wenn vom „Eingriff" abgesehen würde und erschiene dann bei der „Aufopferung der Rechte" wieder. Daß dann, wenn der Umfang des Rechts festliegt, noch die „Handlungsrichtung" zu prüfen ist, die Verwaltung also zwei Reihen von Einwendungen geltend machen kann, müßte klarer als bisher herausgearbeitet werden, wenn die Widersprüchlichkeit beseitigt werden und die besondere „Beschränkung" der Aufopferung durch das „Eingriffserfordernis" klar sein soll. Dies läuft zweifellos auf eine Privilegierung der Verwaltung bei der Aufopferung hinaus, die aber deren ganzer Struktur entspricht und einem Ausschluß jeder Art von Ersatz für „mittelbare Schäden" gleichkommt, wie er wohl am besten zur „Enteignung" (vgl. die Höhe der Ersatzleistungen!) paßt. Hinter der angeblichen Berücksichtigung des „subjektiven Verwaltungswillens" steckt also das objektive Anliegen des Ausschlusses des Ersatzes für mittelbare Schäden, das nicht mit Argumenten gegen jene „Subjektivität" überwunden werden kann.

[32]) Darum, und nicht um die der „Ausdehnung des Rechts" entsprechende (vgl. Anm. 31) Bestimmung der materiellrechtlichen Opfergrenze handelte es sich im Grunde bei den Erörterungen des BGH im Gefangenenfall (BGHZ 17, 172). Freilich läßt sich das wieder — wie es verwirrenderweise oft getan wird — „rein materiellrechtlich" fassen (Frage: „hat der Gefangene ein Recht" darauf, nicht [unter den besonderen Verhältnissen] verletzt zu werden) man geht aber dabei an der besonderen Problematik der „Rechtsverengung" bei der Aufopferung vorbei: das „Recht" hat ja der Gefangene (er darf ja auch zur Notwehr schreiten, Rechtswidrigkeit ist auch ein allseitiger Begriff! Vgl. K. Engisch, Die Relativität der Rechtsbegriffe. Betti-Festschrift, I, Mailand 1961, S. 333 f.), — aber u. U. kein Recht auf Ersatz wegen „Zustandsferne". Die kontingente Beschränkung der Ersatzrechte bei der Aufopferung erscheint klar.

[33]) Wenn man es nicht — u. U. außerdem noch — auf die Form des Handelns abstellt. — Wenn der BGH auch nicht-verwaltungsaktliche Eingriffe genügen läßt (vgl. BGHZ 24, 45; 25, 238), so wird dadurch nur das Zwangsmoment abgeschwächt, nicht das Eingriffserfordernis fallengelassen.

Es klafft so eine in ihrer Ausdehnung erhebliche, ja, was schwerer wiegt, gar nicht eindeutig abzusteckende Lücke zwischen Aufopferung und Staatshaftung. Freilich könnte ihre Schließung durch weitere Ausdehnung[34]) der Grundgedanken von §§ 74/75 Einl. ALR versucht und die „Nötigung" bereits in der Schaffung einer unentrinnbaren Lage gesehen werden. Schon aus allgemein-rechtstheoretischen Gründen wäre ferner Tun und Unterlassen gleichzustellen[35]). Dem BGH könnte vorgeworfen werden, er verschließe sich anachronistisch den Weg der Ausweitung: er lehne sie im Grunde doch nur ab, damit man sich nicht zu weit vom „Kern der Enteignung", dem „etwas Wegnehmen" entferne, der den ganzen Entschädigungs-Aufopferungsbereich präge. Stellt die Enteignung, wie neuerdings behauptet wird[36]), dagegen ihrerseits eine historisch-kontingente Verengung der ursprünglich weiten Aufopferung dar, so wäre ihre Wiederausweitung zur „Beeinträchtigung" entwicklungsfolgerichtig. Dennoch — die Rechtsprechung ist heute, zu Recht oder zu Unrecht, derart auf den Ausgangspunkt des Ent-eignens festgelegt, es ist auch die „allgemeinere" Wurzel der Aufopferung historisch so fern, daß eine Änderung zunächst kaum erwartet werden kann[37]).

---

[34]) so Schack, Die Gefährdungshaftung a. a. O.; eine solche Ausdehnung ist eine der Hauptthesen der Arbeit von Janssen, op. cit. passim. insbes. S. 22 ff., 101 ff., 153 ff.

[35]) Demnach wird man gerade hier vorsichtig sein müssen: es gehört zu den Privilegien der Hoheitsgewalt, daß die Folgen eines Unterlassens ihrerseits nicht dieselben Rechte — auch nicht dieselbe prozessuale Durchsetzbarkeit — verleihen, wie positives Tätigwerden. (Vgl. für die Tätigkeit des Gesetzgebers die Verfassungsbeschwerde gegen Gesetze — und ihre grundsätzliche Ablehnung bei legislativer Untätigkeit). Im verwaltungsgerichtlichen Verfahren ist nunmehr die Gleichstellung weitgehend vollzogen (vgl. aber neuerdings für den prozessualen Seitenbereich der teilweisen Erledigung der Verpflichtungsklage Groschup, DVBl. 61, 840 ff. [841/2]); es ist eben offenbar im öffentlichen Recht nicht immer möglich, nur von der durch die hoheitliche Tätigkeit (oder ihr Unterlassen!) hergestellten Lage aus zu argumentieren — die Tätigkeit selbst, in ihrer besonderen Freiheit des „Ob" und „Wie" muß in eigenartiger und noch nicht voll geklärter Weise berücksichtigt werden. Daß dahinter eine verstecktes Privileg der Hoheitsgewalt steht, sollte klarer sein, gerade in Verbindung mit der Entschädigungsfrage, und die Ausdehnung nicht als einfache technische Frage juristischen Geschmacks gesehen werden.

[36]) Janssen, op. cit., z. B. S. 19, 22 f.

[37]) Sie würde vielleicht noch bei den Fällen möglich sein, wo auch heute Aufopferung (i. d. „älteren" Form) vom BGH gewährt wird, kaum mehr bei den wichtigeren und zahlreicheren endgültig in die Nähe der Enteignung gerückten „Schädigungen an Vermögensrechten". Weil aber die Wiedervereinigung der Ersatzleistungskomplexe der früheren „Aufopferung" kaum mehr erwartet werden kann — trotz der heftigen Kritik von Janssen op. cit. und den

Die Einbeziehung der genannten Fälle in die Aufopferung scheitert also wohl schon an demselben Grundgedanken, der ihre bisherige Ausdehnung trug: Aufopferungsentschädigung ist Kompensation für den Einsatz der Hoheitsgewalt, nicht für Schäden, die nur durch sie — „mittelbar", wie man weniger klar zu sagen pflegt — verursacht werden, sie ist eigenartige Handlungs-, nicht Verursachungshaftung[38]) — eine „vorkritische" Betrachtungsweise vielleicht, aber die einzig ersichtliche Möglichkeit, gewisse Konturen des Instituts zu erhalten und es nicht zur reinen Verursachung ausufern zu lassen.

Und dennoch steht hier der Einwand: würde nicht eine solche Erweiterung, das Fallenlassen der „Eingriffsgrenze", jenen von Otto Mayer geforderten[39]) Idealzustand einheitlicher, absoluter Ersatzleistung herstellen, ja sogar auf Grundlagen, die nur beim Hoheitshandeln gegeben sind, und so durch ein selbständiges Institut des öffentlichen Rechts die allgemeine objektive Haftung begründen? Kann dann eine etwaige Hegemonie der Aufopferung nicht zur Alleinherrschaft werden? Warum noch die Expansionskraft der Staatshaftung untersuchen? Sollte nicht ihr Ende erleichtert werden?

Keineswegs! Ein sie vielleicht sogar noch verdrängendes Vordringen der Aufopferung würde die Stellung der Gewaltunterworfenen erheblich verändern. Die vom BGH mit Recht betonte Verschiedenartigkeit beider Anspruchsgrundlagen bedeutet nicht nur, daß sich beide überlagern, sondern sollte auch Bedenken wachrufen, ob sie sich ersetzen können. Selbst wenn die erwähnten Fälle eines Tages von der Aufopferung erfaßt werden, muß dennoch gefragt werden, ob sie, und vielleicht die schuldlos-rechtswidrige Staatstätigkeit überhaupt, nicht (doch auch) durch Erweiterung der Staatshaftung erfaßt werden sollten — aus folgenden Gründen:

Bedenken von Schack, Gefährdungshaftung cit. — wird der enteignungsgleiche Eingriff immer zentraler, und der Eingriffsbegriff eher noch bedeutsamer werden. —

Die tiefsten Bedenken gegen die Rspr. des BGH zum Verhältnis „enteignungsgleicher Eingriff" — Aufopferung kommen übrigens m. E. aus der heute hier kaum noch haltbaren Unterscheidung „Schädigung an Vermögensrechten — an körperlicher Integrität usw.".

[38]) Daß eine Ersatzleistungspflicht weder allgemein noch absolut ist, entspricht durchaus unserer ganz allgemein dem Generalklauselsystem hier abgeneigten Rechtsordnung. Einzeltatbestände können aber, wenn für „alle" eben nicht Ersatz geleistet werden soll, ebensowohl nach dem geschützten Rechtsgut (vgl. § 823/I BGB), als auch (ähnlich wie hier) nach der Art oder Intentionalität der schädigenden Handlung gebildet werden (vgl. § 823/II BGB i. Verb. mit gewissen Schutzgesetzen).

[39]) a. a. O.

Die Entschädigungspflicht ist, in ihrer heutigen Gestalt, Ergebnis der Ausweitung eines ursprünglichen eng(er) begrenzten Instituts. Ihre Kontingenz und Unvollständigkeit zeigt sich aber, und gerade deshalb, — selbst wenn man ihr alle Tatbestände unterwirft — in dem der Staatshaftung unbekannten, einschränkenden Erfordernis eines Sonderopfers, mehr noch in der weit unvollständigeren Entschädigung.

Beides hat einen einheitlichen Grund: die Entschädigung soll nicht jeden Schaden, sondern nur den Verstoß gegen die Gleichheit gutmachen[40]). Diese ist hier nicht reine Chancengleichheit[41]) — die ja völligen Schadensausgleich erfordern würde —, sondern eine Art von materieller Gleichheit, die (über den Begriff „enteignungsgleicher Eingriff") nunmehr in Verbindung mit der Eigentumsgarantie steht: letzterer aber ist es wesentlich, daß Sozialbindungen möglich sind[42]), gewisse Differenzierungen (hier: Schädigungen) die Egalität also nicht verletzen. Wieder erweist sich hier die — notwendige — Auflösung der Gleichheit, gegen die nur bei „argen" oder „grundlosen" Differenzierungen verstoßen wird. Für das Entschädigungsrecht bedeutet dies: Ausgleich nur bei argen oder grundlosen Schädigungen und nur soweit, daß die Gleichheit im Kern wiederhergestellt wird, da dies dem Eingriff die gleichheitsverstoßende Schwere nimmt.

Abermals zeigt sich die Enge und, was schwerer wiegt, eine gewisse Konturlosigkeit der Aufopferung: der Gleichheitsverstoß kann nur fallweise festgestellt werden. Weniger noch als beim Eingriffsmoment kann hier durch Ausdehnung erreicht werden, was die Staatshaftung bietet. „Entschädigung" in allen Fällen, Wiedergutmachung „als ob das schadenstiftende Ereignis nicht vorgefallen wäre": durch solche Erstreckung würden die rechtlichen Grundlagen der Aufopferung verlassen,

---

[40]) Ausdrücklich BGHZ 6, 270; gemeinsame Wurzel von Aufopferung und Enteignung ist die Gleichheit.

[41]) Zu den verschiedenen „Gleichheits-Begriffen" vgl. Leisner, Grundrechte und Privatrecht 1960, S. 117 ff. m. weit. Nachweisen.

[42]) Daß diese im Rahmen von Art. 14 GG vor allem dem Gesetzgeber Eingriffsmöglichkeiten bieten, während hier Schädigungen meist sogar durch Tathandlungen der Verwaltung in Frage stehen, ändert nichts an dem Gemeinsamen: der „Elastizität" dieses Gleichheits-Eigentumsbegriffes als solchen, die sich etwa bei Knoll AöR. 79/1953/4, S. 455 ff., 1956 S. 157 f. zu nahezu völliger Inhaltslosigkeit steigert. Die größte Gefahr liegt bei der Entschädigung gerade in der möglichen Überlagerung der Relativität von „Gleichheit" und „Eigentum" (wichtig, wenn man bei der „Enteignung" nicht die Gleichheitsverletzung allein bedeutsam sein läßt).

Art. 3 und 14 GG stünden nur mehr zur Verfügung, wenn absurderweise jede Sozialbindung geleugnet würde.

Dennoch ist neuerdings gerade hier eine teilweise Ausdehnung der Aufopferung versucht worden. Nach dem BGH[43]) liegt ein Sonderopfer stets bei Rechtswidrigkeit der Schädigung vor — eine eigenartige Umkehrung der seit Aufgabe der Rechtswidrigkeitsrechtsprechung durch das RG[44]) konstant vertretenen Lehre von deren Unbeachtlichkeit: gerade ein Wesensmerkmal der bisherigen Aufopferung — das Sonderopfer — soll nun automatisch durch die Rechtswidrigkeit ersetzt sein!

Die Auffassung des BGH kann nicht gebilligt werden: die Schädigung wird damit nicht „grundlos" im Sinn der Gleichheit (Grundlosigkeit ist etwas anderes als Rechtswidrigkeit, sie bedeutet völlige „Unbegründbarkeit" — andernfalls wäre jedes verfassungs- und damit rechtswidrige Gesetz zugleich ein Verstoß gegen die Gleichheit, jeder rechtswidrige Staatsakt könnte die Verfassungsbeschwerde eröffnen). Eine rechtswidrige ist auch nicht stets eine „arge" Schädigung. Diese Kategorie bestimmt sich nach Enteignungsrecht von der Substanz her, von der quantitativen und qualitativen Tiefe des Eingriffs aus, die nie durch Charakterisierung einer Handlung als rechtswidrig" schon gegeben ist. Die Erstreckung der „Enteignung" wird hier offene Kategorienvermengung.

Kann schon dieser Unterschied zwischen Aufopferung und Haftung nicht ohne Aufgabe des Sonderopferbegriffs beseitigt werden — das letzte Ziel der Angleichung an den Schadensersatz bleibt bereits deshalb unerreichbar, weil der Grundsatz, daß eben nur „arge Gleichheitsverstöße" entschädigungsrechtlich erfaßt werden, in der Höhe der Entschädigung wiederkehrt.

Den Schadensersatz umschreibt § 249 BGB: Herstellung des Zustandes, der ohne das schadenstiftende Ereignis bestanden hätte. Entschädigung dagegen ist nur „materieller Ausgleich für die auferlegte Vermögenseinbuße"[45].) Dies führt zu folgenden einschneidenden Unterschieden: a) nur der

[43]) 25. 4. 1960 — BGHZ 32, 208 ff. Vgl. die Kritik von Scheuner, JuS, a. a. O., S. 245/6.

[44]) RGZ 140, 276 (283) Näheres dazu bei Katzenstein, Entschädigungspflicht S. 80 f.; Janssen, op. cit. S. 122 m. Nachw.; Kreft, DÖV 55, 517 f. m. Nachw.; Forsthoff, Lehrb. S. 311 f. — die Verkehrung ins Gegenteil liegt darin: früher sollte bei Rechtswidrigkeit gar keine Entschädigung zugebilligt werden, heute erleichtert ihre Feststellung deren Gewährung (weil das Sonderopfer nicht mehr nachzuweisen ist).

[45]) Klare Gegenüberstellung: BGHZS 6, 270, f., sowie u. a. BGHZ 22 (43).

Substanzverlust, nicht „weiterer" wirtschaftlicher Schaden[46]) und b) nur der gemeine Wert der Substanz, das, was „alle" darum geben würden,[47]) ist ersetzbar; c) Zeitpunkt für die Wertbemessung ist nicht die letzte mündliche Verhandlung, sondern der Augenblick des Eingreifens, der Entwehrung[48]), wobei allerdings neuerdings der Entwehrte vom Risiko a l l g e m e i n e r zwischenzeitlicher Wertveränderungen freigestellt wird[49]); d) Aufopferung führt zu pauschalisierender Gesamtentschädigung, beim Schadensersatz bilden die einzelnen Schadenspunkte nicht Rechnungsposten, sondern selbständige Ansprüche, die ein eigenes rechtliches Schicksal haben können.[50])

Wohl läßt sich nun auch hier eine gewisse Angleichungstendenz (von Entschädigung zu Schadensersatz) feststellen,[51]) die sich schon auf den Zeitpunkt der Wertbemessung und die Art der Restitution erstreckt hat[52]). Einen, den entscheidenden,

---

[46]) vgl. z. B. BGHZ 24. 4. 56, LM Nr. 20 zu § 26 RLG; BGHZ 15, 23.

[47]) Zum Begriff des „gemeinsamen" Wertes vgl. die historisch wohlfundierten, in ihren Ergebnissen aber z. T. nicht unbedenklichen Ausführungen von K n o l l , E., in Aö. R. 1956, S. 167 f., 342 f.

[48]) Grundsätzlich BGHZ 16. 11. 53 (11, 156) = NJW 54, 345; anders BGHZ 28. 6. 1954 (14, 106 = NJW 54, 1485 n u r für den Fall des Fehlens eines förmlichen Festsetzungsverfahrens, aber n i c h t, weil dies a n s i c h erforderlich wäre, sondern weil so im Einzelfall ein „gerechterer Ausgleich" erreicht werden kann — also unter Verwendung der typischen, flexiblen, staatsbegünstigenden Entschädigungsformeln.

[49]) Eingeleitet schon in BGHZ 28, 160 — NJW 59, 148, wo auf das „endgültige Ausscheiden der entwehrten Sache aus der konjunkturellen Weiterentwicklung" abgehoben wird und, wohl vorläufig abschließend, BGH 8. 6. 1959, BGHZ 30, 281: der Enteignete darf sich zwischenzeitliche Wertveränderungen durch Schwanken des gesamten konjunkturellen Preisgefüges entschädigen lassen, muß aber alle anderen Risiken selbst tragen — wieder ein klares Abheben auf den Gleichheitssatz!

[50]) BGHZ 22, 43 (= NJW 57, 21); vgl. allerdings BGH 24. 4. 1956 (LM Nr. 20 zu § 26 RLG).

[51]) Zu diesen Angleichungstendenzen vgl. u. a. J a n s s e n , op. cit. S. 197; grundlegend S c h a c k , BB 59, 1259 ff. (insbes. 1264 f.). Vgl. i. übrigen zu dem Unterschied Schadenersatz — Entschädigung: F o r s t h o f f , op. cit. S. 307 f.; H a n n a k , K., Die Verteilung der Schäden aus gefährlicher Kraft, 1960, S. 60 f. (starke Entschädigungspauschalisierung von privatrechtlichen Vorstellungen her); J a n s s e n , op. cit. S. 72 m. Nachw.; K a t z e n s t e i n , op. cit. S. 91/2; K l e i n h o f f , DRiZ 1957, 225 ff. (226/7); K n o l l , AöR 1956, S. 157 ff. m. umfangreichen, auch geschichtl. Nachw.; R e i n h a r d t , Gutachten, S. 260/1; weitere Nachweise zur Entschädigungshöhe b. J a n s s e n , op. cit. S. 20. — Der Unterschied ist betont in RGZ 140, 276, dagegen fehlt eine klare terminologische Scheidung in RGZ 159, 129. Vgl. auch RG 167, 25.

[52]) Vgl. die Begründung, mit der der BGH bei der Amtshaftung nur Geldersatz zuläßt: BGHZ 34, 99 m. Anm. B e t t e r m a n n , JZ 61, 482 ff.

Unterschied aber hebt sie vorläufig nicht auf: „weitere" wirtschaftliche Schäden, insbes. entgangener Gewinn, werden nicht ersetzt. Dies aber macht heute oft den entscheidenden Inhalt des Schadensersatzverlangens aus — weil die Bedeutung des Gutes als Wertobjekt hinter der als Produktionschance (entsprechend dem Abfallen der Sachwerte gegenüber dem Wert der Arbeit) zurücktritt.

Und fände auch hier — wegen nur so herzustellender „Gerechtigkeit des Ausgleichs" — noch eine Ausdehnung der Entschädigung statt, nichts kann der Aufopferung — dem Schadensersatz gegenüber — eine letzte Schwäche nehmen: sie bleibt ein „gerechter Ausgleich" zwischen Gemeinschaft und einzelnem. Die Interessen der Allgemeinheit werden heute, gewissermaßen pauschalisiert, durch Beschränkung der Entschädigung auf den Substanzverlust abgeglichen — ein überholtschematisierendes Vorgehen, vielleicht aus der Auffassung von der Enteignung als Zwangskauf: wird Objektkreis und Funktion der Enteignung erweitert, so darf die dadurch geprägte Entschädigung nicht starr gehalten werden[53]). Mag man aber hier auch auflockern — und dies ist zu fordern — die „Interessen der Allgemeinheit" lassen sich nicht einfach ausschalten, hat man sie auch bei der Enteignungsentschädigung bisher weitgehend weginterpretiert"[54]). Immer steht zu befürchten, daß sich dieses über aller Entschädigung stets schwebende Damoklesschwert einschneidender und unabsehbarer Beschränkung gerade dann über die Entschädigungsberechtigten senkt, wenn sie vollsten Ausgleich weit nötiger hätten, als in hochkonjunktureller Lage. Gewiß — Entschädigung ist nicht Billigkeitsfrage[55]), wenn auch

---

[53]) Obwohl Beschränkung der Entschädigung auf Substanz (verluste) sich wie folgt in die Prinzipien der Aufopferung/Enteignung einbauen läßt: es wird dort stets nur der „unmittelbarste" Schaden ersetzt, wie ja Aufopferung auch nur bei der den „Eingriffen" eigenen „Unmittelbarkeit" gewährt wird. Durch einen solchen Oberbegriff aber würde das (dadur chnur verhüllte) Staatsprivileg in seinen weittragenden Folgerungen in einer, dem Schadensersatz gegenüber anachronistischen Enge deutlich.

[54]) Vgl. die krit. Bemerkungen von Knoll, Aö. R. 1956, S. 342 ff. gegenüber einer konsequent etwa von W. Weber, Neumann — Nipperdey — Scheuner Grundrechte II, S. 388 f. vertretenen Auffassung. Beide Positionen — zu denen hier nicht Stellung genommen wird — argumentieren (zu Recht!) mit historischen Erwägungen, bedeutet hier doch jede Entscheidung eine unabsehbare Verfassungswandlung, die nur in die gesamte deutsche Tradition eingebettet werden kann. Daß jedoch die Nichtminderung der Aufopferungsentschädigung sicher nicht leichter als die der Enteignungsentschädigung begründbar ist, klingt auch bei Weber, a. a. O. S. 392 an.

[55]) BGHZ LM Nr. 20 zu § 26 RLG.

der BGH manchmal bedenklich von „billigem Ausgleich spricht"[56]), aber der Übergang zu vollem Schadensersatz ist unmöglich. Es gibt heute etwas wie einen auch aus vielen Einzelgesetzen erschließbaren Entschädigungsbegriff[57]): unterschiedlich im einzelnen mögen sie regeln — der Nichtersatz „weiteren" wirtschaftlichen Schadens — und damit der Grundunterschied zum Schadensersatz — ist ihnen fast allen gemeinsam.

Der Entschädigung bleibt also ein „Geburtsfehler" — sie ist Ausgleich nur, nicht Reparation — schon weil hier Auffassungen ihrer Entstehungszeit wirken, die nicht etwa zwischen Rechtmäßigkeit und Rechtswidrigkeit einer Schädigung nicht unterschied, sondern der alles Hoheitshandeln eo ipso „rechtmäßig" war. Rechtmäßige Schädigungen aber wurden eben nur „ausgeglichen", nicht „gutgemacht". Dem guten Schadensersatz gegenüber bleibt die Entschädigung eng, prekär. Ihre Erstreckung auf die erwähnten Fälle, oder gar eine völlige Verdrängung der Staatshaftung, wäre also nicht für die Geschädigten die glückliche Lösung, die Otto Mayer als allein dem Rechtsstaat gemäß erkennen zu können glaubte — jener Mann, dessen Schatten über allen Erörterungen liegt, mehr noch als zu seinen Lebzeiten heute, wo seine bewußten und unbewußten Schüler, nach vorne gerückt, manche seiner Lehren mit Generationenabstand zu verwirklichen sich anschicken.

Für Mayer mußte Verallgemeinerung der Entschädigungspflicht eine vollendete Lösung sein, bedeutet sie doch, in deutsch-systematischer Einkleidung, eine Überhöhung des von ihm als richtig hingenommenen Ausgangspunkts des französischen Ersatzleistungsrechts, des Arrêt Blanco: „la responsabilité (de la puissance publique) n'est ni générale, ni absolue"[58]). Diese weder allgemeine, noch absolute „Staats-

---

[56]) BGHZ 22, 43 = NJW 57, 21.

[57]) Einige Beispiele aus der Bundesgesetzgebung:
1. §§ 6, 8—11 PostG; 2. §§ 2, 4—6 TelWG; 3. §§ 28 ff. Ges ü gem gef Kr; 4. §§ 66 ff. ViehsG; 5. § 9 EnergG; 6. §§ 26 ff. WasserverbVO; 7. § 9 Gesetz zum Schutz der Kulturpflanzen; 8. §§ 13, 29 ff. FlNotlG; a. § 61 BVFG; 10. §§ 35 II, 51 ff., 72 ff., 89 FlurberG; 11. § 9 BaulBeschG; 12. §§ 22 ff., 84 BGL; 13. §§ 12 ff. SchutzberG; 14. §§ 17 ff. LBG; 15. §§ 12, 15 IV, 20 WasserhaushG; 16. §§ 14 ff. LuftschutzG; 17. §§ 18, 50, 25 ff. AtomG; 18. § 35 G ü zivilen Ersatzdienst; 19. §§ 40 ff., 93 ff. BBauG; 20. § 28 G ü Reinhaltung der Wasserstraßen. Die Entschädigung stellt sich hier entweder einfach als besondere Form der Enteignungsentschädigung dar (Nr. 2, 5, 6, 9, 10, 12, 13, 15, 16 usw.) oder sie ist besonders beschränkt (Nr. 1, 4 usw.). Ein allgemeiner, von der Enteignungsentschädigung verschiedener Entschädigungsbegriff läßt sich induktiv m. E. nicht entwickeln.

[58]) Tribunal des Conflits 8. 2. 1873, Dalloz 1873. 3. 17, Sirey 1873. 2. 153.

haftung" — sollte sie nicht als Entschädigung in Deutschland Eingang finden? Erweist nicht nur sie den Charakter des Staates als eines „ganz anderen" schon bei der Grundlegung jeder Schadloshaltung durch ihn? Entspricht nicht die Prekarietät der Entschädigung gerade der zu fordernden Eigenständigkeit jeden öffentlichen Ersatzleistungsrechts?

Gewiß — hier liegt ein Scheideweg. Folgerichtig ist diese These. Und dennoch: gerade von einer (zu fordernden) „entwicklungsgeschichtlichen" Betrachtung aus wäre es wohl eine vorschnelle Entscheidung. Sie würde die traditionelle gänzlich verschiedene Ausgangslage im deutschen Rechtskreis verkennen: die enge Bindung an gewisse privatrechtliche Deliktvorstellungen. Vor der Entscheidung zu völliger Verselbständigung einer öffentlich-rechtlichen „Haftung als Entschädigung" ist zu prüfen, ob der öffentlich-rechtliche Raum nicht auch großenteils mit den traditionsreichen und weitergehenden Schadensersatzvorstellungen bewältigt werden kann, ohne daß die Besonderheiten staatlicher Hoheit dabei verkannt werden, ob nicht in einer Epoche des Neoindividualismus Auffassungen mit Vorsicht zu begegnen ist, die auf Etatisierung wenigstens hinauslaufen können. Diesem Anliegen gelten die folgenden Darlegungen, mit denen aber keineswegs eine „Privatisierung" des öffentlichen Ersatzleistungsrechts erstrebt wird[59]). Sie sollen auch eine Auseinandersetzung mit der naheliegenden vermittelnden These bringen, nach der, bei gewissen Überlagerungen, die Dualität Entschädigung — Schadensersatz unter Beschränkung des letzteren auf verschuldete Schäden, erhalten bleiben kann. Daß eine derartige Begrenzung des

[59]) Einer solchen kommt m. E. die zit. Entsch. d. GZS des BGH 34, 99 bedenklich nahe, weil sie immer wieder mit der „Übernahme" der an sich den Beamten nach § 839 DGB treffenden Haftung durch den Staat argumentiert und damit die eher zu lockernde „Anseilung" an Art. 34 GG verstärkt. Die Eigenart des ö. r. Ersatzleistungsrechts liegt sicher auch bei der Staatshaftung in dem — dem Privatrecht gegenüber — viel unmittelbareren Sich-Gegenüberstehen von Staat und Geschädigtem: ist das Verhältnis Beamter — Staat schon dem Geschädigten gegenüber dahingehend relevant, daß er gewisse „Leistungen" vom Staat nicht „über den Beamten" (wegen dessen disziplinärer Stellung) verlangen kann, so hat es keinen Sinn, bei den Voraussetzungen der Ersatzleistung immer nur den Beamten und sein (persönliches) Verschulden zu sehen. So weit muß Publifizierung dann sicher gehen, daß er stets in voller Einheit mit dem Staat gesehen wird und sein Verhalten also nicht plötzlich wieder „zunächst ganz wie das eines Privatmannes" betrachtet wird. Weil aber der Beamte haftungsrechtlich ganz anders „hinter dem Staat verschwindet", kann u. a. auch das Verschuldensprinzip des Zivilrechts nur mutatis mutandis (vgl. unten Spalte 23 f.) zum Zug kommen.

Schadensersatzes den rechtswidrig-schuldlos Geschädigten schlechter stellt, wurde dargelegt. Daß sie als solche dogmatisch nicht zwingend ist, wird eine Analyse des Schuldbegriffes zeigen. —

Die Grenzen der Ausweitungsmöglichkeit des Aufopferungsdenkens sollten die bisherigen Ausführungen abstecken. Damit entschieden werden kann, ob die als Modell dienenden, von jenem — besser — nicht erfaßten Fälle unter eine selbständige öffentlich-rechtliche Gefährdungshaftung gestellt werden sollen, muß nun die Ausdehnbarkeit von Staatshaftungsvorstellungen (auf sie) erörtert werden. Die so gewonnenen Ergebnisse können dann auf andere Kategorien schuldlosrechtswidriger Schädigung gegebenenfalls erstreckt werden, auf die voraussichtlich „nächste Expansionsetappe". Klarheit über „Gefährdungshaftung" verlangt eben zunächst Auseinandersetzung mit den öffentlichen Haftungsprinzipien, denen sie nahe steht, wie die privatrechtliche Gefährdungshaftung der zivilrechtlichen Deliktshaftung, jedenfalls aber näher, als dem ganz anderen Recht der Entschädigung.

Staatshaftung verlangt schuldhaft-rechtswidrige Schädigung. Versuche zu ihrer Ausdehnung setzen immer bei der noch zu besprechenden Problematik des (Fehlens eines) Verschuldens ein. Dabei wird seit langem m. E. ein folgenschwerer Fehler begangen[60]): Die Frage nach der Rechtswidrigkeit wird hier nicht selbständig aufgeworfen oder bleibt dahingestellt. Demgegenüber ist die These zu vertreten: keine Ersatzleistungsentscheidung ohne Feststellung der Rechtswidrigkeit. Diese ist, wie sich zeigen wird, nicht nur der Prüfstein einer Ausdehnung der Staatshaftung, — ja jeder Art von Haftung, weil unser Recht nur in Ausnahmefällen Schadensersatz bei rechtmäßigem Handeln gewährt — sie bildet die Grundlage eines ganzen Systems.

Die Nichtbeachtung der Rechtswidrigkeit war eine Folge des Aufopferungsdenkens, das nicht einen Rechtsbruch annulieren, sondern den Einsatz von Hoheitsgewalt kompensieren will. Durch die angedeutete Entwicklung[61]) ist übrigens nun sogar dort eine Wende eingetreten, weil ein Nachweis der Rechtswidrigkeit den des Sonderopfercharakters stets mit enthalten soll und also jetzt auch bei der Aufopferung zu erstreben wäre. Bei der Frage der (Ausdehnung der) Staatshaftung muß die Rechtswidrigkeit vor dem Verschulden geprüft werden. Vor

[60]) M. W. hat in letzter Zeit nur Haas (op. cit. S. 15, 56 f.) die Rechtswidrigkeitsfrage zum Kriterium eines ganzen Ersatzleistungssystems erhoben.

[61]) Vgl. Anm. 43 (oben).

allem aber: eine Fehlentwicklung deutschen Staatsdenkens wäre es, wenn es in einem Gemeinwesen, dessen Ziel nach dem Grundgesetz der Dienst am Recht ist, völlig gleichgültig sein könnte, ob eine Handlung das Recht verletzt oder nicht — und zwar für Folgen, die zu den einschneidensten Auswirkungen des Gemeinschaftslebens zählen. Der Rechtsstaat fordert jedenfalls die Frage nach der Rechtswidrigkeit. Über deren Ausdehnung mag man streiten — einer Entscheidung überhaupt hier ausweichen zu wollen, ist ein Verstoß gegen Grundprinzipien der Verfassung und das allgemeine Rechtsempfinden. Verschulden kann im Einzelfall problematisch sein; nie aber wird es der viel bemühte Durchschnittsbürger verstehen, daß es bei der Wiedergutmachung eines ihm zugefügten Schadens nicht darauf ankommen soll, ob die schädigende Handlung rechtens war. Stellt man die Frage nach der Rechtswidrigkeit nicht, so wird, mehr als durch Aufgabe des Verschuldenserfordernisses,[62]) der Bürger daran gewöhnt, die Verbindung Staat — Recht zu lösen und im Staat den „totalen Sozialstaat", den reinen Versorgungsstaat zu sehen. So würde die von Forsthoff einst in diesem Kreise[63]) aufgezeigte Antinomie von Rechts- und Sozialstaat zur unüberbrückbaren Kluft. Die Frage nach der Rechtswidrigkeit ist, als rechtsethisches Postulat, gegen jeden Widerstand zu stellen, weil in ihrem Fallenlassen die Aufgabe der Suche nach der Gerechtigkeit droht[64]). Eine solche ist auch dann zu besorgen, wenn anstatt der Rechtssuche nach der justitia commutativa vorschnell auf eine justitia distributiva rechtswidrigkeitsblinder Approximativentschädigung übergegangen wird[65]).

Mit dieser Frage kehrt die Untersuchung deshalb vor allem zu den erwähnten Modellfällen zurück. Gerade sie zeigen, war-

---

[62]) Der „Moralisierungseffekt" des Verschuldens wird besonders in der französischen Lehre betont; (nach Hauriou, Précis de Droit, administratif 1927, S. 310) — z. B. Berlia, G., RDP 1951, 703/4; Feugey, L., Le développement jurisprudentiel de la théorie du risque etc., Thèse Lille 1927, S. 129 f.; d' Hébrail, La responsabilité de l'Etat, Thèse Alger 1929, S. 111 f.; Giuliani, G., Le risque administratif etc., Thèse Lyon 1933, S. 251 f.; Savatier, R., Le gouvernement des juges etc. Lambert-Festschrift, I, S. 464, Paris 1938.

[63]) VVdStL Heft 12, 1954 S. 1 ff.; weit. Nachw. bei Leisner, Grundrechte u. Privatrecht, S. 167 f.

[64]) Hier scheint mir das bei Lerche, JuS 61, 240 angedeutete Ende der Ergiebigkeitsschranken jeder Kritik erreicht zu sein.

[65]) „Haftung" ist, was entgegen Esser, Gefährdungshaftung, S. 73 f. betont werden muß, Frage commutativer Gerechtigkeit. Freilich trennt nicht das Verschulden die beiden Formen der Gerechtigkeitshandhabung — wie er richtig bemerkt —, wohl aber die Rechtswidrigkeit.

um die „Rechtswidrigkeit" so weit zurückgetreten ist: infolge der speziellen, noch zu erörternden Rechtswidrigkeitsproblematik des Privatrechts und in ungenügender Erkenntnis der Besonderheiten des öffentlichen Haftungsrechts hat sich in kaum einem der Fälle eine einheitliche Lehre zur Rechtswidrigkeit bilden können. Hier muß aber Klarheit herrschen.

Es ist davon auszugehen, daß jede schädigende Handlung entweder rechtmäßig oder rechtswidrig ist, soweit sie mit menschlichem Handeln oder Unterlassen in einem — adaequaten — Wirkzusammenhang steht[66]).

Nach manchen[67]) ist nun Handlung und Erfolg schlechthin rechtmäßig: der Schuß des Polizisten, auch wenn die Kugel abirrt, der Arbeitseinsatz im verseuchten Lager, selbst wenn Gesundheitsschäden die Folge sind. Ähnliches soll bei der Zustandshaftung gelten, hier sogar, über den abgesteckten Kreis hinaus, bei den öffentlich-rechtlichen Immissionen (Funkenflug der Bahn), welche die Rechtsprechung vorwiegend privatrechtlich behandelt[68]). Die Ungewißheit über die Rechtswidrigkeit

---

[66]) Im Strafrecht ist die Problematik alt („kann das Tier rechtswidrig handeln?"); bei den „Verwaltungsfabrikaten" entsteht nicht ein „rechtlich nicht meßbarer Raum", wie Zeidler DVBl 59, 686 meint, die „Handlung" der Maschine ist rechtswidrig steht über das Unterlassen entsprechender Wartung und die Aufstellung bereits im erforderlichen Zusammenhang mit dem menschlichen Handeln. Ist es beim heutigen Stand der Technik („objektiv") völlig unmöglich, durch beste Wartung den Schaden zu verhindern, so entfällt die Schuld, nicht die Rechtswidrigkeit. Die von Zeidler a. a. O. angedeutete Analogie zum gerichtsfreien Hoheitsakt ist abzulehnen: Hier liegt — wenn überhaupt! — eine traditionelle, immer enger zu umschreibende, aus höchstrangigen Verfassungsgrundsätzen zu rechtfertigende Ausnahme vor, dort würde so bei steigender Automatisierung die Kategorie „Rechtswidrigkeit" verschwinden, der Automat als Rechtssubjekt sui generis anerkannt werden. Die Lösung ist die: der Unterschied ist — auch zu bisherigen Fällen — nicht „generell": „voll objektiv" gesehen war der schädigende Erfolg stets vermeidbar (durch menschliches Handeln!), „subjektiv" gesehen ist er es so wenig, wie viele herkömmliche Schädigungen, bei denen eben — die Schuld fehlt.

[67]) Zu dieser (und den abweichenden) Auffassung(en) vgl. Nachw. b. dem nun diese Meinung vertretenden Schack, Gefährdungshaftung Anm. 29, ferner so noch Müller, Helm., Gemeinsame Grundsätze über die Gefährdungshaftung, Diss. Jena 1936, S. 14 (m. Naw. d. abweich. Ansicht von Leonhard und Binding) sowie neuerdings wohl auch Scheuner, JuS 1961, S. 247/8.

[68]) Nachweise über die RG-Judikatur und die verschiedenen Auffassungen über die Immissionen bei Schack, Gefährdungshaftung a. a. O., insbes. aber Katzenstein, Entschä.pfl. S. 74 f.; Scheuner, DÖV 55, 547; Schack, JR 58, 207 ff.; lange Zeit findet sich in der Verwaltungsrechtslehre keine gesonderte Behandlung der Immissionsfrage. Die Regelung von § 906 BGB gilt auch für Grundstücke der öff. Hd. (vgl. Meisner, Nachbarrecht 2. Aufl. 1910

erstreckt sich schließlich auf die bekannten Impffälle[69]), deren oben nicht gedacht wurde, weil ihr Eingriffscharakter nicht mehr bezweifelt wird. M. a. W.: mit Ausnahme der verwaltungsaktlichen Staatstätigkeit und vielleicht noch der schlichten Hoheitsverwaltung herrscht überall Unsicherheit. Nahezu der gesamte Bereich hoheitlicher „Tathandlungen" wird betroffen — eine Folge der allerdings zuzugebenden Fragwürdigkeit der traditionellen Auffassung vom „hoheitlichen Autofahren", „hoheitlichen Artilleriefeuer" u.ä.m., die aber demnächst kaum zu beseitigen sein wird[70]).

Differenziertere Betrachtung versucht die Trennung von Zustand und Schädigendem Eingriff[71]). Der vom Polizisten abgefeuerte Schuß ist dann rechtmäßig, weil auf den Verbrecher geschossen werden durfte. Aus dieser „gefährlichen Lage" ergibt sich die Schädigung durch den Querschläger in einer Weise, die man qualifizieren kann, wie man will, auf die sich aber eine haftungsmäßige Verantwortlichkeit des Staates nicht mehr erstreckt. Ebenso läßt sich dann sagen, daß die Einsperrung des durch Mitgefangene Geschädigten nicht nur „an sich", sondern auch in ihrer konkreten Gestalt rechtmäßig war, daß sie lediglich eine besondere Gefahrenlage schuf, welche der Sträfling als Auswirkung des Gemeinschaftslebens ebenso hinnehmen muß, wie der Passant die abirrende Kugel. Freilich bleibt es unerfreulich, daß man sich als „Folge des Gemeinschaftslebens" im Gefängnis erstechen und auf der Straße er-

---

S. 249 u. Fleiner, Institutionen 1. Aufl. 1911, S. 244). In der bürgerlich-rechtlichen Literatur (Endemann, Dernburg) wird die Frage nicht besonders für öffentlich-rechtliche Immissionen erörtert. Beachtlich ist, daß die Rspr. zunächst, um einen Schadensersatz (nicht: Entschädigung) zu gewähren, nicht nur Ausschluß der Abwehrklage, sondern noch einen besonders gefährlichen Betrieb verlangte (z. B. RGZ 99, 96; 100, 69; schon schwächer 101/102), dieses Kriterium dann aber verschwindet (RGZ 104, 18, vgl. auch 122, 134).

Zur privatrechtlichen Seite Hubmann, JZ 58, S. 490 u. 191.

[69]) Sie werden überwiegend als rechtmäßige Schädigungen durch rechtmäßiges Handeln angesehen, Nachw. b. Schack, Gef. H. Anm. 27, ferner noch Sieg, JZ 56, 178; Scheuner, Jellinek-Gedächtnisschrift 1955, S. 340; Scheuner, JuS 1961, 247/8; Janssen, op. cit. S. 75; Haas, System S. 27.

[70]) Hier wird übrigens deutlich, daß hinter dem üblichen Trennungskriterium „öffentliches-privates" Recht (Hoheitsgewalt!) eben doch das, der Tautologie sich wieder bedenklich nähernde, andere des „(nicht) wie ein Privater"-Handelns steht, denn auch die „Verbindung mit in der Regel hoheitlichem" Tun versagt z. T. (problematisch wenigstens i. F. d. militär. Handlungen).

[71]) Vgl. etwa Weimar, DÖV 61, 379 f.; ablehnend u.a. Reinhardt, Gutachten, S. 270; Katzenstein, Entschädigung S. 28 (unter Berufung auf Beling).

schießen soll lassen müssen, aber, das kann diese Auffassung dem entgegenhalten, man entgeht so der noch bedenklicheren Folgerung, daß (rechtmäßiges) Erstechen und Erschießen eine Art von „zufälliger Todesstrafe" darstellen — und umgeht gleichzeitig den Rechtswidrigkeitsvorwurf gegenüber dem Handeln der Verwaltung. Schädigende Handlung und „Erfolg" sind dann gewissermaßen „kausalitätsmäßig" voneinander getrennt.

Gerade deswegen ist aber die „gefährliche Lage" eine schlechte Lösungsfiktion. Rechtmäßigkeit und Rechtswidrigkeit können nicht so getrennt werden, daß die Schaffung der Gefahrenlage rechtmäßig, die Schädigung (ev.) rechtswidrig ist, der Staat aber nur für jene aufkomme und deshalb nicht — im technischen Sinn — hafte. Aus der Gefahrenlage entsteht ja nicht „automatisch" die Schädigung! Wie soll sich der Staat einfach aus der haftungsmäßigen Verantwortung für die Folgen lösen können? Ihm ist Schädigung wie Gefahrenschaffung zuzurechnen, die jener gegenüber nicht die erforderliche „natürliche" Selbständigkeit aufweist. Gefahrenlage ist ein zu vager Begriff, um staatliche Haftung kupieren zu können[72]). Ernstlich könnte ihre Bedeutung überdies nur da diskutiert werden, wo eine irgendwie „isolierbare", abstrakt zu fassende Gefährlichkeit in gewisser „Ferne" von dem Ereignis steht, zwischen das und die staatliche Haftung für Rechtswidrigkeit sie sich schiebt. Im Gefängnisfall läßt sich das — gerade noch — behaupten — nie bei der Kugel des Polizisten, wo Gefahrenlage und Schädigung zugleich auftreten — es sei denn, man sehe jeden Ordnungshüter als wandelnde Gefahr an . . . Die Lösung des Rechtswidrigkeitsproblems mit dem Begriff der „Gefahrenlage" vergewaltigt also die Realität und ist abzulehnen.

Nicht anders ein schon früher unternommener Distinktionsversuch: Rechtmäßigkeit der Handlung — Rechtswidrigkeit des Erfolges. Von der Handlung her gesehen Recht, vom Erfolg her Unrecht. Bald schon hat man aber erkannt, daß eine solche „Doppelspurigkeit", „Zwielichtigkeit" der Betrachtung ein und desselben Lebensvorganges unmöglich ist[73]). Dieser kann nicht — je nach Blickpunkt — rechtmäßig oder rechtswidrig sein. Entweder der Polizist durfte den und gerade den Schuß abfeuern, auch wenn nun — nachträglich betrachtet — die Folgen notwendig schädigend waren — oder er hätte es — a posteriori

---

[72]) vgl. unten S. 222 f.

[73]) vgl. bereits Katzenstein, Entschäd. S. 16/11. Vgl. i. übr. die Anm. 69-71. Die (einfache) 2-Schichtenlehre liegt ja in der ganzen Diskussion zugrunde, wenn auch die vorstehend erwähnte „Zustandslehre" im Grunde von ihr zu trennen ist, weil bei ihr eine Rechtswidrigkeit der Schädigung gar nicht notwendig anzunehmen ist.

gesehen — nicht gedurft[74]). Die Entscheidung ist klar: der Polizist hätte, schon nach dem polizeilichen Verhältnismäßigkeitsgrundsatz so nicht schießen, der Sträfling nicht „so" eingesperrt, das Kind nicht geimpft werden dürfen, — nur: diese „Erfolge" waren auch bei größter Sorgfalt nicht vorhersehbar. Daraus aber folgt nicht, daß die zu ihnen führenden Handlungen rechtmäßig, sondern nur, daß sie nicht schuldhaft waren, was unbestritten ist. Daß nicht etwa die Polizeirechtsgrundsätze (ob kodifiziert oder nicht) die „Amspflichtgemäßigkeit" überhaupt, solche Schädigungen rechtfertigen, folgt zwingend schon daraus: dem „Opfer würde sonst sogar jede Notwehr und Nothilfe genommen werden! Außerdem würde es kaum mehr rechtswidrig-schuldlose Tathandlungen geben — die Schäden wären entweder rechtmäßig oder gleich rechtswidrig-schuldhaft verursacht. Rechtswidrigkeitsbetrachtung ist aber „zeitlose" Subsumtion unter feststehende Kategorien, ihr geht es nicht um Vorhersehbarkeit. Dies ist Eigenart der Schuld. Der Streit um die Rechtswidrigkeit ist also nur Folge der Verwechslung von Rechtmäßigkeits- und Verschuldenskategorien, nahegelegt durch die noch zu erörternde Überlagerung beider Begriffe im Privatrecht.

Rechtmäßig ist demnach eine Handlung stets dann, wenn sie, auch a posteriori, sozusagen „von oben" betrachtet, so und nicht anders vorgenommen hätte werden müssen — Beispiel: das Feuer auf die aufrührerische Menge, selbst wenn Unschuldige geschädigt werden. Sie ist nach polizeirechtlichen Grundsätzen gedeckt, die Verhältnismäßigkeit ist in diesem Grenzfall nicht verletzt, weil hier unmittelbar — anders als bei der „gewöhnlichen" Verbrecherverfolgung — Staatserhaltung und Einzelrecht aufeinanderstoßen und jene vorgeht. Notwehr und Nothilfe sind hier ausgeschlossen.

Und doch zeigt gerade dieses Beispiel den richtigen Kern der „Zweispurigkeitslehre": der schädigende Erfolg wird sicher auch hier von der Rechtsordnung mißbilligt. Unhaltbar ist es m. E. hier (mit der Auffassung, nach der „alles rechtmäßig" sein soll) nur die (geringere) Entschädigung, nicht Schadensersatz zu gewähren. Aus den allgemeine Rechtsgedanken enthaltenden §§ 228 und 904 BGB folgt in der durchaus vergleichbaren Lage — ein Recht auf letzteren. § 904 S. 2 BGB zeigt übrigens, daß Schadensersatz selbst bei (ausnahmsweise) recht-

---

[74]) Die Auffassung von Reuß JR 55, 325, neben rechtmäßigen und rechtswidrigen Staatsakten gebe es die dritte Kategorie der amtspflichtgemäßen, aber rechtswidrigen Akte, trifft das Richtige, wenn klar bleibt, daß damit nur disziplinarrechtliche Folgen angesprochen, die Rechtswidrigkeit nicht verschoben wird.

mäßiger Rechtsverletzung gewährt werden muß; selbst wenn also den vorstehenden Ausführungen über die Rechtswidrigkeit nicht beigetreten würde, wäre ein Verweis auf die Entschädigung in all den fraglichen Fällen nicht zwingend.

Es sollte aber kein Zweifel mehr bestehen: sämtliche schädigenden hoheitlichen Handlungen sind rechtswidrig, nicht nur ihr Erfolg, der Schaden — und zwar zeigt bei der Tathandlung eben der Erfolg die Rechtswidrigkeit der Handlung an. Eine besondere Normierung der Handlung selbst schließt sie nur aus, wenn dies aus ihr (ausdrücklich) hervorgeht. Dies kann entschieden werden, wenn die Handlungen an den jeweiligen Ausprägungen der „Gesetzmäßigkeit der Verwaltung" (i. folgenden kurz „Legalität") gemessen werden.

Sie verbietet dem Staat, ohne gesetzliche, möglichst explizite Grundlage hoheitlich in die Rechtsgütersphäre der Gewaltunterworfenen einzugreifen[75]). Sie nur auf Rechtshandlungen beschränken, würde zwischen diesen und privatrechtlicher Staatstätigkeit[76]) eine unerträgliche und ungerechte Lücke aufreißen. Die „Schädigung" kann vor dem Recht nur bestehen, wenn sie und gerade sie vom Gesetzgeber gewollt ist. Dies trifft in der Regel nicht zu: der Gesetzgeber beabsichtigt die Ergreifung des Verbrechers, den Betrieb der Post, die Einsperrung, die Immunisierung durch Impfung — nicht den Tod des Unbeteiligten, den Waldbrand, den Zellenmord, die Lähmung. Was

---

[75]) Es mag dahin stehen, ob eine gesetzliche Grundlage für jede hoheitliche Tätigkeit der Behörde erforderlich ist, was von Peters neuerdings wieder unter Hinweis auf die vielfachen Formen hoheitlicher Gestaltungsverwaltung bestritten wird („Verwaltung ohne gesetzliche Ermächtigung", Festschrift für H. Huber, Bern 1961, S. 206 ff. (vgl. dazu auch u. a. Menger). Verw.Arch. 61, S. 196 f. mit beachtenswerten Vorschlägen). Auch Peters aber leugnet nicht, daß zu Eingriffen in die Rechtssphäre der Bürger eine Legalitätsgrundlage vorhanden sein muß. Gerade die Schädigungsfälle durch abirrende Tathandlungen müssen also „irgendwie" doch an der Legalität gemessen werden können, und sei es nur an einer — vielleicht sogar ungeschriebenen, aber — scharf zu fassenden „Zweck-Lex" des jeweiligen Tätigwerdens in Verb. mit d. öff. Interesse (gerade diese Konsequenzen beim Schadensfall, wo die „Gestaltung" zum „Eingriff" wird, zeigen übrigens m. E., daß Legalität doch als als expliziertere gefordert werden muß). Geht man auch davon noch ab, so stehen die „hoheitlichen Tathandlungen" einfach privatrechtlicher „freier" Tätigkeit gleich — ja, unter dem Schutz der „öffentlichen Interessen" noch freier als diese — ein Ergebnis, das Peters wohl nie billigen würde. Wird übrigens die Staatstätigkeit von der Legalität (nur) „grenzbestimmt" wie Peters will, so sind ja die wichtigsten Grenzen gerade die Rechte der Bürger!

[76]) Wo bereits die Legalität zum Einsatz kommen soll, vgl. Mallmann in VVdStL 1961, Heft 19, S. 165 f.

er im einzelnen „will“, mag bisweilen schwer zu erschließen sein, wenn es sich nicht aus Zweck und Ziel der jeweiligen „Institution“ ergibt[77]). Aus dem Gedanken des „öffentlichen Interesses“ muß dann abgeleitet werden, was die Legalität im einzelnen aussagt, wobei die allgemeinen Grundsätze aber nur die jeweilige „lex“ grenzkorrigieren können[78]). Völlige Eindeutigkeit fordern, würde hier die Grenzen der Natur der Sache gewaltsam überspringen heißen. Vom „öffentlichen Interesse“ als Rechtsbegriff kann sich ja auch, trotz gewisser Einschränkungsversuche, das Anfechtungsrecht nicht lösen. Die Schwierigkeiten sollten aber nicht überbewertet werden: in keinem der erörterten Fälle kann es zweifelhaft sein, was gewollt, was also rechtmäßig ist. Die Trennung Rechtmäßigkeit — Rechtswidrigkeit ist nicht, wie man bei den zweifelnden bisherigen Stellungnahmen meinen konnte — Frage juristischen Geschmacks, sondern Notwendigkeit dogmatischer Konsequenz.

Man kann nicht einwenden, es gebe eben im öffentlichen Recht besondere „rechtmäßige Schädigungen“, Prototyp: die Enteignung. Mit Analogie zu ihr kann hier nichts erreicht werden. Allem Enteignen ist der „Eingriff“ im oben bezeichneten Sinn wesentlich, der hier meist fehlt. Unfälle sind nie Enteignung. Und ferner: warum kann letztere ausnahmsweise vor der Legalität bestehen? Weil die Schädigung ausdrücklich, explizit im öffentlichen Interesse gewollt ist! Ein besonderes Indiz ist hier das Junctim[79]). Seine eigentliche dogmatische Bedeutung liegt gerade darin: es zwingt die Hoheitsgewalt dazu, möglichst genau, speziell den Kreis der zu schädigenden Güter abzustecken, die Schädigung möglichst „explizit“ zu wollen, wo dies aber unmöglich ist, wenigstens eine begrenzte Blankett-Entschädigungsentscheidung zu treffen. Ganz anders bei den erörterten, i. wes. „unfallähnlichen“ Fällen. Sie haben doch dies gemeinsam: an den konkreten Schadenseintritt ist weder „gedacht“, noch ist er irgendwie entschädigt. Nun soll zwar das strenge Junctim für enteignungsgleiche Eingriffe auch nicht gelten[80]) — aber hier steht ja gerade

---

[77]) Man wird deshalb vom Versuch einer „Institutionenzwecklehre“ nicht absehen können, die Verf. bereits in DVBl 1960, S. 620 gefordert hat.

[78]) Eine „Verhältnismäßigkeit“ darf dabei m. E. nur im Polizeirecht — wo sie bereits als „explizite“ Lex vorhanden ist —, nicht aber allgemein hineininterpretiert werden, weil (anders als bei den Fällen der §§ 228 u. 904 BGB) ein „Vergleich“ zwischen allgemeinem und Einzelinteresse zum kaum mehr eindämmbaren Vordringen des ersteren zu führen droht.

[79]) vgl. dazu jetzt mit umfangr. Nachw. Janssen, op. cit. S. 178 f.

[80]) Janssen, a.a.O., a. A. z. B. Haas, System S. 26; vgl. dazu auch Dürig, JZ 55, 521 f.

die Rechtswidrigkeit schon fest! Bei den restlichen (schuldlos-rechtmäßigen, von der „Aufopferung" i. e. S. erfaßten Körper-) Schäden bleibt vom Grundgedanken des Junctim immer noch so viel übrig: die Schädigung selbst ist abgegrenzt und als abgegrenzte gewollt, weil sie in dem normalen Ablauf der vom gesetzgeberischen Willen umfaßten Handlungen steht. Aus diesen beiden Gründen, insoweit, kann auch sie vor der Legalität als rechtmäßig bestehen und dann entschädigt werden. Ein seiner konkreten Gestalt nach nicht einmal minimal, in seiner schädigenden Folge überhaupt nicht a priori abgrenzbarer und gar noch nicht gewollter Vorgang muß dagegen zur Legalität im Widerspruch stehen. Hier sollte jede Aufweichung vermieden werden. Der Gesetzgeber soll Unrecht zu Recht machen können — aber nur wenn er dies eindeutig und in Grenzen will. Daran fehlt es hier. Die Schädigungen sind also alle rechtswidrig.

Eines letzten Rettungsversuchs ihrer Rechtmäßigkeit sei noch gedacht, der, unausgesprochen, den meisten Rechtfertigungen der „Unfallschäden" zugrunde liegt. Es wird ein „Wille" des Gesetzgebers unterstellt. Er habe die schädigende Verwaltungstätigkeit „als solche" gewollt und dabei implizit Schädigungen in Kauf genommen, die erfahrungsgemäß, typisch, ja zwangsläufig deren — wenn auch abirrende — Folge seien. Durch implizite Billigung würden diese also rechtmäßig, in einem Umfang, der dem Kreis der Hoheitstätigkeit entspreche und damit dem Eingrenzungserfordernis genüge. Damit ist im Grunde nur die „klassische" Gefährdungstheorie erreicht, wobei aber die Funktion ihrer zivilistischen Praezedentien sich umkehrt; sie soll ja hier nicht Verschulden „ersetzen", sondern gerade die Rechtmäßigkeit der Schadenszufügung sicherstellen. Die so erfaßten Fälle müßten unwiderbringlich aus jedem Staatshaftungsbereich verschwinden.

Diese Auffassung ist abzulehnen. Ihre Folgerungen würden viel zu weit tragen: auch die schuldlos-rechtswidrige Anwendung von (in Verwaltungsakten „konkretisierten") Rechtsnormen läßt sich nicht verhindern, ist also hier ein typisches „Gefahrenmoment". Bei schwierigen, neuartigen Texten tritt sie mit Wahrscheinlichkeit ein. Unterscheidungen hinsichtlich der Rechtswidrigkeit können danach aber nicht getroffen werden. Diese rechtsgestaltenden Eingriffshandlungen sind unbestritten alle rechtswidrig. Unfallschädigende Vorgänge müssen es also ebenfalls sein. Ja, eine implizite Billigung und damit Rechtfertigung wäre viel eher bei den Eingriffshandlungen denkbar, weil sie an einem „Privileg (gezielten) hoheitlichen Eingriffs-Handelns" teilnehmen könnten.

Ferner darf nicht wie folgt geschlossen werden: Die betreffenden Schädigungen können aus der Natur der Sache heraus nicht als „abgegrenzte" gewollt sein, weil sie unvorhersehbar sind; Legalität verlangt spezielle Rechtfertigung nur bei wesentlich vorhersehbaren, „engbegrenzten" Schädigungen; Unfallschäden können also durch sie gar nicht anders als implizit erfaßt werden. Hier ist die zweite Prämisse falsch: die Legalität verlangt eben immer eine spezielle Rechtfertigung. Ist eine solche ganz wesensmäßig überhaupt nicht möglich, so sind die Grenzen des Rechts erreicht, die Rechtswidrigkeit beginnt. Jede andere Auslegung bringt die Legalität um ihren Sinn.

Das Argument der „impliziten Rechtfertigung" nähert sich nämlich bedenklich der Vorstellung, daß hoheitliches Handeln im öffentlichen Interesse als solches und schlechthin Rechtsverletzungen heilt (sonst würde es ja, „zivilrechtlich" eingesetzt, Rechtswidrigkeit nicht ausschließen) — eine Auffassung, die rechtsstaatliche Fortschritte aufheben würde. Wo sollte hier eine Grenze gezogen werden?[81]) Es entstünde der erwähnte legalitätsfreie Raum bei nichtverwaltungsaktlicher Hoheitstätigkeit, wo Legalität eben nur über die Frage nach der Rechtmäßigkeit Bedeutung gewinnen kann. Gerechter als so weitgehende Privilegierung der Hoheitsgewalt ist: Verurteilung ihrer Handlung als ungerecht — Entschuldigung ihrer Organe. Die „technische Zukunft" gehört den schuldlos-rechtswidrigen Kategorien.

Sind die Schädigungen der einzuordnenden Fallgruppen rechtswidrig, so rücken sie damit ohne weiteres der Staatshaftung näher, der, anders als der Aufopferung, die Rechtswidrigkeit wesentlich ist. Nun erst erhebt sich die entscheidende Frage — entscheidend für die Annahme einer öffentlich-rechtlichen Gefährdungshaftung, wie für das ganze Ersatzleistungssystem: Kann das Fehlen des Verschuldens, das beide Komplexe trennt, überwunden werden?

Unter dem Vorbehalt sogleich vorzunehmender näherer Bestimmung kann für das Verschulden, wie es durch § 839 BGB gefordert wird, als wesentlich angesehen werden: a) eine Verletzung „beamtlicher" Sorgfaltspflichten und b) deren, aller-

---

[81]) Eine diskutable Möglichkeit der impliziten Rechtfertigung sehe ich nur bei den Fällen, wo die Schäden (wie etwa bei Immissionen), „mehr" durch den „normalen" Betrieb, als durch einen davon zu trennenden „abirrenden" Vorgang hervorgerufen werden. — Ob eine Haftung für den Erfolg einer „an sich" nicht verbotenen Handlung eintreten kann, ist neuerdings auch im Zivilrecht umstritten. Vgl. einerseits Larenz, K., Lehrbuch der Schuldrechte Bd. 2, 1960, S. 358 ff. und Baumann, AcP 1961, S. 260 f., andererseits v. Caemmerer, Festschrift z. DJT, II 1960, S. 126 f.

dings problematischere, Vorwerfbarkeit im konkreten Fall. Vor Prüfung der Frage, ob nicht Schadensersatz unter Absehen vom Vorliegen (eines) dieser Erfordernisse gewährt werden kann, bleibt zu erörtern, ob die vielberufene Aus-, ja Überdehnung des Verschuldens diesen Begriff nicht schon so weit aufgelöst hat, daß ein bruchloser „Übergang" gelingt.

Daß Art. 34 GG und § 839 BGB in nahezu allen Begrifflichkeiten seit längerem ausgedehnt worden sind, beweist, daß auch ihnen an sich eine expansive Tendenz innewohnt. Der Beamtenbegriff ist so bis zur Entleerung erweitert[82]), praktisch aufgegeben, die Amtspflicht, ein ursprünglich stark eingrenzendes Merkmal, ebenfalls mächtig ausgedehnt worden[83]). Auf die Dauer wird sie sich, unter der Legalitätsvorstellung vom Recht auf gesetzmäßige Behandlung, kaum mehr eingrenzend verwenden lassen. Diese oft in ununterschiedenem Zusammenhang mit einer Erweiterung des Verschuldens behandelten Ausdehnungen beweisen aber zunächst mit Sicherheit nur eine

[82]) Bis an die Grenze, die ihm eben aus der Struktur der Amtshaftung als einer Hoheitshaftung gesetzt ist; vgl. Nachweise dazu bei Reinhardt, Gutachten, S. 248.
Vgl. übrigens zur Ausdehnung der Amtshaftung Janssen, op. cit. S. 124 insbes. Anm. 615; Reinhardt, R. DÖV 55 S. 542 ff.; Tietgen, DVBl 55, 549 ff.. Zur historischen Entwicklung vgl. Scheuner, Jellinek-Gedächtnisschrift S. 337 f.

[83]) Vgl. dazu Forsthoff, Lehrbuch S. 283/4 (u. Anm.); Reinhardt, Gutachten S. 252 f.; Reinhardt, DÖV 55, S. 543 f. m. Nachw. u. Darstellung der gesamten Entwicklung, die (vgl. Nachw. S. 544!) zum Verlangen einer allg. Sorgfaltspflicht gesteigert wurde, d. h. jede Verletzung fremder Rechte genügt praktisch, während ursprünglich — staatsprivilegierend — die Amtsinteressen und -vorschriften maßgebend sein sollten: eine bedeutsame Parallelentwicklung zu dem oben geforderten Durchschlagen der Rechtepositionen der Bürger gegenüber (angeblicher) „impliziter Rechtfertigung" der Schädigungen durch Dienstvorschriften. Man vergißt zu leicht, daß, wenn Verschulden in Frage kommt, und damit die Amtshaftung, eben wegen dieser Entwicklung, die Rechtswidrigkeit meist keinerlei Bedenken wachruft — ganz anders dagegen, wenn Verschulden fehlt (vgl. oben!). Sollte also doch — im Unterbewußten — Rechtswidrigkeit „allein durch das Verschulden" kommen...? Klar erkennt dieses Problem Tietgen, a. a. O. S. 550—2, dessen auf die Amtspflichten (meist zu Recht) abhebende Kritik aber durch die Entwicklung eben schon überholt sein dürfte. Zur „Amtspflicht" des Gesetzgebers vgl. Schack, MDR 53, 514 ff. (515), zur aufschlußreichen österr. Entwicklung Spanner DVBl 55, 547.
Vgl. ferner zur Amtspflichtverletzung Schnitzerling, RiA 59, 375; Friebe, ZBR 57, S. 389 m. Lit. übers. (der für Erweiterung eintritt) (in dieselbe Richtung weist wohl auch die Forderung der Erkenntnis der Amtspflichtverletzung als einer „Geschäftsherrenhaftung", die Bettermann schon in DÖV 54, 299 aufstellt); Weimar RdK 53, 194 (Kreis der „Dritten"); Weimar, MDR 58, 654; Loppuch, NJW 52, 1037 (Amtspflicht im Ermessensbereich) u. a. m.

Generalisierung der Verschuldenshaftung, wobei der Schuld gerade eine besondere, unersetzliche Bedeutung zukommen könnte.

Nun läßt sich aber eine Erweiterung „auch beim Verschuldenselement selbst" feststellen. Die insbes. von Esser[84]) für das Privatrecht nachgewiesene Expansion konnte bei der öffentlich-rechtlichen Haftung nicht Halt machen, wo es um ähnliche Sachverhalte geht. So stehen unter dem Thema „Ausdehnung der Sorgfaltspflichten"[85]) nicht nur die noch privatrechtlich erfaßten Verkehrssicherungspflichten der öffentlichen Hand[86]). Auch in den Fällen „tatsächlicher" hoheitlicher Eingriffe, die den oben skizzierten „Unfällen" noch am nächsten kommen, — etwa bei den Lehraufsichtssachen[87] —), ist der Verschuldensbegriff schon völlig überdehnt. Sorgfaltspflichten werden ex eventu konstruiert[88]), der Vorwerfbarkeit ist rechtlich und moralisch der Boden entzogen. Da die Rechtswidrigkeit der Schädigungen hier feststeht, läge es nahe, schon von „Haftung für Rechtswidrigkeit"[89]) zu sprechen. Das Absehen von einer Feststellung des individuellen Schädigers[90]) kann als weiterer Schritt zur Aufgabe der subjektiven Vorwerfbarkeit gewertet werden.

Ein etwas anderes Bild bieten allerdings die Schuldbeurteilungen bei verwaltungsaktlicher Tätigkeit[91]) und bei der

---

84) Gefährdungshaftung, insbes. S. 13 f.; Hannak, op. cit. S. 20 f.; Reinhardt, Gutachten S. 254/5; Reinhardt, DÖV 55, 544 (krit.); Scheuner, Jellinek-Gedächtnisschrift S. 339.

85) Esser, Gefährdungshaftung S. 23 f.; Much, W., Die Amtshaftung im Recht der Europ. Gemeinschaft f. Kohle u. Stahl, Frankfurt 1952, S. 36/7; Reinhardt, DÖV 55, 543 m. Nachw.; die neuesten Erörterungen zum Thema „Sorgfaltspflicht" im Privatrecht (Arbeitsrecht) laufen zwar dort auf eine Zurückdrängung der Sorgfaltspflichten hinaus (vgl. u. a. Ohr, NJW 60, 2174; Steindorff, JZ 59/1; Hafferburg, NJW 59, 2194; Prangemaier, MDR 60, 896; Böhmer, MDR 59, 531, allgemeiner Clauß, NJW 59, 1408), doch sind die dabei maßgebenden vertraglichen oder sozialstaatlichen Tendenzen auf das Staat-Bürgerverhältnis gerade nicht anwendbar. Eine Privilegierung gefahrgeneigter Tätigkeit (so dort Böhmer, MDR 60, 638 u. Steindorff a. a. O., differenzierter Hafferburg, NJW 59, 1398) ist hier unmöglich.

86) vgl. Reinhardt, DÖV 55, 544.

87) a. a. O.

88) Vgl. etwa wieder BGHZ NJW 61, 969.

89) Daß diese „Sorgfalts"pflichten nur im Rahmen der Rechtswidrigkeit Bedeutung haben, erkennt z. B. klar Nipperdey, Der Begriff des Verschuldens b. schadensersatzpflichtigen Handlungen, Beiträge z. internat. Luftrecht, Heft 32, Düsseldorf 1954, S. 100.

90) Vgl. z. B. schon RGZ 700, 102.

91) Vgl. den Überblick über die Rspr. bei Kayser-Leiß, Die Amtshaftung, München—Berlin 1958, Nr. 555 ff. Insbes. BGH 10. 5.

„schlichten Hoheitsverwaltung“. Größere Konstanz spiegeln hier die Leitsätze der Rechtsprechung; leichter und ohne Überdehnung der Sorgfaltspflichten kann sich der Richter in diese typischen und ihm bekannteren Lagen, vor allem der Schwierigkeit der Rechtsanwendung, versetzen, wo die Sorgfaltspflichten eingrenzbarer sind, als bei „technischer Überwachung“. Bisweilen finden sich allerdings auch hier weite Formulierungen[92]).

Immerhin — die Frage ist berechtigt: steht man nicht vor der Entfaltung eines neuen, „objektiven“ Verschuldensbegriffes? Kann dieser nicht g e r a d e die obigen Modellfälle in die Staatshaftung einbeziehen helfen? Gibt es nicht Ü b e r g ä n g e von der „reinen“ Rechtswidrigkeit, über ein Verschulden, das etwa ausschließlich in einem „fernen“ Nichtorganisieren liegt, zu „wirklichem“, traditionellem, nahem Verschulden? K a n n hier dogmatisch noch eine Trennung gezogen werden, soll es geschehen? Diese Fragen sind neuerdings nur selten von einer Lehre behandelt worden, welche durch die Ausdehnungsmöglichkeiten der Aufopferung fasziniert wurde[93]).

Hier liegt ein Vergleich mit dem keineswegs ganz anderen französischen Recht[94]) und seinem Haftungskernbegriff der „faute de service“ nahe. Dieser ist — trägt man der Entwicklung Rechnung — durchaus mit deutschen Kategorien erfaßbar. Die bekannte Problematik des service public[95]) berührt ihn nur am Rande. Die „Faute“ entspricht, ursprünglich wie auch heute noch, völlig der deutschen privatrechtlichen Verschuldenskonzeption[96]). Entscheidend bleibt also das Merkmal „d e service“, in

---

1951 III ZR 93/50 (Vorliegen verschiedener Auffassungen). Das Verschulden wird hier praktisch begrenzt von einem eigenartigen „Risiko für Rechtsunklarheit“, wie es der Rechtsstaat nicht kennen sollte. Vollen Schadensersatz, nicht nur Entschädigung, legt hier schon der Gedanke der Rechtssicherheit nahe: wer unklare Befehle nicht dulden muß, soll nicht unter deren schädigenden Folgen leiden.

[92]) Vgl. etwa OGL Frankfurt in JW 1931, 2138.

[93]) In voller Klarheit stellt das Problem R e i n h a r d t, Gutachten S. 255; vgl. auch S c h e u n e r, JuS 61, S. 248/9.

[94]) Schrifttum i. dt. Sprache: A u b y, DÖV 55, S. 536 ff.; B a c h o f, Die Klage cit. S. 124; F o r s t h o f f, op. cit. S. 316; J o v y, DÖV 1953, S. 300; K a t z e n s t e i n, Die Entsch. cit. S. 32 f.; M ü n c h, F., Verh. d. 41. Dt. Juristentags 1955, Bd. I S. 61 ff.; M u c h, Die Amtshaftung im Recht der Europ. Gemeinschaften, S. 26 f. u. passim Hinweise; P e r l m a n n, A. ö. R. 24, 538 ff.; S c h e u n e r, Jellinek-Gedächtnisschrift, S. 341—3; S t ö d t e r, Öffentlich-rechtliche Entschädigung, Hamburg 1933, S. 5, 16, 39, 48, 185; T h e i s, A. ö. R. 77 (1951) S. 1 ff.; W r e s c h n e r, Die Haftung des Staats usw. nach frz. Recht, Diss. Heidelberg 1931.

[95]) Vgl. dazu die grundlegende Arbeit von J. L. d e C o r a i l, La Crise de la notion juridique de service public en Droit administratif français, Paris 1954 Schrifttumsnachweis S. 349 ff.), W a l i n e, M., Traité de Droit administratif 8. Aufl., 1958, Nr. 1051 ff.

dem gerade das Ergebnis einer Ausdehnung liegt, die in Frankreich nicht schrittweise aus dem Verschulden des Einzelbeamten, sondern, seit dem 19. Jahrhundert schon, deduktiv, aus einem „selbständigen Pol" sozusagen, gewonnen wurde.

Drei Schädigungskomplexe bezieht die faute de service in den Verschuldensbegriff ein: a) Schadenszufügung durch schuldhafte Handlung eines festgestellten Einzelbeamten. Hier entspricht sie völlig dem Verschulden nach § 839 BGB und begründet nur zugleich eine „primäre" Staatshaftung. Diese prätorische Leistung hat ihr zu internationaler Beachtung verholfen. In Deutschland ist sie längst legislativ überholt. b) Schädigung durch einen nichtfeststellbaren Beamten. In dieser „Anonymität", die in der französischen Lehre[97]) von der folgenden dritten Kategorie gar nicht immer scharf getrennt wird, sieht man dort den entscheidenden Fortschritt. Ohne Aufsehen zu erregen ist die deutsche Rechtsprechung auch hier zu dem gleichen Ergebnis gelangt: sie stellte es bald auf die Identifizierung des Schädigers nicht mehr ab[98]) und sprach von „Behörden"[99]), die

---

[96]) Vgl. u. a. zum Begriff „faute": Debeyre, Guy, La responsabilité de la puisance publique en France et en Belgique, Thèse Lille 1936, S. 227 f.; Rousset, L'idée de puissance publique en Droit administratif, Paris 1960, S. 125 f.; grundlegend: Saleilles, R., Les accidents de Travail et la responsabilité civile, Paris 1897, S. 43 f.; Savatier, R., Traité de la responsabilité civile etc., 2. Aufl., Paris 1951, Bd. I S. 5 ff.; Teisseire, M., Essai d'une théorie générale sur le fondement de la responsabilité en Droit civil, Thèse Aix 1901, S. 29 ff.; Triandafil, E., L'idée de faute etc., Thèse Paris 1914, S. 18 f. m. Nachw., insbes. aber (m. Nachw.) Mazeaud. Henri u. Léon u. Tunc, André, Traité théorique et pratique de la responsabilité civile usw., Paris 1957 f., Bd. 1 S. 444 f.; Chapus, Responsabilité publique et responsabilité privée, Paris 1954, S. 351 f.

[97]) zur „faute de service" und ihrer „anonymité" vgl. u. a. Cornu, G., Etude comparée de la responsabilité délictuelle en Droit privé et en Droit public, Thèse Paris 1951, S. 47 f., 55 f.; Defrénois, La faute du service public, Thèse Bordeaux 1937; Demichel, A., Le contrôle de l'Etat sur les Organismes privés, Thèse Bordeaux 1960, S. 529 f. (bei der Staatskontrolle über private Organisationen); Duez, P., La responsabilité de la puissance publique en dehors des contrats, Paris 1938, S. 18 f.: Duguit, L., Les transformations du Droit public 1913, S. 254 f.; Eisenmann, Ch., Semaine juridique 1949, S. 751 ff. (krit.; theor.); Giuliani, G., Le risque administratif usw., Thèse Lyon 1933, S. 254 (Vgl. m. d. Gef. h.); Hauriou, M., Précis de Droit admin. 11 Aufl. 1927, S. 322; Laferrière, E., op. cit. Bd. 2, S. 189; Odent, R., Contentieux admin., Cours à l'Institut d'Etudes politiques, Paris 1957/8, Bd. II, S. 657 ff.; Savatier, op. cit. S. 260 f.; Teissier, G., in Répertoire Béquet du Droit administratif. t. 23, Paris 1906, S. 171/2; Vedel, G.. Droit admin., 2. Aufl. 1961, S. 152 f.; Waline, M., Traité S. 685 f.

[98]) So schon RGZ 100, 102.

[99]) z. B. RG in DJZ 1924, 232; RGZ 138, 259 („ob die Behörde oder der Beamte gefehlt hat") m. weit. Nachw.

gefehlt haben — in der für beide Länder zutreffenden Erkenntnis, daß solche Anonymität eine Folge der „automatischen“ Übernahme der Haftung durch den Staat ist. Weil es meist gleich bleibt, wer den Schaden verursacht hat, kommt es praktisch doch schon zu einer „selbständigen“ Haftung „der Hoheitsgewalt als solcher“. Was hier noch getan werden kann, wird die Rechtsprechung wohl in nächster Zeit leisten. Dabei braucht sie in Deutschland die Zivilrechtsnähe des Amtshaftungsrechts nicht zu verlassen, weil die Anonymität der faute de service ebenso im Privatrecht Folge einer „Unternehmens-, oder „Gesellschaftshaftung“ sein kann, es also auch eine „faute de service privé“ gibt[100]).

Wichtig ist nun aber: c) der dritte Komplex der geheimnisvollen faute de service. Er besteht in Schädigungen durch fehlerhaftes Funktionieren des staatlichen Behördenapparats, hervorgerufen durch Organisationsfehler im weitesten Sinn. Im Grunde ist dieser nur eine Ausdehnung der Anonymität — aber sie enthält dogmatisch Neues: „anonymes“ Verschulden von Beamten genügt auch noch als entfernte, entfernteste Schadensursache, die faute de service wird zur faute du service[101]). Unrichtig ist es also, in der faute de service einfach schon „objektive Haftung“ zu sehen: wird sie angezogen, so liegt „irgendwo“ „echtes“ Verschulden im Sinn von vorwerfbarer Sorgfaltspflichtsverletzung, nur daß ein Schuldiger „objektiv“ nicht ermittelt werden kann[102]). Demnach: In diesem Punkt scheint bisher die deutsche Entwicklung doch abzuweichen, gerade bei den Verkehrssicherungen und Unfällen, wo das Verschulden nicht schon in unvollkommener Organisation als solcher liegen kann, sondern doch eine Handlung oder ein konkretes Verhalten umfassen muß, das eine nahe kausalitätsmäßige Verbindung zum Schaden im Sinne einer Vorhersehbarkeit aufweist[103]).

---

[100]) wie Eisenmann u. Vedel a.a.O. (Anm. 97) nachweisen

[101]) „On juge le services; non l'agent“ (Bonnard, cit. b. Duez op. cit. S. 22); M. Hauriou, spricht von der „faute de l'Etat personnifié“ (Note unter Arrêt Tomaso-Greco, Sirey 1905. III. 113), Duguit, op. cit. S. 254, schon radikal von der „Eliminierung der agents“ aus dem öffentlichen Haftungsrecht.

[102]) Näher bei dem Geist der Staatsratsrechtsprechung steht sicher der klassischen Definition von Laferrière a. a. O. folgend die Auffassung von Eisenmann, a. a. O. (implizit der Darlegung bei Waline a. a. O. zugrundeliegend), nach der es „de service“ in dem Sinn heißen muß, daß es sich nur um eine abgrenzende „Zurechnung“ zum Staat handeln soll. Alles andere als „organicistische Mythologie“ abzutun zu wollen, heißt jedoch (vgl. sogleich unten) die Besonderheit dieses „fernsten“ Verschuldens verkennen.

[103]) Zwei Beispiele: Einbrecher dringen ins Gefängnis ein, töten einen Gefangenen: faute de service (Arrêt Bernard, C. E. 30. 1. 1948,

Der Unterschied ist etwa praktisch schon weniger bedeutsam, als man gemeinhin annimmt: Kann die französische Ausweitung des Vorhersehbarkeitsmoments nachvollzogen werden? Sollen so die hier beschäftigenden Fälle in faute-de-service-ähnlich aufgeblähte Staatshaftung einbezogen werden?

Die Bejahung der Frage scheint eine Erkenntnis zu erleichtern, zu der gerade die französische Rechtsentwicklung verhilft: Das Verschulden müßte dabei nicht offen fallengelassen, die Vorhersehbarkeit nicht einfach aufgegeben werden: die Übergänge zwischen Verschuldenshaftung und objektiver Haftung würden durch eine solche Ausweitung fließend[104]). Das Verschulden würde, der „Organisation" sich überlagernd, nur in immer weitere Ferne vom schadenstiftenden Ereignis rücken, ohne daß aber die Kette adäquater Kausalität zwischen dem von ihm unmittelbar erfaßten Glied und dem Schaden selbst abreißen müßte. Diese „reihenmäßige Annäherung" an den dogmatisch „ganz anderen" Begriff einer objektiven Haftung aus „reiner", unverschuldeter Rechtswidrigkeit charakterisiert den bedeutenden, echt prätorischen Umbildungsvorgang in der französischen Rechtsprechung zur faute de service — in gewisser Entsprechung zu einem mathematischen Integrationsprozeß. Winkt also einer vergleichbaren deutschen Rechtsfortbildung die Chance eines bruchlosen Übergangs, einer wirklichen metabasis eis alla genos? Zu einer solchen nämlich hat in Frankreich die faute de service im öffentlichen Haftungsrecht, an einzelnen Punkten offen geführt — zu einem wirklichen Übergang zu objektiver Haftung! Darin liegt ja ihre letzte Bedeutung: nicht nur in der bruchlosen Annäherung, sondern in dem dann — aus diesem Zustand heraus — vollzogenen Überwechseln auf den neuen Begriff, in einer in ihrer Naivität großartigen Einfachheit praktisch-juristischen Denkens. Wenn es nämlich in Frankreich — trotz aller Vereinheitlichungsversuche — nie gelingen konnte, eine gemeinsame Grundlegung der Eventualitäten der Staatshaftung[105]) oder wenigstens der objektiven Haf-

---

Recueil S. 47). Ein großer Brandschaden ensteht, „weil die Verwaltung nicht die erforderlichen Vorkehrungen getroffen hat" (Arrêt Narcé, C. E. 17. 7. 1953, S. 384) — faute de service. In beiden Fällen wird der Schuldnachweis gar nicht v e r s u c h t, es kommt zur Schuldv e r m u t u n g — ein erheblicher Unterschied zu analogen deutschen Lösungen.

[104]) Besonders einleuchtend beim Gefängnisfall (Anm. 103), mehr noch etwa beim schlechten Zustand (Unterhaltung?) von Gebäuden z. B. beim Arrêt Papon, 6. 3. 1914, Rec. S. 316) oder bei Arbeitsmaterialfehlern (z. B. bei Arrêt Le Meut, 30. 4. 1934, Rec. S. 463), wo faute de service (!) angenommen wurde.

[105]) Vgl. dazu neuerdings A u b y, J. M., in Dalloz 1956 S. 596 ff. (599 f.); grundlegend: B e n o i t, F. P., in Semaine juridique 1954. 1. 1178 ff. (einheitl. System aus der Sicht der „Opfer"); B e r l i a, G.,

tung[106]) zu finden, wenn die „responsabilité sans faute" eine unsystematisierbare Rubrik disparater Fälle geblieben[107]) ist, so deshalb, weil es sich bei ihr nur um „objektive Spitzen" aus dem Raum des „verschwindenden organisatorischen Verschuldens der faute de service" handelt. Der „Übergang" wurde hier so vollzogen, daß man die Suche nach dem „fernen" Verschulden völlig aufgab, sei es in Erkenntnis von dessen irrealer Distanz, sei es aus reinen Billigkeitserwägungen, oder um von vorne herein Regresse abzuwenden, vor allem aber, um entschädigen zu können, ohne die „menschlich schuldlose" Verwaltung tadeln zu müssen[108]). So wird Schadensersatz für risque auch tatsächlich meist in Fällen gewährt, die „in der Nähe" (wenigstens) gerichtsfreier Hoheitsakte liegen[109]). Ihrer Herkunft nach Aus-

---

Essai sur les fondements de la responsabilité civile en Droit public français, Rev. Droit public 1951, S. 685 ff. (687 f.); Eisenmann, op. cit. (Erit., Verh. z. Priv. r.); Laubadère, A. de, Les problèmes de la responsabilité du fait des choses en Droit adm. franç., in Etudes et documents du C. E., Paris 1959, S. 29 (insbes. vgl. S. 43/44) (zugl. Krit. an der Darstellung von Chapus, op. cit.); Mignon, H., in Dalloz 1947 (chronique) S. 37 ff. sowie Hauriou, M., Précis cit. Anm. 97 S. 309 ff. (drei verbindungslose fondements) gegen Duguit, Les transformations cit. insbes. S. 262 u. Teissier, op. cit. S. 152 ff.

[106]) Auby, a. a. O. Blaevoet, Cl., Dalloz 1947. Jurispr. 376; Brunet, J. F., De la responsab. de l'Etat législateur, Thèse Paris 1936, S. 61; Corneille, Rev. Droit publ. 1920, S. 411; Eisenmann, a. a. O.; Feugey, Le développement jurisprudentiel de la théorie du risque usw., Thèse Lille 1927, S. 27 f.; Hauriou, Précis cit. S. 331 f. (nicht immer klare Scheidung zwischen Zielen und Grundlagen); d'Hébrail, La responsabilité de l'Etat Thèse Alger 1929, S. 5—41; Henriot, Guy, Le dommage anormal, Thèse Paris 1958 dactylogr.; insbes. S. 92/3 f. (Versuch der Grundlegung aus den Freiheitsrechten); A. de Laubadère, op. cit. S. 44; Laroque, P., Sirey 1936 III 49 ff. (insbes. für „öff. Arbeiten"; Mathiot, A., Sirey 1934 III S. 81 ff. (Gegenposition zu Laroque); Mazeaud u. Tunc, Traité cit. S. 419 f. (insbes. S. 425 f. (allg. zum „risque"), 431/2 öff. R.); Odent, op. cit. S. 686; Rousset, op. cit. S. 49 f.. u. a. m.

[107]) A. de Laubadère, op. cit. S. 29, 44; Vedel, Droit admin. S. 257.

[108]) Duez, La responsab. cit. S. 83/4; Debeyre, Thèse S. 226; Feugey, Thèse cit. S. 97 f.; Mazeaud u. Tunc, Traité (allg.) op. cit. S. 423; Odent, op. cit. S. 686 („angenehme Begleiterscheinung"); Savatier, Mélanges Lambert I. S. 465.

[109]) Zu diesem wichtigen, wohl noch nicht genug entwickelten Gedanken, der die Vorsicht des Staatsrats auf beiden Gebieten erklären würde, vgl. u. a. Duez-Debeyre, Traité de Droit administratif, Paris 1952, S. 439 f.; Duez, La responsab. cit. S. 220 f. m. umfangreichen Nachw.: Henriot, Thèse cit. S. 87; Feugey, Thèse cit. S. 39/40; für eine „VO als acte de gouvernement" vgl. Kouatly, Thèse S. 72; Teissier, op. cit. S. 142 f.; zum Schadensersatz gegen VAe der Parlamentsverwaltung vgl. Duez, op. cit. S. 200.

nahmen, gestatten es diese meist isoliert gebliebenen Sonderfälle allerdings einfach nicht, von „objektiver Haftung" im französischen Recht zu sprechen, wie es immer wieder geschieht. Dies zeigt ein kurzer Überblick:

Von den sondergesetzlich geregelten Fällen[110]) abgesehen, haftet die öffentliche Hand in Frankreich ohne Verschulden für schädigende Folgen des Einsatzes von Feuerwaffen durch die Polizei[111]) (vgl. das „Abirren"); für die von entwichenen Besserungshäftlingen angerichteten Schäden[112]) (vgl. die „menschliche Zustandshaftung"); für Explosionsfolgen und Löschwasserbeeinträchtigungen[113]) (sächliche Zustandshaftungen); für die

---

Allerdings dürfte diese Gewaltenteilungsproblematik nur eine Wurzel der Anerkennung einer „risque" sein, während die andere in der Angleichung an gewisse privatrechtliche „Fabrikgefährdungstatbestände" wohl zu suchen ist. Klare Haftungen für „actes de gouvernement" z. B. Arrêts Arnaud, 24. 12. 1926, Recueil S. 1149 (Tätigkeit des Außenministeriums) und Corsin, 24. 10. 1930, Rec. S. 864: Verlust von Wertsachen durch einen Diplomaten. Nach dem Staatsrat „ersetzt also die acte de gouvernement-Eigenschaft" den „Schuldnachweis" (ist ein solcher möglich, so ist sie unbehilflich, vgl. Arrêt Rousset, 18. 7. 1934, Rec. S. 817). Damit erscheint der acte de gouvernement als nicht etwa eo ipso „rechtsmäßig", sondern nur als prozessual unverfolgbar.

[110]) Übersicht etwa b. Duez, op. cit. S. 274 f.; Giuliani, G., Le risque administratif devant la Jurisprudence et la Législation, Thèse Lyon 1933, S. 227 f.; d'Hébrail, op. cit. S. 41 f.; Waline, Traité, S. 728 f.

Daß sich aus diesen Einzelgesetzen induktiv allg. Rechtsgedanken entwickeln lassen, wird von Duez a. a. O. m. Recht in Frage gestellt, um so mehr, als diese Fälle durchwegs „stark beschränkter" Schadensersatzh. einer Entschädigungsregelung nach dt. Terminologie meist näher stehen.

[111]) Guter Überblick bei Berlia, G., u. Morange, G., in Dalloz chron. 1950, S. 5 ff.; ferner: Berlia, R. d. P. 1951 S. 694; Henriot, Thèse S. 82 f.; Sfez, M., La notion de chose dangereuse dans la Jurisprudence du C. E., Thèse Paris 1956, S. 37 f.; Vedel, Droit administr. S. 260; Waline, Traité S. 709 f.

Der entscheid. Arrêt Lecomte u. a., 24. 6. 1949. Dalloz 1950, 1. 27. gibt das Schadensersatzrecht weder aus dem Begriff der „gefährlichen Sache" an sich, noch aus der „gefährlichen Situation" schlechthin (kein „risque social"), sondern als Folge des risque créé' (vgl. die conclusions von Barbet, Jurisclasseur périodique 1949 II 5092).

[112]) vgl. Odent, op. cit. S. 692; Vedel, op. cit. S. 261; Waline, Traité S. 743 m. Nachw.: Arrêt Thouzellier, 3. 2. 1956, Dalloz 1956, 596 (Anm. Auby).

[113]) Zu der Rspr. der Arrêts Regnault-Desroziers, Rev. Dr. publ. 1919, S. 239, Anm. G. Jèzes, Colas, Rec. 1920 S. 532 und Walther, Sirey 1927. 3. 44 (Löschwasser) vgl. u. a. Gesetz vom 3. 5. 1921 (Waline, Traité S. 746); Auby, Dalloz 1956. 596 f.; Duez, La responsab. S. 79; Feugey, Thèse S. 48 f.; d'Hébrail, Thèse S. 98 f.; Vedel S. 260/1.

freiwilligen Helfer entstehenden Schäden[114]) und für Schädigungen durch Unterlassen der Vollstreckung[115]). Fast alle oben erwähnten Nitcheingriffsfälle lösen also in Frankreich „objektive" Haftung aus, eine beachtliche Parallele!

Fast jede dieser Lösungen zeigt übrigens in ihrer Entstehung die Spuren des Übergangs von der faute zum risque: bei den „Polizeischäden"[116]) begann es mit dem Verlangen eines qualifizierten Verschuldens und endete — aus Gründen der Billigkeit einer-, der Schonung der Polizei andererseits — beim völligen risque. Bei den Explosionsschäden ging der Staatsrat über die vom Regierungskommissar vorgeschlagene faute-Haftung hinweg zur objektiven[117]).

Der zweite große Komplex verschuldensloser Staatshaftung in Frankreich für dauernde Schädigungen[118]) durch öffentliche

---

Der größte Teil der sächlichen Zustandshaftungen wird allerdings nach dem Régime der Travaux publics, aber eben wieder ohne Schuldnachweisnotwendigkeit, behandelt.

[114]) Benoit, F.-P., in Semaine juridique 1954. 1. 1178 ff.; Blaevoet, Ch., Dalloz 1947, Jurispr. 376; Duez, Respons. S. 74 f. (m. Nachw. S. 75); Odent, op. cit. S. 689—91 (m. Rspr.-Übersicht) sowie — ebenso — Vedel, a.a.O. — Diese mit dem Arrêt Cames. 21. 6. 1895, Sirey 97. III 33 einsetzende Rspr. kam aus der „Zivilrechtsnähe" der gleichzeitigen Arbeitsschutzbestrebungen, ist jedoch neuerdings (vgl. die Beispiele bei Odent und Vedel) auf ungebetene Helfer mit typischer öffentl.-rechtl. Argumentation erstreckt worden (Problem der „réquisition", des „service public").

[115]) a) Zwangsvollstreckungsverweigerung in Tunis aus Sorge vor Aufstand (Arrêt Couitéas, S. 1923. 3. 57 Anm. Hauriou). Vgl. dazu Calbairac, Dalloz 1947 Chron. S. 85; Lefas Etudes et documents du C. E. III, 1949, S. 73 ff.

b) Dasselbe bei Nichtaustreibung von Mietern (Arrêt Braut, Sirey 1944. 3. 41. Anm. Mathiot). Vgl. dazu Fréjaville, Gazette du Palais 1947. 1. Doctr. 79.

c) Nichtvertreibung von Streikenden, welche widerrechtl. Fabriken besetzten (Arrêt St. Charles, Sirey 1939. 3. 9.).

Die Lehre ist in der Einordnung ziemlich ratlos. Die Erklärung als „Regierungsakt" (Duez, La responsab. S. 82 f.) scheitert bei Fall b u. c, die als „faute" der Verletzung der Gleichheit (Blaevoet Jurisclasseur périod. 46 I 560) widerspricht der angenommenen „Schuldlosigkeit". Richtig ist wohl: das an sich schuldhaft rechtswidrige Verhalten der Exekutive (so auch d'Hébrail, Thèse S. 65 f.) wird ausnahmsweise durch Staatsnotstand gerechtfertigt (so i. Erg. schon Hauriou, a.a.O., krit. Jèze cit. b. Giuliani, Thèse S. 159 f.). Vgl. ferner Gabolde, Jurisclass. pér. 1949 I 742 u. 751.

[116]) Nachw. b. Berlia u. Morange, cit. Anm. 111.

[117]) Vgl. Duez, Rspr. S. 79 u. d. dort zitierten Ausführungen Corneilles.

[118]) Über diese „dommages permanents" und die Versuche, sie über eine „Sicherheitsverpflichtung" mit dem „risque", ja mit einer — i. d. Regel nur nicht nachzuweisenden — faute i. Verbindung zu bringen vgl. grundlegend: Rouast, Du fondement de la responsabilité des dommages causés aux personnes par les T.p., Thèse Lyon

Arbeiten[119]), von Grundstück zu Grundstück, kann hier ausgeklammert werden. Er erwächst aus anderer, nachbar- und enteignungsrechtlicher (in Frankreich allerdings eindeutig öffentlichrechtlicher) Wurzel. Seine Gegenstücke (Verkehrssicherungs- und gewisse Immissionsfälle) werden auch in Deutschland ohne oder auf Grund von sehr weit gefaßtem Verschulden „entschädigt" — eine neue deutsch-französische Parallele! Sollten wenigstens letztere, was zu begrüßen wäre, öffentlich- rechtlich behandelt werden[120]), so wären sie als weitere Kategorie den oben erwähnten Fällen anzufügen. Für sie bestände dann, nach französischem Vorgang, ebenfalls die „objektive Versuchung". Auch hier sind übrigens zwischen faute und risque die Übergänge fließend — etwa bei dem „défaut d'entretien"[121]) genau

1910; Cornu, G., Etude comparée de la responsabilité délictuelle usw., Thèse Paris 1951 S. 82 f.; Duez, La resp. S. 65/6; Giuliani, Thèse S. 29 f.; Lefèvre, Ch., L'égalité dev. les charges publiques, Thèse Paris dactylogr. 1948 S. 56 ff.; Josse, P. L. Travaux publics et expropriation, Paris 1958, insbes. S. 356 f.; Laferrière, Ed., Traité de Juridict. admin. II, S. 155 f.; Laroque, P. Sirey 1936. III. 49 ff. (50); Vedel, Droit agmin. S. 284.

[119]) Grundlegend zur Begründung der Travaux publics: Josse, op. cit. S. 9 f. m. Nachw.; ferner: Latournerie, Rev. Dr. publ. 1945 S. 10 ff.; Mathiot, Les accidents causés par les travaux publics, Thèse Paris 1934 und A. de Laubadère Et. et doc. cit. S. 41; Odent, op. cit. S. 694; Vedel, Droit adm. S. 281 f.

[120]) Vgl. Tendenzen dazu bei Schack, Gefährdungshaftung DöV 1961 (m. Nachw. Anm. 55 f.). Wem die Versagung d. Abwehrkl. dient, dürfte ebensowenig wie der „Destinatär" bei der neueren Enteignung entscheidend sein. Das bisherige stillschw. Hauptbedenken — daß bei privatrechtl. Behandlung „nur" mehr Enteignungsentschädigung gewährt wird, entfällt gerade bei der hier vertretenen Auffassung. — Es besteht ja überhaupt die billigenswerte Tendenz, O. Mayers domaine-public-Vorstellungen teilweise zu exhumieren (vgl. z. B. Schack, Bemerkenswertes z. Hamburger Wegegesetz, DVBl. 1961, S. 897); auch sonst können ö.r. Sachenrechtsprobleme nicht einfach privatrechtlich erfaßt werden (etwa bei den Bes. Gew. Verh. durch ein „Hausrecht", vgl. Leisner, W., DVBl. 1960 S. 620 (Anm. 17)). Hat man den Schluß vom obligationsmäßig-vermögensrechtlichen Charakter eines Rverh. auf sein privatrechtl. Wesen aufgegeben, so sollte sich solches auch i. Sachenrecht durchsetzen.

[121]) Die „Benutzer" müssen dabei (vgl. Straßen!) einen Schuldbeweis erbringen, der aber praktisch durch Vermutungen entschärft ist ein gutes Übergangsbeispiel/ (vgl. Josse, op cit. S. 371 f. m. Nachw.; vom „subj. Element" wird praktisch abgesehen — reiner Vergl. zwischen „dem was ist" und dem was sein sollte, vgl. Giuliani, Thèse S. 83 f., insbes. S. 112 und A. de Laubadère, op. cit. S. 35—37; Laroque Sirey 1936 III S. 51; Odent, op. cit. S. 700 f. m. Nachw.). Die „usagers" sind übrigens von d. „tiers", für die reiner risque gilt, kaum zu trennen (vgl. Versuche — außer den Genannten — b. Benoit, Sem. jur. 1954. 1. 1178 f. (dazu krit. Auby Dalloz 1956 S. 600 f.); Cornu, Etude comparée cit. S. 128 f.; Sfez, Thèse S. 54 f.; Vedel Dr. adm. S. 284.

entsprechend der „verschuldensnäheren" deutschen Verkehrssicherungspflicht[122]).

Das französische Recht ist also durchaus vergleichbar; seine Lösungen locken umso mehr, als sie die Gefahr völliger, unbegrenzter Objektivierung der Haftung, das Gespenst dieser Schadensersatzform, zu bannen scheinen: Objektive Haftung bleibt Ausnahme! Ausgangspunkt ist immer das Verschulden (faute). Dieses muß zuerst und bis in verdämmernde Ferne verfolgt werden, bevor der Übergang zur objektiven Haftung gewagt werden kann. Ein solcher komme nun — das haben manche Interpreten der Staatsratsrechtsprechung erkennen zu können geglaubt — immer und nur dann in Betracht, wenn die Hoheitstätigkeit eine gewisse „Gefährlichkeit"[123]) aufweise. Damit scheint dogmatische Geschlossenheit und Praktikabilität erreicht zu sein: die objektive Haftung würde zur „Gefährdungshaftung", die responsabilité pour risque" (was ja noch nicht etwa Gefährdungs-, sondern Haftung für „zu erwartenden", eben „riskierten" Schaden heißt) würde zur „responsabilité pour choses ou acticités dangereuses."

Es böte sich dann sogar die, aus dem Privatrecht bekannte[124]) dogmatische Konstruktion der Gefährdungshaftung als „Ersatz" einer Verschuldenshaftung: Verschulden bestände dann eben in der Übernahme[125]) „schadensgeneigter" Tätigkeit, wenn diese also betriebstypische Schäden mit einer gewissen Regelmäßigkeit hervorruft. Objektive Typik und Frequenz wären Kennzeichen eines juristisch brauchbaren Gefahrenbegriffs.

Dogmatisch haltbar und entwicklungsgeschichtlich folgerichtig, ja zukunftsanpaßbar mag eine derartige Lösung sein —

---

[122]) Vgl. Reinhardt, DÖV 55, S. 544.

[123]) Die Versuche, die responsabilité sans faute mit der pour activités (choses) dangereuses gleichzusetzen, sind jedoch vereinzelt geblieben: Cornu, Etude comp. S. 82/3; schärfer Mathiot, A. Sirey 1934 III 81; vgl. den guten Überblick bei Sfez, H., La notion de chose dangereuse dans la jurisprud. du C. E. 1956, (der aber selbst erkennt, daß die Gefährlichkeit keine allg. Grundlegung sein kann). Der Staatsrat verwendet den „danger" ausdrückl. eben nur bei polizeilichen Schäden und den „sachlichen Zustandshaftungen", weder bei der Schädigung von Hilfspersonen, noch b. Vollstrekkungsverweigerung. Nachw. b. Odent, op. cit. S. 688 f.; Cornu, Etude comp. cit. S. 80 f. Daß die „risque-TBe" sich ganz anders entfaltet haben, zeigt Rousset, M., L'idée de puissance publique S. 49 f.

[124]) Vgl. die Zitate b. Esser, Gefährdungshaftung, S. 63 f.; er selbst überwindet aber diese „voluntaristische" Konstruktion des Anschlusses der Gefährdungshaftung an das Verschulden bereits op. cit. S. 97.

[125]) Oder Übertragung! (vgl. die „schadensgeneigte Tätigkeit" im Arbeitsrecht!).

zum definitiven Kriterium einer Ausdehnung der Amtshaftung könnte sie in Deutschland nur werden — und es in Frankreich bleiben — und damit der Aporie der Einreihung der oben skizzierten Fälle entheben, wenn sie auf dieselben paßte und einen dogmatischen Begriff von genügender Konturklarheit — wenn auch gewisser Entwicklungsfähigkeit — für künftige Fälle lieferte.

Nun ist aber nie endgültig das Bedenken ausgeräumt worden, daß der Gefahrenbegriff ungenau, ja a priori unbestimmbar sei. Erst der Schaden zeigt eben die Gefährlichkeit. Der französische Cassationshof hat deshalb[126]) das Gefahrenkriterium wieder aufgegeben, der Staatsrat zieht es nicht durchgehend als Rechtfertigung heran[127]). In Deutschland ist die Lage nicht günstiger: ein detaillierter Gefahrenbegriff fehlt und wird sich in absehbarer Zeit kaum entwickeln lassen[128]). Eine „Definition" nach Typik und Frequenz, zunächst die einzig naheliegende, versagt bei neu auftretenden Schädigungen, bei unbekannten Gefährdungen läßt sich weder Typik noch Frequenz mit hinreichender Sicherheit feststellen. Jedenfalls droht so stets eine widersinnige Privilegierung der „jüngeren, unbekannten Gefahr". Viele moderne Gefahren (etwa Atomrisiken) bedrohen weniger durch Frequenz, als durch Intensität der Schädigung. Welche „Schadensintensität" macht aber dann eine Lage „gefährlich"? Nur der Gesetzgeber kann es — in jedem Fall besonders — entscheiden. Das Kriterium von Intensität resp. Frequenz unterliegt überhaupt Bedenken, wenn aus einer Art von „antizipier-

---

126) Im sog. 2. Arrêt Jeand'heur, Sirey 1930. I. 121, vgl. dazu Cornu, op. cit. S. 77 f.; Henriot, Thèse S. 91 f.; Mathiot, a. a. O.; Sfez, op. cit. S. 6 f. m. Nachw., ausdrückl. gebilligt v. Savatier, Traité I S. 448/9.

127) Daß es im Bereich der Travaux publics die Haftung ohne Verschulden nicht durchgehend zu decken vermöge, weist Josse, op. cit. S. 357/8 am Stauwerkfall (Arrêt Habouche, Dalloz 1957, 534) nach. Daß der Gefahrenbegr. auch sonst nur ein Argument für die Einführung neuer obj. Haftung sei, zeigt de Laubadère, op. cit. S. 42 bei der Automobilhaftung — ohne daß es ein dauerndes Konstitutivkriterium zu sein vermöchte (ebenso krit. die wohl überwieg. Lehre. Savatier a. a. O.; Auby Dalloz 1956 S. 598 u.a.m.).

128) Seit den Darlegungen von Bienenfeld, Die Haftung ohne Verschulden, S. 141, es handle sich nur um ein Motiv gesetzgeberischer Tätigkeit, ist wenig beigetragen worden. Vgl. immerhin Diembeck, A., Der Ausschluß der Gef.haftung Tüb. 1934 S. 16 (Typik, Intensität); Esser, Gefährdungshaftung S. 9 f. (ebenso — aber mit überzeug. Vorbehalt); Hannak, Die Verteilung der Schäden aus gefährlicher Kraft S. 9 f. (Typik — nur bei Energie!); Katzenstein, Entschädigungspfl. S. 29/30; Müller, H., Gemeinsame Grundsätze über die Gefährdungshaftung S. 11 (Typik); Rinck, Gefährdungshaftung S. 4/5 resigniert: es ist polit. Entsch. d. Ges. geb.

ter Schuld" gehaftet wird, dann ist die Betriebstypik des Schadens allein entscheidend. Gehaftet wird, selbst wenn es bisher — zufällig noch nicht zu Schädigungen gekommen ist. Warum nur „häufige" Schäden ersetzt werden sollen, ist aus dieser Sicht kaum verständlich, wenn nur bekannt ist, daß dabei „manchmal" Schäden auftreten. Warum sollte hier das Opfer ersatzlos bleiben? Das Intensitätskriterium endlich würde dabei ungerechte und überlebte Erfolgshaftung begründen. Reine „Betriebstypik" aber hat mit „Gefährdung" nichts mehr zu tun und führt im Ergebnis zu einem Ausufern zur allgemeinen objektiven Haftung.

Und nun zu einer Probe auf die Ausgangsfälle der Untersuchung: Der Staat würde „objektiv" haften beim Arbeitereinsatz in einem verseuchten Lager; wenn dort aber nur ein Kind, unbekannter und für die Situationatypischer Weise, an Kinderlähmung litte, bliebe das Opfer ohne (diesen) Ersatz. Soll das Unterlassen einer Hoheitstätigkeit — etwa im französischen Fall der verweigerten Zwangsvollstreckung — „besonders gefährlich" sein? Warum m e h r als rechtswidriges H a n d e l n der Behörde? Ein Polizist schießt schuldlos-rechtswidrig auf einen Unschuldigen, — ist dies weniger „gefährlich", als wenn diesen ein Querschläger trifft? Ist übrigens der Boxhieb in den Unterleib „ungefährlicher" als ein Schuß in die Beine?

Diese und ähnliche Fragen beweisen: w a s gefährlich ist, läßt sich nicht sagen, ohne daß man dabei in die alten guten Distinktionen der Vergangenheit zurückfällt („ein Fahrrad ist gefährlicher als ein Pferd" u.ä.m.) — in einer Weise, welche die Jurisprudenz dem Spott der Technik und der Nachwelt aussetzen müßte. Selbst wenn aber eine solche Feststellung möglich w ä r e, so würden nicht a l l e erwähnten Fälle erfaßt, dafür aber viele andere aus dem Bereich rechtswidrig-schuldlosen Handelns. Der Gefahrbegriff „erklärt" eben weder die französischen Ergebnisse, noch paßt er auf alle deutschen Fälle. Wegen seiner Ungenauigkeit sollte er als dogmatisch unbrauchbar aus dem öffentlichen Haftungsrecht, wenigstens als Grundlage neuer Haftungstatbestände, völlig ausscheiden. Er eignet sich nicht für so vielfältige, so wenig technisch-typische Schädigungsarten wie die, welche der Einsatz der Hoheitsgewalt mit sich bringt. Mag er im Arbeitsrecht technisch-gefährlicher Fabriktätigkeit fruchtbar sein[129]), auf den staatlichen, meist be-

[129]) In Frankreich waren es nahezu ausschließlich soziale Erwägungen z. Schutz der Fabrikarbeiter, die zur „responsabilité du fait des choses" i. Privatrecht führten; vgl. C o r n u, op. cit. S. 69 f.; H u c h a r d, Le risque professionel, Thèse Paris 1898 (mit guter Übersicht ü. d. Lehre S. 74 f. u. 142 f.); M a z e a u d u. T u n c, Traité I, S. 76 f. m. Nachw.; S a v a t i e r, Mélanges Lambert I,

hördlichen Apparat paßt er von vorneherein nicht. Oft liegt eben die „Gefährdung" nicht erst in der „materiellen" Ausführung, sondern schon in abirrender Planung oder Weisung. Dann aber gilt: Komplizierte Behördentätigkeit ist entweder „als solche" — dann immer! — oder gar nicht „gefährlich". Sollen „gefährliche" und „ungefährliche" Behörden unterschieden werden? Der Staat an sich ist nicht gefährlich[130]). Selbst, wenn dies aber wegen des Einsatzes unvergleichlicher Machtmittel bejaht würde, käme man so gerade zu jener allgemeinen objektiven Haftung für Hoheitstätigkeit, welche durch das Kriterium der „Gefahr" vermieden werden soll!

Die arbeitsrechtliche Behandlung der „schadensgeneigten Arbeit" schließlich beweist, daß die „Gefährlichkeit" einer Sache oder Tätigkeit noch gar nichts über den aussagt, welchen ihre Folgen treffen sollen. M. a. W.: die „Haftung für Gefährliches" ist gar kein selbständiges Zurechnungsprinzip, meist verbirgt sich hinter ihm nur die Risiko-Nutzenrelation (vgl. unten) oder Haftung für das jeweilige „Recht der Direktion", was im Grunde wieder in die Richtung des Organisationsverschuldens führt[131]).

Damit aber fehlt jedes allgemeine Kriterium für einen „Übergang" vom Verschulden zu objektiver Haftung — und dies trifft ja letztlich auch in Frankreich zu. Für die Objektivierungsentscheidungen des Staatsrats gibt es keinen anderen Grund, als jene eigenartige Mischung von Billigkeit und Scheu, die Verwaltung zu zensieren. Dies aber trägt nur in der besonderen französischen Tradition des Staatsrats als „vollprätorisches" Gericht[132]). In Deutschland verstieße solche Entscheidungsfindung gegen die Gesetzesgebundenheit des Richters,

---

S. 453 f.; Savatier, Traité I, S. 422 f.; Triandafil, L'idée de faute, insbes. S. 93 f. (m. Nachw.). Klar ist dieser Ausgangspunkt auch b. d. „Schöpfer" dieser „neuen Lehre", R. Saleilles, Les accidents de travail et la responsabilité civile, Paris 1897, etwa S. 25/6.

[130]) Die Übertragung des „Fabrikdenkens" auf den Staat findet sich gerade in der Anm. 129 erwähnten Ausgangsperiode des „risque": so vergleicht Larnaude, Revue pénitentiaire 1896, S. 9, den Staat als solchen mit einer riesigen, höchstgefährlichen Maschine.

[131]) Saleilles, a. a. O., der sich S. 29 f. vergeblich dagegen verwahrt.

[132]) Auf die Gefahr, daß die frz. Richter gerade hier Gesetzgebungs- und damit „gouvernement"-Funktionen wahrnehmen, hat Savatier, Mélanger Lambert I, 453 ff. (462 f.) schon 1938 hingewiesen und Feugey (Thèse S. 144) zieht den Richter als „Geldverteiler" dem Parlament vor (!). L. A. Macarel (Des tribunaux administratifs, Paris 1928, S. 20/1) meint allg.: „La jurisprudence en cette matière vaut mieux que la législation ...".

mehr noch gegen die Rechtssicherheit, reines „von Fall zu Fall-Entscheiden" wäre legalitätswidrig, dies bedeutet allerdings nicht, daß durch „schöpferische" Entfaltung des Gesetzes nicht auf dessen Grund neue a l l g e m e i n e Regeln durch die Rechtsprechung „erkannt" werden, ja daß gerade hier, das muß offen zugegeben werden, sich die Grenzen von lex lata und lex ferenda in nicht unbedenklicher Weise zu verschieben drohen. Immerhin: es bleibt ein zu beachtender Unterschied, ob eine Entschädigung „auf Grund" einer neuen, wenn auch gerade in ihr erstmals entfalteten, allgemeinen Rechtsregel, als ein Anwendungsfall sozusagen, ergeht, oder aber a priori auf eine solche verzichtet wird[134]). Selbst wenn also der Gefahrenbegriff als dogmatisch brauchbar anerkannt würde, — damit bliebe „nur" die Einzelarbeit der Abgrenzung zu leisten —: eine Entscheidungspraxis wie die des französischen Staatsrats (und seiner Begründungen) ist in Deutschland unmöglich. Daran dürfte aber gerade jede Einzelbearbeitung scheitern. Im deutschen Recht fehlt endlich die Korrekturmöglichkeit des „dommage spécial"[134]): die Stärke des deutschen Amtshaftungsrechts besteht ja — der Aufopferung gegenüber — gerade darin, daß nicht wieder durch Begriffe wie „mittelbarer, spezieller, anomaler" Schaden ein mit rechtsstaatlichen S c h a d e n s - e r s a t z - vorstellungen kaum vereinbares Unsicherheitsmoment eingeführt, sondern eben j e d e r Nachteil ersetzt wird.

Damit steht fest: im Falle einer faute de service-ähnlichen letzten Ausweitung des Verschuldens bei der Staatshaftung kann in Deutschland die objektive Haftung nicht eingegrenzt werden. Einer solchen Ausweitung stehen stehen aber grundsätzliche, ja verfassungsrechtliche Bedenken entgegen. Was soll eine solche wirkliche Denaturierung des Verschuldensbegriffes, wie sie die Einbeziehung auch „fernsten" organisatorischen Verschuldens doch darstellt? Sie würde nur das dem Privatrecht geläufige unerfreuliche Ergebnis wiederholen: Verschulden wird zu reiner Fiktion, weil j e d e Vorwerfbarkeit, ja j e d e kon-

---

[133]) In letzterem Fall tritt die dem Grundsatz der Gesetzesgebundenheit gegenüber s e l b s t ä n d i g e Bedeutung der Rechtssicherheit hervor, es sei denn, man sehe in dieser auch die Verpflichtung zur „gesetzesähnlichen" Rechtsfortbildung. Die erwähnten Probleme können hier nur angedeutet werden.

[134]) Grundlegend: C o l l i a r d, Le préjudice en Droit admin. franç. Thèse Aix 1938. Vgl. über G i u l i a n i, Thèse S. 49 f.; d'H é b r a i l, Thèse S. 17 f.; M o r a n g e, Dalloz 1953, Chr. XXXV; für VOen K o u a t l y, Thèse S. 44 f. Hinter dem Erfordernis eines „dommage spécial" steht (wenn es scharf durchgeführt würde) der Gleichheitsverstoß — so daß die Frage berechtigt ist, ob es in Frankreich nicht n u r (auch für faute nur) „Entschädigung" nach dt. Terminologie gibt. Immerhin werden sich beide Begriffe nicht völlig decken.

krete Sorgfaltspflichtverletzung fehlen kann. Durch Aufgabe jeder Vorhersehbarkeit wird das Verschulden entmenschlicht. Weil aber die Verschuldenskategorie doch nicht „ganz" fällt, verlangt man vom Beamten ein wahrhaft überirdisches Verhalten, bleibt andererseits ein Beigeschmack „ursprünglichen" Verschuldens. Das Grundgesetz fordert aber, den Menschen als einen solchen zu achten, und ihn deshalb auch nicht rechtlich zu überfordern. Die Grundgedanken dieser in einem ganz bestimmten Sinn „persönlichkeitsgeprägten" Ordnung widersprechen der erwähnten, dann unvermeidlichen, „Auflösung" eines jeden, und sei es auch nur des zivilrechtlichen Verschuldensbegriffs. Einige Grenzfälle aus dem Bereich der erwähnten Modelle mögen sich durch Steigerung der Anonymität — die dem Staatbegriff entspricht — noch befriedigend nach Amtshaftungsrecht lösen lassen — alle nicht! Maskiert aber der Verschuldensbegriff „objektive Einsprengsel", so wird nur die eigentliche Frage nach der objektiven Haftung umgangen. Entweder unterbleibt dann eine dogmatisch saubere Neuschaffung objektiver Haftungsgrundlagen, oder, wenn sie nicht möglich sein sollte, es wird der Gesetzgeber, der hier etwa eingreifen müßte, darüber getäuscht, daß es eine „objektive Haftung" (noch) nicht gibt.

Offen muß deshalb die entscheidende Frage gestellt werden: warum und in welchen Fällen könnte man vom Verschulden ganz absehen und reine Rechtswidrigkeitshaftung zulassen? Zu welcher Lösung immer man sich entscheiden mag: die Unausweichlichkeit offener Fragestellung führt zu den Punkten, an denen die Erörterung einzusetzen hat.

Daß eine solche objektive Verantwortlichkeit eine der Staatshaftung gegenüber — in Grenzen — selbständige Haftungsform sein muß, steht nun ebenso fest wie die Tatsache, daß es sich nicht um eine „Gefährdungshaftung" — wenn dieses Wort einen wirklichen Sinn haben soll — handeln kann: „Gefährdung" als solche kann nicht ihr rechtliches Kriterium sein.

Eines Grundlegungsversuchs muß sogleich gedacht werden, der im deutschen[135]) wie im — wenn auch zurückhaltender — französischen[136]) Schrifttum in verschiedenen Ausprägungen wiederkehrt: „objektive" Haftung soll sich — im privaten[137])

[135]) Vor allem als allgemeine Grundlegung der Schadenshaftung vertreten von Reinhardt, DÖV 1955, 544, und, vor allem, Gutachten cit. S. 276 f., 283 f., weit. Nachw. bei Esser, Gefährd. h. S. 64 f. Er selbst tritt im Grunde für die gleiche These ein (op. cit. S. 100).

[136]) Vgl. Eisenmann, a.a.O. (zugleich mit treffender Kritik); d'Hébrail, op. cit. S. 30; Sfez, op. cit. S. 85.

[137]) Daß es sich um privatrechtliche Gedankengänge handelt, erkennt klar Eisenmann a. a. O.; die frz. Lehre verwendet deshalb

wie öffentlichen Recht — aus dem Grundsatz „ubi emolumentum, ibi onus" ergeben: wer die Vorteile eines Betriebes genießen will, muß auch das Betriebsschadensrisiko tragen.

Solche Vorstellungen deuten im Privat-, vor allem im Arbeitsrecht, vielleicht die Richtung konkreter Lösungsversuche an; wohl aber nur in der (wenn möglichen!) Doppelrolle gleichzeitig direkter und subsidiärer Prinzipien. Im öffentlichen Recht aber sind sie jedenfalls — aus folgenden Gründen — als dogmatische Grundlage objektiver Schadenshaftung unbrauchbar:

Der Satz vom Nutzen ist wesentlich auf das private Betriebs-, näher Fabrikrisiko zugeschnitten. Als allgemeiner Rechtssatz, aus dem unmittelbar Lösungen abzuleiten wären, ist er auch dem Privatrecht fremd. Er vernachlässigt nämlich das „dynamische Element" beim Rechtsausgleich, das Recht auf Aktivität, auf Neues, das nicht in jedem Fall „erworbenen" oder „bestehenden" Rechtspositionen zu weichen hat, diese vielmehr u. U. immanent begrenzt. Verallgemeinert wäre die Profit-Risikorelation also eine im schlechten Sinne konservative Lösung, welche Dynamik stets und a priori der Statik zum Opfer brächte und keineswegs ein formales „inhaltsindifferentes" Schadensverteilungsschema (als solches aufgefaßt würde sie letztlich nur einfach „Haftung für Rechtswidrigkeit" bedeuten). Das geltende Recht wägt denn auch viel feiner ab. Nach § 906 BGB z. B. hat der Immittent nicht jeden Schaden, sondern nur den zu ersetzen, welcher das ortsübliche Maß übersteigt. Die Erfahrenheit des Zivilrechts gleicht also Aktivität und Statik aus durch Verweis auf „außerrechtliche" Vorstellungen — ein bedeutsames Indiz für die Vielschichtigkeit solcher Abwägung, wie für mögliche, sogleich zu erörternde Lösungsansätze bei der Schadensverteilung.

Der Nutzensatz ist demnach zugleich einseitig und zu allgemein. Er paßt aber überhaupt nicht zur Hoheitstätigkeit. Der Staat, der heute bedauerlicherweise manchmal „wie eine Gesellschaft mit beschränkter Haftung" gesehen wird, mag als Fiskus noch den, wenngleich problematischen[138]), Charakter eines „Betriebes" haben können, dem etwas „nützen" kann, wenn

---

die profit-risque-Relation allenfalls zur Erklärung des risque créé (Sachschäden u. ä.). — Reinhardt (Gutachten S. 290) rechnet folgerichtig das Schadensersatzproblem — im Gegensatz zur Folgenbeseitigung — zum Privatrecht.

[138]) Das „Ziel" solcher Betriebe steht ja neuerdings im ungelösten Spannungsverhältnis zwischen Sozialstaatlichkeit und der radikal-demokratischen Auffassung von den Staatsbetrieben als „Gemeinschaftsunternehmen auf höchster Ebene", auf deren Ergiebigkeit jeder Anspruch hat.

auch überdies völlig ungeklärt ist, ob und inwieweit eine privatrechtsähnliche Interessenabwägung denkbar wäre. Dem Staat als Hoheitsmacht aber „nützt" es nichts, wenn er einen Bürger schuldlos-rechtswidrig schädigt. Ein Haftungsaufbau aus Bereicherung scheitert ebenfalls daran, wie in Frankreich, entgegen Hauriou, heute erkannt ist[139]) und in Deutschland auch für die Aufopferung nunmehr feststeht[140]). Das „Unternehmen Hoheitstätigkeit" bringt als solches keinen „Nutzen", ist diesem Begriff völlig unzugänglich und kann deshalb nicht aus diesem Grund zur Haftung herangezogen werden.

Eine Grundlegung objektiver Haftung aus dem Gleichheitssatz ist heute — leider — ebenfalls nicht (mehr) möglich —, nicht nur, weil dieses hohe Prinzip allgemein durch übermäßige Anwendung immer mehr in verblassende Unbestimmtheit zurückzusinken droht, nicht allein, weil die französischen Versuche, alle Haftung „pour risque" in der „égalité de tous devant les charges publiques" grundzulegen[141]) beweisen, daß so nur eine ferne, im schlechten Sinn „theoretische" Grundlegung gewonnen werden kann[142]), nicht aber der erforderliche „nähere" dogmatische Abgrenzungsbegriff: in Deutschland ist die Gleichheit als Ausdehnungsgrundlage der Staatshaftung schon dadurch endgültig kompromittiert, daß sie bereits erfolgreich als Motor zur Ausweitung der Aufopferung eingesetzt werden konnte. Damit ist sie inhaltlich „auf eine Elastizität festgelegt", welche der allesersetzenden Haftung nicht entspricht, weil sie nicht unbedingt zu voller Wiedergutmachung allen Schadens führt. Reine Wiederherstellung der Chancengleichheit würde solches fordern, doch wird dies verwischt durch die unheimlichen Einschläge „materieller Gleich-

[139]) Hauriou, Précis de Dr. adm. S. 337; Hauriou Sirey 1919. III. 1 (Haftung für Gesetz); dagegen überzeugend Duez, La responsab. S. 218, 314: der Staat hat weder etwas gewonnen, noch etwas erspart. d'Hébrail, Thèse S. 21 f.; Giuliani, Thèse cit. S. 42.

[140]) Vgl. noch RGZ 122, 298; jetzt Janssen, Der Anspruch auf Entschädigung S. 112 f. m. Nachw.

[141]) Vgl. etwa Auby, Dalloz 1956, S. 602 (seine „irrégalité dans les chances de causer un dommage" weist aber auf die Gefährdung zurück); Brunet, J., De la responsab. de l'Etat législateur, 1936, S. 74 f.; Feugey, Thèse cit. S. 28 f. (der zugeben muß, daß das Prinzip zu weit tragen würde, vgl. derselbe S. 113 f.); Giuliani, Thèse cit. S. 36 (der die Verbindung mit dem emolumentum-onus-Satz hervorhebt; vor allem Lefèvre, Ch., L'égalité devant les charges publiques en Droit admin. Thèse dactylogr. Paris 1948 passim; Vedel, Dr. adm. S. 261 sieht darin nur eine (Reserve-) „Grundlage" neben anderen (Gefahr u. ä.). Bedeutsame Bedenken vgl. b. Duez, Responsab. cit. S. 302 (Folge: „progressiver Ersatz"!).

[142]) Klar erkannt u. a. von Eisenmann, a. a. O.; Benoit, Semaine jurid. 1954. 1. 1178 f.; Henriot, op. cit. S. 101 f.

heit", die ein integraler Reparation u. U. gegengerichtetes Element enthalten.

Grundlagelos steht also die Untersuchung vor dem Problem der objektiven Haftung und ihrer Abgrenzung. Nur eine Fragestellung kann weiterführen: Ist Verschulden unbedingt für einen Schadensersatz seitens der Hoheitsgewalt erforderlich und warum? Dies führt auch das öffentliche Recht zu der immer wieder zu stellenden Frage: was ist (privatrechtliches) Verschulden?

Nicht strafrechtliche Schuld! Diese abgrenzende Antwort wird ebenso leicht gegeben, wie ihre Folgerungen meist unklar bleiben. Sie müßten doch dahin gehen: privatrechtliches Verschulden kann auf einem konkret-individuellen Vorwurf aufbauen und ist immer dann gegeben, muß ihn aber nicht beinhalten. Solche Vorwerfbarkeit gehört nicht zu seinem Begriff! Dieser verlangt vielmehr nur die Verletzung objektiver Sorgfaltsregeln, objektiv in dem Sinn, daß der „Idealtyp" paterfamilias, procurator, hier magistratus, und zwar nicht der optimus, sondern der bonus magistratus, der „gewissenhafte Durchschnittsbeamte" des RG[143]) anders gehandelt hätte.

Die Unterscheidung eines „objektiven" Verschuldens von der „subjektiven" Schuld hat nach einer langen Entwicklung im vergangenen Jahrhundert zur Lösung von strafrechtlichen Vorstellungen geführt[144]). Die muß endgültig bleiben, soll nicht anachronistisch eine der Grundlagen des ganzen Rechtssystems ins Wanken gebracht werden. Dafür könnte die Verfassung keineswegs bemüht werden: einem durch nichts zu belegenden angeblichen Satz „Schadensersatz nur bei konkret-individuell vorwerfbarer Schuld" stünde das bessere Prinzip entgegen, daß die Freiheit Risikoübernahme auch auf Seiten des Schädigers verlangt. Die ganze grundrechtliche Freiheits- und Eigentumsordnung stellt auf subjektive Momente bei der Verletzung grundsätzlich nicht ab.

---

[143]) Nachweise zur Rspr. b. Kayser-Leiß, Die Amtshaftung Nr. 513 ff.

[144]) Zur Unterscheidung faute civile — pénale vgl. für den Zusammenhang u. a. Berlia, Rev. Dr. publ. 1951, S. 689; Moreau, Jacques, L'influence de la situation et du comportement de la victime sur la responsabilité admin., Thèse Rennes. Paris 1957 S. 7 f. („La responsabilité limitée de l'Etat-gendarme est plus une sanction infligée à un coupable, qu'une réparation accordée à une victime"); grundlegend im Zivilrecht Saleilles, Les accidents de travail cit. S. 2 f. m. neuerdings Mazeaud u. Tunc, Traité de la responsabilité cit. S. 76 f., 95, 423, 481 f., sowie die einst bahnbrechende Untersuchung von Lévy-Bruhl, L'idée de responsabilité, Thèse Lettres, Paris 1884.

Sieht man aber auch von entwicklungsgeschichtlichen Bedenken ab: die Forderung konkret-individuellen „Verschuldens" widerspräche der Struktur unseres Privatrechts. Dieses kennt allgemein nur ein „objektives Sichverlassenkönnen" und erfaßt den Partner durchgehend lediglich als Angehörigen einer mehr oder weniger abstrakten Kategorie („ordentlicher Geschäftsmann"). Der jeweilige Grad dieser Abstraktion ist gegenüber der grundsätzlichen Objektivität belanglos. Dem Zivilprozeß stehen die auf die Findung „subjektiver" Wahrheit gerichteten Inquisitionsmittel gleichfalls nicht zur Verfügung.

Wird dennoch in neuester Zeit wieder eine Rückbesinnung auf konkret-individuelles Verschulden auch im Privatrecht gefordert[145]), so wird die Problematik des privatrechtlichen Verschuldens endlich wieder in vollem Umfang beleuchtet: Verschulden ist hier, so wurde oben vorläufig gesagt, Sorgfaltpflichtverletzung plus Vorwerfbarkeit (derselben). Die Vorwerfbarkeit aber ist, das muß offen zugegeben werden, beim privatrechtlichen Verschulden überhaupt keine konkret-individuelle mehr. Daß es (wenige!) konkret-individuelle Ausnahmen von der „Verschuldensfähigkeit" gibt (etwa bei Geisteskrankheiten) ändert nichts daran, daß das Verschulden selbst „abstrakt" sein kann. Keine der bekannten Konstruktionen hilft: etwa die, daß der Schädiger eben seine Kräfte hätte anspannen müssen oder keinen zu „schwierigen" Posten hätte übernehmen dürfen. Zeichen geringerer Intelligenz ist es ja häufig, sich selbst unrichtig einzuschätzen. Wenn aber auch der Unfähige sich so brav bemüht, wie die Rechtsprechung es fordert — der Schaden zeigt doch meist erst die Mängel, ja es kann oft gar nicht anders sein. So wäre etwa, bei individuellem Maßstab, der erste Schaden meist „schuldlos", der zweite „schuldhaft" verursacht — ein für das Opfer ungerechtes Zufallsergebnis. Es gibt eben keine „objektive Vorwerfbarkeit", sie wäre eine schlechte Fiktion.

Fällt aber die „Vorwerfbarkeit" auf ein nicht faßbares und damit nicht mehr ausgrenzend-dogmatisch verwendbares „Moralisierungselement" zurück, so erscheint privatrechtliches Verschulden als das, was es im Grunde ausschließlich ist, wird diese Erkenntnis auch immer wieder durch unklare, „subjektiv" getönte Momente getrübt: als reine Verletzung mehr oder minder genereller Sorgfaltspflichten und damit als nichts anderes, denn als eine besondere Art der Rechtswidrigkeit. Es wird hier auf Kategorien verwiesen, auf Begriffe, die vorwiegend — nicht ausschließlich —

[145-146]) Vor allem v. Nipperdey, Der Begriff des Verschuldens, cit., insbes. S. 97 f.

den Bereichen des nicht-gesetzten Rechts entstammen. Was ein bonus paterfamilias ist, sagt nicht nur das bürgerliche Recht, sondern (auch) das „Empfinden" der Allgemeinheit[147]) — um Klareres handelt es sich nämlich kaum, wenn deren Konzeptionen auch wieder auf Elemente allgemeiner Pflichtigkeitsvorstellungen aufbauen, die auf Normen zurückgehen. Immerhin sind diese dabei in eigenartiger, rechtssoziologisch zu klärender Weise im Allgemeinbewußtsein „mediatisiert".

Diese Besonderheit ändert aber nichts an dem Grundlegenden: der Gleichartigkeit von „allgemeiner" („herkömmlicher") Rechtswidrigkeit und der „speziellen Rechtswidrigkeit des Verschuldens". In beiden Fällen wird gegen objektives Recht, gegen Normen und nur gegen solche verstoßen[148]). Beide „Normkomplexe" — die Rechtsregeln, deren Verletzung die „traditionelle" Rechtswidrigkeit begründet — haben auch dieselbe Funktion: Abgrenzung verschiedener Rechtssphären. Nur weil das Privatrecht vollen Schadensersatz als alleinige Folge traditioneller Rechtswidrigkeit als zu weitgehende Privilegierung des „Passiven" gegenüber dem Recht des Handelnden und seiner natürlichen Handlungssphäre ansehen darf, innerhalb deren er neminem laedit[149]) — deshalb verlangt es im

[147]) die nicht notwendig zu „solchen des Richters" werden müssen, wie in der Erörterung des „Richterrechts" immer wieder behauptet wird, ist dieser doch auch sonst gewohnt, Auffassungen bestimmter (beteiligter) Kreise zur Geltung zu bringen! Solche — auch allgemeinster Art — von eigenen Überzeugungen zu isolieren wird oft schwerfallen, liegt aber der Psyche der heutigen Richter (in einem manchmal sogar bedauerlichen Maß!) gar nicht so ferne. —

[148]) Ganz klar wird dies in der neueren frz. Literatur erkannt (vgl. Mazeaud u. Tunc, Traité cit. S. 444—95 m. umfangr. Nachw., insbes. S. 493). Man unterscheidet dort nicht so durchgehend zwischen „Rechtswidrigkeit" (illicite) und „Verschulden" (faute), da der Code civil nur von letzterer spricht und konnte sie deshalb lange Zeit mit der „Kausalität" gleichsetzen. Mazeaud u. Tunc haben nachgewiesen, daß dies im Grunde auf Identifizierung von risque und faute hinausläuft und daß eine Gleichsetzung von faute und Zurechenbarkeit Tautologie bleibt, die eine „obligation préexistante" verlangt, welche aber nur in der im Text erwähnten Weise u. E. gewonnen werden könnte. — Immerhin zeigt es sich hier, warum in Frankreich ganz allgemein der „Weg zum risque" offener stand: weil auch die „faute" (in Ermangelung einer eigenen Rechtswidrigkeitskategorie) „objektive Züge" offer von Anfang an trug, die dort so schnell entdeckt werden konnten. Glücklicher ist aber u. E. die deutsche Terminologie, die mit der „Rechtswidrigkeit" den klarsten, sachnächsten Begriff zur Verfügung stellt.

[149]) weil eben praktisch die „statischen Rechte" (und damit die Rechtswidrigkeit durch Verstoß gegen sie) im BGB und auch sonst im geschriebenen Recht wesentlich vollständiger umschrieben sein können und sind, als das „Aktivrecht" der Tätigkeit oder des Unterlassens, kurz das „Handeln". Dies ist natürlich nur eine a poste-

allgemeinen zuzüglich noch ein Verschulden, die „besondere Rechtswidrigkeit". Beides berührt sich, wenn die traditionelle Rechtswidrigkeit im Verstoß gegen Normen besteht, die bereits ausdrücklich auf außerrechtliche Sorgfaltspflichten u. ä. verweisen.

Die Erkenntnis privatrechtlichen Verschuldens als besonderer Form der Rechtswidrigkeit erklärt nun, warum die klassische Gleichung lauten kann: „Kein Schadensersatz ohne Verschulden". Wenn Schadensersatz Wiederherstellung des Zustandes ist, der vor dem schädigenden Ereignis bestanden hat, so würde ihn die Gerechtigkeit bei jedem Rechtsbruch fordern. Warum soll einer, die Folgen der Rechtswidrigkeit tragen müssen? Die Antwort kann nun lauten: nicht weil Verschulden i. S. der Verwerfbarkeit gegeben sein muß, sondern weil bei seinem Fehlen zu wenig Rechtswidrigkeit vorliegt, diese also nur bis zu jener „Teilreparation" tragen kann, welche etwa § 1004 BGB u. ä. Vorschriften bringen. Nur so kann die privatrechtliche Regelung vor dem GG bestehen: da Art. 2 GG wohl in wesentlichen Inhalten drittgerichtet ist, auf subjektive Elemente hier aber grundsätzlich nicht abgehoben wird, kann Versagung des Ersatzes für Rechtsfolgen nur von der Rechtswidrigkeit, nicht von subjektiven Schuldelementen aus gerechtfertigt werden. (Vom Grundrechtsschutz die Rechtsfolgenfrage so allgemein auszuklammern, wäre nämlich kaum zulässig.) Jetzt erweist sich auch die Gewährung von Schadensersatz ohne Verschulden bei öffentlich-rechtlichen Immissionen als systematisch haltbar: in § 906 BGB steckt die „besondere Rechtswidrigkeit" — zum Teil wenigstens — bereits im Hinweis auf de „Ortsüblichket", und damit auf „außerpositivrechtliche" Maßstäbe.

Kehrt man mit diesem Ergebnis zur Ausdehnungsproblematik der Staatshaftung zurück, so könnte behauptet werden, „spezielle Rechtswidrigkeit" sei hier stets und nur der Sorgfaltspflichtverstoß des Durchschnittsbeamten, also doch — wie im Zivilrecht —: keine Staats*haftung* ohne Verschulden!

Im Bereich des Hoheitsrechts ist die Lage aber eine andere: der Schritt zum Objektiven ist hier dogmatisch erleichtert durch eine Verschiedenheit (dem Privatrecht gegenüber) in der Struktur der „traditionellen Rechtswidrigkeit".

Diese ergibt sich im Privatrecht meist einfach aus der Verletzung der „Rechte" der anderen — eine unbestimmte und bei „voller Ausdehnung" dieser Positionen sehr weitgehende Be-

---

riori-Rechtfertigung auf objektiv-systematischer Grundlage, ohne Berücksichtigung der historischen Entstehung.

grenzung jeder privaten Aktivität, die deshalb, wie dargelegt, durch die „spezielle Verschuldensrechtswidrigkeit" aufgelockert wird. Im öffentlichen Recht dagegen ist die Rechtswidrigkeit schon an sich näher determiniert durch die Legalität: jeder „Hoheitsakt" muß nach Voraussetzung und Wirkung umschrieben sein, soweit es nach der Natur der Sache überhaupt angängig ist; jedenfalls aber — und zusätzlich noch — steht er unter der allgemeinen Regel der Verfolgung des öffentlichen Interesses. Damit steht die dogmatische Unvergleichbarkeit, der funktionellen Ähnlichkeit von Verschulden und Legalität nicht entgegen: beide sollen ja die Rechtswidrigkeit näher bestimmen. Deshalb könnte sich das öffentliche Recht leichter von der Verschuldensnotwendigkeit lösen. Illegalität ersetzt Verschulden — diese These darf gewagt werden, obwohl feststeht, daß die Legalitätskategorie keine so feine Determinierung ermöglicht, wie das Verschulden. Über sie hinaus könnte also Verschulden — sozusagen als „dritte Stufe der Rechtswidrigkeit" — gefordert werden, wie es ja bisher meist geschehen ist. Festzuhalten bleibt jedoch: Im „Rechtswidrigkeitsraum" — und nur in ihm kann die Entscheidung fallen — muß die Legalität berücksichtigt werden. Sie determiniert jenen bei der Hoheitsgewalt viel näher als die traditionelle Rechtswidrigkeit des Privatrechts. Dies zeigt sich schon darin: Die Verfolgung des öffentlichen Interesses ist ein nachprüfbarer Rechtssatz, eine entsprechende „Privatnützigkeit" rechtlich kaum faßbar, praktisch ein rechtsfreier Raum. Verschulden ist also im öffentlichen Recht jedenfalls „weniger wichtig". Wenn nun das öffentliche ans Privatrecht hier nicht unausweichlich gekettet ist[150]), könnte solche Verschiedenheit den Übergang zur allgemeinen objektiven Haftung tragen. Art. 34 GG spricht nur von „Rechtswidrigkeit"! Noch kann das Seil zu § 839 BGB hier ebenso gelöst werden, wie es bereits beim Beamtenbegriff und der Amtspflichtverletzung weitgehend geschehen ist, und zwar nicht nur de lege ferenda, sondern in richtigerer, vom BGB gelöster Auslegung von Art. 34 GG.

Zwingend allerdings ist dieser Übergang nicht. Seine Zwangsläufigkeit wird sich nie „beweisen" lassen. Nur als dogmatisch möglich sollte er erwiesen werden. Ein gutes Stück Entscheidung, ein mögliches Richterrecht liegt hier, wird immer bleiben. Hat man aber nicht, gerade in diesem Bereich, in den letzten Jahren viel ähnliches schon erlebt? Alles kommt darauf an, wie ernst man die Legalität als solche nimmt,

---

[150]) So Jellinek, W., JZ 55, S. 148. Näheres zu dieser Verbindung b. Katzenstein, Entsch. pfl. S. 60 f.; Schrör JZ 55, S. 309 f. Skeptisch Dürig, JZ 55, S. 523; Pagendarm, DÖV 55, S. 523.

nicht, daß man sie spezialisierend überdehnt. Hier ist auch der Punkt, wo die in diesem Zusammenhang vielberufene Machtsteigerung[151]) des modernen Staates eine neue Lage schafft: nicht „als solche" schon dürfte sie objektive Haftung tragen, wohl aber über die Legalität, mit der ihr gegenüber Ernst gemacht, deren Bedeutung so erhöht und also, mehr als bisher, zum Ersatz der „speziellen Rechtswidrigkeit", des Verschuldens, erwachsen könnte.

Eine mögliche Folge dieser Betrachtung sei angedeutet: Neuerdings wird die Frage einer Erstreckung der Legalität auf privatwirtschaftliche Staatstätigkeit in zunehmendem Maß erörtert[152]) — wieder angesichts der Bedeutung letzterer und ihres Ersatzcharakters gegenüber hoheitlichem Handeln. „Objektive" Staatshaftung könnte dann soweit eingreifen, wie eine der „Gesetzmäßigkeit" im Hoheitsbereich irgendwie vergleichbare Legalität „rechtswidrigkeits-determinierend" auch den Raum privatwirtschaftlicher Staatstätigkeit zu durchdringen vermag.

Der dogmatischen Einzelgrundlegung mußte so breiter Raum gegenüber allgemeineren Argumenten gewährt werden, weil aus ihr im heutigen Stand der Diskussion die eigentlichen Schwierigkeiten erwachsen. Daß „objektivere" Staatshaftung wünschenswert wäre, daß sie das tatsächlich und rechtlich gewandelte Verhältnis des einzelnen zur Gemeinschaft gerechter erfassen könnte — dafür spricht vieles. Verschärfte Haftung, nicht nur Aufopferungsausgleich, sollte doch bei den unheimlichen, mehr und mehr anonymen Veranstaltungen der Hoheitsgewalt eingreifen, wenn man sie nicht geradezu als Gegenstück privaten Duldenmüssens hoheitlicher Eingriffe fordert.

Die Verfassung steht dem nicht entgegen. Wenn Rechtswidrigkeit gutgemacht wird, ist dies kein „Staatsversicherungsdenken", sondern Bewährung des Rechtsstaats. Rechtswidrig-schuldloses Handeln ist nach der Verfassung kein „Unglücksfall", sondern bleibt Rechtswidrigkeit! Deshalb gerade ist eine rechtlich relevante Trennung rechtmäßiger und rechtswidriger Akte zwingend. Freiheit und Persönlichkeitsentfaltung verlangen die Übernahme von „Gefahren", aber nicht des Risikos, bei rechtswidriger Schädigung durch den Staat ersatzlos zu bleiben.

---

[151]) Vgl. dazu allg. Esser (i. Zus. h. mit der „sozialen Angewiesenheit") dazu krit. Hannak, Verteilung der Schäden cit. S. 7/8, Gef. h. S. 84 f., 90; Forsthoff, Lehrb. S. 282; Janssen, op. cit. S. 143; umgekehrt früher Laferrière, Traitè de juridiction admin. II, S. 183.

[152]) Grundlegend W. Mallmann, VVdStL 1961, S. 165 ff.

Der Staat befindet sich jedenfalls in einer „besonders nahen" Beziehung zum Recht. Bei einer Tätigkeit als Hoheitsträger, als Rechtsschöpfer par excellence also, ist seine Stellung der Rechtswidrigkeit gegenüber eine ganz besondere, viel stärker verpflichtende. Er ist zur Beseitigung aller ihrer Folgen nahezu „allmächtig", er kann automatisch und gefahrlos jeden Schaden „verteilen". Dem Privaten ist solches in gleicher Weise nie möglich, droht ihm doch bei aller Versicherung — und gerade durch sie! — irgendwann die Unrentabilität, welche der Staat nicht kennt. Soll es da für den einzelnen ein „Risiko des Gemeinschaftslebens" bleiben, Schäden zu tragen, die der rechtsschöpfende Hoheitsstaat ihm gegen Recht und Gerechtigkeit zufügt? Warum diese Relikte des Obrigkeitsstaats? Fordert die Generalklausel zur Beseitigung objektiv-rechtswidriger Verwaltungsakte nicht ihre Ergänzung in objektiver Haftung, so wie der Rechtsstaat der Legalität allgemein nichts ist ohne die umgehungsverhindernde Staatshaftung? Bewährt sich der Staat, als „ganz anderer" nicht am schönsten so, daß er „ganz anders", weitergehend, haftet?

Doch hier steht das große, entscheidende Bedenken: objektive Staatshaftung — ja; allgemeine objektive Haftung für Hoheitshandlungen — niemals! — die alte Gefahr der Uferlosigkeit. Nie wird wohl objektive Haftung akzeptiert werden, wird nicht eine gewisse Begrenzbarkeit miterarbeitet.

Es bietet sich eine Einteilung in Rechtshandlungen (verwaltungsaktliche Tätigkeit und „schlichte Hoheitsverwaltung") und Tathandlungen[153]) (beabsichtigte: z. B. Höherlegen einer Straße; unbeabsichtigte — die meisten Ausgangsfälle dieser Untersuchung). Soll für Rechtshandlungen allein objektiv gehaftet werden[154])? Hier würden sich dann — eine unerfreuliche Folge — objektive Haftung und objektive Aufopferung überlagern, während für die meisten „Tathandlungen" keinerlei objektive Lösung bestünde. Annähernde Lückenlosigkeit wenigstens ist aber hier doch Gebot der Gerechtigkeit. Die Verpflichtung zum Rechtsgehorsam — und damit zur Duldung der Schädigung — besteht auch und erst recht bei Tathandlungen. Unfälle lassen sich ohnehin kaum „rechtlich verhindern". „Unwiderstehlichkeit" ist also kein Kriterium, um Fallgruppen zu privilegieren. Andere aber sind nicht ersichtlich.

---

[153]) Vgl. Scheuner, DÖV 57, S. 685; Janssen, op. cit. S. 86; vgl. RGZ 145, 111; f. d. frz. Recht vgl. Rousset, L'idée de puissance publ. S. 178 f.

[154]) So Scheuner, JuS 1961, S. 249 (allerdings unter Einbeziehung der Personenschäden und der „gefährlichen Anlagen", damit i. Erg. doch nicht mehr weit von dem i. Text Vertretenen entfernt).

Hier wird deshalb eine andere Einteilung und damit Begrenzung der objektiven Haftung vorgeschlagen: objektive Haftung nur, wo kein gewollter, gezielter Einsatz von Hoheitsgewalt vorliegt! — also allein in den oben erwähnten Fällen, die, im Anschluß an Forsthoffsche Terminologie, „Unfälle" bei Ausübung der Hoheitsgewalt (besser als: beim „Betrieb") genannt werden können.

Zwei Gründe vor allem könnten eine derartige „öffentlich-rechtliche Unfallhaftung" rechtfertigen: sie entspricht zunächst den Grundgedanken und dem allgemeinen System des öffentlichen Rechts. Man kann den gewollten gezielten Einsatz von Hoheitsgewalt dergestalt privilegieren, daß er zu (vollem) Schadensersatz nur beim Hinzutreten „spezifischer Rechtswidrigkeit" (Verletzung beamtlicher Sorgfaltspflichten) führt Dem zu Wiedergutmachung letztlich verpflichtenden Rechtsstaatsprinzip überlagert sich dann die Beständigkeitsvermutung der Hoheitsakte, die nicht nur für diese, sondern auch für ihre Folgen gelten müßte. Ein derartiges Staatsaktprivileg ist — man denke an die Verwaltungsakte — dem öffentlichen Recht in verschiedenen Ausprägungen bekannt. Es kann, gerade noch, gerechtfertigt werden, daß der Staat, wenn er gewollt und gezielt hoheitsrechtlich eingreift, der an sich von ihm geschuldeten Haftung (der objektiven) entgeht. Schadensersatz beinhaltet volle „Rückwirkung" wie volle „Gegenwartswirkung", ist also in diesem Sinn „allseitig". Bei Verwaltungsakten würde dem, mutatis mutandis[155]) völlige Unbeachtlichkeit bei Rechtswidrigkeit entsprechen, während bei der Anfechtung doch „durch nachträgliche Aufhebung" nur eine vergleichsweise „einseitige" Wirkung hergestellt wird. Es wäre also systemgerecht, auch von „allseitiger" totaler Gutmachung, also hier von Schadensersatz, abzusehen.

Das Hoheitsprivileg ist aber nicht nur systemgerecht, das positive Recht fordert es hier ausdrücklich. Bei Rechts- und gezielten Tathandlungen gewährt es bekanntlich Aufopferungsentschädigung, in deren Unvollständigkeit das Hoheitsprivileg gefunden werden kann. Dies dürfte eine objektive Haftung mit totaler Widergutmachung insoweit ausschließen. Aufopferung und Staatshaftung können sich zwar, wie der BGH meint, überlagern, aber vernünftigerweise doch

---

[155]) Die Gleichung ist nicht vollständig, weil der Unterschied zwischen Entschädigung und Schadensersatz nicht grundsätzlich in der zeitlichen Wirkung liegt, wie, wenigstens im Schwerpunkt, der zwischen Nichtigkeit und Anfechtbarkeit. Immerhin ist die Verknüpfung der Unterschiede mit dem Zeitelement (vgl. den „entgangenen Gewinn") nicht zu leugnen.

nur da, wo nicht nur die Rechtsfolgen, sondern auch die Voraussetzungen differieren. Hier aber fehlt der wichtigste Unterschied: in beiden Fällen wäre kein Verschulden erforderlich. Folgerichtig ist es also, die objektive Ersatzleistung bei Nichtunfällen als durch die Aufopferung abschließend geregelt anzusehen. Normstufenmäßig wäre dies möglich, weil Entschädigungspflicht, ebenso wie objektive Staatshaftung, in ihren Ausgestaltungen wenigstens nur gesetzesrangig ist[156]) und die Verfassung lediglich einige, ihre Kollision nicht betreffende Punkte regelt.

Es kann also die Amtshaftung unter teilweisem Fallenlassen des Verschuldenserfordernisses ausgedehnt werden: hoheitsrechtliche „Unfallschäden" werden ohne Verschuldensnachweis voll wiedergutgemacht. Deduktiv kann so schon de lege lata im Zuge einer dem Ersatzleistungsrecht durchaus geläufigen Rechtsfortbildung das induktiv erreichte Ergebnis der französischen Rechtsentwicklung ebenfalls gewonnen werden, wo praktisch auch nur für Unfallschäden objektiv gehaftet wird. Die eingangs erwähnten Fälle, deren problematische Einreihung in das geltende Ersatzleistungssystem die ganzen Erörterungen begleitet hatte, wären dann gerecht erfaßt, dieses „System" wäre (vorläufig) geschlossen, jedoch keineswegs in unentwicklungsfähiger Sklerose festgelegt. Nächster Schritt könnte ein Rückzug der Aufopferung aus den schuldlos-rechtswidrigen Schadensfällen und die — wenigstens teilweise — Aufgabe des Staatsaktprivilegs bei der Haftung sein. So erst würde dann der wohl anzustrebende „Idealzustand" verwirklicht: Entschädigung bei allen rechtmäßigen, Schadensersatz ohne Verschulden bei allen rechtswidrigen hoheitlichen Schädigungen, hat doch erst das starre Festhalten am Verschulden im Haftungsbereich zu der heutigen ungesunden Hypertrophie des Entschädigungsrechts geführt. Vorläufig aber behält, folgt man den entwickelten Vorschlägen, das Verschulden nicht nur die traditionelle Bedeutung der Bestimmung des Regreßfalles, es ist dann allein im Stande, das Staatsaktprivileg bei Rechtshandlungen aufzuheben.

Gerade bei den Unfällen würde die Rechtsprechung den „Übergang" auch eher wagen. Nur hier bietet sich ja die in Frankreich bereits ausgenützte Brücke von der Verletzung der Sorgfaltspflichten zu schrittweisem Fallenlassen eines Verschuldens. Nie würde sie wohl sogleich in den Gesamtraum schuldlos-rechtswidriger Schädigungen mit objektiver Haftung

---

[156]) Zur „Rangfrage" vgl. u. a. Scheuner, DÖV 57, S. 684 f.; sehr fruchtbar der Gedanke der „Mindestgarantie" bei Lerche, JuS 1961, S. 240/1.

vordringen. Sie kann dann aber sicher sein, daß, anders als in Frankreich, der Übergang dogmatisch gesichert ist.

Gefährdungshaftung im öffentlichen Recht? Das Fragezeichen ist berechtigt — so kann eine „neue", objektive Haftung nicht genannt werden. Ihr Kriterium ist nicht Gefährdung, sondern Unfall, und zwar nicht einmal als ausgrenzendes Merkmal, sondern als gemeinsame Eigenschaft eines Restbestandes schuldlos-rechtswidriger Schädigung nach Abzug des Staatsaktprivilegs. Dem Gefährdungsgedanken verdankt sie nur dies: Fälle, die zu Unrecht mit ihm in Zusammenhang gebracht wurden, waren Ausgangspunkte der Besinnung auf sie, ebenso wie die dort erstmals erkannte Notwendigkeit, „nicht unmittelbar gewollte" Schädigungen zusammenzufassen. Weniger als neuen „dritten Pol" des Ersatzleistungsrechts sollte man sie auffassen, denn als Ausstrahlung der Staatshaftung, die nun den Ausweitungen der Aufopferung entgegenführt.

Das Vordringen objektiver Haftung ist von den einen als Fortschritt zu einer neuen Form menschlicher Gerechtigkeit im technischen Zeitalter begeistert begrüßt[157]), von anderen als Rückschritt in überlebte Zeiten der Erfolgshaftung und als brutaler Sieg materieller reiner Verursachung über das „Menschliche", das „freie Verschulden" beklagt worden[158]). Die Kritiker sollten indes nicht vergessen, daß nicht mehr der Erfolg primitiver Zeiten die Haftung auslöst, sondern die objektive Rechtswidrigkeit, daß somit die Kette Erfolg — Verschulden — Rechtswidrigkeit eine Entwicklung der Abklärung und Vergeistigung des Rechts darstellt. Der angebliche Triumph „materieller" Kausalität über „menschliches" Verschulden wird in Wahrheit zum Sieg des klaren und stets gleichen Rechts über den „Zufall" der Folgen sorgfaltswidrigen Verhaltens, führt zu bewußterer genauerer Abgrenzung der verschiedenen Rechtskreise. Vor allem aber: dem privatrechtlichen Verschulden fehlt ja das menschliche Ethos der Vorwerfbarkeit. Bei der Staatshaftung bedeutet seine Nichtberücksichtigung überdies nur, daß sich die allmächtige Hoheitsgewalt nicht auf meist fiktiven Verfehlungen ihrer kleinen Diener zurückziehen darf.

Nur eine solche Objektivierung der Staatshaftung liegt in der Entwicklungstendenz des Grundgesetzes. Sie allein bringt die dringend nötige Reaktion des Rechts gegen pauschalisierendes „Versicherungsdenken" bei Art und Ausmaß des Schadens-

---

[157]) Vgl. die Übersicht bei Mazeaud u. Tunc, Traité cit. S. 419 f., sowie insbes. Saleilles, Les accidents de travail S. 74 f.

[158]) Savatier, Mélanges Lambert I, S. 464: „c'est substituer le matériel au spirituel, découronner l'être humain de sa royauté sur la matière"; Mestre, A. Répétitions écrites 1936/7, S. 558 („... ce n'est pas du droit, c'est de la brutalité").

ersatzes[159]), das in steigendem Maße die Lebensvorgänge nicht mehr als Recht oder Unrecht, sondern als Glück oder Unglück erfaßt. Vordringen solchen „Versicherungsdenkens" ist Rückzug der Rechtsidee. Jeder muß vielmehr durch Schadensersatz, nicht durch irgendeine prekäre Entschädigung, in seiner Sphäre geschützt werden, in seiner unauswechselbaren, einmaligen menschlichen Lage. Dies aber kann die Aufopferung nicht voll leisten. Sie erwächst ja aus der Gleichheit, und neben einem versteckten Billigkeitsmoment wohnt ihr eine unausgesprochene nivellierende, ja entindividualisierende Tendenz inne: alle sollen des einzelnen Lasten tragen, aber nur soweit, wie es zur Herstellung nicht der absoluten Chancengleichheit, sondern der annähernd-materiellen, der „Gleichmachungsgleichkeit" erforderlich ist. Aufopferung steht also letztlich rechtssystematisch näher bei der Sozialstaatlichkeit, nach der einer des anderen Lasten unter besonderer Berücksichtigung der Schwächeren und damit unter primärem Rückgriff auf Gedanken materieller Gleichheit trägt[160]). Die heutige Entwicklung zeigt zwar oft den Versuch, die Ausstrahlungen dieses Poles zum alleinigen, oder doch vorrangigen Richt zu erklären. Dem muß aus der individualistischen Grundstimmung der Verfassung eine absolute Grenze an der einzelmenschlichen Freiheits- und der mit dieser hier eng verflochtenen Vermögenssphäre gezogen werden, denn gefährlicher als der alte Polizeistaat droht für den Bürger der moderne Sozialstaat zu werden. Mit ihm muß sich, nach dem Grundgesetz, der Rechtsstaat verbinden: soziale Lastenverteilung nur, nachdem das Recht gesichert ist! Wohl können Positionen der einzelnen sozialisierend gesetzlich abgebaut und damit dem Recht entzogen werden —, aber es gibt wichtige Grenzen an der Natur der Sache, des Rechts, hier: der Legalität: gerade bei den Unfällen können die entsprechenden Positionen nur durch ausdrückliche Sonderregelung dem Rechtskreis des einzelnen „a priori" entzogen werden. Deshalb ist hier einer

---

[159]) Obwohl gerade immer wieder allgemeine Haftung als „Staatsversicherung" zu Unrecht angegeben wurde; vgl. dazu schon Bluntschli auf d. 6. Jur.-Tag. 1865 (Jahrg. 6 S. 50); für Frankreich vgl. Eisenmann, op. cit.; Hébrail, Thèse S. 33; Savatier, Traité cit. I, S. 546. Sicher verstärkt sich dann der Drang zur „Rückversicherung" (vgl. Esser, Gef. h. S. 3 f., 120 f., Hannak, op. cit. S. 43; Savatier, Mélanges Lambert I, S. 462: „La responsabilité ne cesse de s'èlancer à la poursuite de l'assurance"). Dies aber hat mit dem „Versicherungsdenken" i. S. des Textes, dem Versuch, Schäden pauschalisierend abzugleichen, nichts zu tun. Man trägt ja das „Risiko" auch bei der oben erwähnten „Rückversicherung" in voller, wenn auch vielleicht zeitlich verteilter Weise weiter — eben durch den Versicherungsbeitrag.

[160]) Vgl. W. Leisner, Grundrechte u. Privatrecht 1960, S. 161 f. m. Nachw.

der Punkte erreicht, wo der konservierende, nicht konservative Rechtsstaat unbedingt durch Totalreparation sich bewähren muß, soll er nicht am Ende in nivellierender Sozialstaatlichkeit untergehen.

Hinter der so kontingent und „rechtstechnich" anmutenden Problematik dieser Untersuchung stehen also doch die tiefsten Antithesen der modernen Zeit: verteilendes Gemeinschafts- — ausgrenzendes Individualdenken. Gerade hier aber könnten sie durch die objektive, aber vollständige Haftung des Gemeinwesens versöhnt werden: verlangt rechte Sozialstaatlichkeit und das Gleichheitspathos, daß einer des anderen Lasten trage, Rechtsstaatlichkeit dagegen, daß jeder in seinem Lebenskreis unbedingt sicher sei: bei dieser Haftung tragen alle die gesamten Lasten der Verletzung des Rechts eines jeden! So wird auch endgültig hochliberales, überindividualistisches Denken aufgegeben, das Staatshaftung einst mit dem Bedenken bekämpfte, durch die Vergabe öffentlicher Gelder werde hier einer (der Steuerzahler) zugunsten des anderen belastet.

Übernimmt das deutsche Recht — zunächst in maßvollen Grenzen — objektive Haftung des Staates, so wird es nicht nur Fehlentwicklungen beseitigen und eine lange Evolution folgerichtig abschließen; ein Staat voller commutativer Gerechtigkeit verbirgt sich dann nicht länger hinter einer doch letztlich hier nur staatsbegünstigenden justitia distributiva und erfüllt so in diesem Raum das höchste, schwerste aller Verfassungsgebote in der Synthese des sozialen Rechtsstaats.

Leitsätze des Mitberichterstatters über: Gefährdung im öffentlichen Recht

I.

Die Fälle schuldlos-rechtswidriger hoheitlicher Schädigung ohne „Eingriff" können durch Aufopferung (Entschädigung allein) nicht befriedigend erfaßt werden.

1. *Staatshaftungs- und Entschädigungsrecht stehen, als verschieden artige Wiedergutmachungsgrundlagen, weder überschneidungslos nebeneinander, noch kann eines das andere in jedem Fall ersetzen.*
2. *Die Anwendung von Entschädigungsrecht setzt stets einen „Eingriff" voraus. Sie ist Folge des Handelns, nicht einer Verursachung.*
3. *Ein „Eingriff" liegt nur vor bei Schädigung durch primär und typisch hoheitsrechtliches, gezieltes und spezielles Handeln.*
4. *Selbst bei weiterer (abzulehnender) Ausdehnung der Aufopferung (Entschädigungsrecht) würde der Geschädigte schlechter stehen, als wenn die entsprechenden Fälle durch die Staatshaftung erfaßt wären.*
   Eine Erweiterung letzterer muß versucht werden, weil
   a) *Aufopferung aus dem materiellen Gleichheitsgedanken erwächst, der nur Schadensausgleich bei „argen" Fällen verlangt. Rechtswidrigkeit kann hier auch das „Sonderopfer" nicht schlechthin ersetzen.*
   b) *Schadensersatz zu ganz anderer und für den Geschädigten weitaus günstigerer und gerechterer Wiedergutmachung führt als Entschädigung.*
   c) *Entschädigung immer unter dem Vorbehalt eines „Ausgleichs von Einzel- und Allgemeininteresse" steht. Letzteres darf allerdings nicht — pauschalisierend — durch Nichtersatz weiteren wirtschaftlichen Schadens berücksichtigt werden.*
5. *Die der Tradition des deutschen öffentlichen Wiedergutmachungsrechts eigene enge Bindung an privatrechtliche*

Deliktsvorstellungen ist mit einer völligen Vereinheitlichung dieses Rechtsgebiets auf Entschädigungsbasis unvereinbar.

II.

Die Unterscheidung zwischen rechtmäßigen und rechtswidrigen Schädigungen muß die Grundlage des öffentlich-rechtlichen Wiedergutmachungsrechts sein.

6. *Der Begriff des Rechtsstaats und das allgemeine Rechtsempfinden fordern die Entscheidung über die jeweilige Rechtmäßigkeit (Rechtswidrigkeit) der Schadenszufügung.*
7. *Das Rechtswidrigkeitsproblem kann nicht durch die Trennung von (rechtmäßiger) Zustandsschaffung und (rechtswidriger) Schädigung gelöst werden. Der „gefährlichen Lage" kommt keine selbständige rechtliche Bedeutung zu.*
8. *Derselbe Schädigungsvorgang kann nicht von der „Handlung" (Staat) aus gesehen rechtmäßig, vom „Erfolg" her (Geschädigter) aber rechtswidrig sein.*
9. *Die Rechtswidrigkeit einer Schädigung beurteilt sich nach der Legalität (nach dem „Abirren" des schädigenden Vorgangs vom jeweiligen Willen des Gesetzgebers).*
10. *Nach der Legalität kann eine Schädigung nur dann ausnahmsweise rechtmäßig sein, wenn der Gesetzgeber sie ausdrücklich und als abgegrenzte will. „Implizite" Rechtfertigung aus der allgemeinen Rechtmäßigkeit der betreffenden hoheitlichen „Unternehmung" scheidet aus.*
11. *Hoheitliche „Unfallschäden" (einschließlich Impfschäden) sind in der Regel rechtswidrig verursacht.*

III.

Durch Ausdehnung des traditionellen „Verschuldens" — etwa in Form einer faute de service — kann keine objektive Haftung begründet werden.

12. *Die faute de service begründet in Frankreich nicht schlechthin objektive Haftung. Sie läßt lediglich Anonymität der Schädigung und „fernstes" organisatorisches Verschulden genügen.*
13. *Durch faute-de-service-ähnliche Ausdehnung des Verschuldens werden die Grenzen zwischen „subjektiver" und „objektiver" Haftung fließend.*

14. *Die Überdehnung des Verschuldensbegriffs überfordert den Beamten und widerspricht dem Menschen- und Beamtenbild des Grundgesetzes.*

15. *Die französischen Lösungen einer „responsabilité pour risque" ermangeln einheitlicher rechtlicher Grundlegung. Sie entsprechen in etwa den deutschen Nichteingriffsfällen.*

16. *Eine Paralleltendenz zu „objektiverer Haftung" zwischen Deutschland und Frankreich findet sich auch bei den „öffentlichen Arbeiten" (vgl. Verkehrssicherungspflichten und Immissionsfälle!).*

IV.

„Gefährdung" kann Verschulden als Haftungselement nicht ersetzen.

17. *Der Gefahrbegriff ist seinem Wesen nach a priori nicht feststellbar und damit als Abgrenzungsbegriff ungeeignet.*

18. *Nichteingriffsfälle führen nicht zu „gefährlicherer" Schädigung als andere schuldlos-rechtswidrige Schadensstiftungen.*

19. *Der Staat übt nicht „an sich", allein durch seine Hoheitsgewalt, „gefährliche Tätigkeit" aus. Würde dies aber bejaht, so wäre unbegrenzbare objektive Staatshaftung die Folge.*

20. *Eine rechtsschöpferische Entfaltung des Begriffes „gefährliche Tätigkeit" — etwa nach Art gewisser Entscheidungen des französischen Staatsrats — ist dem schärfer gesetzesgebundenen deutschen Richter versagt.*

V.

Objektive Staatshaftung kann nur durch Erfassung der Legalität als Besonderheit der Hoheitstätigkeit grundgelegt werden.

21. *Beschränkung objektiver Haftung auf gewisse Schadensarten (dommage spécial) widerspricht der herkömmlichen, unbedingt zu wahrenden Allgemeinheit des deutschen Schadensersatzbegriffs.*

22. *Der Grundsatz „ubi emolumentum ibi onus" paßt nicht zur Problematik hoheitlicher Verwaltung und ist schon deshalb als Grundlegung objektiver Staatshaftung ungeeignet.*

23. *Objektive Haftungsgrundlegung aus dem Gleichheitssatz allein ist abzulehnen, da dieser nicht völlige Wiedergutmachung fordert.*

24. *Das privatrechtliche Verschulden des herkömmlichen Amtshaftungsrechts ist „objektiviert"; konkrete Vorwerfbarkeit kann völlig fehlen. Es ist somit nur eine „besondere Form" der Rechtswidrigkeit, indem auf „objektive Verhaltensregeln" verwiesen wird.*
25. *Staatshaftungsrechtliches Verschulden und „herkömmliche" Rechtswidrigkeit sind dogmatisch weitgehend „gleichartig". „Kein Schadensersatz ohne Verschulden" bedeutet: „nicht ohne spezielle Rechtswidrigkeit".*
26. *Durch die Legalität ist die „herkömmliche Rechtswidrigkeit" im öffentlichen Recht viel weitergehend bestimmt als im Privatrecht. Illegalität könnte dort also Verschulden „ersetzen".*
27. *Die „Anseilung" von Art. 34 GG an § 839 BGB kann beim Verschulden ebenso gelockert werden, wie sie in anderen Bereichen bereits gelöst ist.*
28. *„Amtshaftung" bei nichthoheitlicher Staatstätigkeit ist soweit möglich, wie dieser Bereich mit Legalitätsvorstellungen erfaßt werden kann.*
29. *Wiedergutmachung jeden rechtswidrig durch die Hoheitsgewalt verursachten Schadens entspricht an sich deren par excellence rechtsschöpferischer Natur, ihrer besonderen Beziehung zum Recht.*

VI.

Objektive Staatshaftung kann durch den Grundsatz des Hoheitsaktprivilegs auf „Unfälle" beschränkt und damit eine nahezu geschlossene „objektive" Wiedergutmachungssystematik erreicht werden.

30. *Objektive Haftung allein für „Rechtshandlungen" würde zu einer Verdoppelung objektiven Schadensausgleichs in diesen Fällen und zu einer Lücke objektiven Ausgleichs bei „Unfällen" führen.*
31. *Die Beschränkung der Objektivierung auf die „öffentlichrechtliche Unfallhaftung" — Schädigung in „Nichteingriffsfällen" — ist, als Privilegierung des hoheitlichen Handelns, eine weitere Ausprägung des allgemeinen Staatsaktprivilegs. Sie entspricht der Unterstellung der Hoheitseingriffe unter den Grundsatz der (objektiven) Entschädigung.*
32. *In künftiger Entwicklung ist ein Rückzug des Entschädigungsrechts aus dem Bereich schuldlos-rechtswidriger*

Schädigungen anzustreben. Für alle rechtswidrigen Schädigungen sollte Schadensersatz gewährt werden.

33. *Bei „Unfällen" erleichtert den Gerichten die bisherige Sorgfaltspflichtrechtsprechung den Übergang zu objektiver Haftung.*
34. *Ein allgemein-rechtssystematisches Eingreifen des Gesetzgebers im Raum des Entschädigungs- und Staatshaftungsrechts ist nicht wünschenswert.*
35. *Objektive Haftung ist nicht ein Sieg des „materiellen" Erfolgs über das „menschliche" Verschulden, sondern ein Triumpf des Rechts über den Zufall sorgfaltswidrigen Verhaltens.*
36. *Durch vollen Schadensersatz bei rechtswidrigen Schädigungen muß das „Versicherungsdenken" zurückgedrängt werden.*
37. *Volle Wiedergutmachung des Schadens des einen durch alle verbindet Rechts- und Sozialstaatlichkeit.*

Gefährdungshaftung im öffentlichen Recht?

Aussprache und Schlußworte

Imboden (Diskussionsleiter): Ich möchte Sie bitten, zunächst das Gesamtsystem der Entschädigungsordnung ins Auge zu fassen, das in Deutchland auf den beiden, sehr heterogenen Pfeilern „Amtshaftung“ und „Aufopferung“ beruht. Gegenüber diesem bestehenden System Amtshaftung — Aufopferung sind uns verschiedene weitere Entwicklungsvorschläge gemacht worden. Wie ich es sehe, hauptsächlich deren drei. Einmal ist auf die Möglichkeit hingewiesen worden, neben Amtshaftung und Aufopferung eine Gefährdungshaftung zu stellen. Dann hat Herr Jaenicke den Akzent vor allem auf einen Ausbau und auf eine Modifikation der Aufopferung gelegt, und schließlich hat uns Herr Leisner eine Objektivierung der Amtshaftung nahegelegt, freilich eingeschränkt auf das, was er „Unfallschaden“ genannt hat. Ich möchte Sie also bitten, zunächst zum Gesamtsystem Stellung zu nehmen.

Merk: Herr Jaenicke hat in seinem Vortrag unter Ziff. 3 der Richtlinien m. E. mit Recht gesagt, daß die Einführung eines neuen Haftungsgrundes in das bestehende System der Staatshaftung nur dann zu rechtfertigen sei, wenn die Haftungstatbestände der Amtshaftung und Aufopferung bzw. Enteignung nicht befriedigend zur Ausfüllung sich ergebender Lücken fortentwickelt werden könnten. Damit richtet er sich also gegen den Standpunkt von Forsthoff, der die Gefährdungshaftung einführen will. Ich muß sagen, daß ich die Ausführungen von Forsthoff, die offenbar vom französischen Recht beeinflußt sind, von Anfang an als unbefriedigend empfunden habe. Seine Behauptung, daß mit dem Aufopferungsanspruch nur die Fälle getroffen werden, in denen ein wissentlich und willentlich gegen vermögenswerte Rechte Einzelner gerichtetes Handeln in Frage stehe, ist für die heutige Auffassung zu eng und m. E. nicht haltbar. So habe ich keine Bedenken, den Fall des Schutzmanns, der einen fliehenden Verbrecher verfolgt und auch ohne Verschulden einen Dritten statt des Verbrechers mit der Schußwaffe trifft, unter den Gesichtspunkt der Aufopferung zu bringen. So hat man mit Recht die Impfschäden darunter gebracht und ebenso die früher unter bürgerlich-rechtlichen Gesichtspunkten entschiedenen Fälle, in denen durch „Änderung der Straßenführung oder -höhe einem angrenzenden Hauseigentümer der Zugang zu seinem Hause genommen oder beeinträchtigt wird, soweit nicht eine besondere gesetzliche Regelung getroffen ist, als Aufopferung oder enteignungsgleichen Eingriff aufgefaßt. Jedenfalls muß ein unmittelbarer Eingriff in Rechte, Rechtsstellungen oder Rechtsgüter vorliegen, wenn ein Entschädigungsanspruch gegeben sein soll, wie z. B. auch, wenn durch Gesetz eine Enteignung nach Art. 14 GG vorgenommen wird.

Was nun die weitere Entwicklung der Amtshaftung anbetrifft, so vermag ich nicht dem Vorschlag von Herrn Jaenicke zu folgen, daß der Staat für das amtspflichtmäßige Verhalten seiner Beamten eine Gewähr übernehmen sollte. Ich möchte vielmehr, für den Fall, daß ein Bedarf besteht, die schweizerische Regelung zum Vorbild nehmen, wonach bei rechtswidriger Handlung von Beamten — ohne Rücksicht darauf, ob ein Verschulden vorliegt oder nicht — der Staat für das Verhalten der Beamten haftet, vorbehaltlich des Rückgriffs bei Vorsatz und grober Fahrlässigkeit gegen den Beamten.

Auch dem Vorschlag von Herrn Leisner, der eine gegenständliche, eine objektive öffentlich-rechtliche Haftung ohne Verschulden bei Unfällen, wie er das nennt, d. h. Schädigungen bei „Nichteingriffsfällen", eintreten lassen will, kann ich mich nicht anschließen. Der Begriff des Unfalls ist nicht genügend klargelegt. Es bestehen ferner Bedenken dagegen, daß man nun die Grenzen zwischen Rechtswidrigkeit und Verschulden verwischt, wie das, glaube ich, bei Herrn Leisner geschehen ist, wenn er die Schuld einfach in einer Verletzung einer Sorgfaltspflicht findet.

Dürig: Beide Referenten sind, glaube ich, dem Anliegen von Herrn Forsthoff und insbesondere von Herrn Zeidler nicht ganz gerecht geworden. Denn, Herr Leisner, Sie haben sich auf die klassischen Fälle beschränkt. Im übrigen besteht auch hier keine absolute Lücke hinsichtlich der schuldlosen Schädigung. Nach § 537 der Reichsversicherungs-Ordnung sind mit den ganzen Folgen der Rentenversorgung, der Witwenversorgung und dergleichen u. a. versichert „Personen, die ohne besondere rechtliche Verpflichtung ... einem Amtsträger ..., von dem sie zur Unterstützung bei einer Diensthandlung zugezogen werden, Hilfe leisten." Das ist also der Fall, daß jemand vom Polizisten aufgefordert wird, bei der Verbrecherverfolgung mitzuwirken. Ich gebe Ihnen zu, Herr Leisner, das ist kein voller Schadenersatz, das ist der Höhe nach wahrscheinlich nicht ausreichend, aber es gibt so etwas. Eine wichtige Fallgruppe der Fortshoff'schen Beispiele regelt sich also insofern schon.

Der moderne Gesetzgeber denkt ferner an die berühmten Gelegenheitsschäden, etwa in Art. 56 des Bayerischen Polizeigesetzes, der etwa den Querschlägerfall mühelos lösen würde.

Sie können alles machen in der Staatshaftung, Herr Leisner. Sie können Schuldbegriffänderungen vornehmen, obwohl ich der Meinung bin, daß Sie beim Regreß die subjektive individuelle Vorwerfbarkeit doch aufrechterhalten müssen. Sie können auch die Schuld in der Rechtswidrigkeit aufgehen lassen. Sie können aber eins nicht machen: die menschliche Handlung aus der Staatshaftung eliminieren. Und sehen Sie, darum gehts gerade Herrn Zeidler. Er ist vielfach mißverstanden worden. Beim Elektronengehirn, wo falsche Daten und Lochkarten hineingesteckt werden, denkt auch Herr Zeidler nicht daran, die Staatshaftung auszuschalten und eine „Gefährdungshaftung" anzunehmen. Aber die Fälle, die uns im Zuge der Automation zumindestens dogmatisch beschäftigen müssen, sind doch jene, wo eine menschliche Handlung überhaupt nicht mehr festzustellen ist, wo das Kabel durchschmort, wo also die Maschine, dieses Elektronengehirn infolge eines technischen Fehlers nun millionenfach falsch Steuerbescheide oder Telefongebühren errechnet. Denkbar ist doch der Fall, wo infolge einer heißgelaufenen Welle alle vier Seiten einer Verkehrsampel „grün" zeigen und nun der furchtbare Unfall passiert, obwohl — pointieren wir es noch — die Ampel eine Stunde vorher auf ihre Ordnungsmäßigkeit kontrolliert worden ist, so daß jeder menschliche Schuldvorwurf durch Unterlassen ausscheidet. Diesen Fall können Sie mit Ihrer These m. E. nicht lösen.

Leisner: Sie haben, Herr Düring, mit Recht auf den § 537 RVO hingewiesen, aber selbst angedeutet, was m. E. gegen die Heranziehung des § 537 RVO als Grundlage einer Lösung spricht. Es handelt sich hier ja gerade um Versicherungen, also um das, was mein Referat n i c h t wollte. Es wendet sich gegen ein pauschalisierendes Versicherungsdenken. Stattdessen gilt es, dem Betroffenen den Schaden zu ersetzen, den er wirklich erlitten hat. Deswegen ist für mich § 537 RVO nicht genügend. Es bestehen auch gewisse landesrechtliche Bestimmungen. Aber das enthebt uns nicht der Notwendigkeit, grundsätzlich über diese Fragen nachzudenken, weil bei weitem nicht alle Fälle durch § 537 RVO oder andere einzelgesetzliche Regelungen erfaßt werden.

Sie sagten, das Verschulden müsse zumindest im Rahmen des Regresses seine Bedeutung haben. Das ist vollkommen richtig. Ich möchte überhaupt das Verschulden als solches nicht eliminieren. Es sollte nur klargestellt werden, daß das Verschulden nichts anderes ist als eine spezielle Form der Rechtswidrigkeit und daß es infolgedessen im Verhältnis zwischen der Hoheitsgewalt und dem einzelnen u. U. durch die Illegalität ersetzt werden könnte.

Auch in den von Zeidler dankenswerterweise aufgegriffenen Fällen geht es um menschliches Handeln — nicht generell anders als etwa in folgendem Fall: ein äußerst kompliziertes Gesetz kommt heraus, das sehr schwer verständlich ist. Es wird von irgendwelchen unteren Instanzen schlecht angewendet, weil es einfach über ihre Kraft geht. Genauso ist es auch bei den Zeidler-Fällen. Es kann hier kein Schnitt gemacht werden. Es handelt sich immer um eine menschliche Handlung, irgendein menschliches Unterlassen, nur ist die Vorhersehbarkeit und Vermeidbarkeit der Folgen jeweils größer oder geringer.

Winkler: Wir kennen in Österreich im großen und ganzen nur drei Arten von Staatshaftung im weitesten Sinn. Die eine Art ist die Amtshaftung, d. h. die Haftung des Staates für schuldhaftes rechtswidriges Verhalten seiner Organe; der andere Fall ist der Fall der öffentlich-rechtlichen Entschädigung auf Grund ausdrücklicher gesetzlicher Vorschrift, und der dritte Fall, bedeutsam auch für die sogen. schlichte Hoheitsverwaltung, ist die Haftung des Staates im Rahmen der privatwirtschaftlichen Tätigkeit für rechtswidrig schuldhaftes Verhalten. Abgesehen davon, daß in Österreich einige spezielle Regelungen gegeben sind, die manche der Fälle, die hier offen sind, erfassen würden, und abgesehen davon, daß sich manche der Fälle dem einen oder dem anderen Haftungstypus zuordnen lassen, aber will ich meinen, daß die Problematik vielleicht doch etwas überzeichnet wird. Für den Fall, daß in Österreich eine Lücke besteht, muß ich ehrlich sagen, daß wir überhaupt im ganzen Denken in bezug auf die Staatshaftung weiter zurück sind. Wir sind eher geneigt, uns an die Gesetze zu halten und uns zunächst zu fragen, ob die Gesetze eine Entschädigung vorsehen. Wir sind weniger geneigt, zu fragen, ob es einem allgemeinen Prinzip der Gerechtigkeit entspricht, Schadenersatz für ein bestimmtes Verhalten des Staates zu leisten. Die Rechtsprechung des Obersten Gerichtshofes ist in gleicher Weise zurückhaltend wie die Rechtsprechung des Verfassungsgerichtshofs.

Die geschichtliche Entwicklung der Amtshaftung in Österreich zeigt diese Zurückhaltung in Fragen der Staatshaftung ganz deutlich. Wir haben immer wieder Ansätze auch in der Verfassung für eine Amtshaftung gehabt, sie kamen aber nie eigentlich zum Durchbruch. Zunächst wurde die Staatshaftung für den Bereich der richterlichen Tätigkeit als Syndikatshaftung eingeführt und dann in der Bundesverfassung von 1920 rein programmatisch für alle staatliche Tätigkeit vorbehaltlich eines Durchführungsgesetzes vorgesehen. Dieses Durchführungsgesetz ist erst im Jahre 1949 ergangen. Bis dahin hat es gar keine echte Amtshaftung bei uns gegeben. Sogar der Verfassungsgerichtshof, der die Möglichkeit gehabt hätte, über Ansprüche gegen den Bund, die Länder und die Gemeinden zu entscheiden, hat unter Hinweis auf diesen Gesetzesvorbehalt immer wieder eine Zuständigkeit abgelehnt.

Ein Grund für die mangelhafte Durchbildung der Staatshaftung in Österreich mag aber auch darin liegen, daß unser Prinzip der Gewaltentrennung mehr zum Verwaltungsstaat als zum Justizstaat tendiert, daß also die Trennung stärker durchgeführt ist und die Gerichte in höherem Maße die Verwaltungsakte respektieren als in anderen Staaten. Sie prüfen nämlich nicht nur die Rechtsmäßigkeit oder Rechtswidrigkeit der Staatsakte nicht, sondern halten sich auch nicht für zuständig, die daraus entstehenden Folgen rechtlich zu beurteilen. Eine Klage auf Entschädigung gegen den Staat vor den ordentlichen Gerichten außerhalb der gesetzlichen Typen müßte heute abgewiesen werden. Der Oberste Gerichtshof beginnt erst in letzter Zeit zögernd und langsam, sich der in Frage stehenden Fälle anzunehmen.

Ein weiterer Grund, warum eine so starke Zurückhaltung in der Frage der Staatshaftung besteht, mag darin gesehen werden, daß die Gerichte seit dem Bestehen unserer Bundesverfassung von dem Bestand der Verfassung eigentlich kaum Notiz genommen haben und sich mit den Rechten, die im Grundrechtskatalog verankert sind, in keiner Weise auseinandersetzen. Denn von dorther, meine ich, wäre es ja immerhin möglich, einen allgemeinen Titel für eine Schadenersatzpflicht des Staates festzustellen. Wir sind nicht in in dieser Frage — aber gerade in dieser Frage wird es deutlich — sehr stark an das Formale gebunden. Die erste Frage ist bei uns immer: ist ein Organ zuständig, über einen solchen Anspruch zu entscheiden: Wir haben aber nur die Zuständigkeiten in den drei Schadensfällen oder Schadenstypen, die ich genannt habe. Darüberhinaus sind ausdrückliche Zuständigkeiten nicht vorgesehen. Bei der Zurückhaltung, die in Österreich gepflegt wird, würde ich also sagen, daß in den Fällen, die über die Amtshaftung, über die öffentlich-rechtliche Entschädigung, die ausdrücklich gesetzlich geregelt sein muß, und über die Haftung im Bereich des Privatrechts hinausgehen, ein Gericht nicht zur Entscheidung zu haben ist.

Imboden: Der schweizerische Rechtszustand unterscheidet sich in drei Punkten wesentlich vom deutschen Rechtszustand. Einmal reicht die privatrechtliche Gefährdungshaftung im schweizerischen Recht schon weiter als im deutschen Recht. Und nun ist sehr interessant, daß diese an sich schon weitergehende privatrechtliche Gefährdungshaftung im Öffentlichen Recht, d. h. bei spezifischen Tätigkeiten öffentlicher Körperschaften nochmals erweitert worden ist. Ich möchte Ihnen ein Beispiel nennen, das ohne weiteres den Fall der Verkehrsampel treffen würde. Wir haben im Obligationenrecht eine sogen. Werkhaftung. Jeder Private, der ein Werk errichtet, haftet für Schäden aus diesem Werk. Nun gelten die öffentlichen Verkehrswege als Werk. Also, wenn der Belag schlecht ist oder wenn nicht Sand gestreut wurde oder wenn die Verkehrsampel ausfällt — also auch Verkehrszeichen gehören mit zum Werk — dann tritt ohne weiteres diese Werkhaftung ein. Es ist eine erweiterte privatrechtliche Gefährdungshaftung. Und nun das zweite Element, das bis jetzt erst im Bund verwirklicht ist, eine generelle Verursachungshaftung ohne Verschulden, also für alle rechtswidrigen Handlungen (mit gewissen Einschränkungen). Es spielt keine Rolle, ob der Schaden durch Vorenthaltung oder Beeinträchtigung einer Rechtsstellung erzielt wurde, das ist völlig bedeutungslos. Kürzlich haben die Gerichte ausgesprochen, daß im Falle der Verweigerung bzw. der Verzögerung einer Bauerlaubnis der Staat für den vollen Verzögerungsschaden, Steigerung der Baupreise usw. haftet. Weiter, der Rechtsschutz liegt nicht bei den Zivilgerichten, sondern beim Bundesverwaltungsgericht. Das Bundesverwaltungsgericht ist einzige Instanz, um derartige Ansprüche zu beurteilen. Eine kleine Richtigstellung gegenüber Herrn Jaenicke: man hat diese Kausalhaftung, wie wir sagen, nicht eingeführt als Ersatzinstitution für die fehlende Verwaltungsgerichtsbarkeit, sondern man hat einerseits den Versuch unternommen, die Verwaltungsgerichtsbarkeit zu erweitern — dort ist man noch nicht beim gesetzgeberischen Antrag —, und gleichzeitig damit hat man diese Staatshaftung erweitert. Das dritte Element neben dieser ausgeweiteten privatrechtlichen Gefährdungshaftung und dieser allgemeinen Kausalhaftung des Staates, ist ein reduzierter Aufopferungsanspruch. Er wird abgeleitet aus der Eigentumsgarantie. Wir haben keine Junktimklausel, so daß es möglich ist, unmittelbar gestützt auf die verfassungsrechtliche Gewährleistung des Eigentums, allerdings nur bei Beeinträchtigung von Vermögensrechten, Ersatz zu verlangen. Der offensichtliche Mangel ist der, daß Personenschäden bei rechtmäßiger Schädigung nicht ersatzpflichtig sind, weil das Ersatzsystem mit der Eigentumsgarantie zusammenhängt. Also Impfschäden könnten in dieser reduzierten Aufopferungsinstitution nicht erfaßt werden. Vielleicht müssen Sie — ich möchte das noch nachtragen — bei dieser generellen Kausalhaftung beachten, daß Bundesgesetze nicht auf ihre Verfassungsmäßigkeit überprüft werden können. Das reduziert natürlich die Frage der Gesetzgebungsschäden ganz wesentlich.

Menzel: Zu Ihrer Kategorisierung, Herr Jaenicke (Ziff. 4 der Leitsätze): Schäden durch Rechtsnormen, Schäden durch Verwaltungsakte, dann, etwas allgemein. Schäden durch sonstige staatliche Tätigkeiten im Bereich der öffentlichen Aufgabenerfüllung. Das letzte ist wohl der Auffangtopf, in dem sich Heterogenes zusammenfindet. Wir müssen uns darüber schlüssig werden, ob wir nicht an die Spitze dieses Ganzen etwas stellen sollen, was im Bereich der auswärtigen Gewalt als Staatsakt (act of state) erscheint. Ich erinnere hier an den Fall, den Herr Ipsen gestern von den zwei Importeuren gebracht hat, oder den Fall, den Herr Drath vorgetragen hat, den Fall, daß durch einen Währungsschnitt Schäden entstehen. Es gibt eine ganze Reihe solcher Fälle, die eigntlich durch die Maschen unserer bisherigen Haftungsprobleme durchfallen. Ich darf daran z. B. erinnern, daß im Auswärtigen Amt das große Bedenken war, was machen wir, wenn die Beschlagnahme der deutschen Auslandsvermögen mit einzelnen Ländern unterschiedlich geregelt wird? Wir verzichten gegenüber Guatemala auf 50 %, gegenüber Honduras auf 60 %, gegenüber den andern auf 80 %. Frage: besteht jetzt eine innerdeutsche Ausgleichspflicht? Oder ein anderes Problem beim belgischen Grenzvertrag: Wir haben einige Geminden abgetreten. Erwächst daraus irgendeine Ausgleichspflicht? Nehmen Sie ferner den Fall, daß jemand von Deutschland in die unterentwickelten Länder geht, auf Grund eines Vertrags in dem es heißt: „Der Vertrag wird ungültig, wenn die politische Situation der Bundesrepublik die Rückberufung erforderlich macht.“ Unsere gewöhnlichen Haftungstatbestände reichen hier nicht aus.

Ipsen: Aber das weiß er ja doch, wenn er den Vertrag schließt, das steht ja darin!

Menzel: Nein. Man kann m. E. nicht zugeben, daß die Regierung mit jemanden einen Vertrag schließt und sich vorbehält, den Vertrag am Abend aus politischen Gründen wieder zu annullieren. Dann muß eben ein Risikoschutz eingebaut werden.

Bei der grundsätzlichen Frage, inwieweit unser Haftungssystem lückenhaft ist, sollten auch die unmittelbaren und mittelbaren Schäden berücksichtigt werden, die sich aus einem Staatsakt, aus einer politischen Dezision ergeben. Heute würde teilweise nicht einmal der Tatbestand der Aufopferung erfüllt sein.

Friesenhahn: Ist den Herren bekannt, daß im Bundesjustizministerium ein Gesetzentwurf vorliegt über eine Reform des Schadensersatzrechts, der auch die Fragen der Staatshaftung berührt, z. B. § 839 BGB?

Leisner: Ich darf bemerken, daß es mir — angesichts der Diskretion des Bundesjustizministeriums — nicht gelungen ist, hier irgendetwas in Erfahrung zu bringen.

Jaenicke: Soviel ich weiß, soll die Gefährdungshaftung auch auf weitere gefährliche Betriebe und Veranstaltungen, z. B. auf Ölleitungen, erstreckt werden.

Ule: Ich würde gern eine Frage an Herrn Leisner stellen. Wenn ich ihn richtig verstanden habe, dann haben wir doch eine Reihe von problematischen Fällen, die mit den bisherigen Institutionen nicht recht zu bewältigen sind. Weder mit der Aufopferung noch mit der schuldhaften Amtshaftung. Herr Jaenicke hat den Versuch gemacht, die problematischen Fälle im wesentlichen damit zu erfassen, daß er den Aufopferungsgedanken etwas erweitert hat, während Herr Leisner diese Möglichkeit ganz entschieden abgelehnt und uns dafür den Vorschlag einer Verobjektivierung des Amtshaftungsgedankens gemacht hat. Nun ist mir aufgefallen — und das ist die Frage, die ich an Herrn Leisner habe —, daß er zwar von Unfällen spricht, daß er aber den Gedanken der Gefährdungshaftung sehr entschieden zurückgewiesen hat. Fälle wie der jener vier grünen Verkehrszeichen, die den Zusammenstoß herbeiführen, doch aber wohl auch der Fall des Polizeibeamten, der auf einen fliehenden Verbrecher schießt und einen völlig Unbeteiligten dabei tötet, solche Fälle lassen sich mit dem Amtshaftungsgedanken nicht lösen, denn den Polizeibeamten trifft keinerlei Schuld. Ob es mit dem Aufopferungsgedanken zu machen ist, lasse ich zunächst einmal offen. Ich wollte bloß die Frage stellen: das sind doch wohl Unfälle, sogar im Sinne unseres Sozialversicherungsrechts als von außen her an den einzelnen herantretende Ereignisse. Und diese Unfälle haben doch hier ganz offensichtlich einen Zusammenhang mit einem gewissen Betrieb, also mit dem Betrieb der Verkehrseinrichtung, und in einem weiteren Sinne doch auch mit dem Betrieb der Polizei, die öffentliche Sicherheit und Ordnung aufrecht zu erhalten. Und von daher gesehen muß ich sagen, obwohl ich bisher den Gedanken von Herrn Forsthoff, im positiven Recht eine Gefährdungshaftung zu entdecken, nicht für richtig gehalten habe, daß hier doch ein Zusammenhang zwischen diesen Unfalltatbeständen und dem Gedanken der Gefährdung besteht. Da ist doch irgendetwas wie ein Betrieb. Genauso wie eine Eisenbahn ein Betrieb ist, von dem eine Gefahr ausgeht, und deshalb doch auch die Gefährdungshaftung bei der Eisenbahn einmal eingeführt worden ist, so ist doch auch die ganze Verkehrseinrichtung ein Betrieb ähnlicher Art, und in gewisser Weise ist auch die Polizei, wenn sie schießt, ein durchaus ein gefährdender Betrieb. Und darum also die Frage, die ich an Herrn Leisner habe: Wenn man schon von Unfällen spricht, liegt da nicht der Gedanke der Gefährdungshaftung gewissermaßen mit im Programm?

Leisner: Grundgedanke meines Referates war es nicht, die Ausdehnbarkeit der Aufopferung völlig abzulehnen. Ich habe Fälle aus der bundesgerichtlichen Judikatur dargelegt, auf die der Bundesgerichtshof bisher die Aufopferung nicht angewendet hat. Er könnte sie ja vielleicht eines Tages anwenden, was ich persönlich nicht für glücklich halten würde, was aber nicht ausgeschlossen ist. Wenn es geschähe, würde uns dennoch — und das ist nun der entscheidende Punkt — dies nicht der Aufgabe entheben, die Ausdehnung des Schadensersatzrechts zu erörtern, denn hier wird ja anderes geboten. Zu der Frage von Herrn Ule: Wenn ich ihn recht verstanden habe, will er doch den gefährdenden Betrieb, also Gefahr als Grundlage einer Haftung annehmen. Gerade das wollte ich heute Vormittag ablehnen, weil ich der Meinung bin, daß keine Grenzziehung möglich ist. „Betrieb" ist nicht nur, wenn die Polizei mit der Pistole eingreift, „Betrieb" kann auch sein, wenn sie Verwaltungsakte erläßt, ja, es kann beides ineinander übergehen, es kann ja in dem Schuß, in dem Warnschuß schon ein Verwaltungsakt liegen. Man kann oft gar nicht trennen, wo der Betrieb aufhört, wo er beginnt.

Ule: Das Setzen von Verwaltungsakten ist, glaube ich, per se kein gefährlicher Betrieb, während das Schießen es eben doch ist.

Leisner: Ja, dann kommen wir aber wieder dahin, daß wir die per se gefährlichen Tätigkeiten herausstellen müssen. Es kann aber etwa das Setzen von Verwaltungsakten fast genauso „gefährlich" sein, wie der Schußwaffengebrauch. Wenn Verwaltungsakte zugestellt werden, die schwer treffen, so kann der Adressat einen Zusammenbruch erleiden. Einen Gefahrenbegriff können wir heute kaum erarbeiten; wir wissen nicht, was wirklich „gefährlich" ist. Ein kompliziertes Gesetz „kann" gefährlicher sein, als ein klares Gesetz, weil es durch falsche Anwendung viel größere Vermögensschäden zur Folge haben kann. Wir wissen auch zunächst nie, wo wirklich die Gefahr liegt. Man kann natürlich gewisse Dinge herausgreifen und sagen, diese seien besonders gefährlich. Was aber heute gefährlich ist, ist es morgen nicht mehr. Man kann in kurzer Zeit eine technische Veranstaltung derartig umformen, daß sie nicht mehr gefährlich ist, ein Vorgang, der in Frankreich bereits in den letzten 50 Jahren mehrfach beobachtet wurde und der Hauriou zu der Feststellung veranlaßt hat, daß eben mit dem Gefahrbegriff überhaupt nichts anzufangen ist, weil er nur im einzelnen Moment jeweils feststellbar ist.

Ule: Müßte nicht dann der Begriff der Gefährdungshaftung überall, auch im Zivilrecht z. B. abgelehnt werden?

Leisner: Ich würde ihn überall ablehnen. Ich glaube auch nicht, daß es zu spät ist, im Zivilrecht hier vorsichtiger zu werden. In Frankreich z. B. ist der Gefahrenbegriff aufgegeben worden, nachdem ihn die obersten Gerichte einige Zeit als Grundlage verwendet haben.

Bettermann: Herr Ehmke hat uns gestern belehrt, daß man nicht nach der Interpretationsmethode als solcher fragen soll, sondern daß der Gegenstand der Betrachtung die Interpretationsmethode bestimmt. Ich glaube, daß das nicht nur für die Interpretation von Normen gilt, sondern für die Rechtsbetrachtung überhaupt, für die Rechtsmethode. Und da möchte ich meinen, daß dem Gegenstand unserer heutigen Verhandlung die Methode und der Stil, mit dem Herr Jaenicke die Dinge angegangen ist, der adäquate ist, und die Methode und der Stil, mit dem Herr Leisner es getan hat, nicht adäquat ist. Es geht hier um nüchterne Dinge, „um die Pfennige". Die Sache hat ja nicht nur die Seite, wie der Bürger vom Staat entschädigt wird, sondern es geht ja auch darum, wie der Staat diese Entschädigungsleistung verkraftet. Letztlich sind es wir alle ja, die die postulierten Schadenersatzforderungen zu begleichen haben. Ich meine, daß das Problem nur durch eine vorsichtige Interessenabwägung gelöst werden kann, wie Herr Jaenicke sie vorgenommen hat; daß dagegen durch Rückgriffe in das Arsenal der allgemeinen Rechtslehre den Dingen nicht beizukommen ist, und schon gar nicht, wenn, wie ich glaube, Waffen aus diesem Arsenal genommen werden, die verrostet sind oder bereits Schaden gelitten haben.

Ein paar Worte über das System der öffentlichen Ersatzleistungen oder öffentlichen Entschädigung: Herr Leisner hat abgestellt auf den Gegensatz von rechtmäßig und rechtswidrig. Er meint, daß wir ein geschlossenes System mit der Antinomie von Staatshaftung und Aufopferung hätten, das dem Gegensatz von rechtmäßig und rechtswidrig entspreche. Es sei freilich, vor allem in letzter Zeit, ins Rutschen gekommen, aus dem Nebeneinander sei ein Übereinander geworden. Wenn ich recht verstanden habe, Herr Leisner, sehen Sie darin bereits auch eine Aufgabe oder Gefährdung des Systems. Und sie glauben, daß die Rechtswidrigkeit oder Rechtmäßigkeit der entscheidende Faktor sei für die Frage der Rechtsfolgen. Ich glaube, daß das nicht richtig ist. Die Gegensatzfrage: voller Schadenersatz oder Entschädigung, die so oder so limitiert ist, auf der einen Seite und rechtswidriges oder rechtmäßiges Handeln auf der anderen Seite sind nicht die adäquaten Größen und decken sich nicht. Es gibt Fälle rechtmäßigen Handelns, in denen voller Schadenersatz gengeben wird vom positiven Recht und der Gerechtigkeit und Billigkeit nach auch angemessen ist. Und es gibt umgekehrt genügend Fälle klar rechtswidrigen Handelns, die nach positivem Recht und nach der Überzeugung aller billig und gerecht Denkenden nicht voll entschädigt werden. Unsere Gefährdungshaftung im bürgerlichen Recht ist nicht zufälligerweise in der Schadenshöhe limitiert. Das Kraftfahrzeuggesetz und das Reichshaftpflichtgesetz kennen keine volle Entschädigung, sondern limitierte Schadenssätze; insofern ist Herr Dürig eben nicht widerlegt, wenn er die Unfallfälle aus § 537 RVO angeführt hat. Hier wird typisiert, und in diesen Gefährdungshaftungsfällen des bürgerlichen Rechtes wird auch typisiert und limitiert. Sie haben sich dabei, Herr Leisner, soweit vorgewagt, daß Sie gesagt haben, jede Schädigung sei präsumtiv rechtswidrig; die Schädigung, der Nachteil, impliziere die Rechtswidrigkeit. Der Satz ist unhaltbar. Danach wäre nämlich jeder belastende Verwaltungsakt vermutlich rechtswidrig. Davon kann ernstlich keine Rede sein. Selbst im bürgerlichen Rechte ist es fraglich, ob jede Schädigung die Vermutung eines irgendwie rechtswidrigen Verhaltens des Schädigers impliziert. Im öffentlichen Recht gilt es keinesfalls; insofern ist Ihr Ansatzpunkt m. E. falsch.

Ich glaube nicht, daß wir ein Zweiersystem haben mit der Staatshaftung = schuldhaft-rechtswidriges Verhalten von Amtsträgern auf der einen Seite und auf der Gegenseite die Aufopferung. Nun, ich glaube, die meisten sehen den Gegensatz in der Enteignungsentschädigung und fragen dann, wie verhält sich die Enteignung zur Aufopferung. Die Meinung geht ja wohl dahin, die Aufopferung im wissenschaftlichen Sinne sei der Oberbegriff; Eingriffe in Vermögenswerte oder Aufopferung von Vermögenswerten sei Enteignung und die Aufopferung von anderen Werten, wie insbesondere Leben, Gesundheit usw., das sei die Aufopferung im engeren Sinne. Ich glaube nicht, daß diese Einteilung möglich ist, und wir müssen der Frage nach dem Verhältnis von Enteignung und Aufopferung erneut nachgehen. Mir ist durch das Referat von Herrn Jaenicke klar geworden, wo der Unterschied liegt. Der Bundesgerichtshof in der berühmten Entscheidung des Großen Senats ist m. E. schon im Ansatz verfehlt, wenn er die Enteignungsentschädigung aus der Verletzung des Gleichheitsgrundgesetzes zu rechtfertigen versucht. Nein, es wird entschädigt nach Art. 14 III GG, weil ins Eigentum eingegriffen ist; das reale Eigentum verwandelt sich in eine Wertgarantie. Dagegen ist der Gedanke der Aufopferung der des Sonderopfers, des speziellen Opfers.

Ich glaube, daß wir ein dreifaches System haben, nämlich die Staatshaftung (Art. 34 GG), die Enteignungsentschädigung, Art. 14 Abs. 3 mit den parallel durch die Rechtsprechung entwickelten Fällen des Eingriffes in nicht vermögenswerte Rechte, also insbesondere Gesundheit, und schließlich als dritte Gruppe die Fälle mit dem Gesichtspunkt des Lastenausgleiches, die Sonderopfer.

Hinzu kommt ein Problem: Im bürgerlichen Recht ist geplant, einzelne neue Fälle der Gefährdungshaftung einzuführen oder vorhandene Fälle zu verschärfen. Das zeigt: Es gibt überhaupt keine allgemeine Gefährdungshaftung, weder de lege lata noch de lege ferenda kann es sie geben. Die Frage lautet: Ist eine Sache so gefährlich, daß ein Schadensersatz, ein Ausgleich, eine Entschädigung welcher Höhe geboten ist? Das zu entscheiden ist aber Sache des Gesetzgebers. Die Höhe der Entschädigung muß immer mit geregelt werden.

Bachof: Ich folge Herrn Bettermann in der Dreiteilung unseres Systems. Das Kernstück des Versuchs von Herrn Leisner, die Schadensersatzansprüche aus Amtshaftung auszudehnen, scheint mir in dem Satz zu liegen: Illegalität ersetzt das Verschulden oder kann das Verschulden ersetzen. Gegen diesen Satz möchte ich mich mit allem Nachdruck wenden. Mir ist nicht ganz klar Herr Leisner, ob dieser Satz de lege lata oder de lege ferenda gemeint ist. Wäre er de lege ferenda gesagt, so ließe sich über eine solche Frage der Rechtspolitik und der Zweckmäßigkeit durchaus debattieren. Mir scheint aber, daß Herr Leisner ihn auch als Satz de lata gesagt haben will, das entnehme ich seiner These 34, wo er ja ein Eingreifen des Gesetzgebens ablehnt. Wenn man den Satz als Aussage de lege lata versteht, so scheint er mir auf einer doppelten Kategorienvertauschung zu beruhen.

Denn erstens: Wo liegt überhaupt die Rechtswidrigkeit? Herr Leisner sagt, der Erfolg ist rechtswidrig, weil er von der Rechtsordnung nicht gebilligt wird. Ich kann bei der Rechtswidrigkeit aber Erfolg und Handlung nicht trennen. Schon das ist mir zweifelhaft, ob man von einem gemißbilligten Erfolg auf die Rechtswidrigkeit der Handlung einfach zurückschließen kann. Das scheint mir die erste Kategorienvertauschung zu sein.

Selbst wenn man das noch akzeptieren wollte, dann sehe ich aber ganz und gar nicht ein, wie man auch noch den zweiten Schritt tun und nun auch noch sagen will: Nachdem ich schon von der Rechtswidrigkeit des Erfolges auf die Rechtswidrigkeit des Handelns geschlossen habe, schließe ich auch noch auf eine irgendwie vermutete Sorgfaltspflichtverletzung, also auf ein irgendwie unterstelltes Verschulden. Herr Leisner hat gesagt, der deutsche Richter sei gesetzesgebundener als der französische Richter und er könne also nicht einfach eine Art freier Rechtsprechung nach dem Vorbild des Conseil d'Etat ausüben; dann weiß ich aber nicht, wie er hier de lege lata um den ganz klaren Tatbestand des § 839 herumkommen will, indem er einmal Rechtswidrigkeit des Erfolges mit dem des Handelns gleichsetzt, und Rechtswidrigkeit des Handelns dann auch noch mit der Amtspflichtverletzung identifiziert, die doch ein Verschulden einfach notwendig beinhaltet. Also de lege lata scheint diese Lösung unmöglich zu sein, de lege ferenda ließe sich darüber debattieren, ob sie richtig und zweckmäßig wäre. Ich würde auch das bestreiten.

Herr Leisner hat in Leitsatz 32 gesagt, für alle rechtswidrigen Schädigungen sollte Schadensersatz gewährleistet werden. Er hat das zwar im Referat etwas eingeschränkt, indem er gemeint hat, bei dem *gezielten* Eingriff könnte der Staat ein gewisses Privileg für sich in Anspruch nehmen; dort sei es gerade noch mit rechtsstaatlichen Prinzipien vereinbar, wenn man am Verschuldensprinzip festhalte, nicht dagegen bei den „Unfällen". Herr Leisner hält es aber an sich für ein rechtsstaatlich wünschenswertes Prinzip, für *alle* rechtswidrigen Schädigungen Schadensersatz zu leisten. Ich teile Herrn Bettermanns Auffassung, daß das einfach nicht billig wäre. Ich erinnere an den Fall, der, glaube ich, im letzten Heft des Deutschen Verwaltungsblattes veröffentlicht ist: Ein Zahnarzt vergeht sich an minderjährigen Kindern, ein Berufsverbot ergeht gegen ihn, in zwei Instanzen wird bestätigt, die dritte Gerichtsinstanz hebt auf. Soll dem Mann nun, nachdem das Berufsverbot vollzogen war, Schadensersaz für die ganze Zeit zustehen? Ich würde das schlechthin für unbillig halten. Ich meine, daß hier Herrn Jaenicke, dessen vorsichtigem Versuch der Ausweitung der Aufopferungstheorie ich voll und ganz beipflichte, auch darin zu folgen ist, daß es auf das Verhalten des Betroffenen mit ankomme. Wer selbst durch seine sittlichen Verfehlungen einen Akt der Verwaltung hervorgerufen hat, mag dieser Akt dann auch nach Ansicht des obersten Gerichts nicht unbedingt notwendig gewesen sein, der kann nicht — unter welchen Billigkeitsgesichtspunkten auch immer — verlangen, daß er nun auch noch entschädigt werde. Ich würde darum nicht nur de lege lata, sondern auch de lege ferenda den Satz, Illegalität ersetze das Verschulden, kategorisch ablehnen.

Ehmke: Rechtspolitisch würde ich Herrn Leisner weitgehender zustimmen. Ich bin der Meinung, in einer Situation, in der der Staat über einen so hohen Prozentsatz des Volks-Einkommens verfügt, da kann sowohl der Umfang der Haftung wie auch die Höhe der Entschädigung ausgedehnt werden; das macht vermutlich im Jahr nicht einmal einen Düsenjäger aus. Schwieriger ist die Frage, wie man es dogmatisch begründet. Da bin ich nun allerdings der Meinung, Herr Leisner, daß, wenn Sie das zivilrechtliche Beispiel konsequent durchgeführt hätten, Sie zur Unmöglichkeit der Ausdehnung der Staatshaftung hätten kommen müssen. Die neuere Diskussion im Zivilrecht sagt ja etwa folgendes: Es gibt vorsätzliches Unrecht, Fahrlässigkeitsunrecht und Gefährdungshaftung, was soziologisch bedeutet: der vorsätzliche Täter nimmt ein Risiko auf sich, Fahrlässigkeitsunrecht grenzt Risikosphären ab und Gefährdungshaftung schiebt Risiken zu. Jemand, der von einem Auto überfahren wird, weil er in es hineinläuft, wird nicht rechtmäßig getötet, sondern ist verunglückt. Und gerade wenn Sie, Herr Leisner, auf Unglück und Unfall abstellen, heißt das, daß die Grenze zum Unrecht des § 839 gezogen ist. Unfall ist gerade das, was durch die Vorschriften über unerlaubte Handlung (§§ 831, 839) nicht gedeckt werden kann. Hier kann nur vom Gesetzgeber eine Gefährdungshaftung eingeführt werden, wobei Sie recht haben mögen, daß bei der finanziellen Kraft des Staates man das vielleicht im öffentlichen Recht etwas großzügiger behandeln soll, als im Zivilrecht. Dogmatisch ist m. E. Ihr Versuch der Ausdehnung der Staatshaftung nicht möglich.

Leisner: Darf ich zunächst auf das eingehen, was Herr Bachof gesagt hat? Er hat auf das Begriffspaar de lege lata, de lege ferenda zu Recht hingewiesen. Natürlich ist das eine sehr schöne Einteilung, aber gerade im Rahmen dieses Gegenstandes habe ich daran gewisse Zweifel. Es gibt doch hier eigentlich fast nur mehr Rechtsprechungstendenzen des BGH. Wer hätte denn noch vor einigen Jahren gedacht, daß die Aufopferung sich auf das schuldhaft rechtswidrige Handeln erstrecken könnte? War das eine neue lex oder nicht? Ich antworte also: das heute Ausgeführte gilt bereits de lege lata; ich bin allerdings der Meinung, daß es sich um einen Explizitierungsprozeß handelt, den die Rechtsprechung durchführen muß.

Sie haben gesagt, bei dem Schuß des Polizeibeamten sei eine Rechtswidrigkeit nicht feststellbar, man könne nicht vom Erfolg auf die Handlung schließen. Ich habe versucht darzulegen, daß die ganze Trennung, die ganze Dualität Erfolg — Handlung unmöglich ist. Die Handlung muß beurteilt werden.

Bachof: Wer etwas tut, was das Gesetz ihm gestattet, was das Gesetz ihm u. U. sogar befiehlt, der soll gesagt bekommen: Du hast getan, was Du nach dem Gesetz tun mußtest, aber Du hast etwas vom Gesetz befohlenes Gesetzwidriges getan?!

Düring: Was eine Amtspflichtverletzung wäre, wenn er es nicht getan hätte.

Leisner: Wir müssen doch die Handlung a posteriori sehen. Der Beamte hat nur geschossen, weil er glaubte, daß niemand heraustreten werde. Hätte er in irgendeiner Weise voraussehen können, daß hier ein anderer Passant heraustritt, hätte er nicht geschossen, schon nach dem polizeilichen Verhältnismäßigkeitsgrundsatz nicht schießen dürfen. Er darf auf niemanden schießen, wenn er damit rechnen muß, daß ein Unbeteiligter getroffen wird.

Ule: Es gibt Dienstinstruktionen der Polizei in Nordrhein-Westfalen, da auch bei einer aufrührerischen Menschenmenge das Feuer nach Möglichkeit in Kniehöhe zu richten ist, denn das Ziel des Waffengebrauchs bei der Polizei ist, den Betreffenden angriffs- oder fluchtunfähig zu machen. Sie darf nie schießen mit dem Ziel, ihn zu erschießen, das wäre rechtswidrig. Aber wenn sie in einem solchen Falle auf irgendeinen dieser angreifenden Versammlungsteilnehmer zielt, und durch einen unglücklichen Umstand trifft der Schuß einen andern, dann scheint mir dieses Handeln zunächst einmal rechtmäßig zu sein.

Leisner: In manchen Fällen hätte, auch a posteriori betrachtet, die Handlung durchgeführt werden müssen, könnte eine andere Lösung sich aus dem Grundsatz der Verhältnismäßigkeit ergeben. Allein aus der Schädigung heraus ist die Handlung noch nicht rechtswidrig, sondern nur, weil sie einen Schaden zur Folge hat, der vom Gesetzgeber für diesen Fall nicht gewollt, auch nicht in Kauf genommen war — entsprechend dem Grundsatz der Legalität. Im Privatrecht, Herr Ehmke, und da muß ich Ihnen recht geben, liegt die Sache anders, weil dieses ja jenen Unfallbegriff kennen kann, ohne weiteres kennen darf, eben weil es hier diese Legalität nicht gibt. Für das öffentliche Recht aber ist das nicht möglich. Jede öffentliche Tätigkeit ist legalitätsmäßig mit rgendeinem Zweck und Ziel geplant oder sollte geplant sein, und wenn sie davon abirrt, ist sie rechtswidrig.

Jaenicke: Man muß einen Unterschied machen zwischen der Rechtmäßigkeit und Rechtswidrigkeit im Privatrecht und im öffentlichen Recht. Das Privatrecht grenzt den Rechtskreis der einzelnen Person ab; jede Überschreitung dieses Rechtskreises ist prima facie rechtswidrig und muß gerechtfertigt werden. Ganz anders ist es, wenn der Staat handelt. Staatliche Maßnahmen greifen immer in den Rechtskreis des Adressaten oder sonst Betroffener ein. Hier hängt die Rechtmäßigkeit oder Rechtswidrigkeit nur davon ab, ob der Eingriff, so wie er vorgenommen worden ist, vom Gesetz gestattet worden ist oder nicht, und zwar in der Situation, in der der Beamte gehandelt hat, und nicht — insoweit stimme ich Herrn Leisner nicht zu — unter der ex post Betrachtung, was daraus geworden ist. Wenn das Gesetz dem Beamten gestattet, hier zu schießen, dann ist das rechtmäßig, gleich was daraus wird. Man kann nicht ex post sagen: der Schuß hat den Verbrecher getroffen, also ist er rechtmäßig; der Verbrecher ist schnell zur Seite getreten, ein anderer ist getroffen worden, infolgedessen ist es dann rechtswidrig. Man kann also eine Handlung des Staates — eines Staatsorgans — nur von dem Gesichtspunkt aus beurteilen, ob sie im Augenblick des Tuns durch das Gesetz gedeckt war oder nicht. Die Folgen: entweder kein Ausgleich, wenn es den Verbrecher traf; Aufopferung, wenn es einen Unbeteiligten traf. Das ist m. E. einfacher als die schwierigen Fragen der Rechtmäßigkeit oder Rechtswidrigkeit.

Scheuner: Meine Herren, ich darf von den speziellen Fragen, in denen im Augenblick die Diskussion schwebt, zunächst noch einmal zu den allgemeinen zurücklenken, um dann wieder zu diesen speziellen Fragen zurückzukehren. Ich glaube, wir müssen uns bei der Betrachtung des Systems der Entschädigung vor Augen führen, daß sich in ihm verschiedene Gedankenströme und institutionelle Einrichtungen unseres Rechtes heute überschneiden, die, wie das 19. Jahrhundert meinte, weit getrennt waren. Der Ausgangspunkt der Aufopferung ist derselbe wie der der Enteignung gewesen. Mir ist nicht ganz klar, wie Herr Kollege Bettermann meinen kann, daß die Enteignung ein Unterfall der Aufopferung sei und daß dennoch nur die Aufopferung die Lastengleichheit zum Gegenstand habe. Nach meiner Auffassung ist es vielmehr so, daß der Gedanke der Lastengleichheit der alte, objektive Gedanke des 18, Jahrhunderts ist, aus dem die Enteignung als ein spezieller Unterfall im 19. Jahrhundert abgespalten wurde. Dieser Gedanke stellt nicht einmal so sehr auf Rechtmäßigkeit und Rechtswidrigkeit, sondern er stellt auf den Erfolg ab, nämlich auf die Wirkung für den Betroffenen im Verhältnis zu der Lage anderer Staatsbürger. Es ist also noch ein Stück des Denkens des 18. Jahrhunderts, das nicht vom Eingriff her dachte, sondern vom geschützten Recht aus. Man kann das ganze System, das wir vom Verwaltungsakt und Eingriff her aufbauen, auch vom Erfolg, vom eingetretenen Ergebnis her errichten. Von einem solchen Ausgangspunkt gehen Aufopferung und Enteignung aus. Darum bereiten diese Institute in unserem heutigen System so erhebliche systematische Schwierigkeiten.

Umgekehrt ist die Staatshaftung von einer völlig anderen Seite gekommen. Das 18. Jahrhundert vertrat — z. T. bis tief in das 19. Jahrhundert — den Standpunkt, daß der Beamte von seinem Fürsten überhaupt nur angestellt wird, um rechtmäßig zu handeln. Handle er unrechtmäßig, so habe er das auf seine Kappe zu nehmen. Erst allmählich hat in einer langen und heftigen Auseinandersetzung die Wissenschaft dem Staate abgerungn, daß er für den Beamten, den er mit Autorität versieht, auch irgendwie eine Haftung übernimmt. Die Amtshaftung ist also eine neuere Lösung, die nun auf zwei Wegen hätte gefunden werden können. Entweder über den von Herrn Leisner heute früh mit Recht erwähnten Gedanken eines fehlerhaften Funktionierens des öffentlichen Amtsapparates, ohne daß man dabei den speziellen Beamten ins Auge faßt; solche Gedanken sind auch in Deutschland in der Mitte des 19. Jahrhunderts, z. B. von Zachariä, vorgetragen worden. Wir haben uns in Deutschland aber unter der Einwirkung der romanistischen Wissenschaft stärker an das Zivilrecht angelehnt und die Amtshaftung als Deliktstatbestand dort untergebracht.

Das hat das deutsche Amtshaftungsrecht in der Folge weitgehend bestimmt und dazu geführt, daß es in einem — darin würde ich Herrn Leisner in seinem prinzipiellen Ansatz durchaus zustimmen — allzu starken Maße auf den Gedanken der individuellen Schuld eines Staatsorgans abstellt. Dieses individuelle Schuldmoment — das hat Herr Leisner in Übereinstimmung auch mit zivilistischen Arbeiten der neueren Zeit vollkommen richtig dargestellt — hat der Bundesgerichtshof fast ganz abgeschliffen. Er hat den Begriff des Beamten uferlos erweitert, er hat den der Amtspflicht immer mehr ausgedehnt, allerdings nicht so weit, daß, wie gestern gesagt wurde, z. B. die Veranstaltung einer Inflation oder eine verfehlte Währungspolitik bereits darunter fiele. Er hat endlich den Verschuldensbegriff in einer Weise normativiert, daß Vorwerfbarkeit sittlicher und ethischer Natur reduziert erscheint auf die Erfüllung eines Normaltyps, so daß demjenigen, der das Normalquantum an Sorgfalt nicht erfüllt, bereits daraus ein Vorwurf gemacht wird. Wir haben das in der krassesten Form im Verkehrsrecht. Wer sich an das Steuer eines Wagens setzt, ohne die erforderliche Sicht und Umsicht zu haben, handelt eben schon damit fahrlässig.

Mir ist aus den Ausführungen der heutigen Referenten deutlicher geworden, als es mir bisher war, daß es unrichtig wäre zu meinen, man könne sich entweder auf ein rein objektives oder auf ein rein aus dem Amtshaftungsgedanken kommendes Prinzip stützen. Wir werden nicht umhin können, beide Gedanken in einem gewissen Umfang fortzuführen. Allerdings fragt es sich, wo ihre Abgrenzung oder wo ihre Überschneidung liegt. Die Aufopferung können wir aus vielen Gründen nicht aufgeben. Sie greift über den Bereich, von dem wir hier sprechen, weit hinein in den Bereich auch rechtmäßiger Handlungen. Ich stimme Herrn Bettermann in keiner Weise darin zu, daß die Aufopferung nur noch für Personenschäden von Bedeutung sei. Das ist viel zu eng. Die Aufopferung ist die Ergänzung des spezifisch und enger gefaßten Enteignungsbegriffes, der trotz aller Erweiterung, die er in Art. 14 GG erfahren hat, immer noch deutlich auf gewisse Vermögenseingriffe abgestellt ist.

Wir werden aber auch eine Staatshaftung in dem Sinne einer besonders abgegerenzten Haftung für bestimmte fehlgehende Staatshandlungen nicht entbehren können. Hier liegt, glaube ich, der schwierigste Punkt der Darlegungen von Herrn Leisner. Herr Leisner hat versucht, uns deutlich zu machen, daß die Möglichkeit eines Überganges zu einer objektiven Haftung, die ich für in der Anlage der ganzen Entwicklung begründet halte, sich doch noch binden lasse an ein persönliches Element, an ein Element der Verantwortung, und zwar durch den Begriff der Rechtswidrigkeit. Ich stimme ihm darin bei, daß man diesen Begriff für jede Form der Amtshaftung streng festhalten muß. Die Frage ist aber, ob das genügt. Das Schweizer Gesetz hat sie positiv beantwortet, aber es enthält doch, wie ich glaube, immer noch gewisse Rücksicherungen, so daß hier eine uferlose Haftung nicht eintreten kann. Wenn wir zu einer Haftung für jeden rechtswidrigen Staatsakt übergingen, so würde bei der Anlage unseres Rechtsschutzsystems und unserer Lehre von der Rechtswidrigkeit und Nichtigkeit von Staatsakten u. U. eine zu weite Haftung entstehen. Ich sage das nicht unter fiskalischen Gesichtspunkten. Hier hat Herr Ehmke mit vollem Recht darauf aufmerksam gemacht, daß alle Versuche, billig zu enteignen oder Leute, die der Staat schädigt, nicht zu entschädigen, in der Zeit des Sozialstaates nicht nur überholt, sondern nach meiner Überzeugung sogar verfassungswidrig sind. Ich möchte aber darauf hinweisen, daß ein Akt, der in der zweiten oder dritten Instanz aufgehoben wird, nachher aufgrund einer Lehre, die nur die Rechtswidrigkeit betont, möglicherweise eine Haftung nach sich zöge. Wie mir Herr Imboden freundlicherweise gesagt hat, erfolgt in der Schweiz die Aufhebung ex nunc. Hier kann, ähnlich wie in Österreich, eine rückwirkende Haftung nicht entstehen. Auch die Frage der Haftung für ein Gesetz würde sich immer erledigen, wenn der Spruch des Bundesverfassungsgerichts über die Ungültigkeit ex nunc und nicht ex tunc wirkte. Allerdings ergibt sich eine wesentliche Einschränkung der Haftung unter einem Rechtssystem wie dem deutschen, das eine allgemeine verwaltungsgerichtliche Anfechtbarkeit kennt. Hier kommt, wenn keine Rechtsmittel eingelegt sind, das Mitverschulden des Betroffenen hinzu. Trotzdem meine ich — und hier scheint mir die Schwäche der Leisner'schen Ausführungen zu liegen —, daß ein zusätzliches Moment zur Rechtswidrigkeit noch erfordert wird. Der Begriff des Verschuldens hat auch in der Abschleifung, in der er heute vorliegt, noch die Funktion, äußerste Fälle, in denen eine Haftung nicht mehr billig erscheint, abzuwehren.

Herr Leisner hat mit Recht darauf hingewiesen, daß diese Fragen de lege lata gar nicht mehr behandelt werden können. Der Bundesgerichtshof ist dazu übergegangen, unser geltendes Recht sozusagen aufzulösen und durch ein neues System zu ersetzen. Durch das Vorschieben der Aufopferung hat er die Systemgrenzen bereits verwischt. Es kann sich also nur darum handeln, daß wir — sei es, daß wir an den Gesetzgeber apellieren, sei es an die praetorische Rechtssprechung — dahin wirken, daß klarere Linien gezogen und eingehalten werden. Im Ergebnis würde ich meinen, sollte man die Verschuldenshaftung nur mit Vorsicht abbauen. Sie enthält eine zusätzliche Grenze, die man freilich vielleicht auch darin finden könnte, daß man die Amtspflicht deutlicher präzisiert.

Zum Begriff der Rechtmäßigkeit darf ich noch sagen, daß mir die Tendenz von Herrn Jaenicke richtig erscheint, auf die Handlung und nicht auf den Erfolg zu sehen. Eine Handlung, die gesetzlich berechtigt und geboten war, ist unter allen Umständen rechtmäßig. Darum sehe ich die Impfhandlung mit dem nachteiligen Erfolg für rechtmäßig an. Dagegen sehe ich den auf den fliehenden Dieb abgegebenen Schuß, der einen Passanten trifft, als unrechtmäßig an, wenn innerhalb der Legalitätsgrenze dieser Schuß hätte unterbleiben müssen. Daß hier die Grenzen außerordentlich schwer zu ziehen sind, hat die Debatte ergeben, und hier sollte wohl auch die Hilfe der Zivilistik und der Strafrechtswissenschaft von uns noch einmal angerufen werden. Jedenfalls ist die Möglichkeit, eine Grenze zu ziehen, nur gegeben, wenn man streng daran festhält — da bin ich völlig mit Herrn Leisner einig —, daß die Handlung nicht vom Erfolg allein bewertet werden kann. Eine Handlung wird nicht dadurch rechtswidrig, daß der Erfolg unangenehm ist, sondern sie ist rechtswidrig oder rechtsmäßig je nachdem, ob sie im staatlichen Legalitätssystem geboten ist.

Die Gefährdungshaftung scheint mir innerhalb dieses Systems mehr oder weniger entbehrlich. Sie ist im Grunde nur eine besondere Präzisierung der adäquaten Kausalität. Sie ist eine Kausalitätsvermutung oder auch eine Rechtswidrigkeitsvermutung und hat im wesentlichen die Funktion, einen entstandenen Schaden auf alle Fälle mit einer Haftung zu verbinden. Sie beruht auf einem Gedanken, der das Begriffspaar rechtmäßig-rechtswidrig nicht in seinen Grundlagen verschiebt oder verändert. Ich meine auch mit Herrn Leisner, daß für den Staat der Gedanke der Gefährdungshaftung weniger geeignet erscheint, so sehr er sich bei einzelnen Fallgruppen aufdrängen mag. Endlich scheint mir richtig zu sein — und das hat mich eigentlich am stärksten an den Ausführungen von Herrn Leisner beeindruckt — daß wir uns davor hüten sollten, durch eine Ausdehnung des Aufopferungsgedankens in eine uferlose Sozialstaatlichkeit hineinzugleiten, die dann allein vom Erfolg und im Vergleich dieses Erfolges mit der Lage anderer zu einfachen Ersatzleistungen gelangt. Das ist der Fall der RVO und ähnlicher Gesetze. Gegen eine solche Lösung sprechen erhebliche Bedenken aus dem Persönlichkeitsideal unserer Verfassung. Eine objektive, vorsichtig durch weitere

Merkmale eingegrenzte Haftung ist m. E. das Ziel, zu dem sich die Staatshaftung erweitern sollte, Hand in Hand mit einer zugleich eintretenden Erweiterung der Aufopferung. Ich würde allerdings glauben, daß die Erweiterung des Aufopferungsgedankens auf rechtswidrige Handlungen keine gute Entwicklung ist und abgebrochen werden sollte.

Ipsen: In der Generallinie unterstreiche ich nachdrücklich die Auffassung von Herrn Bettermann. Mir liegt nur noch daran, auf eine gefährliche Wendung aufmerksam zu machen, die Herr Leisner gebraucht hat und die eben auch in den Ausführungen von Herrn Scheuner durchklang. Danach schien es so, als ob das Institut der Aufopferung und offenbar auch der Enteignung in das Sozialstaatsprinzip hineingehöre. Davon kann schlechterdings nicht die Rede sein, denn Aufopferung und Enteignung gehören in jene Zielbestimmungen und Ordnungsgesichtspunkte hinein, die nach meiner Auffassung in ausgesprochenem Maße solche der Rechtsstaatlichkeit sind. Das möchte ich sehr mahnend unterstreichen, vor allen Dingen auch im Zusammenhang mit dem Komplex der Reparationsschäden, der Auslandsschäden etc., und ferner der Bereiche, die etwa angesprochen sind im 6. Abschnitt des Überleitungsvertrages mit der eigenartigen Vorsorgeklausel, in der die Bundesrepublik erklärt hat, Vorsorge treffen zu wollen für die Entschädigung. Diese Klausel wird heute von den zuständigen Ressorts des Bundesfinanzministeriums unter das Thema Lastenausgleich im engsten Sinne der bisherigen Lastenausgleichsgesetzgebung gefaßt, also: Prädikat Sozialstaatlichkeit, wie Herbert Krüger es in seinem Gutachten zu den Reparationsfragen formuliert hat. — Man glaubt, mit dieser Gesetzgebung das gesamte Problem aus den rechtsstaatlichen Erwägungen ausklammern zu können mit der Konsequenz, daß damit alle jene Personen ausgeschieden werden, die das Malheur haben, nur juristische Personen zu sein. Eine solche bedenkliche Entwicklung wird gefördert, wenn Herr Leisner und eben auch Herr Scheuner glauben, die Aufopferung und die Enteignung in die Sozialstaatskomponente einfügen zu dürfen. Davor nachdrücklich zu warnen, war mein Anliegen in Ergänzung zu dem, was Herr Bettermann ausgeführt hat.

Pfeifer: Wir haben den Fall der Enteignung in Österreich leider nicht so geregelt, wie er in Art. 14 GG geregelt ist. Unser Staatsgrundgesetz von 1867 entstand in einer hochliberalen Zeit. Damals hat man in den Art. 5 einfach hineingeschrieben: „Das Eigentum ist unverletzlich. Eine Enteignung gegen den

Willen des Eigentümers kann nur in den Fällen und in der Art eintreten, welche das Gesetz bestimmt." Kein Wort von Entschädigung. Aber vorangegangen war das ABGB von 1811, dessen § 365 bestimmt: „Wenn es das allgemeine Beste erheischt, muß ein Mitglied des Staates gegen angemessene Schadloshaltung selbst das vollständige Eigentum einer Sache abtreten." Und nun ist eine der Meinungen, die insbesondere von Kollegen Spanner, aber auch von mir[1]) vertreten wird, die, daß der Verfassungsgesetzgeber von 1867 in dem Art. 5 unter dem Begriff der Enteignung mitbegriffen hat, daß die Enteignung in einem Rechtsstaat, der das Eigentum für unverletzlich erklärt, eben nur gegen angemessene Entschädigung zulässig ist. Ich glaube, daß wir das auch mit dem Gleichheitssatz verfassungsrechtlich voll begründen können. Dieser Gleichheitssatz war schon in Art. 2 des Staatsgrundgesetzes von 1867 festgelegt.

Durch den bekannten Forderungsverzicht in Art. 23 § 3 des Staatsvertrages von Wien von 1955 hat Österreich auf alle noch offenen Forderungen von Österreichern gegen Deutschland oder deutsche Staatsangehörige verzichtet. Zu den betroffenen Gläubigern gehören u. a. alle öffentlichen Bediensteten, die von 1938 bis 1945 gedient und Ruhegenußansprüche gegenüber dem Deutschen Reich erworben haben. Hier schweigt der Staatsvertrag über eine Entschädigungspflicht, und doch leite ich aus den allgemeinen Grundsätzen, die ich eben vorgetragen habe, ab: Wenn ein Staatsvertrag auf Forderungen seiner eigenen Staatsangehörigen verzichtet, so ist das nicht anderes als eine entschädigungspflichtige Enteignung. Es ist hier kraft österreichischen Rechtes nicht anders als in den Fällen, wo ausdrücklich im Staatsvertrag steht, daß Österreich die Entschädigung übernimmt. Dies steht nämlich immer dann dort, wenn an sich die Alliierten, die den Staatsvertrag mit Österreich abgeschlossen haben, selbst hätten entschädigen müssen. In diesen Fällen haben sie Wert darauf gelegt, daß die Entschädigungspflicht auf Österreich überwälzt und festgelegt wurde. Die Entschädigungsverpflichtung ergibt sich aber aus allgemeinen Grundsätzen der Verfassung und des Völkerrechtes: aus der Unverletzlichkeit des Eigentums und aus dem Gleichheitssatz.

Mir schiene es im übrigen wichtig, den Gedanken der Amtshaftung, der bei Ihnen schon viel länger als bei uns gesetzlich ausgeprägt ist, dahin zu erweitern, daß er nicht bloß auf Beamte Anwendung findet, die Gesetze anzuwenden haben und dabei schuldhaft fehlen, sondern, daß auch diejenigen, die ver-

---

[1]) Vgl. meine Aufsätze ÖJZ 1958, S. 255 ff. u. 284 ff. sowie ÖJZ 1962, S. 477 ff. und das dort angeführte Schrifttum.

fassungswidrige Gesetze ausarbeiten und beantragen, in diese Haftung einbezogen werden, denn das verfassungswidrige Gesetz ist ja noch viel schlimmer als eine fehlerhafte Anwendung des Gesetzes.

Münch: Die bisher erhobenen Bedenken teile ich, und ich glaube, was Herr Leisner inzwischen dazu gesagt hat, hat sie noch nicht ausgeräumt. Ich möchte gleich von vornherein sagen, daß das Referat von Herrn Leisner, so sehr es kritisiert worden ist, mir im Grundsatz und mit dem Mut, mit dem es vorgegangen ist, außerordentlich sympathisch ist. Denn es ist doch so, daß das gegenwärtige Staatshaftungsrecht aus ganz disparaten Quellen historisch abgeleitet wird. Wenn ich Staatshaftungsrecht vorzutragen habe, werden mir stets die Schwierigkeiten einer Systematik bewußt, und ich stelle es darum als case law dar. Das ist natürlich ein unbefriedigender Zustand. Deshalb begrüße ich den Mut, mit dem Herr Leisner vorgegangen ist. Aber ich meine, daß sich das Problem nur verschiebt und nicht löst. Ich denke dabei an den Begriff des Unfalls, den Begriff des Nachteiles. Wie unterscheiden wir den Nachteil, der als unvermeidlich zu tragen ist, den Unfall, der vielleicht ein anormaler Nachteil genannt werden kann, von dem Schaden, der juristisch relevant ist? Der Schaden ist der rechtswidrige Nachteil, aber woher nehmen wir die Kategorie, um die Rechtswidrigkeit zu bestimmen? Das ist etwas, was mir noch nicht geklärt zu sein scheint. Man sagt uns, vom Erfolg aus gehe es nicht. Ja, geht es denn dann von der Intention der Handlung aus? Das würde sich dem Verschulden wieder sehr nähern, und dann frage ich mich, ob Herr Leisner nicht hier eine Vorstellung aus der finalen Handlungslehre des Strafrechts ins Verwaltungsrecht zu transponieren im Begriff ist. Und wenn ich jetzt einmal ad absurdum argumentiere: wie steht es mit dem Krieg und mit den Kriegsschäden? Sind die Kriegsschäden, die ich als anormale Schäden ansehe, nun sämtlich rechtswidrig? Ich glaube, es gibt eine französische Entscheidung, der zufolge Kriegsschäden vom Staate ersetzt werden müssen, wenn sie durch die eigene Armee zugefügt sind. Eine andere Frage: Soll es beim Zivilrecht bleiben, soweit es jetzt schon auf den Staat angewandt wird? Wenn das Zivilrecht die Gefährdungshaftung ausdehnt, dann wäre es ja unter Umständen möglich, alles von ihm zu übernehmen, was beim Staat noch zu fehlen scheint. Schließlich: Auch ich teile die Bedenken, die Herr Leisner gegen die Auswüchse des Versicherungsdenkens vorgetragen hat, aber ich weiß nicht, ob das Argumente sind, die man dogmatisch de lege lata in die

Diskussion einflechten kann; ich glaube, daß dies allenfalls de lege ferenda möglich ist.

Weber: Bei der Frage, ob die Weiterentwicklung mehr nach dem Amtshaftungsrecht oder nach dem öffentlich-rechtlichen Entschädigungsrecht ausgerichtet werden solle und könne, hat sich Herr Jaenicke entschieden für den Ausbau des Aufopferungsanspruchs, Herr Leisner für den der Amtshaftung ausgesprochen. Herr Leisner hat es dabei zur wesentlichen Voraussetzung dieser Option erklärt, daß die Pauschalentschädigung, die sich nach seiner Vorstellung mit der öffentlich-rechtlichen Entschädigung und dem Aufopferungsanspruch verbindet, ein Minus, eine geringerwertige Entschädigung gegenüber dem Schadensersatz gemäß dem BGB darstelle.

Diese Prämisse ist anfechtbar und bedarf der Überprüfung. Es ist richtig, daß es eine Reihe von älteren Entscheidungen des Reichsgerichts und Auffassungen in der Theorie gibt — auch der Bundesgerichtshof hat noch gelegentlich Anklänge in dieser Richtung deutlich werden lassen —, denen zufolge die öffentlich-rechtlich Entschädigung immer eine Art von Selbstbehalt — wenn ich diesen Terminus des Versicherungsrechts verwenden darf — in sich schließt. Die kompromissarische und höchst dubiose Klausel der Interessenabwägung von Art. 14 Abs. 3 scheint dies zu legitimieren. Aber wie mit Recht schon von Herrn Scheuner, indem er auf die Entstehungsgeschichte hinwies, und von Herrn Ipsen, indem er hinwies auf das rechtsstaatliche Element des Aufopferungsanspruchs, hervorgehoben wurde, ist es keineswegs richtig, zu meinen, daß der öffentlich-rechtliche Entschädigungsanspruch ein Minus bedeute gegenüber dem Schadensersatzanspruch des bürgerlichen Rechts. Wie Herr Bettermann mit Recht ausgeführt hat, kann ja auch der Schadensersatzanspruch des bürgerlichen Rechts unter dem vollen Schaden bleiben. Insofern bedarf also diese Prämisse der Überprüfung, und ich darf, da hier mehrfach erklärt worden ist, daß in der öffentlich-rechtlichen Entschädigung der entgangene Gewinn nicht enthalten sei, doch darauf hinweisen, daß es eine Entscheidung des Bundesgerichtshofs gibt, die allerdings nicht in der amtlichen Sammlung, sondern, wenn ich mich recht erinnere, in der NJW abgedruckt ist, in der dieser entgangene Gewinn mit entschädigt worden ist; und das muß auch in der Tat je nach Lage des Falles geschehen.

In diesem Zusammenhang darf ich, Herr Bettermann, doch auch noch eine kleine Lanze für die Anwendung des Art. 3 in der berühmten Entscheidung des Bundesgerichtshofs brechen. Sie ist nicht so zu verstehen — obwohl sie so verstanden werden kann —, als ob nun der ganze Aufopferungsanspruch sozusagen aufgestockt werden soll auf dem Gleichheitsprinzip und der ganze Bereich des Art. 14 beiseitegeschoben werden soll, sondern der Bundesgerichtshof stellt sich doch die Frage: wie muß die Entschädigung bemessen werden, nach welchen Grundsätzen? Da kommt er eben mit der Interessenausgleichsklausel des Art. 14 Abs. 3 nicht weiter, das kann er auch gar nicht, sie ist im Rechtsstaat nicht recht unterzubringen. Er muß sich deshalb an Art. 3 orientieren. Herr Scheuner hat die hier einschlägigen historischen Grundlagen im 18. Jahrhundert angedeutet. M. E. ist es ganz richtig, daß, wenn ein Sonderopfer auferlegt wird, dieses Sonderopfer dann eben als Sonderopfer wieder ausgeglichen werden muß, d. h. daß der Pegelstand vor dem Opfer wieder angefüllt werden muß, wenn ich mich abgekürzt so ausdrücken darf.

Die Verflüchtigung des Verschuldenserfordernisses bei der Amtshaftung ist zweifellos in der Judikatur in vollem Gange, und daraus hat Herr Leisner Nutzen gezogen. In diesem Zusammenhang wäre auch hinzuweisen auf die Behandlung des öffentlich-rechtlichen Verwahrungsverhältnisses, wo ebenfalls ein Haftungsbestand, praktisch ohne Verschulden, von der Rechtsprechung entwickelt worden ist. Die Fälle des § 537 Reichsversicherungsordnung, die Herr Dürig mit Recht erwähnt hat, sind doch wohl zu stark bagatellisiert worden durch den Hinweis, das sei Versicherung und Versicherung wollten wir nicht. Tatsächlich ist das gar nicht Versicherung, sondern nur eine Anwendung von Versicherungstechniken, um in Fällen, in denen solches nötig ist, einen sehr raschen, sehr zuverlässigen Ablauf der Schadensregulierung zu haben. Soll ein Verunglückter, während er im Krankenhaus seine schweren Schäden auskuriert, deswegen zunächst noch lange Prozesse führen? Nein, da greift sofort der technische Automatismus der Quasi-Versicherung ein. Man bedient sich hier nur einer Vereinfachungsmethode, die für die praktische Lösung solcher Fälle außerordentlich nützlich ist. Das ließe sich wahrscheinlich noch ausdehnen. Ich möchte nur davor warnen, solche Lösungen unter dem Gesichtspunkt beiseitezuschieben, das sei eben sozialstaatlich und nicht rechtsstaatlich, das sei nicht dem Menschenbilde unserer Zeit gemäß, das sei zu wenig auf das Individuum abgestellt.

Nur noch ein Gesichtspunkt zur Amtshaftung. Wenn man in der Verwaltung tätig war, weiß man, welch außerordentlich disziplinierende Rolle für die Tätigkeit der Verwaltung der Amtshaftungsparagraph spielt, und zwar gerade deswegen, weil er auf die Verantwortung des einzelnen Beamten mit abstellt.

Das liegt im Verschuldenserfordernis einerseits und in der Regreßmöglichkeit andererseits. Wenn ich nun einen rein objektivierten Tatbestand der Betriebsstörung bilde, dann ist mit großer Sicherheit vorauszusehen, daß die unmittelbare Verantwortlichkeit sich sehr stark abflacht in der Vorstellung der großen Masse von Beamten, die hier angesprochen sind. Das ist ein Moment eigener Art, das man, meine ich, verwaltungspolitisch betrachten und würdigen muß; vom Verantwortungsbewußtsein in der Verwaltung und an der Erhaltung menschlicher Züge im Verwaltungsbetrieb könnte manches verlorengehen, wenn man den Haftungstatbestand abwandeln wollte in Richtung auf rein objektivierte Betriebsunfälle, Betriebspannen. Die Betriebspannen sind dann eben „in Kauf zu nehmen", der Geschädigte bekommt im Ergebnis sowieso seinen Ausgleich, also kommt es auf die Frage nach der Verantwortlichkeit nicht mehr so sehr an.

Stern: Ich möchte nur ganz kurz auf das Problem des legislativen Unrechts zu sprechen kommen, also das, was im System von Herrn Prof. Jaenicke als Schäden durch Rechtsnormen angezeigt worden ist. Ich bin ganz mit ihm der Meinung, daß das Amtshaftungsproblem hier keine Lösung bietet. Das Amtshaftungsrecht ist ja auf die ganz andere Funktionsgruppe der Exekutive, nämlich des Jemand im Sinne des Art. 34 GG oder des Beamten im Sinne des § 839 BGB zugeschnitten. Wenn ich Herrn Prof. Jaenicke recht verstanden habe, will er das allerdings auch für die delegierte Rechtsetzung gelten lassen. Nun, ich weiß nicht, ob man nicht mindestens für die Selbstverwaltungskörperschaften hier eine Ausnahme machen sollte. Wir kennen in unserem bayerischen Kommunalrecht eine Bestimmung, daß der Bürgermeister rechtswidrige Beschlüsse des Gemeinderats, darunter können auch Satzungen fallen, zu beanstanden und zu inhibieren hat. Hier wäre möglicherweise dieser Jemand, der rechtswidrig und schuldhaft handelt, zu fassen und im Sinne des Amtshaftungsrechts haftbar zu machen. Denkbar wäre das auch insofern, als der Jemand eine Aufsichtsbehörde ist, die nicht beanstandet.

Zeidler: Die Frage von Herrn Dürig scheint mir noch nicht beantwortet zu sein. Wenn ich Ihre These, Herr Leisner, einmal als Axiom hinnehme, nämlich daß Sie die Schuld aus dem Haftungstatbestand herausnehmen und allein auf die Rechtswidrigkeit abstellen, so sind Sie noch die Antwort darauf schuldig: Kann ein Sachverhalt mit dem Prädikat „rechtmäßig", „rechtswidrig" belegt werden, hinter dem keine menschliche Handlung steht? Nach meiner Überzeugung gibt es diese Prädikate „rechtmäßig", „rechtswidrig" nur für menschliche Verhaltensweisen. Die von Herrn Dürig aufgeworfene Frage der Fehler durch eine heißgelaufene Welle ist auch nicht durch Herrn Jaenicke beantwortet, es sei denn, daß man also generell sich darauf einigt, im Öffentlichen Recht könne man auf diesen Bezug von Rechtsnorm und menschlicher Verhaltensweise verzichten. Herr Jaenicke schlägt für diese technischen Fehler eine besondere Garantiehaftung vor. Ich möchte gern fragen, ob es sich hier nur noch um einen terminologischen Streit handelt, ob wir diese besondere Garantiehaftung dann auch Gefährdungshaftung nennen können. Es ist doch, wenn ich sie recht verstanden habe, eine Haftung ohne Verschulden?

Jaenicke: Ja.

Zeidler: Und genau das scheint mir nach der herkömmlichen Terminologie die Gefährdungshaftung zu sein. Insofern würde ich hier noch um einige Aufklärungen bitten.

Jaenicke: Die Frage der besonderen Gefahr, betrachte ich, genau wie Herr Scheuner, lediglich als einen Kausalitätsfaktor. Die Frage ist, ob ich eine Haftung ohne Verschulden gelten lassen will. Das können Sie Gefährdungshaftung nennen, wenn Sie unter Gefährdungshaftung das Synonym für Erfolgshaftung oder Haftung ohne Verschulden verstehen, was terminologisch vielleicht nicht ganz richtig ist. Aber ich glaube, darüber sind wir einig: Eine solche Haftung ohne Verschulden sollte nur für dieses technische Versagen und nur dann gelten, wenn der Betroffene sich dieser Einrichtung bedienen m u ß; wenn er freiwillig staatliche Einrichtungen in Anspruch nimmt, liegt die Sache schon anders.

Merk: Nur noch eine kurze Bemerkung. Es ist von Schadensersatz gesprochen worden im Falle der Aufhebung eines Urteils durch eine höhere Rechtsstufe. Ansätze für eine solche Regelung finden sich schon in § 717 ZPO, bei vorläufiger Vollstreckbarkeit, die später aufgehoben wird, und ebenso bei der Aufhebung von Arresten und einstweiligen Verfügungen in § 945. Eine entsprechende Regelung findet sich in § 123 VwGO. Hier ist eine gegenständliche, also objektive Haftung ohne Verschulden vorgesehen. Aber das sind besondere Fälle, die nicht ohne weiteres verallgemeinert werden dürfen.

Bettermann: Es ist um Handlung und Erfolg gestritten worden. Das ist eine alte Streitfrage, die seit einiger Zeit die zivilrechtliche Lehre wieder beschäftigt. Sie hängt zusammen mit der anderen Frage, wie sich Verschulden und Rechtswidrigkeit bei der Fahrlässigkeit verhalten. Bei der Amtshaftung kommt es auf die Handlung an, die den Tatbestand der Amtspflichtverletzung bildet. Die Handlung kann nur menschliches Handeln sein, und deswegen kommt es in den Polizistenfällen darauf an, ob nach geltendem Recht der Mann schießen durfte, und nicht, ob dabei jemand verletzt worden ist. Jede Körperverletzung ist nach meiner Auffassung rechtswidrig, wenn nicht ein besonderer Rechtfertigungsgrund vorliegt. Aber hier ist wesentlich, ob das Schießen, nicht der Schießerfolg, pflichtmäßig oder pflichtwidrig ist. Dasselbe gilt für den Streit um die Einbeziehung des Verschuldens in die Rechtswidrigkeit bei Fahrlässigkeitsdelikten. Auch das diskutieren die Ziviljuristen heute. Wenn ich recht sehe, ist inzwischen eine vermittelnde Lösung etwa dahin abzusehen: die Frage, was die im Verkehr übliche Sorgfalt erfordert, oder — bei der Amtshaftung — was die Pflichten eines getreuen Beamten erfordern, kann nur nach dem objektiven Recht beantwortet werden. Aber ob dem Beamten die Nichtbeachtung dieser geschriebenen und ungeschriebenen Sorgfaltsregeln zum subjektiven Vorwurf gemacht werden kann, ob ich schuldig bin, mein Gewissen angespannt habe oder nicht, das ist nicht Zufall, wie Herr Leisner meinte, sondern das ist und bleibt eine Frage der Schuld, der rechtlichen Verantwortlichkeit.

Ule: Wenn wir dem Vorschlage de lege ferenda folgen würden und das Verschuldensprinzip aus der Staatshaftung entfernen, würde das nicht zu einer Haftung des Staates führen, die sogar über den Umfang der Gefährdungshaftung im Zivilrecht weit hinausgeht? Im Zivilrecht stellt ja das eigene Verschulden des Geschädigten einen erheblichen Ausgleich der Gefährdungshaftung dar. Dieser Sachverhalt wird aber im öffentlichen Recht nur selten vorliegen. Wenn diese Prämisse richtig ist, führt dann nicht die These von Herrn Leisner zu dem Ergebnis, daß die Staatshaftung ohne Verschulden praktisch eine Gefährdungshaftung darstellt, bei der sozusagen der ganze Staatsverwaltungsbetrieb klassifiziert wird als ein gefährlicher Betrieb, so daß wir also gerade das, was wir bekämpfen, im Grunde genommen auf diesem Umwege doch wieder bekommen würden? Und vorhin haben Sie gesagt, Herr Leisner, man könne hier nicht differenzieren. Herr Bettermann hat sich dagegen ausgesprochen, und ich möchte ihm folgen. Ich glaube, wenn man im Zivilrecht differenzieren kann, dann muß auch die Möglichkeit bestehen, dies innerhalb des öffentlichen Rechts, innerhalb der Verwaltung zu tun. Wenn man es überhaupt für notwendig hält, zu einem Institut der Gefährdungshaftung zu kommen, was ich prinzipiell zunächst einmal nicht akzeptieren möchte, dann scheint es mir doch auch notwendig zu sein, differenzierende Tatbestände herauszuarbeiten, bei denen eine solche Gefährdungshaftung in Betracht kommt. Ganz generell aber durch Wegnahme des Verschuldensprinzips einen Zustand herzustellen, der eine Gefährdungshaftung des Staates darstellt, scheint mir höchst bedenklich zu sein.

Leisner: Meine sehr verehrten Herren Kollegen, ich fühle mich in einer etwas schwierigen Situation, weil man auf so viele interessante, aber auch schwere Angriffe, doch nicht „leicht" antworten kann. Ich glaube, daß ich gerade Herrn Bettermann Dank schulde, weil er in seiner Intervention den Punkt angeschnitten hat, der mir entscheidend zu sein scheint, nämlich den der Methode. Man kann an die Fragen, die wir heute hier besprochen haben, mit zwei artverschiedenen Methoden herangehen. Ich bin nun weit davon entfernt zu glauben, daß die Methode, die ich heute in einer gewollten Akzentuierung verwendet habe, zu einer endgültigen Lösung führen kann. Aber selbst wenn sie nur der Erkenntnis gedient hat, daß derartige Methoden überhaupt nicht mehr oder nur in sehr beschränktem Maß verwendet werden dürfen, oder wenn das Weiterdenken der heutigen Probleme dazu führt, ist, so glaube ich, schon ein großer Teil dessen erreicht, was ich bewirken wollte.

Lassen Sie mich meinen Standpunkt noch einmal kurz auf die vielen Einwände hin zusammenfassen. Es kann keine Rede davon sein, daß das Verschulden verschwindet. Das Verschulden ist selbstverständlich abgesetzt von dem, was man die traditionelle Rechtswidrigkeit nennen kann und muß. Ich habe es deshalb als eine Art von „spezieller Rechtswidrigkeit" bezeichnet. Ich bin nur nicht mit Herrn Bettermann darin einig, daß hier eine konkret-individuelle Vorwerfbarkeit gegeben sein muß. Das scheint mir eine Besonderheit der strafrechtlichen Schuld zu sein, nicht des zivilrechtlichen Verschuldens, bei dem es sich nur um die Vorwerfbarkeit eines nicht dem Typ des Durchschnittsbeamten entsprechenden Verhaltens handelt, und das so eben doch ein Verstoß gegen Normen und nicht ein individuell konkreter Vorwurf ist. Und damit möchte ich doch diesen Hauptpunkt aufrechterhalten.

Wie die heutigen Diskussionen ergeben haben, ist folgendes entscheidend: Können wir hier überhaupt einen Rechtswidrigkeitsbegriff einsetzen? Es ist gesagt worden, dies sei unmöglich, jedenfalls aber komme es nur darauf an, was der Betreffende in diesem Augenblick nach allen gesetzlichen Bestimmungen tun durfte. Hier liegt vielleicht die entscheidende Verschiedenheit der Betrachtungsweise. „Von ihm aus" betrachtet, durfte er schießen, aber „von oben" gesehen, von jemandem, der das ganze ohne Zeit sieht, durfte er nicht so handeln, und darauf allein kommt es bei der Rechtswidrigkeit an. Es ist selbstverständlich, daß dann kein Verschulden, keine spezielle Rechtswidrigkeit — wie ich es genannt habe — vorliegt.

Der Dreiteilung von Herrn Bettermann möchte ich widersprechen und zusammen mit Herrn Scheuner an der Zweiteilung festhalten, ja, ich glaube sogar, daß wir ursprünglich eine gewisse Einheit hatten. Herr Weber hat mit Recht unterstrichen, daß Entschädigungen und Schadensersatz eine Angleichungstendenz aufweisen. Ich habe auch versucht, das darzulegen. Dennoch bleibt ein entscheidender Unterschied. Dieser Unterschied ist nicht aufgehoben, wenn der Bundesgerichtshof in einem Fall ausnahmsweise auch für entgangenen Gewinn entschädigt, sondern wenn die Möglichkeit besteht, daß er es sich immer vorbehält, ob er es tut oder nicht. Nun einige Worte zu Herrn Zeidler. Man könnte vielleicht sagen, daß eine menschliche Handlung vorhanden sein muß. Insofern möchte ich mit Ihnen übereinstimmen. Aber dann treten die Schwierigkeiten auf, die Sie in Ihrem bekannten Aufsatz ja charakterisiert und heute wieder zusammengefaßt haben. Dazu möchte ich noch einmal das erklären, was ich bereits Herrn Dürig entgegenhielt: es ist ein Jemand da und dieser Jemand hat durch eine Unterlassung gehandelt. Daß er es nicht verhindern konnte — darin sind wir uns einig. Aber das Nicht-verhindern-können und damit die vollständige Schuldlosigkeit gibt es auch in vielen anderen Fällen. Daß kein Mechaniker das schadenstiftende Ereignis hätte voraussehen können, nimmt nur das Verschulden, nicht die Rechtswidrigkeit.

Herr Ipsen hat darauf aufmerksam gemacht, daß es nicht angehe, die Aufopferung allein unter den Sozialstaatsgedanken zu stellen. Damit stimme ich überein. Ich habe jedoch nur gesagt, sie stehe der Sozialstaatlichkeit näher, allerdings hinzugefügt: Die Aufopferung kommt aus einer bestimmten Art der Gleichheit, einem materiellen Gleichheitseinschlag. Diese führt in die Nähe der Sozialstaatlichkeit. Damit soll nicht behauptet werden, daß Sozialstaatlichkeit und Rechtsstaatlichkeit Gegensätze sind, im Gegenteil, ihre Versöhnung muß versucht werden.

Das Problem der heutigen Diskussion war die Abgrenzung der objektiven Haftung. Was heute dazu von mir gesagt wurde, kann bei weitem noch nicht das letzte Wort sein. Eine Begrenzung der objektiven Haftung kann nicht so sehr in dem Gedanken des Mitverschuldens — denn das Verschulden darf hier nicht mehr bemüht werden, wenn es schon eliminiert wird, — sondern, wenn überhaupt in dieser Richtung, wie Herr Jaenicke bereits angedeutet hat, in einer gewissen Mitverursachung gesehen werden. Damit wird die angeblich so furchtbare Sprengwirkung der objektiven Haftung weiter vermindert. Ich glaube nach der Diskussion, daß noch eine weitere Begrenzung notwendig sein kann, die sich auf eine Ausscheidung äußerster Fälle, wie sie Herr Scheuner angedeutet hat, bezieht. Der Abbau des Verschuldens muß ferner mit größter Vorsicht vor sich gehen. Vielleicht hat sich auch manches Mißverständnis daraus ergeben, daß ich zunächst das gesamte Verschulden eliminiert habe, um es dann am Schluß doch weitgehend wieder einzuführen und zwar der Art, daß das Staatsaktprivileg eben nur durch das Verschulden überwunden werden kann. Damit ergibt sich auch nach meiner Auffassung, daß normalerweise die rechtswidrigen Handlungen, wenn es sich nicht um „Unfälle" handelt, eben doch nur bei Verschulden Schadensersatz auslösen.

Ich darf am Schluß sagen, daß die Diskussion für mich das angenehme Erlebnis gewesen ist, einige Stunden gefährlich leben zu dürfen, selbst wenn es keine Gefährdungshaftung geben sollte.

Jaenicke: Meine sehr verehrten Herren Kollegen, ich hoffe, daß ich sehr kurz sein kann, da Sie ja mit mir sehr glimpflich umgegangen sind und auch meine Thesen kaum angegriffen haben. Wir sind in unserem Streben nach Perfektionismus, nach einem perfekten, völlig lückenlosen Entschädigungssystem bestrebt, alle nur irgendwie möglichen Fälle befriedigend zu lösen. Wir haben uns hier sehr um die Frage bemüht, ob Grund für die Annahme eines neuen Haftungstatbestandes besteht. Es hat sich wohl gezeigt, daß es kaum Fälle gibt, die es rechtfertigen, einen neuen Haftungsgrund einzuführen, mit Ausnahme jener Fälle, die ich hier einmal die Zeidler-Fälle nennen will; für sie habe ich eine Lösung vorgeschlagen, die anscheinend von den übrigen Herren akzeptiert wird, de lege ferenda jedenfalls.

Herr Scheuner hat Bedenken geäußert gegen eine Ausdehnung des Aufopferungsanspruchs auf rechtswidrige Verwaltungsakte. Mein Bestreben ist es, eine uferlose Ausweitung der Entschädigungspflichten des Staates dadurch zu verhindern, daß ich bei rechtswidrigen Verwaltungsakten grundsätzlich nur die Aufopferung gelten lassen will und auch da nur bei Eingriffen in bestehende Positionen. Diese letztere Begrenzung ist notwendig: Man stelle sich nur vor, daß eine Gewerbeerlaubnis, um die nachgesucht wird, sich auf Jahre hinaus im Streit befindet und schließlich bewilligt wird. In diesem Fall müßte, weil die Ablehnung rechtswidrig war, nach der These von Herrn Leisner voller Schadensersatz gewährt werden. Es ist übrigens keineswegs eine Ausnahme, daß bei der Aufopferung der sogenannte entgangene Gewinn ersetzt wird. Vielmehr hat der Bundesgerichtshof wiederholt gesagt, der Entschädigungsanspruch umfasse bei der Aufopferung auch den Ersatz der normalerweise anfallenden Nutzungen, also insoweit Ersatz des entgangenen Gewinns mit Ausnahme der besondern Vorteile, die nur im konkreten Falle zu erwarten waren. Angesichts dieser Rechtsprechung erscheint es nicht vertretbar, bei allen rechtswidrigen Verwaltungsakten eine Haftung annehmen zu wollen, weil das tatsächlich zu weitgehende und m. E. ungerechtfertigte Entschädigungen zur Folge haben würde. Ich würde deshalb zwar die Aufopferung bei rechtswidrigen Verwaltungsakten für richtig halten, sie aber so, wie ich es getan habe, begrenzen; andererseits möchte ich die Amtshaftung beschränken auf die Verletzung wirklicher Amtspflichten. Amtspflichtverletzung und rechtswidriges Handeln decken sich keineswegs. Man braucht nur an die Ausführung eines verfassungswidrigen Gesetzes zu denken: Die Ausführung durch den Beamten ist gesetzmäßig, demnach auch amtspflichtgemäß, aber trotzdem rechtswidrig. Beschränkt man die Amtshaftung auf die Amtspflichtverletzung, so spielt die Frage des Verschuldens nicht mehr die große Rolle, weil die Feststellung einer Amtspflichtverletzung bereits den Schuldvorwurf impliziert. Denn wenn eine Amtspflicht verletzt wird, dann kann sie, wenn man einen objektiven Maßstab anlegt, also nicht auf den handelnden Beamten abstellt, in der Regel nur schuldhaft verletzt sein.

Nun noch kurz zu der Frage der Haftung für Regierungsakte und für Normen. Ich habe den Fall des Außenwirtschaftsgesetzes gebracht, wo aus wirtschafts- oder außenpolitischen Motiven heraus Ein- oder Ausfuhrbeschränkungen angeordnet werden können. Das Gesetz sieht ausdrücklich vor, daß in bestehende Verträge ohne Entschädigung eingegriffen wird. Ich meine aber, daß unter bestimmten Fällen aus dem Gesichtspunkt der Aufopferung doch eine Entschädigung gewährt werden sollte, nämlich dann, wenn der Schaden so außergewöhnlich ist, daß er nicht zu den normalen Lasten gehört, die der Staatsbürger zu tragen hat. Die entscheidende Frage ist, wieweit die Staatsbürger solcher Eingriffe hinnehmen müssen. Das Außenwirtschaftsgesetz geht offenbar davon aus, daß ein Eingriff in einen bestehenden Vertrag grundsätzlich, auch wenn er Schäden zur Folge hat, für den einen mehr, für den anderen weniger, von dem Staatsbürger zu tragen ist, weil das eben das Risiko ist, das mit Außenhandelsgeschäften generell verknüpft ist. Der Staat muß die Möglichkeit haben, hier einzugreifen, und er kann nicht alles entschädigen. Dies gilt erst recht für Akte der auswärtigen Gewalt, wenn der Staat über Rechte und Ansprüche seiner Staatsangehörigen zu verfügen gezwungen ist. Auch diese Fälle können nicht in das normale Schema der Aufopferung eingebracht werden. Man kann nicht sagen, daß der Staat hier allein und unbeeinflußt handelt, sondern er wird seinerseits gezwungen, in einer bestimmten Weise zu handeln. Hier lassen sich nicht dieselben Maßstäbe anlegen wie dort, wo der Staat durch ein Gesetz in Rechte und sonstige vermögenswerte Positionen eingreift, und erst recht nicht, wo es sich um Kriegsfolgen handelt. Man muß hier, glaube ich, sehr vorsichtig sein, ehe man das Vorliegen eines entschädigungspflichtigen Sonderopfers bejaht. Nun zur Haftung für die delegierte Gesetzgebung: Nach meiner Ansicht kommt die Amtshaftung weder für die Gesetzgebung in Betracht noch für die delegierte Rechtsetzung. Darüber kann man verschiedener Meinung sein. Daß hier keine konkrete Amtspflicht dem einzelnen Bürger gegenüber vorliegt, wäre mir nicht das entscheidende Argument. Es ist interessant, in diesem Zusammenhang darauf hinzuweisen, daß das amerikanische Bundesgesetz über die Staatshaftung für den Beamten, ausdrücklich Ermessensakte von der Haftung ausnimmt, und darunter würde insbesondere die Ausübung des delegierten Rechtsetzungsrechts fallen. Das geht sogar soweit, daß das amerikanische Bundesgesetz über die Amtshaftung sagt, daß die Ausführung einer Rechtsnorm, auch wenn sie verfassungswidrig oder rechtswidrig ist, niemals einen Amtshaftungsanspruch begründen kann, auch wenn sie später für verfassungs- oder rechtswidrig erklärt werden sollte.

Verzeichnis der Redner

Verzeichnis der Mitglieder der Vereinigung der Deutschen Staatsrechtslehrer

Stand vom 1. September 1962

Vorstand

1. Krüger, Dr. Herbert, Professor, Hamburg-Gr. Flottbek, Elbchaussee 184.
2. Kaiser, Dr. Joseph H., Professor, Freiburg i. Br., Belfortstraße 11.
3. Scupin, Dr. Hans Ulrich, Professor, Münster i. W., Robert-Koch-Straße 46.

Mitglieder

1. Abendroth, Dr. Wolfgang, Professor, Marburg a. d. Lahn, Wilhelm-Roser-Straße 53.
2. Antoniolli, Dr. Walter, Professor, Wien VII, Mariahilferstraße 22—24/III/II/6.
3. Apelt, Dr. Willibalt, Professor, Geh. Regierungsrat, Gräfelfing bei München, Freihamerstraße 32.
4. Armbruster, Dr. Hubert, Professor, Mainz, An der Allee 69.
5. Baade, Dr. Hans W., Privatdozent (Kiel), Duke University, School of Law, Durham/USA.
6. Bachof, Dr. Otto, Professor, Tübingen, Auf dem Kreuz 3.
7. Becker, Dr. jur., Dr. phil. Erich, Professor, Speyer, Philipp-Melanchthon-Straße 10.
8. Bettermann, Dr. Karl August, Professor, Berlin-Lichterfelde-West, Baseler Straße 114.
9. Böhmert, Dr. Viktor, Professor, Kiel, Graf-Spee-Straße 9.
10. Bühler, Dr. Ottmar, Professor, München 27, Kufsteiner Platz 2/III.
11. Bülck, Dr. Hartwig, Professor, Heidelberg, Werrgasse 9.
12. Bullinger, Dr. Martin, Privatdozent, Heidelberg, Joh. Fischer-Straße 14.

13. Carstens, Dr. Karl, Professor, Bad Godesberg, Im Meisengarten 25.
14. Drath, Dr. Martin, Professor, Karlsruhe, Beethovenstraße 9.
15. Dürig, Dr. Günter, Professor, Tübingen, Ob dem Viehweidle 12.
16. Ehmke, Dr. Horst, Professor, Freiburg i. Br.-Littenweiler, Aumattenweg. 6.
17. Erler, Dr. Georg, Professor, Göttingen, Schlegelweg 11.
18. Ermacora, Dr. Felix, Professor, Innsbruck, Universität.
19. Evers, Dr. Hans-Ulrich, Privatdozent, Marburg a. d. Lahn, Ziegelstraße 8.
20. Forsthoff, Dr. Ernst, Professor, Heidelberg-Schlierbach, Wolfsbrunnenweg 13.
21. Friesenhahn, Dr. Dr. h. c. Ernst, Professor, Karlsruhe, Haydnplatz 4.
22. Fröhler, Dr. Ludwig, Professor (Nürnberg), Berg bei Starnberg, Seestraße 18.
23. Fuss, Dr. Ernst-Werner, Privatdozent, Hamburg 20, Im Winkel 3.
24. Geck, Dr. Wilhelm Karl, Privatdozent, Heidelberg, Heuauerweg 25.
25. Gerber, Dr. jur., Dr. h. c. Hans, Professor, Freiburg i. Br., In der Röte 5.
26. Glum, Dr. Friedrich, Professor, München, Südliche Auffahrtsallee 24.
27. Gönnenwein, Dr. jur., Dr. phil. Otto, Professor, Heidelberg, Werderplatz 1.
28. Görg, Dr. Hubert, Professor, Ellersberg, Post Forsbach, Bez. Köln (Marburg a. d. Lahn, Universitätsstraße 10).
29. Grewe, Dr. Wilhelm G., Professor, Botschafter der Bundesrepublik Deutschland bei der Nordatlantikpakt-Organisation, Paris, 5, avenue Pierre Ier de Serbie.
30. Grundmann, Dr. Siegfried, Professor, Gröbenzell bei München, Puchheimerstraße 30.
31. Hamel, Dr. Walter, Professor, Marburg a. d. Lahn, Rotenberg 1 a.
32. Heckel, D. Dr. Johannes, Professor, München, St. Paulusplatz 9.

33. Heckel, Dr. Martin, Professor, Tübingen, Hechingerstraße 33.

34. Held, Dr. Hermann, Professor, Malente, Lindenallee 35.

35. Herrfahrdt, Dr. Heinrich, Professor, Marburg a. d. Lahn, Am Weinberg 8.

36. Hesse, Dr. Konrad, Professor, Freiburg i. Br., Hauptstraße 40.

37. Hettlage, Dr. Karl Maria, Professor, Bad Godesberg, Friedrich-Ebert-Straße 83.

38. Frhr. v. d. Heydte, Dr. Friedrich August, Professor, Zellingen a. M., Thomas-Glock-Straße 26.

39. Heyer, Dr. Friedrich, Professor, Bonn, Humboldtstraße 35.

40. v. Hippel, Dr. Ernst, Professor, Godesberg-Mehlem, Mainzer Straße 119.

41. Hoegner, Dr. Wilhelm, Honorarprofessor, Ministerpräsident a. D., München, Am Blumengarten 17.

42. Hoffmann, Dr. Gerhard, Privatdozent, Erlangen, Schellingstraße 21.

43. Huber, Dr. Ernst Rudolf, Professor, Freiburg-Zähringen, In der Röte 2 (Göttingen, Leonard-Nelson-Straße 19).

44. Huber, Dr. Hans, Professor, Muri bei Bern, Mannenriedstraße 5.

45. Imboden, Dr. Max, Professor, Basel, Hirzbodenweg 47.

46. Ipsen, Dr. Hans Peter, Professor, Hamburg 13, Heinrich-Barth-Straße 25a.

47. Jacobi, D. Dr. Erwin, Professor, Leipzig S 3, Meusdorfer Straße 5.

48. Jahrreiss, Dr. Hermann, Professor, Köln-Klettenberg, Nassestraße 30.

49. Jaenicke, Dr. Günther, Professor, Heidelberg, Karlsruher Straße 57.

50. Jerusalem, Dr. Franz, Professor, München 27, Flemingstraße 58.

51. Jesch, Dr. Dietrich, Professor, Marburg a. d. Lahn, Landgrafenhaus.

52. Kafka, Dr. Gustav E., Professor, Wien XIX/117, Franz-Klein-Gasse 1 (Hochschule für Welthandel).

53. Kaiser, Dr. Joseph H., Professor, Freiburg i. Br., Belfortstraße 11.

54. Kaufmann, Dr. jur., Dr. phil. h. c. Erich, Professor, Heidelberg, Schweizerweg 1.

55. Kipp, Dr. Friedrich, Professor, Münster i. W., Prinz-Eugen-Straße 12.

57. Köttgen, Dr. Arnold, Professor, Göttingen, Merkelstraße 43.

58. Kordt, Dr. Erich, Professor (Köln), Düsseldorf, Brehmstraße 53.

59. Kraus, Dr. Herbert, Professor, Göttingen, Baurat-Gerber-Straße 12.

60. Krüger, Dr. Herbert, Professor, Hamburg-Gr. Flottbek, Elbchaussee 184.

61. Küchenhoff, Dr. Günther, Professor, Würzburg, Seinsheimerstraße 13.

62. Laun, Dr. jur., Dr. rer. pol. h. c. Rudolf, Professor, Ahrensburg bei Hamburg, Vossberg 2.

63. Leibholz, Dr. Gerhard, Professor, Karlsruhe, Rheingoldstraße 19.

64. Leisner, Dr. Walter, Professor, Erlangen, Kochstraße 2.

65. Lerche, Dr. Peter, Professor, Berlin-Dahlem, Am Hirschsprung 15.

66. Liermann, D. Dr. Hans, Professor, Erlangen, Am Meilwald 18.

67. Mallmann, Dr. Walter, Professor, Frankfurt a. M., Georg-Voigt-Straße 8.

68. Marti, Dr. Hans, Professor, Bern, Schwanengasse 9.

69. Maunz, Dr. Theodor, Professor, München-Gräfelfing, Hartnagelstraße 3.

70. Mayer, Dr. Franz, Professor, Speyer a. Rh., Frhr.-v.-Stein-Straße.

71. Meder, Dr. Walter, Professor, Berlin-Dahlem, Gosslerstraße 29.

72. Meinzolt, D. Dr. Hans, Honorarprofessor, Staatssekretär a. D., Wessling am See, Oberbayern, Obere Seefeldstraße 16.

73. Melichar, Dr. Erwin, Professor, Graz, Juristische Fakultät, Universität.

74. Menger, Dr. Christian-Friedrich, Kiel, Esmarch Straße 68.

75. Menzel, Dr. Eberhard, Professor, Kiel, Bülowstraße 16.

76. Merk, Dr. Wilhelm, Professor, Tübingen, Wildermuthstraße 6.

77. Merkl, Dr. Adolf Julius, Professor, Wien XIX, Pfarrplatz 1.

78. Meyer, Dr. Ernst Wilhelm, Professor, Berlin-Wannsee, Bismarckstraße 32.

79. Mirbt, Dr. Hermann, Professor, Berlin-Schlachtensee, Spanische Allee 51.

80. Mosler, Dr. Hermann, Professor, Heidelberg, Berliner Straße 48.

81. Münch, Dr. Fritz, Professor, Heidelberg, Berliner Straße 48.

82. Naumann, Dr. Richard, Professor, Lüneburg, Ülzener Straße 40.

83. Obermayer, Dr. Klaus, Professor, Erlangen, Am Röthelheim 58.

84. Partsch, Dr. Karl Joseph, Professor, Ingelheim a. Rhein, Frankenstraße 10.

85. Peters, Dr. h. c. Hans, Professor, Köln-Sülz, Zülpicher Straße 83.

86. Pfeifer, Dr. Helfried, Professor, Wien XIII, Lainzer Straße 57.

87. Ridder, Dr. Helmut, Professor, Heidebergen über Siegburg, Siebengebirgsstraße 4.

88. Rühland, Dr. Curt, Professor, Braunschweig, Dürerstaße 26.

89. Rumpf, Dr. Helmut, Konsul beim Generalkonsulat der Bundesrepublik Deutschland, Mailand, Via Guerazzi 3.

90. Schack, Dr. Friedrich, Professor, Hamburg 13, Nonnenstieg 9/II.

91. Schaumann, Dr. Wilfried, Professor, Würzburg, Prümstraße 9.

92. Scheuner, Dr. Ulrich, Professor, Bad Godesberg, Beethovenstraße 77.

93. S c h i n d l e r, Dr. Dietrich, Privatdozent, Zollikon-Zürich, Alte Landstraße 44.

94. S c h l o c h a u e r, Dr. Hans Jürgen, Professor, Frankfurt a. M., Mertonstraße 17.

95. S c h m i d, Dr. Karl, Professor, Frankfurt a. M., Johann-Klotz-Straße 15.

96. S c h n e i d e r, Dr. Hans, Professor, Heidelberg, Ludolf-Krehl-Straße 44.

97. S c h n e i d e r, Dr. Peter, Professor, Mainz, Goldenluftgasse 2 3/10.

98. S c h n u r, Dr. Roman, Privatdozent, Speyer, Heinrich-Heine-Straße 5.

99. S c h ü l e, Dr. Adolf, Professor, Tübingen, Bei der Ochsenweide 17.

100. S c h w i n g e, Dr. Erich, Professor, Marburg a. d. Lahn, von-Harnack-Straße 27.

101. S c u p i n, Dr. Hans Ulrich, Professor, Münster i. W. Robert-Koch-Straße 46.

102. S e i d l - H o h e n v e l d e r n, Dr. Ignaz, Professor, Saarbrücken 3, Hellwigstraße 17.

103. S m e n d, Dr. Rudolf, Professor, Göttingen, Am Goldgraben 13.

104. S p a n n e r, Dr. Hans Professor, München 9, Candidstraße 24/VII.

105. S t e r n, Dr. Klaus, Professor, Berlin-Dahlem, Van't-Hoff-Straße 8.

106. S t ö d t e r, Dr. Rolf, Professor, Hamburg-Altona, Palmaille 49. (Fa. John T. Essberger).

107. T h i e m e, Dr. Werner, Professor, Hamburg-Fuhlsbüttel, Am Karpfenteich 58.

108. U b e r, Dr. Giesbert, Privatdozent, Hamburg 13, Hansastraße 38.

109. U l e, Dr. Carl Hermann, Professor, Heidelberg, Oberer Gaisbergweg 9.

110. V o i g t, Dr. Alfred, Professor, Erlangen, Burgbergstraße 53.

111. W a c k e, Dr. Gerhard, Professor, Hamburg-Nienstedten, Ordinger Weg 14.

112. Warncke, Dr. Friedrich, Privatdozent, Köln-Nippes, Mauenheimer Straße 45.

113. Weber, Dr. Werner, Professor, Göttingen, Wackenroder Weg 1.

114. Wehrhahn, Dr. Herbert, Professor, Saarbrücken 15, Universität.

115. Wengler, Dr. jur., Dr. rer.pol. Wilhelm, Professor, Berlin-Zehlendorf, Werder Straße 15.

116. Wenzel, Dr. Max, Professor, Erlangen, Löhestraße 21.

117. Wertenbruch, Dr. Wilhelm, Privatdozent, Köln, Volksgartenstraße 2.

118. Winkler, Dr. Günther, Professor, Wien I, Hafnersteig 5/I/7.

119. Wolff, Dr. Hans J., Professor, Münster i. W., Görresstraße 26.

120. Zacher, Dr. Hans, Privatdozent, München 13, Elisabethstraße 77.

121. Zeidler, Dr. Karl, Professor, St. Peter i. Schw., Spittelhofweg 18.

122. Zippelius, Dr. Reinhold, Privatdozent, München, Franz-Joseph-Straße 21.

Satzung

(Nach den Beschlüssen vom 21. Oktober 1949, 19. Oktober 1951, 14. Oktober 1954, 10. Oktober 1956 und 13. Oktober 1960)

§ 1

Die Vereinigung der Deutschen Staatsrechtslehrer stellt sich die Aufgabe:

1. wissenschaftliche und Gesetzgebungsfragen aus dem Gebiete des öffentlichen Rechts durch Aussprache in Versammlungen der Mitglieder zu klären;
2. auf die ausreichende Berücksichtigung des öffentlichen Rechts im Hochschulunterricht und bei staatlichen und akademischen Prüfungen hinzuwirken;
3. in wichtigen Fällen zu Fragen des öffentlichen Rechts durch Eingaben an Regierungen oder Volksvertretungen oder durch öffentliche Kundgebungen Stellung zu nehmen.

§ 2

(1) Mitglied der Vereinigung kann werden, wer an der rechtswissenschaftlichen Fakultät einer deutschen oder deutschsprachigen ausländischen Universität für das Fach des Staatsrechts und ein weiteres öffentlich-rechtliches Fach als habilitierter Privatdozent oder als planmäßiger Professor tätig ist oder gewesen ist und sich der wissenschaftlichen Forschung auf dem Gesamtgebiete des Staats- und Verwaltungsrechts gewidmet hat.

(2) Das Aufnahmeverfahren wird durch schriftlichen Vorschlag von drei Mitgliedern der Vereinigung eingeleitet. Ist der Vorstand einstimmig der Auffassung ,daß die Voraussetzungen für den Erwerb der Mitgliedschaft erfüllt sind, so verständigt er in einem Rundschreiben die Mitglieder von seiner Absicht, dem Vorgeschlagenen die Mitgliedschaft anzutragen. Erheben mindestens fünf Mitglieder binnen Monatsfrist gegen die Absicht des Vorstandes Einspruch oder beantragen sie mündliche Erörterung, so beschließt die Mitgliederversammlung über die Aufnahme. Die Mitgliederversammlung beschließt ferner, wenn sich im Vorstand Zweifel erheben, ob die Voraussetzungn der Mitgliedschaft erfüllt sind. Von jeder Neuaufnahme außerhalb einer Mitgliederversammlung sind die Mitglieder zu unterrichten.

§ 3

Eine Mitgliederversammlung soll regelmäßig einmal in jedem Jahre an einem vom Vorstand zu bestimmenden Orte stattfinden. In dringenden Fällen können außerordentliche Versammlungen einberufen werden. Die Tagesordnung wird durch den Vorstand bestimmt.

Auf jeder ordentlichen Mitgliederversammlung muß mindestens ein wissenschaftlicher Vortrag mit anschließender Aussprache gehalten werden.

§ 4

Der Vorstand der Vereinigung besteht aus einem Vorsitzenden und zwei Stellvertretern. Die Vorstandsmitglieder teilen die Geschäfte untereinander nach eigenem Ermessen. Der Vorstand wird am Schluß jeder ordentlichen Mitgliederversammlung neu gewählt.

Zur Vorbereitung der Mitgliederversammlung kann sich der Vorstand durch Zuwahl anderer Mitglieder verstärken. Auch ist Selbstergänzung zulässig, wenn ein Mitglied des Vorstandes in der Zeit zwischen zwei Mitgliederversammlungen ausscheidet.

§ 5

Zur Vorbereitung ihrer Beratungen kann die Mitgliederversammlung, in eiligen Fällen auch der Vorstand, besondere Ausschüsse bestellen.

§ 6

Über Eingaben in den Fällen des § 1 Ziffer 2 und 3 und über öffentliche Kundgebungen kann nach Vorbereitung durch den Vorstand oder einen Ausschuß im Wege schriftlicher Abstimmung der Mitglieder beschlossen werden. Ein solcher Beschluß bedarf der Zustimmung von zwei Dritteln der Mitgliederzahl; die Namen der Zustimmenden müssen unter das Schriftstück gesetzt werden.

§ 7

Der Mitgliederbeitrag wird von der Mitgliederversammlung festgesetzt. Der Vorstand kann den Beitrag aus Billigkeitsgründen erlassen.

Bei Fragen zur Produktsicherheit wenden Sie sich bitte an:
If you have any questions regarding product safety,
please contact:

Walter de Gruyter GmbH
Genthiner Straße 13
10785 Berlin
productsafety@degruyterbrill.com